PLUTARQUE

EXTRAITS

DES

ŒUVRES MORALES

MÊME LIBRAIRIE

Envoi franco au reçu du prix en timbres-poste.

———

VOLTAIRE. — Histoire de Charles XII, roi de Suède. Nouvelle édition, imprimée en gros caractères, précédée d'une notice sur l'auteur, des études préliminaires sur son œuvre, des principaux jugements qu'on en a portés et des pièces qui se rapportent à la publication de cette histoire, accompagnée de notes historiques, géographiques, littéraires et grammaticales, suivie d'une table analytique et chronologique des événements; par M. L. Grégoire, docteur ès lettres, professeur d'histoire au lycée Bonaparte. 1 vol. in-12, cart.   **1 fr. 60 c.**

BOILEAU DESPRÉAUX. — Œuvres poétiques. Nouvelle édition collationnée sur les meilleurs textes et renfermant une annotation générale d'après tous les commentateurs, un nouveau commentaire littéraire et grammatical, des sommaires historiques et analytiques, et une Vie de l'auteur; par M. Ch. Aubertin, Recteur de l'Académie de Poitiers. 1 vol. in-12, cart.   **1 fr. 50 c.**
Approuvé pour les bibliothèques scolaires.

VIRGILII MARONIS Opera. Nouvelle édition imprimée en gros caractères, renfermant des notes littéraires, grammaticales, mythologiques et géographiques, précédée d'une vie de l'auteur, d'une analyse des Eglogues, des Géorgiques et de l'Enéide, de notions historiques sur la pastorale, le poëme didactique et l'épopée; par le même. Texte et commentaire entièrement revus d'après les publications philologiques les plus récentes, avec une carte de l'itinéraire d'Enée; par un professeur de l'Académie de Paris. 1 vol. in-12, cart.   **2 fr. 25 c.**

C. SALLUSTII opera, Catilina et Jugurtha. Nouvelle édition imprimée en gros caractères et précédée d'études préliminaires (Vie de Salluste, du style de cet écrivain, jugement des anciens et modernes, analyse, etc.), avec des notes géographiques, historiques et littéraires, en français; par le même. 1 vol. in-12, cart.   **1 fr.**

HOMÈRE. — Iliade (texte grec). Nouvelle édition imprimée en gros caractères, précédée d'une étude sur Homère et accompagnée de sommaires analytiques et de notes philologiques, littéraires et grammaticales en français; par M. Brach, professeur agrégé de l'Université. 1 vol. in-12, cart.   **3 fr. 50 c.**

—**Iliade** (Morceaux choisis), texte grec, précédés d'une étude sur Homère et accompagnés de résumés analytiques et de notes philologiques, littéraires et grammaticales en français; par le même. In-12, cart.   **2 fr.**

—**Odyssée** (texte grec), nouvelle édition imprimée en gros caractères, précédée d'une étude sur Homère et accompagnée de sommaires analytiques, avec notes philologiques, littéraires et grammaticales en français; par le même. 1 fort vol. in-12, cart.   **3 fr. 50 c.**

—**Odyssée** (Morceaux choisis), texte grec, précédés d'une étude sur Homère et accompagnés de résumés analytiques et de notes philologiques, littéraires et grammaticales en français; par le même. In-12, cart.   **2 fr.**

PLUTARQUE

EXTRAITS
DES

ŒUVRES MORALES

ACCOMPAGNÉS

DE NOTES HISTORIQUES, LITTÉRAIRES ET GRAMMATICALES

ET PRÉCÉDÉS

D'UNE NOTICE SUR PLUTARQUE

PAR

M. LUCAS
Agrégé de l'Université.

PARIS
LIBRAIRIE CLASSIQUE D'EUGÈNE BELIN
RUE DE VAUGIRARD, N° 52.

Toutes mes éditions sont revêtues de ma griffe.

PRÉFACE

Parmi les auteurs désignés pour la classe de troisième figure *un des principaux traités de morale* de Plutarque. Mais, d'une part, quelques traités seuls ont été publiés séparément. D'autre part, on ne peut faire de tous les traités une édition spéciale à l'usage des classes, et cependant il y a dans tous des pages admirables, qui, même détachées du reste de l'ouvrage, ne laissent pas d'offrir le plus grand intérêt. Réunir dans un seul volume les passages des *Œuvres morales* de Plutarque qui peuvent présenter le plus d'attrait et d'utilité pour les élèves, tel est le but que nous nous sommes proposé en publiant ces *Extraits*.

Nous ne prétendons pas avoir résumé, en quelques feuilles, tout ce qu'il y a de bon dans une œuvre aussi importante à tous égards ; nous avons du moins la confiance que tout ce que nous avons pris est excellent.

Plutarque est si riche, que les fragments mêmes de ses ouvrages sont remplis de trésors. Nous avons fait une large part au traité de la *Lecture des poëtes*. Outre qu'il est un de ceux qui offrent le plus d'importance, l'usage en a consacré l'explication dans les classes. Enfin, bien que nous ayons dû laisser de côté plusieurs traités, qui sont moins authentiques, ou qui convenaient moins à l'objet que nous nous proposons et à la classe à laquelle ce livre est destiné, toutes les sciences que Plutarque a abordées, et il les a abordées presque toutes, sont représentées dans nos *Extraits*.

Telle page est une dissertation philosophique ou morale, digne de Platon, de Cicéron ou d'un philosophe chrétion, telle autre un chapitre de rhétorique, où les aperçus ingénieux ou profonds l'emportent sur tout ce que l'antiquité nous a laissé dans l'art de la critique ; ici c'est une narration historique, qu'on croirait empruntée aux *Vies parallèles*, et c'est, ce me semble, le plus bel éloge qu'on puisse en faire ; là, une anecdote, un trait de la vie d'un grand homme raconté avec une vivacité qui fait ressortir plus fortement une vérité ou une leçon de morale ; ailleurs, un portrait qu'eût envié Théophraste. La variété des genres augmente d'autant plus l'intérêt, que dans chaque genre on trouve la perfection.

Nous avons donc l'espoir que ces *Extraits* satisferont tous les goûts, puisqu'ils réunissent, dans tous les genres, les meilleures pages qu'ait écrites le plus éminent des moralistes anciens. Enfin, les professeurs y trouveront, à leur choix, ou des matières variées pour les explications, ou une ample provision pour les versions grecques dictées.

Quant aux notes, il nous eût été facile de les rendre plus savantes, en profitant de l'édition de Wyttenbach : nous avons mieux aimé les rédiger uniquement en vue des élèves ; elles n'ont d'autres prétentions que de leur faciliter l'étude du texte, soit en éclaircissant les passages qui pourraient leur paraître un peu obscurs, soit en interprétant la pensée de l'auteur par des rapprochements empruntés aux auteurs classiques.

NOTICE SUR PLUTARQUE

Vie de Plutarque par lui-même. — Sa patrie. — Ses ancêtres sa famille. — Ses mœurs, son caractère. — Ses voyages à Rome. — Ses auteurs. — Sa philosophie. — Sa religion. — Son style.

D'après le témoignage d'Eunape (1), on aurait pu refaire la biographie de Plutarque en rapprochant les endroits, assez nombreux, où il parlait de lui-même dans ses écrits (2). Il s'en faut de beaucoup que nous possédions aujourd'hui tous ces passages précieux, et ce qui eût été facile, alors qu'on avait ses œuvres en entier, est devenu impossible dans l'état où elles nous sont parvenues. Pour être moins complète, cette étude ne laisse pas cependant d'avoir son intérêt et son utilité, et nous nous sommes efforcé d'en réunir les matériaux, en rapprochant en quelques pages des citations déjà connues, mais éparses çà et là dans ses ouvrages.

Plutarque est né (3) en Béotie, à Chéronée, connue dès le temps d'Homère, sous le nom d'Arné (4). Elle devait son nouveau nom à Chéron, qui en fut comme le second fondateur : « Chéronée, ma patrie, dit Plutarque (5), était tournée vers l'ouest, et recevait, du mont Parnasse, les rayons du soleil couchant : Chéron la tourna vers le levant. » Humble dans le passé et dédaignée (6), elle n'avait pas plus d'importance au temps de Plutarque, et il nous dit lui-même que ce n'était qu'une petite ville (7).

Il nous a transmis peu de détails sur ses ancêtres. Il cite seulement (8) son bisaïeul, Nicarchus, qui lui racontait les faits dont il avait été témoin sous le triumvirat. Il parle également de son aïeul Lamprias (9), dont il nous a retracé le caractère en quelques lignes. C'était un aimable vieillard, que le vin rendait

---

1. Eunape, sophiste du IVᵉ siècle de l'ère chrétienne. On a de lui des *Vies des philosophes* et des fragments d'une *Histoire des Césars*, depuis Claude II jusqu'à Arcadius.
2. «Ἐν θεσπεσίοις Πλούταρχος τὸν ἑαυτοῦ βίον ἀναγράφει τοῖς βιβλίοις ἐνδιεσπαρμένως.»
3. En 48 ap. J.-C. L'époque de sa mort est incertaine; il paraît probable qu'il mourut vers l'an 140.
4. Hom., *Iliad.*, II :
   Οὔτε πολυστάφυλον Ἄρνην ἔχον.
5. Περὶ πολυπραγμοσύνης, au début.
6. «Τῆς πατρίδος ἡμῶν τότε λυπρὰ πραττούσης καὶ διὰ μικρότητα καὶ πενίαν παρορωμένης.» *Vie de Cinna*, ch. I.
7. «Μικρὰν οἰκοῦντες πόλιν.» *Vie de Démosth.*, ch. II.
8. *Vie d'Antoine*, ch. LXVIII.
9. *Ibid.*, ch. XXVIII.

fécond et inventif. « Quand je m'échauffe, disait-il souvent lui-même, j'exhale mon parfum (1). » Son père, plus austère était versé dans l'étude de la philosophie et de la poésie.

Plutarque avait deux frères, Timon et Lamprias, dont il faisait grand cas et qu'il a mis en scène dans deux de ses traités (2). Il parle de tous les deux, et particulièrement de Timon, avec une vive tendresse (3).

Il eut pour femme Timoxène, dont il vante lui-même les rares qualités (4). C'était une âme élevée, exempte des défauts ordinaires aux femmes de la Grèce, sans curiosité et sans superstition. Observant toujours les lois de la simplicité et de la modestie, elle ne se chargeait point de vains ornements, ni au théâtre, ni dans les fêtes solennelles. Dévouée aux soins de ses enfants, qu'elle avait nourris malgré une opération douloureuse, elle montra une grande fermeté de caractère dans la douleur, et supporta en silence le chagrin que lui causa leur perte. Elle avait eu quatre fils et une fille, nommée Timoxène, comme elle, et qui mourut en bas âge (5). Plutarque ressentit vivement ce malheur, plus grand pour le père que pour l'enfant; car, dit-il avec une philosophie touchante : « Elle a peu perdu, n'ayant pas connu de grands bonheurs (6). » Deux de ses frères étaient morts avant elle. Plutarque, en effet, rappelle, à l'occasion de la mort de sa fille, la constance dont sa femme avait fait preuve lors de la mort de son fils aîné et d'un autre enfant du nom de Charon (7). Il lui était donc resté deux fils, comme il apparaît d'ailleurs par d'autres passages de la *Consolation à sa femme* et du traité Περὶ τοῦ Εἰ.

Nous voyons par ce même livre de la *Consolation*, un de ceux qui contiennent le plus de détails sur Plutarque et les siens, quel attachement il portait à sa famille. A chaque ligne éclate sa profonde affection pour Timoxène, qui savait s'en montrer digne. Il s'occupait, comme elle, avec tendresse de l'éducation de ses enfants (8). L'amitié de ses frères, et surtout de Timon, était pour

---

1. « Ἐν τῷ πίνειν εὑρετικώτατος καὶ λογιώτατος· εἴωθει λέγειν ὅτι ὑπὸ θερμότητος ἀναθυμιᾶται. » (Συμποσιακά, liv. I, quest. v.)

2. Περὶ τοῦ Εἰ et Συμποσιακά.

3. Περὶ φιλαδελφίας.

4. *Consolation*, ch. IV, et suiv.

5. Dans les *Symposiaques*, Plutarque parle, il est vrai, de Crason, et de Firmus, auxquels il donne le nom de γαμβρός. Mais ce mot ne signifie pas seulement *gendre*, il désigne aussi le frère de la femme ou le mari de la sœur.

6. *Consolation* : « Μικρῶν ἐστέρηται· μικρὰ γὰρ ἔγνω, καὶ μικροῖς ἔχαιρε. »

7. « Τὸ πρεσβύτατον τῶν τέκνων ἀποβαλοῦσα, καὶ πάλιν ἐκείνου τοῦ καλοῦ Χάρωνος ἡμᾶς προλιπόντος. » (*Consolation*.)

8. « Τοσούτων παίδων πάντων ἐκτεθραμμένων οἴκοι δι' ἡμῶν αὐτῶν. » (*Ibid.*).

lui un bonheur inestimable qu'il regarde comme le plus grand bienfait des dieux (1).

Un homme qui parle en ces termes des affections de la famille ne pouvait manquer d'être de mœurs douces, et ces quelques lignes suffiraient pour nous révéler le caractère de Plutarque. Sa bonté s'étendait même à tout ce qui l'entourait, et l'on aime à voir cet esprit éclairé s'élever au-dessus des préjugés les plus enracinés de la société païenne. Ainsi, et c'est un trait caractéristique pour cette époque, il ne peut pardonner à Caton sa dureté pour les esclaves et pour les animaux. Ce passage mérite d'être rapporté en entier, étant de ceux qui peignent un homme. « A mes yeux, dit-il (2), abuser de ses esclaves comme de bêtes de somme, les chasser ou les vendre quand ils sont devenus vieux, c'est témoigner une excessive dureté de cœur... La bonté est un devoir envers les animaux mêmes. Nourrir ses chevaux épuisés par le travail, soigner ses chiens jusque dans la vieillesse, c'est presque une vertu obligatoire... Il ne faut pas traiter des êtres animés comme les vieilles chaussures, comme les ustensiles, qu'on rejette lorsqu'ils sont cassés ou usés par le service. On doit s'accoutumer à être doux et aimable envers les animaux, ne fût-ce que pour s'exercer à la bonté à l'égard des hommes. Pour moi, je ne voudrais pas vendre mon bœuf de labour, parce qu'il aurait vieilli... »

Un autre mot nous atteste encore quelle était sa droiture, son amour pour le bien : « J'aimerais mieux qu'on dit qu'il n'y a jamais eu, qu'il n'y a point de Plutarque, que de dire que Plutarque est un homme fantasque, changeant, irascible, rancunier, qui se fâche pour rien (3). »

Ainsi, on peut se représenter Plutarque, plein de tendresse pour sa famille, bon pour tout ce qui l'entoure, s'étudiant avant tout à faire le bien et à mériter le titre d'honnête homme. Cette aménité de caractère est d'ailleurs démontrée par un autre fait dont nous trouvons également la preuve dans ses ouvrages : je veux parler du nombre de ses amis. Ruauld en a relevé la liste, et en cite plus de quarante marquants, la plupart connus par les œuvres que leur dédie Plutarque, comme Marcus Sédatus, et surtout Sossius Sénécion, auquel il adresse un grand nombre de ses *Vies parallèles*.

C'est au milieu de ces douces affections, attristées parfois par le malheur, mais le plus souvent paisibles et heureuses, que Plutarque vit retiré dans sa petite ville natale, à Chéronée. Et tel est le calme dont y jouit le laborieux écrivain, tel est son attachement aux intérêts de ses concitoyens, qu'il ne veut pas quitter

---

1. « Πολλῶν ἀξίων χάριτος παρὰ τῆς τύχης γεγονότων, ἡ Τίμωνος εὔνοια τοῦ ἀδελφοῦ πρὸς ἅπαντα τἆλλα γέγονε καὶ ἔστι. » (Περὶ φιλαδελφίας).
2. *Vie de Caton*, ch. v.
3. Περὶ δεισιδαιμονίας.

cette humble bourgade pour les plus splendides capitales. Ailleurs, il trouvera des honneurs plus éclatants, une scène plus vaste et plus digne de ses talents, des ressources indispensables pour un historien (1). Cependant, quoique Chéronée ne lui offre aucun de ces avantages, il tient à l'habiter (2).

Il conserve encore, au bout de près d'un demi-siècle, une profonde reconnaissance envers Lucullus, le bienfaiteur de Chéronée (3). Enfin, sa rancune pour Hérodote, et les accusations qu'il dirige contre lui (4), ne semblent avoir d'autre cause que son extrême affection pour son pays.

Ainsi ne s'éloigna-t-il de Chéronée que fort rarement. Ce fut d'abord pour suivre, à Delphes, les leçons du philosophe égyptien Ammonius, au temps où Néron partit pour la Grèce et l'Asie (66 av. J.-C.). Sans doute, ces premiers enseignements contribuèrent pour une large part au développement de cette belle et vive intelligence, qui dut encore bien plus à ses propres études et à ses méditations. Au moins, Plutarque en garda-t-il un profond souvenir, et il parlait si souvent, dans ses écrits, de celui qui cultiva le germe de son talent, que, d'après le passage déjà cité d'Eunape, on aurait pu écrire aussi la vie du précepteur en recueillant les témoignages du disciple. Nous ne trouvons aujourd'hui, dans les œuvres de Plutarque, que deux endroits peu importants où il fasse mention d'Ammonius (5).

Tout jeune encore Plutarque fut envoyé par ses concitoyens en ambassade auprès du proconsul romain. Il nous raconte lui-même (6) que son collègue l'abandonna dès le début de sa mission et qu'il resta seul pour l'accomplir. Il ajoute que, à son retour, et au moment où il allait rendre compte de sa gestion, son père vint le prendre à part et lui recommanda de ne pas dire : « *Je suis allé* », mais « *Nous sommes allés* »; ni « *J'ai dit* », mais *Nous avons dit* ; en un mot, de mettre tout en commun et d'éviter de ne parler que de lui-même. Ses débuts dans la vie politique lui valurent une leçon de modestie.

Enfin, il se rendit plusieurs fois à Rome. Il parle lui-même de son second et de son troisième voyage : il y avait donc été deux fois au moins avant d'y séjourner. Suivant quelques-uns, il s'y rendit à l'instigation de Sénécion : il est plus probable que son principal but était de profiter des immenses ressources qu'il devait y trouver. Son dernier voyage eut lieu avant Domitien, puisqu'il eut pour auditeur ce Rusticus, qui fut mis à mort par ordre de ce

---

1. *Vie de Démosthène*, ch. II.
2. «Φιλοχωροῦντες.» (*Ibid.*)
3. *Vie de Cicéron*, au début.
4. *De la malignité d'Hérodote*.
5. *Traités du flatteur et de l'ami et Inscription Delphique.* (Περὶ τοῦ Εἶ.)
6. Πολιτικὰ παραγγέλματα.

prince. Les philosophes et les savants se groupèrent en foule autour de lui ; leurs visites et leurs entretiens occupèrent une grande partie de son temps, et ne lui laissèrent pas de loisirs (1). Suivant l'usage des rhéteurs à cette époque, il y fit des lectures ou leçons publiques en grec.

D'abord, comme il le déclare lui-même, il n'avait pas eu le temps d'approfondir l'étude du latin ; ensuite, la langue grecque était généralement comprise à cette époque, où les jeunes gens de distinction allaient l'apprendre le plus souvent à Athènes. Le succès de Plutarque fut immense, et les grands eux-mêmes aimaient à assister à ses leçons, où furent ébauchés sans doute plusieurs de ses traités de morale. Nous trouvons dans ses écrits (2) une preuve de la religieuse attention qu'on lui prêtait. Au milieu d'un de ses entretiens, un soldat entra et remit à Rusticus une lettre de l'empereur. On se tait, Plutarque lui-même s'interrompt pour laisser Rusticus lire sa missive. Mais celui-ci n'en voulut rien faire, et il ne brisa le cachet que quand l'orateur eut terminé son discours, et que la séance fut levée.

Revenu ensuite à Chéronée pour s'y fixer (3), il se consacra tout entier à l'étude, et au plaisir de faire le bien dans le silence et la retraite.

Archonte (4), prêtre d'Apollon (5), il eut à cœur de servir sa patrie, et d'empêcher, autant qu'il était en lui, qu'elle ne devînt plus humble encore (6). Entouré des précieux matériaux qu'il avait laborieusement amassés, il composa cette œuvre immense, qui n'a pas d'égale dans la littérature ancienne. Outre l'histoire qui y occupe le premier rang, toutes les connaissances humaines, politique, économie, physique, théologie, médecine, antiquités,

---

1. Vie de Démosthène, ch. II : « Οὐ σχολῆς οὔσης ὑπὸ χρειῶν πολιτικῶν καὶ τῶν διὰ φιλοσοφίαν πλησιαζόντων. »

2. Περὶ πολυπραγμοσύνης.

3. S'il faut en croire Suidas, il fut nommé consul par Trajan, qui prescrivit à tous les magistrats de l'Illyrie de ne rien faire sans l'avis de Plutarque. Quelques-uns prétendent qu'il aurait été le précepteur de Trajan. On cite à l'appui une lettre de Trajan, qui n'existe pas en grec. Le texte latin même, qui n'a rien d'authentique, ne signifie pas que Plutarque ait été précepteur du prince. Les mots *Vivendi auctorem habes Plutarchum... In perniciem imperii non pergis auctore Plutarcho,* » peuvent s'entendre comme s'appliquant simplement à l'influence morale des conseils et des écrits de Plutarque. Pour lui, il ne parle nulle part d'un fait si important, qui était néanmoins admis par les critiques de la Renaissance et auquel Pétrarque, entre autres, a cru devoir ajouter foi. M. Pierron fait remarquer que Trajan n'avait que trois ou quatre années de moins que celui qui aurait été chargé de l'éducation de son enfance. Si le fait a quelque chose de fondé, il ne peut donc être question de Trajan, mais d'Adrien dont le nom, *Trajanus Adrianus,* peut avoir donné lieu à cette confusion.

4. *Sympos.*, liv. II, quest. 20 et liv. VI, quest. 8.

5. Εἰ πρεσβυτέρῳ πολιτευτέον.

6. Vie de Démosth., ch. II, «Ἵνα μὴ μικρότερα γένηται. »

rhétorique, ont trouvé place dans cette suite de chefs-d'œuvre, qui forment une véritable encyclopédie. Les documents qu'il avait consultés sont innombrables. Un simple relevé, de ses ouvrages, peut nous donner une idée des lectures infatigables par lesquelles il s'était préparé à son vaste travail. C'est la liste des auteurs qu'il cite à chaque instant dans ses divers écrits.

Fabricius et Reiske l'ont faite aussi complète que possible (1). Cette liste, qui ne contient pas moins de quatre cents noms d'auteurs dans tous les genres, est intéressante à plus d'un titre. D'abord, elle nous montre quelles étaient les ressources dont disposait Plutarque, et quel respect nous devons à un historien consciencieux, qui pouvait consulter tant de précieux documents, aujourd'hui disparus pour la plupart. Ensuite, elle peut aider à refaire, pour ainsi dire, une page perdue de la littérature ancienne.

Ainsi, parmi les historiens, que de matériaux, que de trésors dont il ne nous reste rien, quelquefois pas même le souvenir. C'étaient d'abord des histoires générales de la Grèce, comme celles de Dion, d'Éphore, de Néanthe de Cyzique, de Duris, de Théopompe, de Phylarque, de Stésimbrote, d'Hellanicus, et d'autres; des histoires particulières de l'Attique, ou *Atthides*, de Philochore, d'Ister, de Bion de Soli, de Clidémus, d'Androtion; des histoires spéciales des villes ou États de la Grèce, telles que celles de Ménécrate, pour Nicée; de Dinias, pour Argos; de Pænon d'Amathonte, pour Chypre; de Polyzélus, pour Rhodes; d'Héraclide, pour Paros; d'Aristocrates, pour Sparte; d'Anticlide, pour Délos; des biographes, comme les douze auteurs qui avaient écrit la vie d'Alexandre; comme Athanis, pour celle de Dion; Androclide, auteur de *Dits des hommes illustres*; Anticlide, auteur d'un livre Περὶ νόστων, sur le retour des chefs grecs après la prise de Troie; Hiéronyme, qui avait eu entre les mains le *Journal* de Pyrrhus; les *Éphémérides* et le recueil des lettres d'Alexandre le Grand, et beaucoup d'autres.

Pour les Romains, des *Histoires*, dont plusieurs écrites en grec, comme celle d'Acilius, de Fabius Pictor, de Juba; l'*Histoire de Rome*, de Dioclès de Péparèthe; les *Italiques*, de Promathion; les grandes *Histoires* ou *Annales* de Posidonius, continuateur de Polybe; de C. Fannius, l'ami des Gracques; de L. Sisenna, de Fénestella, de L. Calpurnius Pison, de Rutilius, de Salluste; des histoires particulières, comme les *Origines* de Caton; vingt-deux livres de *Mémoires* écrits par Sylla, l'*Histoire de Sylla*, par Munatius Rufus, son ami; l'*Histoire de la guerre entre César et Pompée*, par Asinius Pollion; l'*Anti-Caton*, de César; le *Caton*, de Thraséa Pætus; l'*Histoire de Pompée*, par Théophane, son ami et son conseiller; la *Vie et les lettres de Cicéron*, conservées

---

1. Fabric., *Bibl. gr.*, vol. V. — Reiske, t. XI et XII.

par Tiron, son affranchi ; les *Discours* de Marc Antoine, en réponse aux *Philippiques* ; l'*Histoire de la guerre de Macédoine*, par Scipion Nasica ; les *Lettres* de Cornélie ; les *Mémoires* d'Auguste ; en un mot, des ouvrages d'autant plus précieux qu'ils avaient pour auteurs les héros mêmes de l'histoire ou ceux qui avaient approché le plus près des principaux personnages.

Ajoutez les philosophes, les orateurs, les rhéteurs, les poëtes, dont Plutarque savait aussi bien faire son profit que des historiens, et qui souvent ne sont pas les moins utiles à consulter pour qui veut saisir les mœurs d'un homme ou d'une société ; des traités particuliers et techniques, comme l'ouvrage de Diodore le Périégète *Sur les monuments*; comme la chronologie (ἔλεγχος χρόνων), de Clodius ; les *Inscriptions*, les *Registres publics*, les *Décrets*, les *Lois*, par exemple les tables de bois, κύρβεις, où étaient gravées les lois de Solon ; et vous comprendrez la valeur de l'œuvre immense de Plutarque, où nous pouvons du moins retrouver comme la substance de tant de précieux documents, anéantis sans retour, et dont cette vaste encyclopédie peut jusqu'à un certain point tenir lieu.

Œuvre immense, en effet, quoiqu'il ne nous en reste plus qu'une partie. D'après les listes les plus complètes des œuvres morales, Plutarque avait écrit près de cent traités. Nous n'en avons guère que quatre-vingts, plus des fragments plus ou moins incomplets, plus ou moins authentiques de quelques autres. Et néanmoins, même mutilée, telle qu'elle nous est parvenue, l'œuvre de Plutarque est la plus vaste et la plus précieuse que nous ait laissée l'antiquité. Elle nous permet encore de reconnaître quelle place importante il convient d'assigner au philosophe de Chéronée parmi tant d'éminents philosophes, et quelle haute idée il se fait de la philosophie. Sans appartenir servilement à aucune secte ni à aucune école, il est de ceux qui croient qu'un esprit éclairé doit prendre la vérité partout où elle se trouve. Il combat dans maint endroit la doctrine sensualiste des Épicuriens, sans accepter aveuglément l'excessive rigueur des principes stoïciens. Les Académiciens, comme il le dit lui-même [1], ont droit à ses préférences, mais, en somme, il est plutôt ce qu'on appellerait aujourd'hui un éclectique. Le caractère marquant de sa philosophie, c'est qu'elle est, avant tout, sensée et pratique : la théorie ne va pas, chez lui, sans l'application. Il n'oublie pas, sans doute, que la philosophie est la science des principes, et qu'elle domine toutes les autres connaissances [2], dont elle est la plus importante ; mais elle doit servir, dans les faits, à régler notre conduite, et rien n'est plus étrange, à ses yeux, que l'incon-

---

[1]. Περὶ τοῦ Εἶ.

[2]. Περὶ παίδων ἀγωγῆς, 10 : « Δεῖ τῆς ἄλλης παιδείας ὥσπερ κεφάλαιον ποιεῖν τὴν φιλοσοφίαν. »

séquence de ces philosophes, qui démentent par leur manière d'agir les beaux principes qu'ils exposent dans leur doctrine (1). Elle n'est autre chose, pour l'homme sensé, que l'étude constante de la vertu, et son rôle le plus essentiel est de lui inspirer cette fermeté d'âme, que rien n'abat (2); de lui offrir des motifs de consolation contre toutes les infortunes et les épreuves de la vie humaine (3); enfin, de lui donner cette noblesse de caractère, qui ne s'abaisse jamais devant les fausses grandeurs de la terre (4). Nous ne citons ici que les principaux traits propres à nous faire comprendre l'idéal que Plutarque se fait des philosophes, c'est-à-dire, à dépeindre Plutarque lui-même. Mais le rôle de la philosophie, à ses yeux, ne se borne pas à former le citoyen vertueux. Le plus bel emploi qu'on en puisse faire c'est de l'unir à l'administration des affaires publiques (5). Enfin, élevant l'esprit dans des sphères plus hautes, elle doit le guider dans l'étude de la religion, et la raison seule peut le préserver de grossières erreurs auxquelles étaient exposés ceux qui s'attachaient, dans les mystères, à la lettre et aux formes extérieures (6).

Aussi, par la force de sa raison et de son génie, Plutarque s'élève-t-il à la connaissance des plus sublimes vérités; et il faut, quand on lit telle page éloquente sur la divinité, se rappeler qu'il était païen et prêtre d'Apollon, pour ne pas croire, avec un écrivain ecclésiastique (7), « qu'il a mêlé à ses propres idées beaucoup des principes de la théologie chrétienne. » Pour lui, en effet, il n'y a qu'un dieu (ὁ θεός, τὸ θεῖον) éternel, tout-puissant et parfait. Pour s'en former une idée, il faut s'élever au-dessus des images imparfaites qu'offre la création. En lui réside l'idéal du droit et de la justice, nous devons l'aimer et le respecter (8).

Les hommes doivent tendre à l'imiter: il est l'absolue perfection: être vertueux, c'est s'approcher de Dieu. Ailleurs, il définit

---

1. Περὶ στωϊκῶν ἐναντιωμάτων, au début : «Δεῖ τὸν βίον τοῦ φιλοσόφου τῷ λόγῳ σύμφωνον εἶναι. Ὁ γὰρ λόγος τοῦ φιλοσόφου νόμος αὐθαίρετος καὶ ἴδιός ἐστιν· εἴγε δὴ, μὴ παιδιὰν, ἀλλ' ἔργον ἄξιον σπουδῆς τῆς μεγίστης, ὥσπερ ἐστίν, ἡγούνται.»

2. Περὶ τῆς Ἀλεξάνδρου τύχης, 1ᵉʳ Disc. à la fin : «Οἱ φιλόσοφοι τῶν πολλῶν διαφέρουσι τῷ τὰς κρίσεις ἔχειν ἐρρωμένας παρὰ τὰ δεινὰ καὶ τὰς πεπηγυίας.»

3. Voyez page 36.

4. Γαμικὰ παραγγέλματα, XXXIII : «Οἱ φιλόσοφοι τοὺς πλουσίους θεραπεύοντες, οὐκ ἐκείνους ποιοῦσιν ἐνδόξους, ἀλλ' αὑτοὺς ἀδοξοτέρους.»

5. Περὶ παίδων ἀγωγῆς, V : «Ὁ θεωρητικὸς βίος τοῦ πρακτικοῦ διαμαρτάνων, ἀνωφελής· ὁ δὲ πρακτικὸς ἀμοιρήσας φιλοσοφίας, ἄμουσος καὶ πλημμελής.» κ. τ. λ.

6. Περὶ Ἴσιδος καὶ Ὀσίριδος, ch. LXVIII.

7. Théodoret : «Τῇ πολλῇ τῶν φιλοσόφων ἀπάτῃ δουλεύων, τῆς χριστιανῆς θεολογίας πολλὰ τοῖς οἰκείοις ἀνέμιξε λόγοις.»

8. Voyez principalement, Vie d'Aristide, ch. VI; et, dans le présent volume, page 80.

Dieu la cause par excellence, l'intelligence, qui gouverne l'univers (1). C'est un sacrilège de penser mal de lui, c'est un attentat d'en concevoir des idées superstitieuses, de l'identifier avec nos passions, ou avec les choses matérielles (2). Ce n'est point par de vaines cérémonies ni par des sacrifices impies qu'il faut honorer Dieu (3); c'est en esprit qu'il faut l'adorer, par la pureté de nos intentions (4). Beaucoup d'autres passages encore nous montreraient en Plutarque un véritable philosophe chrétien; tant il se rapproche des doctrines qui se révèlent alors au monde. Ces doctrines, il a dû les connaître, et se sentir attiré vers elles. A l'époque où il se rend à Rome, de l'an 70 à l'an 80, il y trouve les idées nouvelles apportées par saint Paul jusque dans le palais de l'empereur. Il a presque pu assister au martyre de l'Apôtre en 65. Plutarque, à cette époque, est à la fleur de l'âge, au temps de l'enthousiasme, et son âme, préparée par l'étude de la philosophie profane, n'a pas dû rester indifférente aux solutions que lui apportent les chrétiens sur les sublimes problèmes qui le préoccupent. Cependant, il n'est pas vraisemblable d'en conclure qu'il ait rien pris à la nouvelle religion, pas plus que Sénèque. C'est précisément parce qu'il est presque un chrétien, qu'il ne rejette point le paganisme; le paganisme n'était plus qu'une forme : pour ces grands esprits, dont les idées étaient à la hauteur des idées chrétiennes, la forme n'avait qu'une importance secondaire. Il n'y avait qu'un nom à changer.

Après avoir étudié rapidement les idées de Plutarque, il nous resterait à dire quelques mots de son style. Aussi bien, il n'est peut-être pas, chez les anciens, d'écrivain qui ait été jugé plus diversement par les critiques. L'un (5) lui donne le nom, à moitié flatteur, de « rhéteur de Chéronée. » Un autre (6) va jusqu'à dire que Plutarque « aurait, s'il l'avait pu, fait gagner à Pompée la bataille de Pharsale, pour arrondir sa phrase. » Un troisième (7), non moins bon helléniste pourtant, trouve que son style se ressent bien plus de la nature que de l'art, et qu'il ressemble à ces anciens bâtiments, dont les pierres ne sont ni polies, ni bien arrangées, et ont plus de solidité que de grâce. Ce qu'il est plus juste de dire, c'est que la langue de Plutarque n'est plus celle de Platon ou de Thucydide, pas plus que le meilleur français de nos jours.

---

1. Συμποσιακά, liv. VIII, quest. II : « Ὁ ἄριστος τῶν αἰτιῶν. » — Περὶ τῶν ἐκλελοιπότων χρηστηρίων : « Ἡγεμόνα τοῦ ὅλου θεόν, ἔχοντα καὶ νοῦν καὶ λόγον. »
2. Ἐρωτικός, ch. XXVI. Περὶ Ἴσιδος καὶ Ὀσίριδος, ch. LXVI.
3. Vie de Pélopidas, ch. XXI.
4. Περὶ δεισιδαιμονίας, III : « Πρὸς δὲ τοὺς θεοὺς ἄρχονται ὁμῷ τῷ στόματι καὶ δικαίῳ προσεύχεσθαι. » κ. τ. λ.
5. M. Mérimée.
6. P.-L. Courier.
7. Dacier.

voire même celui du dix-huitième siècle, n'est le français de Pascal ou de Bossuet. Mais ce n'est pas là un défaut particulier du style de Plutarque, dont le caractère, en réalité, est presque de n'en point avoir. C'est son mérite et son défaut. Démosthène a des défauts saillants, parce qu'il a de saillantes qualités. A part quelques figures hardies et expressives, répandues de loin en loin, le style de Plutarque est uni et égal, qualités qui excluent la force et la vivacité, et jusqu'à un certain degré, l'originalité personnelle.

Mais, tout en laissant de côté beaucoup de points importants, nous avons déjà trop dépassé les bornes de cette notice.

Nous renvoyons aux critiques plus autorisés, et nous indiquerons parmi beaucoup d'autres documents à consulter : l'étude sur Plutarque, publiée en tête de la traduction des *Vies parallèles*, par Ricard; celle de M. A. Pierron; Thomas, *Essai sur les éloges*; Dacier, *Vie de Plutarque*; Villemain, *Mélanges de littérature ancienne*; Gréard, *La Morale de Plutarque*.

P. L.

PLUTARQUE

EXTRAITS DES ŒUVRES MORALES

DE L'ÉDUCATION DES ENFANTS[1]

Il faut veiller à l'éducation des enfants dès leur naissance. — Il ne suffit pas que le fonds soit bon, il faut une bonne culture et de bonnes semences.

1. Influence de l'éducation sur le naturel.

Φύσεως ἀρετὴν διαφθείρει ῥᾳθυμία, φαυλότητα δὲ ἐπανορθοῖ διδαχή. Ἀγαθὴ γῆ πέφυκεν; ἀλλ' ἀμεληθεῖσα χερσεύεται, καὶ ὅσῳ τῇ φύσει βελτίων ἐστί, τοσούτῳ μᾶλλον, ἐξαργηθεῖσα, δι' ἀμέλειαν ἐξαπόλλυται[2]. Ἀλλ' ἔστι τις ἀπόκροτος καὶ τραχυτέρα τοῦ δέοντος; ἀλλὰ γεωργηθεῖσα παραυτίκα γενναίους καρποὺς ἐξήνεγκε[3]. Ποῖα δὲ δένδρα οὐκ, ὀλιγωρηθέντα μὲν, στρεβλὰ φύεται καὶ ἄκαρπα καθίσταται, τυχόντα δὲ ὀρθῆς παιδαγωγίας[4], ἔγκαρπα γίνεται

---

1. On peut rapprocher de ce traité, entre autres ouvrages sur l'Éducation, la *Cyropédie*, de Xénophon, le VIIe livre des *Lois*, de Platon, le VIIe et le VIIIe livre de la *Politique*, d'Aristote, le Ier livre de l'*Institutio oratoria*, de Quintilien, et, parmi les auteurs français, la *Lettre à Mme de Foix*, de Montaigne, le *Traité des études*, de Rollin, l'*Émile* de Rousseau, etc. Il est d'ailleurs plus que probable que ce traité, qu'on a toujours maintenu en tête des ouvrages de Plutarque, ne lui appartient pas.

2. Ἐξαπόλλυται. Ovide, *Trist.*, V, xii, 23 :

Fertilis assiduo si non renovetur aratro,
Nil nisi cum spinis gramen habebit ager.

Et Cicéron, *Tusc.*, II, 5 : « Ut ager, quamvis fertilis, sine cultura fertilis esse non potest : sic sine doctrina animus... Haec extrahit vitia radicitus, et praeparat animos ad satus accipiendos, eaque mandat his, et, ut ita dicam, serit quae adulta fructus uberrimos ferant. »

3. Ἐξήνεγκε. L'aoriste marque que l'action est bientôt faite, que le résultat ne se fait pas attendre. Ainsi l'Éridan déborde, dans Virgile :

Cum stabulis armenta tulit.

4. Παιδαγωγίας, qui ne peut s'appliquer aux arbres que par catachrèse, rappelle la similitude entre les deux idées comparées. — Cf. Virg., *Georg.*, II, 50.

καὶ τελεσφόρα· Ποία δὲ σώματος ἰσχὺς οὐκ ἐξαμβλοῦται καὶ καταφθίνει, δι' ἀμέλειαν καὶ τρυφὴν καὶ καχεξίαν; τίς δ' ἀσθενὴς φύσις οὐ τοῖς γυμνασαμένοις καὶ καταθλήσασι πλεῖστον εἰς ἰσχὺν ἐπέδωκε; Τίνες δ' ἵπποι καλῶς πωλοδαμνηθέντες, οὐκ εὐπειθεῖς ἐγένοντο τοῖς ἀναβάταις; τίνες δὲ ἀδάμαστοι μείναντες, οὐ σπληραύχενες καὶ θυμοειδεῖς ἀπέβησαν[1]; Καὶ τί δεῖ τἄλλα θαυμάζειν, ὅπου γε τῶν θηρίων τῶν ἀγριωτάτων ὁρῶμεν πολλὰ καὶ τιθασσευόμενα καὶ χειροήθη γιγνόμενα τοῖς πόνοις; Ἑνὶ δὲ περὶ τούτων ἔτι παραδείγματι χρησάμενος, ἀπαλλάξομαι τοῦ ἔτι περὶ αὐτῶν μηκύνειν. Λυκοῦργος γὰρ ὁ τῶν Λακεδαιμονίων νομοθέτης δύο σκύλακας τῶν αὐτῶν γονέων λαβών, οὐδὲν ὁμοίως ἀλλήλοις ἤγαγεν· ἀλλὰ τὸν μὲν ἀπέφηνε λίχνον καὶ σινάμωρον, τὸν δὲ ἐξιχνεύειν καὶ θηρᾶν δυνατόν. Εἶτά ποτε τῶν Λακεδαιμονίων εἰς ταὐτὸ συνειλεγμένων· « Μεγάλη τοι ῥοπὴ[2] πρὸς ἀρετῆς κτῆσίν ἐστιν, ἄνδρες, ἔφησε, Λακεδαιμόνιοι, καὶ ἔθη, καὶ παιδεῖαι, καὶ διδασκαλίαι, καὶ βίων ἀγωγαί, καὶ ἐγὼ ταῦτα ὑμῖν αὐτίκα δὴ μάλα ποιήσω φανερά. » Εἶτα προσαγαγὼν τοὺς δύο σκύλακας διαφῆκε, καταθεὶς εἰς μέσον λοπάδα καὶ λαγωὸν κατευθὺ τῶν σκυλάκων· καὶ ὁ μὲν ἐπὶ τὸν λαγωὸν ᾖξεν· ὁ δὲ ἐπὶ τὴν λοπάδα ὥρμησε. Τῶν δὲ Λακεδαιμονίων οὐδέπω συμβαλεῖν ἐχόντων[3], τί ποτε αὐτῷ[4], τοῦτο δύναται, καὶ τί βουλόμενος[5] τοὺς σκύλακας ἐπεδείκνυεν· « Οὗτοι γονέων, ἔφη, τῶν αὐτῶν ἀμφότεροι, διαφόρου δὲ τυχόντες[6] ἀγωγῆς, ὁ μὲν λίχνος, ὁ δὲ θηρευτὴς ἀποβέβηκε. »

1. Ἀπέβησαν, et plus bas ἀποβέβηκε, dans le même sens que evadere, en latin : *Evadunt asperiores.* (Cic.)

2. Ῥοπή, litt., ce qui fait pencher la balance. Μεγάλη ῥοπή, *res magni momenti*, ce qui est d'un grand poids.

3. Ἔχω avec un infinitif, *pouvoir*.

4. Αὐτῷ, explétif. — Δύναται, sens neutre : *quelle était la valeur*. Τί τοῦτο δύναται (Aristoph.) Qu'est-ce que cela veut dire?

5. Τί βουλόμενος. Idiotisme, comme τί παθών, *dans quelle intention, pourquoi*.

6. Οὗτοι...τυχόντες... ἀποβέβηκε. Cette phrase, où l'idée a dominé

DE L'ÉDUCATION DES ENFANTS.

Les mères doivent nourrir elles-mêmes leurs enfants et veiller avec le plus grand soin au choix des personnes qu'elles placent auprès d'eux.

2. Importance des premières impressions.

Ὥσπερ τὰ μέλη τοῦ σώματος εὐθὺς ἀπὸ γενέσεως πλάττειν τῶν τέκνων ἀναγκαῖόν ἐστιν, ἵνα ταῦτα ὀρθὰ καὶ ἀστραβῆ φύηται· τὸν αὐτὸν τρόπον ἐξ ἀρχῆς τὰ τῶν τέκνων ἤθη ῥυθμίζειν προσήκει. Εὔπλαστον γὰρ καὶ ὑγρὸν[1] ἡ νεότης, καὶ ταῖς τούτων ψυχαῖς ἁπαλαῖς ἔτι τὰ μαθήματα ἐντήκεται· πᾶν δὲ τὸ σκληρὸν χαλεπῶς μαλάττεται. Καθάπερ γὰρ σφραγῖδες τοῖς ἁπαλοῖς ἐναπομάττονται κηροῖς[2]· οὕτως αἱ μαθήσεις ταῖς τῶν ἔτι παιδίων ψυχαῖς ἐναποτυποῦνται. Καί μοι δοκεῖ Πλάτων ὁ δαιμόνιος[3] ἐμμελῶς παραινεῖν ταῖς τίτθαις, μὴ τοὺς τυχόντας[4] μύθους τοῖς παιδίοις λέγειν, ἵνα μὴ τὰς τούτων ψυχὰς ἐξ ἀρχῆς ἀνοίας καὶ διαφθορᾶς ἀναπίμπλασθαι συμβαίνῃ. Κινδυνεύει[5] δὲ καὶ Φωκυλίδης[6] ὁ ποιητὴς καλῶς παραινεῖν, λέγων·

Παῖδ' ἔτ' ἐόντα χρεών δή, καλὰ διδασκέμεν[7] ἔργα.

l'accord rigoureux des mots, offre une construction irrégulière, une *anacoluthe*, dont on trouve des exemples dans les meilleurs auteurs. Cf. Isocr., *Panégyr.*, p. 40, n. 8 de notre édition.

1. Ὑγρόν, au neutre, quoique le sujet (νεότης) soit féminin: littér., *la jeunesse est chose flexible*. Construct. fréquente, et dont on trouvera d'autres exemples plus bas, p. 4, n. 4, et *passim*. De même en latin: Triste lupus stabulis. Varium et mutabile semper femina. — Cf. Saint Basile, sur la lect. des aut. profanes, IV: Ἀμετάστατα πέφυκεν εἶναι τὰ τῶν τοιούτων μαθήματα, διὰ τὴν τῶν ψυχῶν ἁπαλότητα εἰς βάθος ἐναρμαινόμενα.

2. Κηροῖς. C'est par une idée semblable que Horace appelle le jeune homme: « *cereus in vitium flecti.* »

3. Δαιμόνιος, *divin*. Cicéron dit de même: « Homo *divinus* in dicendo. *Divinus* auctor Plato. » Et même: « Plato *quasi quidam deus* philosophorum. *Deus* ille noster Plato. »

4. Τοὺς τυχόντας. Ὁ τυχών, le premier venu; τὰ τυχόντα, les premières choses venues, des choses vulgaires, absurdes.

5. Κινδυνεύει, *paraît*. Κινδυνεύει ὁ θεὸς σοφὸς εἶναι (Plat.), La divinité *paraît* seule être sage.

6. Φωκυλίδης. Phocylide (vers 540 av. J.-C.), poëte gnomique, contemporain de Théognis. Il nous reste de lui des sentences en 217 vers.

7. Διδασκέμεν, infinit. poét. pour διδάσκειν. On dit: λύεμεν, λυέμεναι, pour λύειν. — ἔμμεν, ἔμμεναι, pour εἶναι, etc. — Phocylide, fragm. 5, édit. Boissonade.

Funeste erreur ou coupable indifférence! On voit des pères de famille s'inquiéter de l'avenir et de la fortune de leurs enfants, mais les livrer aux mains de gouverneurs incapables ou dangereux.

3. Une bonne éducation est le plus précieux des biens.

Πρῶτον καὶ μέσον καὶ τελευταῖον[1] ἀγωγὴ σπουδαία καὶ παιδεία νόμιμός ἐστι· καὶ ταῦτα φορὰ καὶ συνεργὰ πρὸς ἀρετὴν καὶ πρὸς εὐδαιμονίαν φημί. Καὶ τὰ μὲν ἄλλα τῶν ἀγαθῶν ἀνθρώπινα καὶ μικρά, καὶ οὐκ ἀξιοσπούδαστα καθέστηκεν. Εὐγένεια καλὸν μέν, ἀλλὰ προγόνων ἀγαθόν. Πλοῦτος δὲ τίμιον μέν, ἀλλὰ τύχης κτῆμα· ἐπειδὴ τῶν μὲν ἐχόντων πολλάκις ἀφείλετο, τοῖς δ' οὐκ ἐλπίσασι φέρουσα[2] προσήνεγκε· καὶ ὁ πολὺς πλοῦτος σκοπός ἐστι τοῖς βουλομένοις βαλάντια τοξεύειν, κακούργοις οἰκέταις καὶ συκοφάνταις· καὶ τὸ μέγιστον, ὅτι καὶ τοῖς πονηροτάτοις μέτεστι. Δόξα γε μὴν σεμνόν, ἀλλ' ἀβέβαιον. Κάλλος δὲ περιμάχητον μέν, ἀλλ' ὀλιγοχρόνιον. Ὑγίεια δὲ τίμιον μέν, ἀλλ' εὐμετάστατον. Ἰσχὺς δὲ ζηλωτὸν μέν, ἀλλὰ νόσῳ εὐάλωτον καὶ γήρᾳ. Τὸ δὲ ὅλον, εἴ τις ἐπὶ τῇ τοῦ σώματος ῥώμῃ φρονεῖ, μαθέτω γνώμης διαμαρτάνων[3]. Πόστον γάρ ἐστιν ἰσχὺς ἀνθρωπίνη τῆς τῶν ἄλλων ζῴων δυνάμεως; λέγω δὲ, οἷον ἐλεφάντων καὶ ταύρων καὶ λεόντων. Παιδεία δὲ τῶν ἐν ἡμῖν μόνον ἐστὶν ἀθάνατον καὶ θεῖον[4]. Καὶ δύο τὰ πάντων ἐστὶ κυριώτατα ἐν

1. Τελευταῖον. Litt. Une chose qu'il faut placer au commencement, au milieu et à la fin, la chose capitale, importante par excellence. Ainsi Démosthène disait que, dans l'art oratoire, la *première* chose, était l'action; la *seconde*, l'action; la *troisième*, l'action.

2. Φέρουσα, dans le sens de *ultro* en latin : *Elle a la fantaisie* de les porter, elle va les porter...

3. Μαθέτω διαμαρτάνων. Idiotisme, comme μέμνησο ἄνθρωπος ὤν. Le participe grec joue le rôle d'une proposition infinitive en latin, et d'une proposition complétive avec *que* en français : Μαθέτω ἑαυτὸν διαμαρτάνων, dirait-on d'après la tournure latine.

4. Θεῖον. « Gloire, puissance, richesses, abondance, noms superbes et magnifiques, choses vaines et stériles! » s'écrie Bossuet. Sur ces idées, souvent développées chez les anciens

ἀνθρωπίνῃ φύσει, νοῦς καὶ λόγος. Καὶ ὁ μὲν νοῦς ἀρχικός ἐστι τοῦ λόγου· ὁ δὲ λόγος ὑπηρετικὸς τοῦ νοῦ· τύχῃ μὲν ἀνάλωτος[1], συκοφαντίᾳ δὲ ἀναφαίρετος, νόσῳ δ' ἀδιάφθορος, γήρᾳ δ' ἀλύμαντος. Μόνος γὰρ ὁ νοῦς παλαιούμενος ἀνηβᾷ· καὶ ὁ χρόνος τἆλλα πάντ' ἀφαιρῶν, τῷ γήρᾳ προστίθησι τὴν ἐπιστήμην. Ὅ γε μὴν πόλεμος χειμάρρου δίκην[2] πάντα σύρων καὶ πάντα παραφέρων, μόνην οὐ δύναται παιδείαν παρελέσθαι. Καί μοι δοκεῖ Στίλπων[3] ὁ Μεγαρεὺς φιλόσοφος ἀξιομνημόνευτον ποιῆσαι ἀπόκρισιν, ὅτε Δημήτριος[4] ἐξανδραποδισάμενος τὴν πόλιν, εἰς ἔδαφος κατέβαλε, καὶ τὸν Στίλπωνα ἤρετο, μή[5] τι ἀπολωλεκὼς εἴη· καὶ ὅς· « Οὐ δῆτα, εἶπε, πόλεμος γὰρ οὐ λαφυραγωγεῖ[6] ἀρετήν. » Σύμφωνος δὲ καὶ συνῳδὸς[7] καὶ ἡ Σωκράτους ἀπόκρισις ταύτῃ φαίνεται. Καὶ γὰρ οὗτος, ἐρωτήσαντος αὐτὸν, μοι δοκεῖ, Γοργίου[8], ἣν ἔχει περὶ τοῦ μεγάλου βασιλέως ὑπόληψιν, καὶ εἰ νομίζει τοῦτον εὐδαίμονα εἶναι· « Οὐκ οἶδα, ἔφησε, πῶς ἀρετῆς[9] καὶ παι-

comme chez les modernes, on peut consulter particulièrement parmi les auteurs grecs, Platon. *Rép.*, l. 6; Isocr., *Cons. à Démonique*, 19; saint Basile, *Disc. sur la lect. des aut. prof.*, III.

1. Ἀνάλωτος (α priv. ν euphonique et ἁλίσκομαι, sur quoi la fortune n'a aucune prise) se rapporte à νοῦς, et non à λόγος. Considérez la phrase ὅδε λόγος, κ. τ. λ., comme une parenthèse.

2. Δίκην, *more, in morem*.

3. Στίλπων. Stilpon de Mégare (vers 300 av. J.-C.), maître de Zénon, chef de l'école stoïcienne. Démétrius ordonna qu'on respectât sa maison. Cf. Diog. Laërt. II, 11. — Sén., *Ep.*, IX : « Nihil, inquit, perdidi... Omnia mea mecum sunt : justitia, virtus, temperantia, prudentia. Hoc ipsum, nihil bonum puta, quod eripi possit. » Voy. aussi Sén., *De constantia*, v.

4. Δημήτριος. Démétrius Poliorcète. Voy. Plut. *Vie de Démétrius*, ch. IX.

5. Μή, interrogatif, comme *num*, ne, ou, plus souvent, *nonne*.

6. Λαφυραγωγεῖ — ἄγει ὡς λάφυρα.

7. Σύμφωνος, συνῳδός. En latin *consonus*, *concinens*.

8. Γοργίου. Gorgias de Léontium, sophiste célèbre.

9. Πῶς ἀρετῆς, littér., *en quel état, auquel degré de vertu*. Ainsi : οὕτως ἔχων ἡλικίας. S. Bas. A l'âge où je suis. — Ἔχω, avec un adverbe, signifie *être*. Voy. sur cette réponse de Socrate, Cicéron. *Tusc.*, V, 12 : « Tu igitur ne de Persarum quidem rege magno potes dicere beatusne sit? — An ego possim, quum ignorem quam sit doctus, quam vir bonus? »

δείας ἔχει· » ὡς τῆς εὐδαιμονίας ἐν τούτοις, οὐκ ἐν τοῖς τυχηροῖς ἀγαθοῖς κειμένης.

On a tort de négliger les exercices du corps. La force et la santé profitent à la vigueur du corps.

4. Justes ménagements à garder à l'égard des enfants.

Δεῖ [μὲν] τοὺς παῖδας ἐπὶ τὰ καλὰ τῶν ἐπιτηδευμάτων ἄγειν παραινέσεσι καὶ λόγοις, μὴ μὰ Δία πληγαῖς μηδ' αἰκισμοῖς[1]. Δοκεῖ γάρ που ταῦτα τοῖς δούλοις μᾶλλον ἢ τοῖς ἐλευθέροις πρέπειν· ἀπονορκῶσι γὰρ καὶ φρίττουσι πρὸς τοὺς πόνους, τὰ μὲν διὰ τὰς ἀληδόνας τῶν πληγῶν, τὰ δὲ[2] καὶ διὰ τὰς ὕβρεις. Ἔπαινοι δὲ καὶ ψόγοι πάσης εἰσὶν αἰκίας ὠφελιμώτεροι τοῖς ἐλευθέροις, οἱ μὲν ἐπὶ τὰ καλὰ παρορμῶντες, οἱ δὲ ἀπὸ τῶν αἰσχρῶν ἀνείργοντες. Δεῖ δὲ ἐναλλὰξ καὶ ποικίλως χρῆσθαι ταῖς ἐπιπλήξεσιν καὶ τοῖς ἐπαίνοις· κἀπειδάν ποτε θρασύνωνται, ταῖς ἐπιπλήξεσιν ἐν αἰσχύνῃ ποιεῖσθαι[3]· καὶ πάλιν ἀνακαλεῖσθαι τοῖς ἐπαίνοις. Δεῖ δὲ αὐτοὺς μηδὲ τοῖς ἐγκωμίοις ἐπαίρειν καὶ φυσᾶν· χαυνοῦνται γὰρ ταῖς ὑπερβολαῖς τῶν ἐπαίνων καὶ θρύπτονται.

Ἤδη δέ τινας ἐγὼ εἶδον πατέρας, οἷς τὸ λίαν φιλεῖν τοῦ μὴ φιλεῖν[4] αἴτιον κατέστη. Τί οὖν ἐστιν, ὃ βούλομαι λέγειν; ἵνα τῷ παραδείγματι φωτεινότερον ποιήσω τὸν λόγον. Σπεύδοντες γὰρ τοὺς παῖδας ἐν πᾶσι τάχιον πρωτεῦσαι, πόνους αὐτοῖς ὑπερμέτρους ἐπιβάλλουσιν, οἷς ἀπαυδῶντες ἐκπίπτουσι, καὶ ἄλλως[5] βαρυνόμενοι ταῖς κακοπαθείαις οὐ δέχονται τὴν μάθησιν εὐηνίως. Ὥσπερ γὰρ τὰ φυτὰ τοῖς μὲν μετρίοις

---

1. Αἰκισμοῖς. Cf. Quintil., VII, 3.

2. Τὰ μέν... τὰ δέ... Quum, tum; tant..., que.

3. Ἐν αἰσχύνῃ ποιεῖσθαι (τοὺς νέους), increpationibus incutiendus iis erit pudor. Dans les louanges à donner aux jeunes gens, dit Quintilien, « neque malignus neque effusus esse debes : quarum res altera tarditatem, altera nimiam securitatem parit. »

4. Τοῦ μὴ φιλεῖν. « Κινδυνεύει τὸ λίαν φιλεῖν, ὥς φησι Θεόφραστος, αἴτιον τοῦ μισεῖν γίνεσθαι. » (Plut., Vie de Caton, ch. 37.)

5. Ἄλλως, frustra.

ὕδασι τρέφεται, τοῖς δὲ πολλοῖς πνίγεται, τὸν αὐτὸν τρόπον ψυχὴ τοῖς μὲν συμμέτροις αὔξεται πόνοις, τοῖς δ' ὑπερβάλλουσι βαπτίζεται. Δοτέον οὖν τοῖς παισὶν ἀναπνοὴν τῶν συνεχῶν πόνων, ἐνθυμουμένους[1], ὅτι πᾶς ὁ βίος ἡμῶν εἰς ἄνεσιν καὶ σπουδὴν διῄρηται· καὶ διὰ τοῦτο οὐ μόνον ἐγρήγορσις, ἀλλὰ καὶ ὕπνος εὑρέθη· οὐδὲ πόλεμος, ἀλλὰ καὶ εἰρήνη· οὐδὲ χειμών, ἀλλὰ καὶ εὐδία· οὐδὲ ἐνεργοὶ πράξεις, ἀλλὰ καὶ ἑορταί. Συνελόντι δὲ εἰπεῖν[2], ἡ ἀνάπαυσις τῶν πόνων ἄρτυμά[3] ἐστι. Καὶ οὐκ ἐπὶ τῶν ζώων μόνον τοῦτο ἴδοι τις γινόμενον, ἀλλὰ καὶ ἐπὶ τῶν ἀψύχων· καὶ γὰρ τὰ τόξα καὶ τὰς λύρας ἀνίεμεν, ἵνα ἐπιτεῖναι[4] δυνηθῶμεν. Καθόλου δὲ σώζεται, σῶμα μὲν ἐνδείᾳ καὶ πληρώσει· ψυχὴ δὲ, ἀνέσει καὶ πόνῳ.

5. Maîtriser sa colère. — Traits de modération.

Τὸ ἀόργητον ἀνδρός ἐστι σοφοῦ. Σωκράτης μὲν γὰρ[5], λακτίσαντος αὐτὸν νεανίσκου θρασέος μάλα καὶ βδελυροῦ, τοὺς ἀμφ' αὐτὸν ὁρῶν ἀγανακτοῦντας καὶ σφαδάζοντας, ὡς[6] καὶ διώκειν αὐτὸν ἐθέλειν· « Ἆρα, ἔφατε, καὶ εἴ με ὄνος ἐλάκτισεν, ἀντιλακτίσαι τοῦτον ἠξιώσατε ἄν; » Ἀριστοφάνους δὲ, ὅτε τὰς Νεφέλας[7] ἐξέφερε, παντοίως

---

1. Ἐνθυμουμένους se rapporte par syllepse à ἡμᾶς, compris implicitement dans δοτέον, qui équivaut à δεῖ ἡμᾶς διδόναι. — Cf. Sénèque : « Danda est remissio animis : meliores acrioresque erunt post quietem... Animorum impetum assiduus labor frangit. »

2. Εἰπεῖν. (Ὡς) εἰπεῖν (μοι) συνελόντι, *ut mihi contrahenti dictum sit,* pour le dire en un mot, bref.

3. Ἄρτυμα. Ovide, *Pont.*, 1. 4. 21 :
Otia corpus alunt, animus quoque [pascitur illis.

4. Ἐπιτεῖναι. Quint., 1. 3 : « Ea quoque quae sensu et anima carent, ut servare vim suam possint, alterna quiete retenduntur. »--*Phèdre*, 101, 14 :
Cito rumpes arcum, semper si tensum habueris.
At si laxaris, cum voles, erit utilis.

5. Σωκράτης μὲν γάρ. Cf. Diog. Laërt., II, 5.

6. Ὡς avec l'infinit., comme ὥστε, *adeo ut...*

7. Νεφέλας. Dans la comédie des *Nuées,* d'Aristophane, Socrate, le plus simple et le plus sincère des philosophes, celui que le bon la Fontaine appelle le bon Socrate, est représenté comme un rêveur perdu dans les spéculations abstraites et oiseu-

πᾶσαν ὕδριν αὐτοῦ κατασκεδαννύντος, καί τινος τῶν παρόντων τὰ τοιαῦτα ἀνακωμῳδοῦντος;[1], « Οὐκ ἀγανακτεῖς, εἰπόντος, ὦ Σώκρατες;— Μὰ Δί' οὐκ ἔγωγε, ἔφησεν· ὡς γὰρ ἐν συμποσίῳ[2] μεγάλῳ, τῷ θεάτρῳ σκώπτομαι. » Ἀδελφὰ τούτοις καὶ σύζυγα φανήσονται πεποιηκότες Ἀρχύτας ὁ Ταραντῖνος[3] καὶ Πλάτων. Ὁ μὲν γὰρ ἐπανελθὼν ἀπὸ τοῦ πολέμου (στρατηγῶν δὲ ἐτύγχανε) γῆν καταλαβὼν κεχερσωμένην, τὸν ἐπίτροπον καλέσας αὐτῆς· « Ὤμωξας[4] ἂν, ἔφησεν, εἰ μὴ λίαν ὠργιζόμην. » Πλάτων δὲ δούλῳ λίχνῳ καὶ βδελυρῷ θυμωθείς, τὸν τῆς ἀδελφῆς υἱὸν Σπεύσιππον[5] καλέσας· « Τοῦτον, ἔφησεν, ἀπελθὼν ῥάπισον[6]· ἐγὼ γὰρ πάνυ θυμοῦμαι. » Χαλεπὰ δὲ ταῦτα καὶ δυσμίμητα, φαίη τις ἄν. Οἶδα κἀγώ. Πειρατέον οὖν εἰς ὅσον οἷόν τέ[7] ἐστι, τούτοις παραδείγμασι χρωμένους[8], τὸ πολὺ τῆς ἀκράτου καὶ μαινομένης ὑφαιρεῖν ὀργῆς.

6. Savoir se taire à propos.

Σοφὸν[9] εὔκαιρος σιγή, καὶ παντὸς λόγου κρεῖττον. Καὶ

ses. On le cherche partout, il s'est fait hisser jusqu'au toit de sa maison, pour observer de plus près les phénomènes célestes. Non content de le tourner en ridicule, Aristophane lui prête toutes les doctrines les plus pernicieuses des sophistes que combattait Socrate, et il contribua ainsi à propager dans le peuple les fausses accusations qui le firent condamner plus tard.

1. Ἀνακωμῳδοῦντος (Ἀριστοφάνους).— Τοῦς τῶν παρόντων doit se construire avec εἰπόντος, de sorte que les deux génitifs absolus se trouvent, par une singulière construction, intercalés l'un dans l'autre.

2. Συμποσίῳ, où la gaieté fait excuser la liberté du langage. — Cf. Élien, II, 13.

3. Ἀρχύτας. Archytas de Tarente (408 av. J.-C.), philosophe pythagoricien.

4. Ὤμωξας. Locution familière, fréquente dans Lucien et dans les poëtes comiques : Οἴμωξε, οἰμώξει, litt., tu vas pleurer, je vais te faire crier, il t'en cuira.

5. Σπεύσιππον. Speusippe, neveu de Platon, fut son disciple et son successeur.

6. Ἀπελθὼν ῥάπισον. L'idée exprimée, en français, par un mode personnel se rend en grec par le participe : je vais dire, ἐλθὼν φράσομαι. Donc en grec. m. à m. : Allant... châtie...; en français : Va châtier...

7. Οἷόν τε, au neutre, possible; οἷός τε, au masculin, capable.

8. Πειρατέον χρωμένους. Voy. p. 7. n. 4.

9. Σοφόν, au neutre, quoique le

διὰ τοῦτο, μοι δοκεῖ, τὰς μυστηριώδεις τελετὰς οἱ παλαιοὶ κατέδειξαν, ἵνα ἐν ταύταις σιωπᾶν ἐθισθέντες¹, ἐπὶ τὴν τῶν ἀνθρωπίνων μυστηρίων πίστιν τὸν ἀπὸ τῶν θεῶν μεταφέρωμεν φόβον. Καὶ γὰρ οὐ σιωπήσας μὲν οὐδεὶς μετενόησε, λαλήσαντες δὲ παμπληθεῖς. Καὶ τὸ μὲν σιγηθὲν ἐξειπεῖν ῥᾴδιον, τὸ δὲ ῥηθὲν ἀναλαβεῖν ἀδύνατον².

Ἀντίγονον³ τὸν βασιλέα τῶν Μακεδόνων ἑτερόφθαλμον ὄντα, τὴν πήρωσιν προφέρων Θεόκριτος⁴ ὁ σοφιστὴς, εἰς οὐ μετρίαν ὀργὴν κατέστησε. Τὸν γὰρ ἀρχιμάγειρον Εὐτρόπιωνα γεγενημένον ἐν τάξει ἐκπέμψας, παραγενέσθαι πρὸς αὐτὸν ἠξίου, καὶ λόγον δοῦναι καὶ λαβεῖν⁵· ταῦτα δὲ ἀπαγγέλλοντος ἐκείνου πρὸς αὐτὸν, καὶ πολλάκις προσιόντος· « Εὖ οἶδα, ἔφησεν, ὅτι ὠμόν με θέλεις τῷ Κύκλωπι παραθεῖναι· » ὀνειδίζων, τῷ μὲν, ὅτι πηρὸς, τῷ δὲ⁶, ὅτι μάγειρος ἦν· κἀκεῖνος, « Τοιγαροῦν, εἰπὼν, τὴν κεφαλὴν οὐχ ἕξεις, ἀλλὰ τῆς ἀθυροστομίας ταύτης καὶ μανίας δώσεις δίκην, » ἀπήγγειλε τὰ εἰρημένα τῷ βασιλεῖ· καὶ ὁ μὲν πέμψας ἀνεῖλε⁷ τὸν Θεόκριτον.

sujet soit σιγή. Voy. p. 3, n. 1. Κρεῖττον, cependant, s'accorde avec ce sujet féminin.

1. Σιωπᾶν ἐθισθέντες. Nul n'était initié aux mystères de Cérès, s'il n'avait prouvé qu'il était capable de garder un profond secret sur les cérémonies auxquelles il était admis. C'est ce devoir que rappelle le nom même des initiés, μεμυημένοι. Cf. Hor., Od. III, ii, 26.

2. Ἀδύνατον. Hor., Epist. I, xviii, 71 :

Et semel amissum volat irrevocabile
 [verbum.

3. Ἀντίγονον. Antigone, lieutenant d'Alexandre, et père de Démétrius Poliorcète.

4. Θεόκριτος. Théocrite de Chio vint s'établir à Athènes, où il combattit l'invasion macédonienne. Il avait écrit, entre autres ouvrages, un Traité de grammaire et une Histoire de Libye.

5. Δοῦναι λόγον, rendre compte de sa gestion, expliquer ses raisons. Λαβεῖν, recevoir, entendre les observations d'Antigone.

6. Τῷ μέν, à l'un, Antigone, borgne et méchant comme Polyphème. Τῷ δέ, à l'autre, Eutropion, dont le mot παραθεῖναι, apponere, rappelle la profession.

7. Πέμψας ἀνεῖλε. Tournure grecque. Le latin dirait : Misit qui interficerent. — Cf. page 8, note 6.

7. Danger, pour le jeune homme, des mauvaises compagnies et de la flatterie en particulier.

Ἀπείργειν προσήκει τοὺς παῖδας τῆς πρὸς τοὺς πονηροὺς ἀνθρώπους συνουσίας. Γένος δὲ οὐδὲν ἐστιν ἐξωλέστερον, οὐδὲ μᾶλλον καὶ θᾶττον ἐκτραχηλίζον τὴν νεότητα, ὡς τῶν κολάκων, οἳ καὶ τοὺς πατέρας καὶ τοὺς παῖδας προῤῥίζους ἐκτρίβουσι, τῶν μὲν τὸ γῆρας ἐπίλυπον, τῶν δὲ τὴν νεότητα ποιοῦντες, τῶν δὲ συμβουλευμάτων δέλεαρ[1] ἀφύλακτον προτείνοντες τὴν ἡδονήν. Τοῖς παισὶ τοῖς πλουσίοις οἱ πατέρες νήφειν παραινοῦσιν, οἱ δὲ[2] μεθύειν· σωφρονεῖν[3], οἱ δὲ ἀσελγαίνειν· φυλάττειν, οἱ δὲ δαπανᾶν· φιλεργεῖν, οἱ δὲ ῥᾳθυμεῖν· « Στιγμὴ χρόνου πᾶς ὁ βίος ἐστὶ, » λέγοντες· « ζῆν οὐ παραζῆν[4] προσήκει· τί δὲ φροντιστέον ὑμῖν τῶν τοῦ πατρὸς ἀπειλῶν; κρονόληρος καὶ σοροδαίμων ἐστί· καὶ μετέωρον αὐτὸν ἀράμενοι, τὴν ταχίστην ἐξοίσομεν[5]. » Μιαρὸν τὸ φῦλον, ὑποκριταὶ φιλίας, ἄγευστοι παῤῥησίας, πλουσίων μὲν κόλακες, πενήτων δὲ ὑπερόπται, ὡς ἐκ λυρικῆς τέχνης[6] ἐπὶ τοὺς νέους ἀγόμενοι, σεσηρότες, ὅθ᾽ οἱ τρέφοντες γελῶσι[7] καὶ φυγῆς

1. Δέλεαρ, appât. Ἡδονὴ, μέγιστον κακῶν δέλεαρ. (Platon, Timée, XXXI.)

2. Οἱ δὲ, les flatteurs.

3. Σωφρονεῖν, s.-ent. οἱ πατέρες παραινοῦσι τοῖς παισί.

4. Παραζῆν, litt. vivre à côté de la vie, passer à côté de la vie sans en jouir. — « Hi sunt qui vitia tradunt et alio aliunde transferunt... Una felicitas est bene vitæ facere, esse, bibere, libere frui patrimonio; hoc est vivere. Fluunt dies, et irreparabilis ætas decurrit. Dubitamus quod juvat facere et ætati non semper voluptates decerpturæ, interim dum potest, dum poscit, ingerere? Illæ voces non aliter fugiendæ sunt, quam illæ quas Ulysses, nisi alligatus, prætervehi noluit. » (SÉNÈQUE).

5. Ἐξοίσομεν. De même en latin, efferre se dit d'un mort qu'on vient enlever de sa maison pour l'ensevelir.

6. Λυρικῆς τέχνης. Ils séduisent, en effet, les jeunes gens par des paroles enchanteresses qui résonnent, comme une douce musique, à leurs oreilles. Ils font donc comme ces chanteurs, dont les mélodies harmonieuses nous captivent, mais énervent souvent les sens et exercent sur l'âme une influence funeste. — Rien n'indique qu'il y ait dans ces mots une allusion aux Sirènes.

7. Γελῶσι. « Si vous faites une froide plaisanterie, il met son manteau devant sa bouche, comme s'il ne pouvait se contenir, et qu'il voulût s'empêcher d'éclater. » (THÉOPHRASTE.)

ὑποβολιμαῖα[1], καὶ νόθα μέρη βίου[2]· πρὸς δὲ τὸ τῶν πλουσίων νεῦμα[3] ζῶντες, τῇ τύχῃ μὲν ἐλεύθεροι, τῇ προαιρέσει δὲ δοῦλοι· ὅταν δὲ μὴ ὑβρίζωνται, τότε ὑβρίζεσθαι δοκοῦντες[4], ὅτι μάτην παρατρέφονται. Ὥστε, εἰ τῷ[5] μέλει τῶν πατέρων τῆς τῶν τέκνων εὐαγωγίας, ἐκδιωκτέον τὰ μιαρὰ ταῦτα θρέμματα. Ἐκδιωκτέον δ' οὐχ ἧττον καὶ τὰς τῶν συμφοιτητῶν μοχθηρίας. Καὶ γὰρ οὗτοι τὰς ἐπιεικεστάτας φύσεις ἱκανοὶ διαφθείρειν εἰσί.

1. Ὑποβολιμαῖα, m. à m. contrefaçon d'âmes, âmes falsifiées.

2. Βίου, membres impurs de la vie humaine, honte de l'humanité.

3. Πρὸς νεῦμα, *ad nutum*.

4. Ὑβρίζεσθαι δοκοῦντες. Faire rire, servir de plastron, essuyer les railleries et recevoir même des coups, en un mot, comme le dit Térence (*Eun.*, act. ii, sc. 3.), *ridiculus esse et plagas pati*; telles étaient les conditions au prix desquelles le parasite gagnait son dîner. Ne pas l'accabler d'outrages, c'est ne pas lui faire payer son écot; ne pas l'insulter, c'est lui faire insulte.

5. Τῷ, sans accent, enclitique pour τινί, dans le dialecte attique.

DE LA LECTURE DES POËTES

1. Les jeunes gens ont un goût naturel pour les fictions ; mais le charme de la poésie n'est qu'un danger de plus, si on ne les dirige dans leurs lectures.

Ποιητικὴ πολὺ μὲν τὸ ἡδὺ καὶ τρόφιμον νέου ψυχῆς ἔνεστιν, οὐκ ἔλαττον δὲ τὸ ταρακτικὸν καὶ παράφορον, ἂν μὴ τυγχάνῃ παιδαγωγίας ὀρθῆς ἡ ἀκρόασις[1]. Πότερον οὖν τῶν νέων, ὥσπερ τῶν Ἰθακησίων[2], κηρῷ τινι τὰ ὦτα ἀτέγκτῳ καταπλάσσοντες ἀναγκάζωμεν αὐτοὺς τὸ Ἐπικούρειον ἀκάτιον[3]

1. Ἀκρόασις, *lecture*, comme ἀκούειν ποιημάτων, *lire les poëtes*.

2. Ἰθακησίων. Les compagnons du roi d'Ithaque, Ulysse. De peur qu'ils ne fussent séduits par les voix enchanteresses des Sirènes, il boucha leurs oreilles avec de la cire, et se fit attacher lui-même au mât de son vaisseau. Hom., *Odyss.*, XII, 173.

3. Ἐπικούρειον ἀκάτιον, l'esquif d'Épicure, comme Ulysse et ses compagnons fuyaient, sur un frêle esquif, les rivages dangereux des sirènes. Le mot ἀκάτιον a quelque

ἀρχμένους, ποιητικὴν φεύγειν καὶ παρεξελαύνειν; ἢ μᾶλλον
ὀρθῷ τινι λογισμῷ περιστάντες καὶ καταδέοντες τὴν κρί ¹,
ὅπως μὴ² παραφέρηται τῷ τέρποντι πρὸς τὸ βλάπτον, ἀπευ-
θύνωμεν καὶ παραφυλάττωμεν;

Οὐδὲ γὰρ οὐδὲ³ Δρύαντος υἱὸς κρατερὸς Λυκόοργος⁴
ὑγιαίνοντα νοῦν⁵ εἶχεν, ὅτι πολλῶν μεθυσκομένων καὶ παροι-
νούντων, τὰς ἀμπέλους περιιὼν⁶ ἐξέκοπτεν, ἀντὶ τοῦ τὰς
κρήνας ἐγγυτέρω προσαγαγεῖν, καὶ μαινόμενον θεόν, ὥς
φησιν ὁ Πλάτων, ἑτέρῳ θεῷ νήφοντι κολαζόμενον σωφρονίζειν.
Ἀφαιρεῖ γὰρ ἡ κρᾶσις τοῦ οἴνου τὸ βλάπτον, οὐ συναναιρεῖσθαι
τὸ χρήσιμον. Μηδὲ ἡμεῖς οὖν τὴν ποιητικὴν ἡμερίδα⁷ τῶν
Μουσῶν ἐκκόπτωμεν μηδ' ἀφανίζωμεν· ἀλλ' ὅπου μὲν ὑφ'
ἡδονῆς ἀκράτου πρὸς δόξαν αἰθαδῶς θρασυνόμενον ἐξυβρίζει
καὶ ὑλομανεῖ⁸ τὸ μυθῶδες αὐτῆς καὶ θεατρικόν, ἐπιλαμβα-
νόμενοι κολούωμεν καὶ πιέζωμεν· ὅπου δὲ ἅπτεταί τινος

chose d'ironique : ceux qui s'embar-
quent avec Épicure risquent bien de
faire naufrage; ils se hasardent sur
un mauvais batelet.

1. Καταδέοντες τὴν κρίσιν, image
amenée par ce qui précède, et qui
rappelle Ulysse attaché au mât de
son vaisseau, pour ne pas être entraîné, lui aussi, τῷ τέρποντι πρὸς
τὸ βλάπτον.

2. Ὅπως μή. Ut ne se trouvent
aussi réunis en latin.

3. Οὐδὲ γὰρ οὐδέ... La répétition
de οὐδέ n'est point une redondance.
Le premier signifie ni, le second
pas même : Neque enim ne Dryantis
quidem filius.

4. Λυκόοργος. Lycurgue, roi de
Thrace, comme son père Dryas, chassa
les Ménades, et s'opposa au culte de
Bacchus ; il périt écartelé par des
chevaux sauvages. En d'autres termes
et sans légende, il voulut interdire
à ses sujets l'usage du vin, et périt
assassiné dans une révolte. Voyez
Homère, Iliade, vi, 130.

5. Ὑγιαίνοντα. Mens sana, Hor.,
Sat., I, ix, 42; Cic., De off., iii, 95.
De même, Cicéron : Valere animo.

6. Περιών, allant tout autour, par-
courant ses États.

7. Ἡμερίδα avec ἐκκόπτωμεν
continue l'image, et se rattache par-
faitement à ἐξέκοπτεν ἀμπέλους.
Μερίδα, que donnent d'autres éditions, est une leçon moins heureuse, ou du moins il faudrait l'expliquer par portion de terrain, c.-à-d.
le champ, le domaine des muses. La
métaphore serait moins bien continuée.

8. Ἐξυβρίζει, comme ὑλομανεῖ,
se dit au propre, de l'arbre qui
pousse trop de bois, qui prodigue
une sève inutile. C'est toujours la
suite de la même métaphore, qui compare la poésie à un arbre fertile. Mot
à mot : Quand les fictions de la poésie
poussent trop de branches, etc. —
Luxuriantia compescet, dit Horace
dans le même sens.

μοῦτης τῇ χάριτι, καὶ τὸ γλυκὺ τοῦ λόγου καὶ ἀγωγὸν οὐκ ἄκαρπόν ἐστιν οὐδὲ κενόν, ἐνταῦθα φιλοσοφίαν εἰσάγωμεν, καὶ καταμιγνύωμεν. Ὥσπερ γὰρ ὁ μανδραγόρας[1] ταῖς ἀμπέλοις παραφυόμενος, καὶ διαδιδοὺς τὴν δύναμιν εἰς τὸν οἶνον, μαλακωτέραν ποιεῖ τὴν καταφορὰν τοῖς πίνουσιν, οὕτω τοὺς λόγους ἡ ποίησις ἐκ φιλοσοφίας ἀναλαμβάνουσα μεμιγμένους πρὸς τὸ μυθῶδες, ἐλαφρὰν καὶ προσφιλῆ παρέχει τοῖς νέοις τὴν μάθησιν. Ὅθεν οὐ φευκτέον ἐστὶ τὰ ποιήματα τοῖς φιλοσοφεῖν μέλλουσιν[2], ἀλλ' ἐν ποιήμασι προφιλοσοφητέον· ἐθιζομένους ἐν τῷ τέρποντι τὸ χρήσιμον ζητεῖν καὶ ἀγαπᾶν· εἰ δὲ μή[3], διαμάχεσθαι καὶ δυσχεραίνειν. Ἀρχὴ γὰρ αὕτη παιδεύσεως,

Ἔργου δὲ παντὸς ἤν τις ἄρχηται καλῶς,
Καὶ τὰς τελευτὰς εἰκὸς ἐσθ' οὕτως ἔχειν·

κατὰ τὸν Σοφοκλέα[4].

2. Les poëtes mêlent souvent l'erreur à la vérité, quelquefois par ignorance, quelquefois pour donner plus de charme à leurs récits.

Πρῶτον οὖν εἰσάγωμεν εἰς τὰ ποιήματα μηδὲν οὕτω μεμελετημένον ἔχοντα καὶ πρόχειρον[5], ὡς τὸ,

— Πολλὰ ψεύδονται ἀοιδοί[6].

τὰ μὲν ἑκόντες, τὰ δὲ ἄκοντες. Ἑκόντες μὲν, ὅτι πρὸς ἡδονὴν ἀκοῆς καὶ χάριν, ἣν οἱ πλεῖστοι διώκουσιν, αὐστηροτέραν

1. Μανδραγόρας. La mandragore, plante narcotique, qui croit en Italie et en Espagne.
2. Φευκτέον marque le devoir, la convenance ; μέλλουσιν, une action future. — Προφιλοσοφητέον· πρό, à l'avance ; il faut se préparer à la philosophie en lisant les poëtes.— Ἐν, par le moyen de.— Voy. Matth., § 577, 7°.
3. Εἰ δὲ μή (τὸ χρήσιμόν ἐστι).
4. Soph. fragm. — C'est dans le même sens que Quintilien a dit : studiorum initia pertinere ad summam (Inst. or., I, 1).
5. Πρόχειρον, in promptu, litt. à la portée de la main ; présent à l'esprit.
6. Ἀοιδοί, les poëtes. Au propre, le mot aèdes, chantres, indique une époque antérieure à celle des poëtes. Phémius dans Homère, Homère lui-même, sont des aèdes, et non des poëtes, des auteurs.

ἡγοῦνται τὴν ἀλήθειαν τοῦ ψεύδους. Ὁ μὲν γὰρ ἔργῳ¹ γινόμενος, κἂν ἀτερπὲς ἔχῃ τέλος, οὐκ ἐξίσταται²· τὸ δὲ πλαττόμενον λόγῳ ῥᾷστα παραχωρεῖ καὶ τρέπεται πρὸς τὸ ἥδιον ἐκ τοῦ λυποῦντος. Οὔτε γὰρ μέτρον, οὔτε τρόπος³, οὔτε λέξεως ὄγκος, οὔτ' εὐκαιρία μεταφορᾶς⁴, οὔτε ἁρμονία καὶ σύνθεσις ἔχει τοσοῦτον αἱμυλίας καὶ χάριτος, ὅσον εὖ πεποιημένη διάθεσις μυθολογίας⁵. Ἀλλ' ὥσπερ ἐν γραφαῖς κινητικώτερόν ἐστι χρῶμα γραμμῆς, διὰ τὸ ἀνδρείκελον καὶ ἀπατηλόν, οὕτως ἐν ποιήμασι μεμιγμένον πιθανότητι ψεῦδος ἐκπλήττει καὶ ἀγαπᾶται μᾶλλον τῆς ἀμύθου καὶ ἀπλάστου περὶ μέτρον καὶ λέξιν κατασκευῆς. Πλείονα δέ, ἃ μὴ πλάττοντες οἱ ποιηταί, ἀλλ' οἰόμενοι καὶ δοξάζοντες αὐτοί, προσαναγράφουσι τὸ ψεῦδος ἡμῖν. Οἷον, ἐπὶ τοῦ Διὸς εἰρηκότος Ὁμήρου,

Ἐν δ' ἐτίθει δύο κῆρε τανηλεγέος θανάτοιο,
Τὴν μὲν Ἀχιλλῆος, τὴν δ' Ἕκτορος ἱπποδάμοιο.

1. Ἔργῳ, *reipsa*, en réalité, se dit d'un fait réel ; λόγῳ, *verbo*, en paroles, des faits imaginaires, des fictions.

2. Οὐκ ἐξίσταται (τοῦ τέλους). On ne peut changer le dénoûment d'un fait réel, d'un événement historique, par exemple, dont le récit doit être d'une rigoureuse exactitude.

3. Τρόπος, tournure de langage, d'où en particulier, chez nous, *trope*, figure de mots. Il désigne ici, en général, cette élégance du style figuré, qui est un des caractères de la poésie.

4. Εὐκαιρία μεταφορᾶς. Il y a des métaphores si communes qu'elles sont passées dans le langage usuel. « Dans toutes les langues, dit Voltaire, le cœur *brûle*, le courage *s'allume*, les yeux *étincellent*...; on est *enflé* d'orgueil, *enivré* de vengeance. » Mais trouver à propos une métaphore nouvelle et juste qui rende la pensée plus vive, c'est le propre des grands écrivains, qui nous en offrent des exemples frappants. C'est ainsi que Bossuet pour exprimer cette pensée si simple, que l'homme conserve jusqu'à la mort ses illusions, le représente *traînant jusqu'au tombeau la longue chaîne de ses espérances brisées*. C'est ainsi dans un autre genre de style, que madame de Sévigné, en parlant de certaines réputations qui passent vite, rend l'idée plus piquante, en disant : *Il n'y en a pas pour un déjeuner de soleil*. Plutarque nous donne lui-même, un peu plus haut, plusieurs exemples de métaphores simples et heureuses à la fois. Voy. page 12, notes 1, 7 et 8.

5. Μυθολογίας ne signifie nullement un fait *mythologique*, mais un récit fictif. C'est dans le même sens qu'on dit la *fable* d'une pièce de théâtre.

DE LA LECTURE DES POÈTES.

Ἕλκε δὲ μέσσα λαβών· ῥέπε δ᾽ Ἕκτορος αἴσιμον ἦμαρ.
Ὤχετο δ᾽ εἰς Ἀΐδαο, λίπεν δὲ ἑ Φοῖβος Ἀπόλλων[1].

τραγῳδίαν ὁ Αἰσχύλος ὅλην τῷ μύθῳ περιέθηκεν, ἐπιγράψας Ψυχοστασίαν[2], καὶ παραστήσας ταῖς πλάστιγξι τοῦ Διὸς ἔνθα μὲν τὴν Θέτιν, ἔνθα δὲ τὴν Ἠῶ, δεομένας ὑπὲρ τῶν υἱέων[3] μαχομένων. Τοῦτο δὲ παντὶ δῆλον, ὅτι μυθοποίημα καὶ πλάσμα πρὸς ἡδονὴν ἢ ἔκπληξιν ἀκροατοῦ γέγονε. Τὸ δέ,

Ζεὺς, ὅς τ᾽ ἀνθρώπων ταμίης πολέμοιο τέτυκται[4]

καὶ τὸ,

— Θεὸς μὲν αἰτίαν φύει βροτοῖς,
Ὅταν κακῶσαι δῶμα παμπήδην θέλῃ[5].

Ταῦτα δὲ ἤδη κατὰ δόξαν εἴρηται καὶ πίστιν αὐτῶν, ἢ ἔχουσιν ἀπάτην περὶ θεῶν καὶ ἄγνοιαν, εἰς ἡμᾶς ἐκφερόντων καὶ μεταδιδόντων[6]. Πάλιν αἱ περὶ τὰς νεκυίας[7] τερατουργίαι

1. Ἀπόλλων. Il s'agit du moment où Hector et Achille vont combattre l'un contre l'autre pour la quatrième fois. Hom., *Iliad.*, XXII, 210. Cf. Virg., *Én.*, XII, 725 :

Jupiter ipse duas aequato examine lances
Sustinet, et fata imponit diversa duorum :
Quem damnet labor et quo vergat pondere letum.

Pour Virgile, il est clair que ce n'est autre chose qu'une imitation poétique, un exercice. Pour Homère même, qui croit peut-être à Jupiter, c'est une pure fiction. Homère ne croit pas à la balance de Jupiter ; ce qu'il croit, c'est qu'il y a un Dieu qui règle les destinées des hommes. — Du reste, les interprètes qui ont cru que Plutarque citait ce passage comme un exemple des erreurs superstitieuses et involontaires des poëtes, n'ont pas fait attention à la phrase qui va suivre : Τοῦτο δὲ δῆλον ὅτι μυθοποίημα.

2. Ψυχοστασίαν, la *Balance des Ames*. De cette tragédie, aujourd'hui perdue, il ne reste que neuf vers, où Thétis reproche à Apollon la mort de son fils.

3. Τῶν υἱέων, Achille, fils de Thétis ; Memnon, fils de l'Aurore.

4. Τέτυκται, Hom., *Iliad.*, IV, 84.

5. Θέλῃ, Eschyle, *Niobé*, fragm. 9.

6. Μεταδιδόντων. Cette conviction est une condition nécessaire au poëte, pour bien manier le ressort du *merveilleux*. Il faut que le poëte lui-même soit sous l'illusion qu'il veut nous faire partager. Homère, Milton, Dante, sont des croyants sincères, et le merveilleux qu'ils emploient frappe vivement l'imagination. Virgile est sceptique ; ses dieux ne sont que des machines poétiques. Voltaire est incrédule ; le merveilleux abstrait et métaphysique de la *Henriade* laisse le lecteur froid.

7. Νεκυίαι. Proprement, *Évocation des morts*. C'est le titre du XIᵉ ch. de l'*Odyssée*, où Homère ne fait que suivre une tradition populaire qui remonte à la plus haute antiquité, et

καὶ διαθέσει ὀνόματι φοβεροῖς ἐνδημιουργοῦσι φάσματα
καὶ εἴδωλα ποταμῶν φλεγομένων, καὶ τόπων ἀγρίων, καὶ
κολασμάτων σκυθρωπῶν, οὐ πάνυ πολλοὺς διαλανθάνουσιν,
ὅτι τὸ μυθῶδες αὐτοῖς πολὺ, καὶ τὸ ψεῦδος, ὥσπερ τροφαῖς
τὸ φαρμακῶδες, ἐγκέκραται· καὶ οὔτε Ὅμηρος, οὔτε Πίνδαρος, οὔτε Σοφοκλῆς πεπεισμένοι, ταῦτα ἔχειν οὕτως,
ἔγραψαν.

Ἔνθεν τὸν ἄπειρον ἐρεύγονται σκότον
Βληχροὶ δνοφερᾶς νυκτὸς ποταμοί[1].

Καὶ.

Πὰρ δ' ἴσαν Ὠκεανοῦ τε ῥοὰς καὶ Λευκάδα πέτρην[2].

Καὶ,

Στενωπὸς Ἅδου καὶ παλίρροια μυχοῦ[3].

Ὅσοι μέντοι τὸν θάνατον ὡς οἰκτρόν, ἢ τὴν ἀταφίαν ὡς δεινὸν[4]
ὀλοφυρόμενοι καὶ δεδιότες, φωνὰς ἐξενηνόχασι,

Μή μ᾽ ἄκλαυτον ἄθαπτον ἰὼν ὄπιθεν καταλείπης[5].

Καὶ,

Ψυχὴ δ᾽ ἐκ ῥεθέων πταμένη, Ἄϊδόσδε βεβήκει,
Ὃν πότμον γοόωσα, λιποῦσ᾽ ἀδροτῆτα καὶ ἥβην[6].

Καὶ,

Μή μ᾽ ἀπολέσῃς ἄωρον· ἡδὺ γὰρ τὸ φῶς·
Λεύσσειν· τὰ δ᾽ ὑπὸ γῆν μή μ᾽ ἰδεῖν ἀναγκάσῃς[7].

qui se rattachait aux cérémonies des Égyptiens, et au culte même des Grecs, puisqu'ils avaient des temples consacrés à l'évocation des mânes (νεκρομαντεία). Dès l'an 1330 av. J.-C., Orphée va chercher Eurydice aux Enfers. Dans l'ancien Testament, la pythonisse d'Endor évoque l'ombre de Samuel: dans Hérodote, Mélisse, femme du tyran Périandre, apparaît sur les bords de l'Achéron; dans les *Euménides*, on voit l'ombre de Clytemnestre, etc.

1. Ποταμοί. Pindare, Θρῆνοι, fragm. 3.

2. Πέτρην. Hom., *Odyss.*, XXIV, 11. — Ῥοάς. Dans Homère, l'Océan est un fleuve. — Λευκάδα, Leucade, promontoire sur la côte d'Épire. Homère en fait un écueil aux extrémités de l'Occident, près de l'entrée des enfers.

3. Μυχοῦ. Soph., fragm. ϞΖ'.

4. Δεινόν, attribut au neutre avec un nom féminin. Voir p. 3, n. 1, et p. 8, n. 9. — L'âme des morts laissés sans sépulture errait pendant dix ans sur les bords du Styx.

5. Καταλείπῃς. Hom., *Odyss.*, XI, 72. C'est Elpénor qui adresse cette prière à Ulysse.

6. Ψυχή. Il s'agit de l'âme d'Hector. Hom., *Iliade*, XXII, 362. — Ἄϊδόσδε, εἰς Ἅδου (s.-ent. οἶκον). — Ὅν, pour ἑόν, *suum*.

7. Ἀναγκάσῃς. Eurip., *Iphig. à Aulis*, 1207.

Αὗται πεπονθότων εἰσὶ καὶ προςεαλωκότων ὑπὸ δόξης καὶ
ἀπάτης. Διὸ μᾶλλον ἅπτονται καὶ διαταράττουσιν ἡμᾶς,
ἀναπιμπλαμένους τοῦ πάθους καὶ τῆς ἀσθενείας, ἀφ' ἧς λέ-
γονται.

3. La poésie est un art d'imitation. Le poëte n'approuve pas tout ce qu'il raconte.

Ἔτι δὲ μᾶλλον ἐπιστήσομεν[1] τὸν νέον, ἅμα τῷ προς-
άγειν τοῖς ποιήμασιν, ὑπογράφοντες τὴν ποιητικήν, ὅτι μι-
μητικὴ τέχνη καὶ δύναμίς ἐστιν ἀντίστροφος τῇ ζωγραφίᾳ[2].
Καὶ μὴ μόνον ἐκεῖνο τὸ θρυλλούμενον ἀκηκοὼς ἔστω, ζωγρα-
φίαν μὲν εἶναι φθεγγομένην τὴν ποίησιν, ποίησιν δὲ σιγῶσαν
τὴν ζωγραφίαν· ἀλλὰ πρὸς τούτῳ διδάσκομεν αὐτὸν, ὅτι
γεγραμμένην σαύραν ἢ πίθηκον, ἢ Θερσίτου[3] πρόσωπον
ἰδόντες ἡδόμεθα καὶ θαυμάζομεν, οὐχ ὡς καλὸν, ἀλλ' ὡς
ὅμοιον. Οὐσίᾳ μὲν γὰρ οὐ δύναται καλὸν γενέσθαι τὸ αἰσχρόν·
ἡ δὲ μίμησις, ἄν τε περὶ φαῦλον, ἄν τε περὶ χρηστὸν ἐφ-
ίκηται, τῆς ὁμοιότητος[4] ἐπαινεῖται. Καὶ τοὐναντίον ἂν
αἰσχροῦ σώματος εἰκόνα καλὴν παράσχῃ, τὸ πρέπον καὶ τὸ
εἰκὸς οὐκ ἀπέδωκεν. Γράφουσι δὲ καὶ πράξεις ἀτόπους ἔνιοι,
καθάπερ Τιμόμαχος[5] τὴν Μηδείας[6] τεκνοκτονίαν, καὶ Θέον

1. Ἐφίστημι, arrêter, prémunir.
2. Ζωγραφία. « Ut pictura poesis, » dit Horace.
3. Θερσίτου. Thersite, le plus laid des Grecs qui prirent part au siège de Troie. La tradition le fait non moins hideux au moral qu'au physique. Homère trace son portrait dans l'*Iliade*, II. 212.
4. Ὁμοιότητος.

Il n'est point de serpent ni de
[monstre odieux,
Qui, par l'art imité, ne puisse plaire
[aux yeux, etc.
(BOILEAU, *Art. poét.*, ch. III.)

« Ce qui est imité plaît toujours. On en peut juger par les productions des arts : des objets que, dans la réalité, nous verrions avec peine, par exemple les bêtes les plus hideuses, les cadavres, nous en contemplons avec plaisir les représentations les plus exactes. » (Aristote, *Poétique*, ch. IV.)
« Quelle vanité que la peinture, qui attire l'admiration par la ressemblance des objets dont on n'admire pas les originaux ! » (PASCAL.)

5. Τιμόμαχος, Θέων, Παρράσιος. Timomaque, contemporain de César. Pline (*Hist. nat.*, VII, 38) cite de lui deux tableaux, une *Médée* et un *Ajax*, qui furent achetés par César. — Théon n'est plus connu que de nom. — Parrhasius d'Éphèse, 420 av. J.-C., est le plus célèbre des peintres grecs avec Zeuxis, dont il fut le rival. Pline a décrit plusieurs de ses tableaux, entre autres, la célèbre personnification du peuple athénien.

6. Μηδείας. Médée, abandonnée

τὴν Ὀρέστου¹ μητροκτονίαν, καὶ Παρράσιος τὴν Ὀδυσσέως προσποίητον μανίαν². Ἐνίοις μάλιστα δεῖ τὸν νέον ἐθίζεσθαι, διδασκόμενον³, ὅτι τὴν πρᾶξιν οὐκ ἐπαινοῦμεν, ἧς γέγονεν ἡ μίμησις, ἀλλὰ τὴν τέχνην, εἰ μεμίμηται προσηκόντως τὸ ὑποκείμενον. Ἐπεὶ τοίνυν καὶ ποιητικὴ πολλάκις ἔργα φαῦλα καὶ πάθη μοχθηρὰ, καὶ ἤθη μιμητικῶς ἀπαγγέλλει, δεῖ τὸ θαυμαζόμενον ἐν τούτοις, καὶ κατορθούμενον, μήτε ἀποδέχεσθαι τὸν νέον ὡς ἀληθὲς, μήτε δοκιμάζειν ὡς καλὸν, ἀλλ' ἐπαινεῖν μόνον ὡς ἐναρμόττον τῷ ὑποκειμένῳ προσώπῳ καὶ οἰκεῖον. Νοσώδη μὲν ἄνθρωπον καὶ ὕπουλον, ὡς ἀτερπὲς θέαμα, φεύγομεν· τὸν δὲ Ἀριστοφῶντος Φιλοκτήτην⁴, καὶ τὴν Σιλανίωνος Ἰοκάστην⁵ ὁμοίως φθίνουσι⁶ καὶ ἀποθνήσκουσι πεποιημένους ὁρῶντες χαίρομεν· οὕτως ὁ νέος ἀναγινώσκων,

par Jason, tua ses enfants pour se venger de la trahison de son époux. Malgré le précepte d'Horace :

Ne coram populo pueros Medea trucidet.

ce sujet a souvent inspiré les poëtes aussi bien que les peintres, depuis Euripide jusqu'à Corneille, Longepierre et nos contemporains.

1. Ὀρέστου. Oreste tua Clytemnestre, sa mère, pour venger le meurtre d'Agamemnon assassiné par Clytemnestre et Égisthe : sujet souvent traité au théâtre, en particulier par Eschyle, Sophocle, Euripide, et un grand nombre de poëtes modernes.

2. Μανίαν. Ulysse feignit la folie pour ne pas prendre part à la guerre de Troie. Sa ruse fut déjouée par Palamède.

3. Ἐθίζεσθαι διδασκόμενον, s'habituer apprenant (à apprendre). Le participe joue en grec le même rôle que l'infinitif, ou une proposition complétive. Il continue à m'aimer, διατελεῖ με ἀγαπῶν. Souviens-toi que tu es homme, μέμνησο ἄνθρωπος ὤν.

4. Φιλοκτήτην. Blessé par une flèche empoisonnée d'Hercule, Philoctète fut abandonné par les Grecs dans l'île de Lemnos. Sophocle a fait une tragédie de *Philoctète*; celle d'Aristophon nous est inconnue. Voy. le même sujet traité par la Harpe, qui imite Sophocle, et surtout par Fénelon, *Télém.*, liv. xii.

5. Ἰοκάστην. Jocaste, femme de Laïus, roi de Thèbes, épousa ensuite, sans le connaître, Œdipe, son fils. Elle eut la douleur de voir ses deux fils, Étéocle et Polynice, se disputer le trône les armes à la main. Elle-même, ayant découvert l'inceste involontaire qu'elle avait commis, se pendit de désespoir. — Silanion ne nous est pas mieux connu qu'Aristophon.

6. Ὁμοίως πεποιημένους, *représentés comme semblables à* Πεποιημένους, masculin, se rapporte, dans l'idée, à Jocaste aussi bien qu'à Philoctète. — Φθίνουσι, au dat. comme complém. de ὁμοίως; en latin *facere idem occidenti.*

ὁ Θερσίτης¹ ὁ γελωτοποιὸς, ἢ Σίσυφος² ὁ φθορεὺς λέγων ἢ πράττων πεποίηται, διδασκέσθω τὴν μιμουμένην ταῦτα δύναμιν καὶ τέχνην ἐπαινεῖν, ἃς δὲ μιμεῖται διαθέσεις, καὶ πράξεις, προβάλλεσθαι καὶ κακίζειν. Οὐ γάρ ἐστι ταὐτὸ, τὸ καλὸν καὶ καλῶς τι μιμεῖσθαι³. Καλῶς γάρ ἐστι τὸ πρεπόντως καὶ οἰκείως· οἰκεῖα δὲ καὶ πρέποντα τοῖς αἰσχροῖς τὰ αἰσχρά.

Ἂν οὖν ὑπομιμνήσκωμεν⁴ τοὺς παῖδας, ὅτι ταῦτα οὐκ ἐπαινοῦντες οὐδὲ δοκιμάζοντες, ἀλλ' ὡς ἄτοπα καὶ φαῦλα φαύλοις καὶ ἀτόποις ἤθεσι, καὶ προσώποις, περιτιθέντες γράφουσιν, οὐκ ἂν ὑπὸ τῆς δόξης βλάπτοιντο τῶν ποιητῶν. Ἀλλὰ τοὐναντίον ἡ πρὸς τὸ πρόσωπον ὑποψία διαβάλλει καὶ τὸ πρᾶγμα καὶ τὸν λόγον, ὡς φαῦλον ὑπὸ φαύλου καὶ λεγόμενον καὶ πραττόμενον.

4. Les récits des poëtes cachent souvent une leçon morale qu'on ne découvre pas tout d'abord. — Souvent aussi on peut les rectifier en opposant à leurs maximes erronées d'autres passages de leurs écrits mêmes ou d'autres auteurs.

Ὁ μὲν Μελάνθιος⁵ εἴτε παίζων εἴτε σπουδάζων ἔλεγε, διατώζεσθαι τὴν Ἀθηναίων πόλιν ὑπὸ τῆς τῶν ῥητόρων διχοστασίας καὶ ταραχῆς· οὐ γὰρ ἀποκλίνειν ἅπαντας εἰς τὸν αὐτὸν τοῖχον⁶, ἀλλὰ γίνεσθαί τινα τοῦ βλάπτοντος ἀνθολκὴν

1. Θερσίτης. « Bavard sans mesure, il braillait comme un choucas: il excellait à débiter toutes sortes d'injures, déblatérant contre les rois à l'étourdie et sans vergogne, uniquement soucieux de faire rire les Grecs. » (Hom., Iliad., ch. II, 212.

2. Σίσυφος. Sisyphe, fils d'Éole, roi d'Épire, célèbre par ses crimes et par son supplice dans les Enfers, où il roule un énorme rocher qui retombe sans cesse : symbole des tourments de l'ambition.

3. Μιμεῖσθαι. Construisez: τὸ μιμεῖσθαι καλόν (τι) οὐκ ἔστι ταὐτὸ καὶ (μιμεῖσθαί τι) καλῶς. — Ταὐτὸ καὶ, idem ac.

4. Ὑπομιμνήσκωμεν. Μιμνήσκειν, memorare, faire souvenir, rappeler à quelqu'un. Μέμνημαι, memini, se souvenir, se rappeler.

5. Μελάνθιος. Melanthius, parasite d'Alexandre de Phères, connu pour ses bons mots. Plutarque en rapporte un certain nombre dans ses Œuvres morales.

6. Ἀποκλίνειν... τοῖχον. Métaphore par laquelle la république est comparée à un esquif, qui chavirerait, si tous penchaient du même côté.

ἐν τῇ διαφορᾷ τῶν πολιτευομένων. Αἱ δὲ τῶν ποιητῶν ὑπεναντιώσεις πρὸς αὑτοὺς ἀντανακρέρουσαι τὴν πίστιν οὐκ ἐῶσιν ἰσχυρὰν ῥοπὴν γενέσθαι πρὸς τὸ βλάπτον. Οἷον, τοῦ Ἀλέξιδος[1] κινοῦντος[2] ἐνίους, ὅταν λέγῃ,

> Τὰς ἡδονὰς δεῖ συλλέγειν τὸν σώφρονα.
> Τρεῖς δ' εἰσὶν αἵ γε τὴν δύναμιν κεκτημέναι,
> Τὴν ὡς ἀληθῶς[3] συντελοῦσαν τῷ βίῳ,
> Τὸ πιεῖν, τὸ φαγεῖν, τὸ δ' ὕπνον ὑπνοῦν ἡδέως·
> Τὰ δ' ἄλλα προσθήκας ἅπαντα χρὴ καλεῖν.

ὑπομνηστέον, ὅτι Σωκράτης τοὐναντίον ἔλεγε. Τοὺς μὲν φαύλους ζῆν τοῦ ἐσθίειν καὶ πίνειν ἕνεκεν, τοὺς δ' ἀγαθοὺς ἐσθίειν καὶ πίνειν ἕνεκεν τοῦ ζῆν. Πρὸς δὲ τὸν γράψαντα· « Ποτὶ τὸν πονηρὸν οὐκ ἄχρηστον ὅπλον ἁ[4] πονηρία, » τρόπον τινὰ συνεξομοιοῦσθαι κελεύοντα τοῖς πονηροῖς, τὸ τοῦ Διογένους παρακαλεῖν ἔστιν· ἐρωτηθεὶς γάρ[5], ὅπως ἄν τις ἀμύναιτο τὸν ἐχθρόν· « Αὐτός, ἔφη, καλὸς κἀγαθὸς γενόμενος. » Δεῖ δὲ τῷ Διογένει καὶ πρὸς τὸν Σοφοκλέα χρῆσθαι· πολλὰς γὰρ ἀνθρώπων μυριάδας ἐμπέπληκεν ἀθυμίας περὶ τῶν μυστηρίων[6] ταῦτα γράψας·

> — Ὡς τρισόλβιοι
> Κεῖνοι βροτῶν, οἳ ταῦτα δερχθέντες τέλη.

1. Ἀλέξιδος, Alexis, poëte comique, oncle de Ménandre. Il nous reste de lui des fragments dans Athénée. En voici un qui le fait connaître: « Buvons, buvons à outrance : la mort te glacera au jour marqué; et que te restera-t-il? ce que tu auras bu et mangé. »

2. Κινοῦντος, troublant, ou plutôt, pouvant troubler quelques esprits. L'idée d'hypothèse, de possibilité exprimée par ὅταν retombe sur le participe : si ces vers d'Alexis troublaient quelques esprits.

3. Ὡς ἀληθῶς. Ὡς s'emploie avec le positif comme avec le superlatif, pour en renforcer le sens. Quam avec le superlatif a la même valeur en latin, et s'emploie également quelquefois avec le positif.

4. Ποτί, ἁ, formes dialectiques pour πρός, ἡ.

5. Γάρ, c'est que. Ce mot de Diogène, c'est que...

6. Μυστηρίων, les mystères de Cérès. Les initiés étaient admis à la connaissance de certaines vérités qu'on cachait au vulgaire, et sur lesquelles ils devaient garder un silence absolu (μεμυημένοι). C'était une religion moins grossière que le paganisme des masses, et qui semble s'être élevée à des notions assez pures sur la divinité et la vie future.

Μόλωσ᾽ ἐς Ἅδου· τοῖςδε γὰρ μόνον ἔχει
Ζῆν ἐστι, τοῖς δ᾽ ἄλλοισι πάντ᾽ ἐχεῖ κακά¹.

Διογένης δὲ ἀκούσας τι τοιοῦτον· « Τί λέγεις ; ἔφη· κρείττονα μοῖραν ἕξει Παταικίων ὁ κλέπτης ἀποθανών, ἢ Ἐπαμινώνδας, ὅτι περυύνται ; » Τιμοθέῳ² μὲν γὰρ ᾄδοντι τὴν Ἄρτεμιν ἐν τῷ θεάτρῳ, μαινάδα, θυάδα, φοιβάδα, λυσσάδα, Κινησίας εὐθὺς ἀντεφώνησε, « Τοιαύτη σοι θυγάτηρ γένοιτο³. » Χάριεν δὲ καὶ τὸ τοῦ Βίωνος⁴ πρὸς τὸν Θέογνιν λέγοντα,

Πᾶς γὰρ ἀνὴρ πενίῃ δεδμημένος οὔτε τι εἰπεῖν,
Οὔθ᾽ ἔρξαι δύναται, γλῶσσα δέ οἱ δέδεται,

« Πῶς οὖν σὺ πένης ὢν φλυαρεῖς τοσαῦτα καὶ καταδολεσχεῖς ἡμῶν ;

5. Le jeune homme ne doit pas prendre pour des modèles irréprochables les héros des poëtes. Il n'en est pas un seul qui n'ait les imperfections de l'humanité.

Ἐπάγωμεν τοῖς ποιήμασι τὸν νέον μὴ τοιαύτας ἔχοντα τὰς δόξας περὶ τῶν καλῶν ἐκείνων καὶ μεγάλων ὀνομάτων, ὡς ἄρα σοφοὶ καὶ δίκαιοι ἄνδρες ἦσαν, ἄκροι τε βασιλεῖς καὶ κανόνες⁵ ἀρετῆς ἁπάσης καὶ ὀρθότητος. Ἐπεὶ βλαβήσεται μεγάλα δοκιμάζων πάντα καὶ τεθηπώς, μηδὲν δυσχεραίνων, μηδὲ ἀκούων, μηδὲ ἀποδεχόμενος τοῦ ψέγοντος⁶ αὐτοὺς τοιαῦτα πράττοντας καὶ λέγοντας,

Αἲ γὰρ⁷, Ζεῦ τε πάτερ καὶ Ἀθηναίη καὶ Ἄπολλον,
Μήτε τις οὖν Τρώων θάνατον φύγοι, ὅσσοι ἔασι,

1. Κακά. Soph., fragm. ξζ΄.

2. Τιμοθέῳ. Timothée, poëte comique d'Athènes. — Κινησίας, Cinésias, poëte dithyrambique thébain.

3. Γένοιτο, puisse être, sens optatif.

4. Βίωνος, Bion de Borysthène, disciple de Théophraste, composa des satires, qui étaient un mélange de prose et de vers. Horace le cite dans ses Épîtres, II, II, 61.

5. Κανών, norma, règle, type.

6. Τοῦ ψέγοντος est le complément de ἀκούων et de ἀποδεχόμενος. Ἀποδέχομαι se construit avec le génitif de la personne, comme ἀκούω.

7. Αἲ γὰρ, exclamation marquant le désir comme εἴθε, et en latin si... si aucun n'échappait, puisse aucun n'échapper !

Μήτε τις Ἀργείων νῶϊν δ' ἐκδῦμεν¹ ὄλεθρον.
Ὄφρ' οἶοι Τροίης ἱερὰ κρήδεμνα λύωμεν².

Καὶ,

Οἰκτροτάτην δ' ἤκουσα ὄπα Πριάμοιο θυγατρὸς
Κασσάνδρης, τὴν κτεῖνε Κλυταιμνήστρη δολόμητις
Ἀμφ' ἐμοί³.

Καὶ,

Ζεῦ πάτερ, οὔ τις σεῖο θεῶν ὀλοώτερος ἄλλος⁴.

Μηδὲν ἐπαινεῖν ἐθιζέσθω τοιοῦτον⁵ ὁ νέος, μηδὲ προφάσεις λέγων, μηδὲ παραγωγάς τινας εὐπρεπεῖς ἐπὶ πράγμασι φαύλοις μηχανώμενος, πιθανὸς⁶ ἔστω καὶ πανοῦργος. Ἀλλ' ἐκεῖνο μᾶλλον οἰέσθω, μίμησιν εἶναι τὴν ποίησιν ἠθῶν καὶ βίων, καὶ ἀνθρώπων οὐ τελείων, οὐδὲ καθαρῶν, οὐδ' ἀνεπιλήπτων⁷ παντάπασιν, ἀλλὰ μεμιγμένων πάθεσι καὶ δόξαις, ψεύδεσι καὶ ἀγνοίαις, διὰ δ' εὐφυΐαν⁸ αὐτοὺς πολλάκις μετατιθέντων πρὸς τὸ κρεῖττον. Οἷον, ὁ Ἀχιλλεὺς ἐκκλησίαν συνάγει, τῶν στρατιωτῶν νοσούντων⁹, ἀσχάλλων,

---

1. Ἐκδῦμεν, ἐκδύμεναι, poét. pour ἐκδῦναι. L'infinitif est amené, après l'optatif φύγοι, par l'idée : Dieux, puissiez-vous nous donner de... La construction, irrégulière, au point de vue grammatical, s'explique par le mouvement de la pensée.

2. Λύωμεν. Hom., *Iliad.*, XVI, 97. — C'est Achille qui souhaite d'avoir seul, avec Patrocle, la gloire de détruire Troie.

3. Ἀμφ' ἐμοί. Hom., *Odyss.*, XI, 420. — Agamemnon raconte à Ulysse comment il a été tué à son retour de Troie par Clytemnestre et son complice Égisthe, ὥστε βοῦν ἐπὶ φάτνῃ.

4. Ἄλλος. Hom., *Iliad.*, III, 365. Paroles de Ménélas, qui maudit Jupiter, en voyant son arme brisée et ses coups impuissants contre Pâris.

5. Τοιοῦτον. Que les jeunes gens se gardent bien d'approuver des imprécations inspirées par la colère, comme celles d'Achille, un crime épouvantable comme celui de Clytemnestre, une parole impie comme celle de Ménélas, quelque intérêt qu'on puisse prendre au récit de scènes semblables.

6. Πιθανός, en mauvaise part : Qui a recours à des arguties de sophiste, pour prouver une opinion condamnable.

7. Ἀνεπιλήπτων. A privatif, ν euphonique, ἐπί, et ληπτός (λαμβάνω).

8. Διὰ δ' εὐφυΐαν. Δέ, mais, cependant. Malgré leur imperfection, ils ne laissent pas, grâce à ces heureuses qualités d'une nature exceptionnelle, de montrer des vertus dignes de notre admiration. Mais il faut se rappeler que, même chez les grands hommes, le vice est le fond de la nature humaine.

9. Νοσούντων. Lorsque Apollon répand une peste ou maladie contagieuse dans l'armée des Grecs, pour venger l'outrage fait à Chrysès, son grand-prêtre. (Début de l'*Iliade*.)

μὲν ἀργοῦντι τῷ πολέμῳ, καὶ μάλιστα πάντων[1] διὰ τὴν ἐν ταῖς στρατείαις ἐπιφάνειαν αὐτοῦ καὶ δόξαν· ἰατρικὸς δὲ ὤν, καὶ μετὰ ἡμέραν ἐνάτην, ᾗ ταῦτα[2] κρίνεσθαι πέφυκεν, αἰσθόμενος οὐκ οὖσαν συνήθη τὴν νόσον, οὐδὲ συνεστῶσαν ἀπὸ κοινῶν αἰτίων, ἀναστὰς οὐ δημαγωγεῖ πρὸς τὸν ὄχλον, ἀλλὰ τῷ βασιλεῖ γίνεται σύμβουλος,

Ἀτρείδη, νῦν ἄμμε παλιμπλαγχθέντας ὀΐω.
Ἂψ ἀπονοστήσειν[3],

ὀρθῶς ταῦτα καὶ μετρίως καὶ πρεπόντως. Τοῦ δὲ μάντεως δεδιέναι φήσαντος τὴν ὀργὴν τοῦ δυνατωτάτου τῶν Ἑλλήνων, οὐκ ἔτ' ὀρθῶς οὐδὲ μετρίως, ἐπομόσας μηδένα προσοίσειν χεῖρας[4] αὐτῷ ζῶντος αὐτοῦ, προστίθησιν,

— Οὐδ' ἢν Ἀγαμέμνονα εἴπῃς.

ἐνδεικνύμενος ὀλιγωρίαν καὶ περιφρόνησιν τοῦ ἄρχοντος. Ἐκ δὲ τούτου μᾶλλον παροξυνθεὶς, ἐπὶ τὸ ξίφος φέρεται, σφάττειν διανοούμενος, οὔτε πρὸς τὸ καλὸν ὀρθῶς, οὔτε πρὸς συμφέρον. Εἶτ' αὖθις μεταπεσὼν,

Ἂψ ἐς κουλεὸν ὦσε μέγα ξίφος, οὐδ' ἀπίθησε
Μύθῳ Ἀθηναίης.[5]

ὀρθῶς πάλιν καὶ καλῶς, ὅτι τὸν θυμὸν ἐκκόψαι παντάπασι μὴ δυνηθεὶς, ὅμως, πρὶν ἀνήκεστόν τι δρᾶσαι, μετέστησε καὶ κατέσχεν, εὐπειθῆ τῷ λογισμῷ γενόμενος. Πάλιν[6] ὁ Ἀγαμέμνων ἐν μὲν τοῖς περὶ τὴν ἐκκλησίαν γενομένοις καὶ λεγομένοις ὑπ' αὐτοῦ καταγέλαστός ἐστιν, ἐν δὲ τοῖς περὶ

1. Μάλιστα πάντων, *maxime omnium, par-dessus tout, surtout.*
2. Ταῦτα, ces maladies, les maladies de ce genre.
3. Ἀπονοστήσειν. Hom., Iliad., I, 59.
4. Προσοίσειν χεῖρας, *inferre violentas manus, faire violence.* Ce sont les expressions mêmes d'Achille :
Οὔτις ἐμεῦ ζῶντος καὶ ἐπὶ χθονὶ δερκομένοιο,
σοὶ κοίλῃς παρὰ νηυσὶ βαρείας χεῖρας ἐποίσει...
(Hom., Iliad., I, 90.)
5. Ἀθηναίης. Hom., Iliad., I, 220.
6. Πάλιν, *rursus, de son côté, à son tour.*

Χρυσηΐδα σεμνότερος καὶ βασιλικώτερος. Ὁ μὲν γὰρ Ἀχιλλεὺς, ἀγομένης τῆς Βρισηΐδος,

Δακρύσας ἑτάρων ἄφαρ ἕζετο νόσφι λιασθείς·

οὗτος δὲ, αὐτὸς εἰς τὴν ναῦν ἐμβιβάζων καὶ παραδιδοὺς καὶ ἀποπέμπων τὴν ἄνθρωπον[1], ἣν ὀλίγῳ πρόσθεν εἴρηκε τῆς γαμετῆς τῇ εὐνοίᾳ προκρίνειν, οὐδὲν αἰσχρὸν ἐπεῖπε. Ὅπου δὲ ἀτάρεια τῆς γνώμης, διοριστέον οὕτω πως ἐπιστάντας[2] τὸν νέον. Εἰ μὲν ἡ Ναυσικάα[3] ξένον ἄνδρα τὸν Ὀδυσσέα θεασαμένη, καὶ παθοῦσα τὸ τῆς Καλυψοῦς πάθος πρὸς αὐτὸν, τοιαῦτα μωραίνει πρὸς τὰς θεραπαινίδας·

Αἲ γὰρ ἐμοὶ τοιόσδε πόσις κεκλημένος εἴη,
Ἐνθάδε ναιετάων, καὶ οἱ ἅδοι[4] αὐτόθι μίμνειν[5]·

ψεκτέον τὸ θράσος αὐτῆς καὶ τὴν ἀκολασίαν. Εἰ δὲ τοῖς λόγοις τοῦ ἀνδρὸς τὸ ἦθος ἐνιδοῦσα, καὶ θαυμάσασα τὴν ἔντευξιν αὐτοῦ πολὺν νοῦν ἔχουσαν, εὔχεται τοιούτῳ συνοικεῖν μᾶλλον ἢ πλωτικῷ τινι καὶ ὀρχηστικῷ τῶν πολιτῶν, ἄξιον ἄγασθαι. Πάλιν τῆς Πηνελόπης τοῖς μνηστῆρσι προσδιαλεγομένης οὐκ ἀπανθρώπως[6], ἐκείνων δὲ αὐτῇ χαριζομένων ἱμάτια καὶ κόσμον ἄλλον, ἡδόμενος Ὀδυσσεὺς

---

1. Τὴν ἄνθρωπον. *Homo*, en latin, se dit aussi quelquefois du féminin : *Quoniam homo nata fuerat*, dit Cicéron en parlant de sa fille.

2. Διοριστέον ἐπιστάντας. Voy. sur cette construction, page 7, note 1.

3. Ναυσικάα. Quand Ulysse, après son naufrage, est jeté sur le rivage des Phéaciens, il est aperçu d'abord par Nausicaa, fille du roi Alcinoüs, et ses compagnes qui sont venues laver au fleuve, et prennent leurs ébats dans la prairie. La jeune fille l'accueille avec une liberté toute naturelle et une grâce charmante. Tout cet épisode est d'une fraîcheur et d'une naïveté admirables. Sans doute, les mœurs et les idées de Nausicaa ne ressemblent point aux nôtres, et Mme Dacier s'est évertuée, avec un embarras comique, à rendre à Homère le sentiment des bienséances dont l'absence choquait sa délicatesse. Plaignons Mme Dacier. Mais il faut tenir compte des temps et ne pas juger les héros et les héroïnes d'Homère d'après les raffinements de notre esprit et de notre civilisation.

4. Ἅδοι, opt. aor. 2 de ἁνδάνω, prim. ἅδω, ἥδω, même racine que ἡδὺς, ἡδονή, ἥδομαι.

5. Μίμνειν. Hom., *Odyss.*, VI, 244.

6. Οὐκ ἀπανθρώπως. Allusion à ces paroles de Pénélope à Eurymaque : « Autrefois, ceux qui voulaient rechercher une femme distinguée, la fille d'un père puissant, et se dis-

DE LA LECTURE DES POETES.

Οὕνεκα τῶν μὲν δῶρα παρέλκετο, θέλγε δὲ θυμόν,

εἰ μὲν ἐπὶ τῇ δωροδοκίᾳ καὶ πλεονεξίᾳ χαίρει, τὸν κωμῳδούμενον ὑπερβάλλει Πολίαγρον[1]· εἰ δὲ μᾶλλον οἰόμενος ὑποχειρίους ἕξειν διὰ τὴν ἐλπίδα, καὶ τὸ μέλλον[2] οὐ προςδοκῶντας, λόγον ἔχει τὸ ἡδόμενον αὐτῇ καὶ θαρροῦν[3]. Ὁμοίως ἐπὶ τῇ διαριθμήσει τῶν χρημάτων, ἃ συνεξέθηκαν οἱ Φαίακες,[4] αὐτῷ καὶ ἀπέπλευσαν, εἰ μὲν ἀληθῶς ἐν ἐρημίᾳ τοσαύτῃ καὶ τῶν καθ' αὑτὸν[5] ἀπορίᾳ καὶ ἀδηλότητι γεγονώς, περὶ τῶν χρημάτων φοβεῖται,

Μήτε οἱ οἴχωνται κοίλης ἐπὶ νηὸς ἄγοντες[6].

οἰκτείρειν ἄξιον ἢ βδελύττεσθαι νὴ Δία τὴν φιλοπλουτίαν· εἰ δ', ὥςπερ ἔνιοι λέγουσι, περὶ τῆς Ἰθάκης ἀμφιδοξῶν, οἴεται τὴν τῶν χρημάτων σωτηρίαν ἀπόδειξιν εἶναι τῆς τῶν Φαιάκων ὁσιότητος, — οὐ γὰρ ἂν ἀκερδῶς φέροντας αὐτὸν εἰς ἀλλοτρίαν ἐκβάλλειν χώραν, καὶ καταλιπεῖν[7], ἀποσχομένους τῶν χρημάτων, — οὔτε φαύλῳ τεκμηρίῳ χρῆται, καὶ τὴν πρόνοιαν ἄξιον ἐπαινεῖν[8]. Καὶ ταῦτα δὴ τοῖς νέοις ὑποδεικνύου-

puter sa main, amenaient des bœufs et de grasses brebis, régalaient les amis de la jeune fiancée, et lui donnaient de riches présents. Ils ne dévoraient pas impunément les biens d'autrui. » (*Odyss.*, XVIII, 275.)

1. Πολίαγρον, Poliagre, fameux par sa cupidité, avait, dit la tradition, une chèvre merveilleuse qui lui produisait des richesses : οὐράνιον αἶγα πλουτοφόρον τρέφων. En d'autres termes, il s'enrichissait des désordres scandaleux qu'il tolérait dans sa maison.

2. Τὸ μέλλον. Ulysse, revenu sous les vêtements d'un mendiant, dépouilla tout à coup ses haillons au XXIIe ch. de l'*Odyss.*, et, avec l'aide de Télémaque et de quelques fidèles serviteurs, tua les prétendants au milieu de leurs festins.

3. Θαρροῦν et ἡδόμενον sont,

comme il arrive fréquemment en grec des participes ayant la valeur d'un nom abstrait : *la joie, l'audace*. Ainsi *la colère* de Thémistocle : τὸ ὀργιζόμενον Θεμιστοκλέους.

4. Φαίακες. Après avoir offert à Ulysse une généreuse hospitalité, Alcinoüs, roi des Phéaciens, le fait reconduire dans sa patrie, en le comblant de riches présents : trépieds, vases, bassins d'or, étoffes précieuses.

5. Τῶν καθ' αὑτόν, ce qui le concerne, son sort.

6. Ἄγοντες. Hom., *Odyss.*, XIII, 216.

7. Καταλιπεῖν. L'infinitif dépend d' οἴεται qui précède, ou plutôt de ᾤετο sous-entendu.

8. Ἐπαινεῖν. Cette explication a quelque chose de subtil. Les héros

τες, οὐκ ἐάσωμεν φοράν πρὸς τὰ φαῦλα γίνεσθαι τῶν ἠθῶν, ἀλλὰ¹ τῶν βελτιόνων ζῆλον καὶ προαίρεσιν, εὐθὺς τοῖς μὲν τὸ ψέγειν, τοῖς δὲ τὸ ἐπαινεῖν ἀποδιδόντες. Μάλιστα δὲ τοῦτο ποιεῖν δεῖ ἐν ταῖς τραγῳδίαις, ὅταν λόγους ἔχουσι πιθανοὺς² καὶ πανούργους ἐν πράξεσιν ἀδόξοις καὶ πονηροῖς. Οὐ πάνυ γὰρ ἀληθὲς τὸ τοῦ Σοφοκλέους, λέγοντος,

Οὐκ ἔστ' ἀπ' ἔργων μὴ καλῶν ἔπη καλά³·

καὶ γὰρ οὗτος εἴωθεν ἤθεσι φαύλοις καὶ ἀτόποις πράγμασι λόγους ἐπιγελῶντας⁴ καὶ φιλανθρώπους αἰτίας πορίζειν. Καὶ ὁ σύσκηνος⁵, αὐτοῦ πάλιν, ὁρᾷς, ὅτι τήν τε Φαίδραν καὶ προσεγκαλοῦσαν τῷ Θησεῖ πεποίηκεν, ὡς διὰ τὰς ἐκείνου παρανομίας ἐρασθεῖσαν τοῦ Ἱππολύτου⁶. Τοιαύτην δὲ καὶ τῇ Ἑλένῃ παρρησίαν κατὰ τῆς Ἑκάβης ἐν ταῖς Τρωάσι⁷ δίδωσιν, οἰομένῃ δεῖν ἐκείνην κολάζεσθαι μᾶλλον, ὅτι μοιχὸν αὐτῆς ἔτεκε. Μηδὲν οὖν τούτων κομψὸν ἡγεῖσθαι⁸ καὶ παν-

d'Homère sont plus simples, et leur nature, toute primitive, n'est pas si ingénieuse. Ulysse se réjouit de se voir tant de richesses, et il ne déguise point sa joie. C'était un usage constant, qui se retrouve encore chez les peuples où l'ancienne hospitalité est en pratique, de faire des dons (ξένια) à celui qu'on recevait, et l'hôte lui-même, sans fausse honte, ne manquait pas de réclamer ces présents; δωτίνην, ἥτε ξείνων θέμις ἐστίν.

1. Ἀλλά, mais (tâchons, faisons en sorte de) faire naître en eux l'amour du bien. La pensée est si claire que l'auteur semble oublier qu'il est impossible de sous-entendre dans la seconde partie de la phrase le verbe exprimée dans la première, ἐάσωμεν. La pensée domine et fait passer sur l'irrégularité de la construction.

2. Πιθανούς. Voy. plus haut, p. 22, n. 6.

3. Καλά. Soph., frag. .

4. Ἐπιγελῶντας, riants, séduisants.

5. Σύσκηνος. Euripide, contemporain et rival de Sophocle.

6. Ἱππολύτου. Il y avait deux tragédies d'Euripide sur ce sujet, l'une intitulée Ἱππόλυτος στεφανηφόρος, que nous avons encore, et l'autre Ἱππόλυτος καλυπτόμενος. La remarque de Plutarque paraît s'appliquer à la seconde. Dans Racine, Phèdre est mieux excusée, si elle est excusable, puisqu'elle croit Thésée mort.

7. Τρωάσι. Euripid., *Troyennes*, v. 919. « C'est Hécube, dit Hélène à Ménélas, qui a enfanté nos malheurs en enfantant Pâris. » Subtilité de rhéteur, comme on en trouve trop dans Euripide.

8. Εὐξάσθω ἡγεῖσθαι μηδὲν τούτων κομψὸν καὶ πανοῦργον. — Ἡγεῖσθαι, comme en latin *ducere*, regarder comme.

οὖργον ὁ νέος ἐθιζέσθω, μηδὲ προσμειδιάτω ταῖς τοιαύταις
εὑρεσιλογίαις, ἀλλὰ βδελυττέσθω τοὺς λόγους μᾶλλον ἢ[1] τὰ
ἔργα τῆς ἀκολασίας.

6. **Les mauvais exemples que nous trouvons dans les poëtes peuvent être salutaires, comme les meilleures maximes.** — Si l'on rencontre des maximes funestes, il faut les corriger en leur opposant de sages maximes empruntées ailleurs.

Ἡ μὲν μέλιττα φυσικῶς ἐν τοῖς δριμυτάτοις ἄνθεσι καὶ
ταῖς τραχυτάταις ἀκάνθαις ἐξανευρίσκει τὸ λειότατον μέλι
καὶ χρηστικώτατον· οἱ δὲ παῖδες, ἂν ὀρθῶς ἐκτρέφωνται
τοῖς ποιήμασιν, καὶ ἀπὸ τῶν φαύλους καὶ ἀτόπους ὑποψίας
ἐχόντων ἕλκειν τι χρήσιμον ἁμωσγέπως μαθήσονται καὶ
ὠφέλιμον. Ὅθεν οὐδ' αἱ παραδιορθώσεις φαύλως ἔχουσιν, αἷς
καὶ Κλεάνθης[2] ἐχρήσατο καὶ Ἀντισθένης[3]· ὁ μὲν εὖ μάλα
τοὺς Ἀθηναίους ἰδὼν θορυβήσαντας ἐν τῷ θεάτρῳ,

Τί δ' αἰσχρόν, ἢν μὴ τοῖσι χρωμένοις δοκῇ[4];

παραβάλλων εὐθύς,

Αἰσχρὸν τό γ' αἰσχρόν, κἂν δοκῇ, κἂν μὴ δοκῇ.

Ὁ δὲ Κλεάνθης περὶ τοῦ πλούτου,

Φίλοις τε δοῦναι[5] σῶμά τ' εἰς νόσους πεσὸν
δαπάναισι σῶσαι[6].

1. **Μᾶλλον ἤ**, *plus encore que...*; les maximes immorales du poëte étant encore plus dangereuses que les actions coupables qu'il met en scène.

2. **Κλεάνθης**. Cléanthe, philosophe stoïcien, successeur de Zénon. Diogène de Laërte nous a conservé la liste de ses ouvrages. Il nous reste de lui un hymne à Jupiter, remarquable par la sublimité des pensées.

3. **Ἀντισθένης**. Antisthènes, disciple de Socrate, faisait profession d'austérité. Il faisait consister la vertu dans le mépris des richesses et de la volupté; mais il voulut aussi frapper les yeux par la singularité de ses mœurs et de ses vêtements. Il fut le maître de Diogène le Cynique.

4. **Δοκῇ**. Eurip., *Éole*. Les anciens avaient relevé dans Euripide bon nombre de vers qui sentent les paradoxes du rhéteur, ou qui contiennent des maximes d'une morale relâchée. On en trouvera des exemples dans la seconde partie des *Grenouilles* d'Aristophane.

5. **Δοῦναι**. L'infinitif dépend de ce qui précède : Σκοπῶ τὰ χρήμαθ', ὡς ἔχει μέγα σθένος, κ. τ. λ.

6. **Σῶσαι**. Eurip., *Électre*, 432.

μεταγράφων οὕτω,

Πόρναις τε δοῦναι σῶμά τ' εἰς νόσους πεσὸν
Δαπάναις ἐπιτρέψαι.

Καὶ ὁ Ζήνων[1] ἐπανορθούμενος τὸ τοῦ Σοφοκλέους,

Ὅστις δὲ πρὸς τύραννον ἐμπορεύεται,
Κείνου 'στὶ δοῦλος, κἂν ἐλεύθερος μόλῃ,[2]

μετέγραψεν,

Οὐκ ἔστι δοῦλος, ἂν ἐλεύθερος μόλῃ.

τῷ ἐλευθέρῳ νῦν συνεκκρίνων τὸν ἀδεῆ, καὶ μεγαλόφρονα, καὶ ἀταπείνωτον.

7. Nous trouvons dans les poëtes des préceptes conformes aux leçons des philosophes. A ce titre, la poésie peut être une utile préparation à la philosophie.

Ὅ τι ἂν ἀστεῖον εὕρωμεν παρὰ τοῖς ποιηταῖς καὶ χρηστόν, ἐκτρέφειν χρὴ καὶ αὔξειν ἀποδείξει καὶ μαρτυρίαις φιλοσόφοις, ἀποδιδόντας τὴν εὕρεσιν ἐκείνοις[3]· καὶ γὰρ δίκαιον καὶ ὠφέλιμον, ἰσχὺν τῆς πίστεως καὶ ἀξίωμα προσλαμβανούσης[4], ὅταν τοῖς ἀπὸ σκηνῆς λεγομένοις, καὶ πρὸς λύραν ᾀδομένοις[5], καὶ μελετωμένοις ἐν διδασκαλείῳ τὰ Πυθαγόρου δόγματα καὶ Πλάτωνος ὁμολογῇ, καὶ τὰ Χίλωνος[6] παραγ-

1. Ζήνων. Zénon, fondateur du stoïcisme. La philosophie stoïcienne, faisant consister la liberté dans l'indépendance d'une conscience pure et exempte de passions, n'admet pas qu'on ne puisse être libre dans les circonstances où la plupart des hommes sont esclaves. Le sage peut être libre même dans les fers.

2. Μόλῃ. Soph., fragm. νδ´.

3. Ἐκείνοις. En reconnaissant que l'invention de ces vérités revient à ceux-là, aux poëtes; en montrant que l'on trouve dans les poëtes le germe des préceptes développés par la philosophie.

4. Προσλαμβανούσης. Le crédit (des poëtes) prenant en outre (πρός) force et autorité par suite de ces rapprochements; c'est-à-dire, afin de donner par ces rapprochements plus de crédit et d'autorité aux écrits des poëtes.

5. Τὰ λεγόμενα ἀπὸ σκηνῆς, les choses dites sur la scène, les œuvres dramatiques; τὰ ᾀδόμενα πρὸς λύραν, les choses chantées avec accompagnement de la lyre, les œuvres lyriques.

6. Χίλωνος. Chilon, éphore de Lacédémone, un des sept sages de la Grèce.

γέλματα, καὶ τὰ Βίαντος¹ ἐπὶ τὰς αὐτὰς ἄγῃ γνώμας ἐκείνοις τοῖς παιδικοῖς ἀναγνώσμασιν². Ὅθεν οὐ παρέργως ὑποδεικτέον, ὅτι τὸ μέν,

Τέκνον ἐμόν, οὔ τοι δέδοται πολεμήϊα ἔργα,
Ἀλλὰ σύ γ' ἱμερόεντα μετέρχεο ἔργα γάμοιο³·

καὶ τό,

Ζεὺς γάρ οἱ νεμεσᾶτ', ὅτ' ἀμείνονι φωτὶ μάχοιτο⁴,

οὐδὲν διαφέρει τοῦ, Γνῶθι σαυτόν⁵, ἀλλὰ τὴν αὐτὴν ἔχει διάνοιαν ἐκείνῳ. Τὸ δέ,

Ἡ δὲ κακὴ βουλὴ τῷ βουλεύσαντι κακίστη⁶,

ταὐτόν ἐστι τοῖς Πλάτωνος ἐν Γοργίᾳ⁷ καὶ Πολιτείᾳ⁸ δόγμασι, περὶ τοῦ, Τὸ ἀδικεῖν κάκιον εἶναι τοῦ ἀδικεῖσθαι, καὶ τοῦ κακῶς πάσχειν τὸ ποιεῖν κακῶς βλαβερώτερον. Τὸ δέ,

Φάσωμεν πιστὸν κῦδος ἔχειν ἀρετάν⁹.
Πλοῦτος δὲ καὶ δειλοῖσιν ἀνθρώπων ὁμιλεῖ.

1. Βίαντος. Bias, philosophe et poëte, florissait à la cour de Crésus, vers la 40ᵉ Olympiade.

2. Τὰς αὐτὰς ἐκείνοις τοῖς ἀναγνώσμασιν, les mêmes que ces lectures; exemple du datif avec les adjectifs qui marquent ressemblance, comme ὁ αὐτός, le même, ὅμοιος, semblable, σύμφωνος, qui s'accorde avec. En latin : *Idem facit occidenti*, pour, « Idem facit *quam ille qui occidit*. » Autre exemple quelques lignes plus bas. Cf., page 18, note 6.

3. Γάμοιο. Hom., *Iliad.*, v. 428. — C'est Jupiter qui adresse ces paroles à Vénus.

4. Μάχοιτο. — Ce vers se retrouve en plusieurs circonstances dans l'*Iliade*.

5. Γνῶθι σαυτόν. Maxime célèbre, inscrite sur le temple de Delphes, et dont Socrate faisait le précepte fondamental d'une saine philosophie.

C'est ne pas se connaitre soi-même que de songer à des travaux pour lesquels on n'est pas fait, ou que de vouloir s'attaquer à plus fort que soi. Toutefois, le *connais-toi toi-même* a un sens philosophique plus profond.

6. Κακίστῃ. Hés., *Œuvres et jours*, 264.

7. Γοργίᾳ. Le *Gorgias*, dialogue ainsi intitulé du nom du plus grand des rhéteurs, et où Socrate réfute les théories de Gorgias, de Polus et autres sophistes sur la rhétorique.

8. Πολιτείᾳ. La *République*, dialogue en dix livres, où Platon trace le plan idéal de l'État.

9. Ἀρετάν. forme dor. p. ἀρετήν. — Constr. φάσωμεν ἀρετὰν ἔχειν κῦδος πιστόν, pensons que la vertu obtient une gloire fidèle ; la gloire reste fidèle à la vertu.

λεγόμενον ὑπὸ τοῦ Βακχυλίδου[1]· καὶ πάλιν ὑπὸ τοῦ Εὐριπίδου παραπλησίως·

> Ἐγὼ δὲ οὐδὲν πρεσβύτερον[2] νομίζω τᾶς σωφροσύνας,
> Ἐπεὶ τοῖς ἀγαθοῖς ἀεὶ σύνεστι·

καὶ τὸ,

> Τιμᾶν τὰν τέταχθε[3], πλούτῳ δ᾽ ἀρετὰν κατεργάσασθαι δοκεῖτ᾽[4], ἐν ἐσθλοῖς δὲ καθίζεσθ᾽ ἀνολόοι·

ἆρα οὐκ ἀπόδειξιν ἔχει, ὧν οἱ φιλόσοφοι λέγουσι περὶ πλούτου καὶ τῶν ἐκτὸς ἀγαθῶν, ὡς χωρὶς ἀρετῆς ἀνωφελῶν ὄντων καὶ ἀνονήτων τοῖς ἔχουσι; Τὸ γὰρ οὕτω συνάπτειν καὶ συνοικειοῦν τοῖς δόγμασιν ἐξάγει τὰ ποιήματα τοῦ μύθου καὶ τοῦ προσωπείου, καὶ σπουδὴν περιτίθησι τοῖς χρησίμως λεγομένοις· ἔτι δὲ προανοίγει καὶ προκινεῖ τὴν τοῦ νέου ψυχὴν τοῖς ἐν φιλοσοφίᾳ λόγοις. Ἔρχεται γὰρ οὐκ ἄγευστος αὐτῶν παντάπασιν, οὐδὲ ἀνήκοος, οὐδὲ ἀκρίτως ἀνάπλεως, ὧν ἤκουε τῆς μητρὸς ἀεὶ καὶ τίτθης, καὶ νὴ Δία τοῦ πατρὸς καὶ τοῦ παιδαγωγοῦ, τοὺς πλουσίους εὐδαιμονιζόντων καὶ σεβομένων, φριττόντων δὲ τὸν θάνατον καὶ τὸν πόνον, ἄζηλον δὲ καὶ τὴν ἀρετὴν καὶ τὸ μηδὲν ἄνευ χρημάτων καὶ δόξης ἀγόντων[5]. Οἷς ἀντίφωνα τῶν φιλοσόφων ἀκούοντας αὐτοὺς τὸ πρῶτον ἔκπληξις ἴσχει καὶ ταραχὴ καὶ θάμβος· οὐ προσιεμένους

---

1. Βακχυλίδου, Bacchylide, poëte lyrique, neveu de Simonide de Céos, vécut à la cour d'Hiéron de Syracuse.

2. Πρεσβύτερον, plus respectable, sens dérivé : nihil antiquius habere, même sens.

3. Τέταχθε (de ταίνω) τιμᾶν (infinit.) τάν (dor. pour αὐτήν), contendite illam colere. Τάν représente σωφροσύνας, qui est exprimé précédemment. Il n'est pas possible de construire comme quelques-uns ont fait : Τέταχθε τὰν τιμάν (acc. τιμή).

4. Δοκεῖτε. Litt. : Trouvez bon de pratiquer la vertu avec vos richesses; que vos richesses soient l'auxiliaire de la vertu.

5. Ἀγόντων, regardant la vertu comme indigne d'envie et comme rien. Ducere a également ce sens de penser, regarder comme. La locution complète est ducere in animum, ἄγειν (et plus souvent ἡγεῖσθαι) εἰς τὸν νοῦν. L'usage a fait supprimer le complément : c'est ainsi qu'on a dit προσέχειν τὸν νοῦν, ou par abréviation, en sous-entendant le complément, προσέχειν, animum vertere ad, puis en un seul mot animadvertere, ou simplement advertere, « remarquer. » De même de bien d'autres expressions abrégées par l'habitude.

οὐδὲ ὑπομένοντας, ἂν μὴ, οἷον ἐκ σκότους πολλοῦ μέλλοντες ἥλιον ὁρᾶν[1], ἐθισθῶσι, καθάπερ ἐν νόθῳ φωτὶ καὶ κεκραμένης μύθοις ἀληθείας, αὐγὴν ἔχοντι μαλθακὴν, ἀλύπως διαβλέπειν τὰ τοιαῦτα καὶ μὴ φεύγειν. Προακηκοότες γὰρ ἐν τοῖς ποιήμασι, καὶ προανεγνωκότες,

Τὸν φύντα θρηνεῖν, εἰς ὅσ'[2] ἔρχεται κακά·
Τὸν δ' αὖ θανόντα καὶ πόνων πεπαυμένον
Χαίροντας εὐφημοῦντας ἐκπέμπειν[3] δόμων[4],

Καὶ,

Ἐπεὶ τί δεῖ βροτοῖσι πλὴν δυεῖν μόνον,
Δήμητρος ἀκτῆς[5], πώματός θ' ὑδρηχόου[6];

Καὶ,

Ἰὼ τύραννε βαρβάρων ἀνδρῶν φίλη,

Καὶ,

—Ἡ βροτῶν τ' εὐπραξία
Τῶν τὰ ἐλάχιστα γίνεται λυπουμένων,

ἧττον ταράττονται καὶ δυσκολαίνουσι παρὰ τοῖς φιλοσόφοις ἀκούοντες, ὡς, Ὁ θάνατος οὐδὲν πρὸς ἡμᾶς[7]· καὶ, Ὁ τῆς φύσεως πλοῦτος ὥρισται[8]· καὶ, Τὸ εὐδαῖμον καὶ μακάριον οὐ χρημάτων πλῆθος, οὐδὲ πραγμάτων ὄγκος, οὐδὲ ἀρχαὶ

1. Ἥλιον ὁρᾶν. Cette comparaison si juste se retrouve dans une poétique allégorie de Platon, où il représente les hommes enfermés dans une caverne et plongés dans les ténèbres de l'erreur. Cf. Saint Basile, Homél. aux jeunes gens, II : Ὥσπερ ἐν σκιαῖς τισι καὶ κατόπτροις, τῷ τῆς ψυχῆς ὄμματι προγυμναζόμεθα· et plus bas : Οἷον ἐν ὕδατι τὸν ἥλιον ὁρᾶν ἐθισθέντες, οὕτως αὐτῷ προσβαλοῦμεν τὰς ὄψεις.

2. Εἰς ὅσα. Constr.: Ἕνεκα τοσούτων κακῶν, εἰς ὅσα κακὰ ἔρχεται.

3. Ἐκπέμπειν, en latin efferre, se dit de la cérémonie où le mort étendu à la porte de sa demeure était emporté, accompagné par le cortége funèbre.

4. Δόμων. Eurip., Chresphonte.

5. Ἀκτή, racine ἄγνυμι, briser, broyer, signifie blé et se trouve ici déterminé par Δήμητρος, de Cérès.

6. Ὑδρηχόου. Eurip. frag.

7. Πρὸς ἡμᾶς. Sentence épicurienne comme celles qui suivent.
Nil igitur mors est, ad nos neque
   pertinet hilum.
            (Lucr., v. 842.)

8. Ὥρισται. « Ipsa natura divitias, quibus contenta sit, et parabiles et terminatas habet : inanium autem cupiditatum nec modus ullus nec finis inveniri potest. » (Cic., De finib. i, 13.)

τινὲς ἔχουσιν, οὐδὲ δυνάμεις, ἀλλ' ἀλυπία καὶ πραότης
παθῶν, καὶ διάθεσις ψυχῆς τὸ κατὰ φύσιν ὁρίζουσα¹. Διὸ
καὶ τούτων ἕνεκα καὶ τῶν προειρημένων ἁπάντων ἀγαθῆς
δεῖ τῷ νέῳ κυβερνήσεως περὶ τὴν ἀνάγνωσιν, ἵνα μὴ προδια-
ϐληθεὶς, ἀλλὰ μᾶλλον προπαιδευθεὶς, εὐμενὴς καὶ φίλος καὶ
οἰκεῖος ὑπὸ ποιητικῆς ἐπὶ φιλοσοφίαν προπέμπηται.

1. Ὁρίζουσα. Cette pensée se retrouve souvent dans les philosophes et les poëtes de tous les temps. Μέγα δ' ἐφόδιον, dit Plutarque, οὐχ ὁ πλοῦτος, ἀλλ' αὐτάρκεια, τῷ μηδέ- νος τῶν περιττῶν δεῖσθαι. « Multa petentibus desunt multa (Hor.). »— « Semper inops quicumque cupit. » (Claud.)

SUR LA MANIÈRE D'ÉCOUTER

Plutarque s'adresse à un jeune homme qui vient de prendre la robe virile. A ce moment on est fier de conquérir son indépendance; mais, hélas! on tombe souvent au pouvoir de maîtres beaucoup plus impérieux que ceux qu'on a eus pendant l'enfance : les passions, les plus cruels des tyrans. Il faut prendre la raison pour guide : celui-là seul fait ce qu'il veut, qui ne veut que ce qu'il doit. Or, de tous les écueils, il n'en est peut-être pas de plus dangereux pour le jeune homme, que les mauvais conseils. C'est par là souvent que la corruption pénètre dans son âme, sans qu'il s'en aperçoive. Il écoute attentivement ce qui peut lui nuire, et ne sait pas tirer profit des conversations qui peuvent lui être utiles.

1. Il faut prendre garde de se laisser éblouir par les beaux discours. — Inanité de la fausse éloquence.

Δεῖ τὸν μὲν ἔπαινον ἀφελῶς τοῖς λέγουσι, τὴν δὲ πίστιν
εὐλαϐῶς¹ προΐεσθαι τοῖς λόγοις. Ὡς² πολλὰ ψευδῆ καὶ
πονηρὰ δόγματα λανθάνομεν εὐνοίᾳ καὶ πίστει τῇ πρὸς
τοὺς λέγοντας ἐνδεχόμενοι³. Ἔχει δέ τι καὶ ἡ λέξις ἀπατηλὸν,

1. Εὐλαϐῶς, avec précaution, avec discernement.
2. Ὡς, car.
3. Λανθάνομεν ἐνδεχόμενοι, nous ne nous apercevons pas que nous adoptons, nous adoptons sans nous en apercevoir. Cf. Saint Basile. Sur la lecture des auteurs profanes, ch. IV : Ἡ γὰρ πρὸς τοὺς φαύλους τῶν λόγων συνήθεια ὁδός τίς ἐστιν ἐπὶ τὰ πράγματα. Διὸ δὴ πάσῃ φυλακῇ τὴν ψυχὴν τηρητέον, μὴ διὰ τῶν λόγων ἡδονῆς παραδεξάμενοί τι λάθωμεν τῶν χειρόνων, ὥσπερ

ὅταν ἡδεῖα καὶ πολλή¹ καὶ μετ' ὄγκου τινὸς καὶ κατασκευῆς ἐπιφέρηται τοῖς πράγμασιν. Ὡς γὰρ τῶν ὑπὸ² αὐλὸν ᾀδόντων αἱ πολλαὶ τοὺς ἀκούοντας ἁμαρτίαι διαφεύγουσιν, οὕτως περιττὴ καὶ σοβαρὰ λέξις ἀντιλάμπει τῷ ἀκροατῇ πρὸς τὸ δηλούμενον³. Ὁ μὲν γὰρ Μελάνθιος⁴, ὡς ἔοικε, περὶ τῆς Διογένους⁵ τραγῳδίας ἐρωτηθεὶς οὐκ ἔφη κατιδεῖν⁶ αὐτὴν ὑπὸ τῶν ὀνομάτων ἐπιπροσθουμένην. Αἱ δὲ τῶν πολλῶν διαλέξεις καὶ μελέται⁷ σοφιστῶν οὐ μόνον τοῖς ὀνόμασι παραπετάσμασι χρῶνται τῶν διανοημάτων, ἀλλὰ καὶ τὴν φωνὴν ἐμμελείαις τισὶ καὶ μαλακότησι καὶ περιηχέσιν⁸ ἐφηδύνοντες ἐκβακχεύουσι καὶ παραφέρουσι τοὺς ἀκροωμένους, κενὴν ἡδονὴν διδόντες, καὶ κενοτέραν δόξαν ἀντιλαμβάνοντες. Ὥστε αὐτοῖς συμβαίνει τὸ ὑπὸ Διονυσίου ῥηθέν. Ἐκεῖνος γὰρ, ὡς ἔοικεν, εὐδοκιμοῦντι κιθαρῳδῷ παρὰ τὴν θέαν⁹ ἐπαγγειλάμενος δωρεάς τινας μεγάλας, ὕστερον οὐδὲν ἔδωκεν, ὡς ἀποδεδωκὼς τὴν χάριν. « Ὅσον γὰρ, ἔφη, χρόνον εὔφραινες ᾄδων, τοσοῦτον ἔχαιρες ἐλπίζων. » Τοῦτον δὲ τὸν ἔρανον αἱ τοιαῦται πληροῦσιν¹⁰ ἀκροάσεις τοῖς λέγουσιν

οἱ τὰ δηλητήρια μετὰ τοῦ μέλιτος προσιέμενοι.

1. Πολλή, abondant.
2. Ὑπό, au son de, avec accompagnement de.
3. Δηλούμενον, mot à mot brille pour l'auditeur contre ce qui lui est exposé, éblouit l'auditeur et l'empêche de juger ce qu'on lui expose.
4. Μελάνθιος. Voy. p. 19, n. 5.
5. Διογένους. Beaucoup de commentateurs croient qu'il est ici question d'une tragédie de Denys. D'après Fabricius, il s'agit de Diogène (Œnomaüs, poëte tragique athénien de la 94e Olympiade, dont parle aussi Élien, *Hist. var.*, III, 30.
6. Οὐκ ἔφη κατιδεῖν, *negavit se vidisse*. En grec et en latin, on joint au premier verbe la négation qui accompagne en français le second.

Ainsi : Il dit qu'il ne voulait pas; *negavit se velle*, οὐκ ἔφη βούλεσθαι.
7. Μελέται, désigne les exercices de composition des rhéteurs, que les Latins appelaient *declamationes*.
8. Περιηχέσιν. « Quodcumque vitium magis tulerim, quam quo nunc maxime laboratur in causis omnibus scholisque, cantandi... Quid enim minus convenit oratori, quam modulatio scenica?... Cicero illos ex Lycia et Caria rhetoras pæne cantare in epilogis dixit : nos etiam cantandi severiorem paulo modum excessimus. » (QUINT., XI, 2.)
9. Παρὰ τὴν θέαν, pendant la représentation, au théâtre.
10. Τὸν ἔρανον πληροῦν, au propre, compléter le montant de sa cotisation, payer son écot. Tel est le prix que ces beaux discours rapportent aux orateurs.

θαυμάζονται γὰρ, ἐφ' ὅσον τέρπουσιν, εἶτα ἅμα τῆς ἀκοῆς ἐξερρύη τὸ ἡδὺ, κἀκείνους προλέλοιπεν ἡ δόξα, καὶ μάτην τοῖς μὲν ὁ χρόνος, τοῖς δὲ[1] καὶ ὁ βίος ἀνάλωται.

2. Le jeune homme doit d'abord apprendre à penser, avant de s'appliquer à l'étude des élégances du style.

Εἰ τοῖς λέγουσι προσήκει μὴ παντάπασιν ἡδονὴν ἐχούσης καὶ πιθανότητα λέξεως παραμελεῖν, ἐλάχιστα τούτου φροντιστέον ἐστὶ τῷ νέῳ, τό γε[2] πρῶτον. Ὕστερον δέ που, καθάπερ οἱ πίνοντες, ὅταν παύσωνται διψῶντες[3], τότε τὰ τορεύματα τῶν ἐκπωμάτων ὑποθεωροῦσι καὶ στρέφουσιν, οὕτως ἐμπλησθέντι δογμάτων καὶ ἀναπνεύσαντι δοτέον τὴν λέξιν, εἴ τι κομψὸν ἔχει καὶ περιττόν, ἐπισκοπεῖν. Ὁ δ' εὐθὺς ἐξ ἀρχῆς μὴ τοῖς πράγμασιν[4] ἐμφυόμενος, ἀλλὰ τὴν λέξιν Ἀττικὴν[5] ἀξιῶν εἶναι καὶ ἰσχνήν, ὅμοιός ἐστι μὴ βουλομένῳ πιεῖν ἀντίδοτον, ἂν μὴ τὸ ἀγγεῖον ἐκ τῆς Ἀττικῆς κωλιάδος[6] ᾖ κεκεραμευμένον· μηδὲ ἱμάτιον περιβαλέσθαι[7] χειμῶνος, εἰ μὴ προβάτων Ἀττικῶν εἴη τὸ ἔριον· ἀλλ' ὥσπερ ἐν τρίβωνι Λυσιακοῦ λόγου λεπτῷ καὶ ψιλῷ καθήμενος[8]

1. Τοῖς μέν, pour les uns, les auditeurs ; τοῖς δέ, pour les autres, les orateurs.

2. Τό γε, du moins.

3. Παύσωνται διψῶντες, ils cessent ayant soif d'avoir soif ; construction du participe avec les verbes qui signifient *continuer, cesser* : Διατελεῖ με ἀγαπῶν, Οὐ λήξω ἔχων, etc. : il continue *à m'aimer*; je ne cesserai pas *d'avoir*.

4. Πράγμασιν, les pensées, le fond, par opposition à λέξιν, le style, comme, en latin, *res* opposé à *verba*.

5. Ἀττικήν. Style attique, atticisme, ont toujours été synonymes, non-seulement de pureté et de correction, mais encore de finesse, élégance, bon goût. » Ea subtilitas, quam Atticam vocant. » dit Cicéron. « Ἀττικισμός ille redolens Athenarum proprium saporem. » — « Elegantia, sive ἀττικισμός. » (Quint.)

6. Κωλιάδος, argile du cap Colias, renommée pour la poterie.

7. Περιβαλέσθαι, infin. dépendant de βουλομένῳ.

8. Καθήμενος, s.-ent. ἐστί. Il reste, pour ainsi dire, sans agir, sans bouger, à se morfondre sous un vêtement mince et léger, comme le style de Lysias. Ce qu'est une étoffe mince et légère à un bon manteau de laine, le style de Lysias l'est à un style fort et rempli de solides pensées. — Lysias est un froid orateur, mais un des plus purs écrivains attiques. Ses discours, dépourvus d'enthousiasme et de force, sont un modèle pour la diction et le choix exquis des termes. Cicéron et Quintilien en faisaient grand cas, surtout

ἄπρακτος καὶ ἀκίνητος. Ταῦτα γὰρ τὰ νοσήματα πολλὴν μὲν ἐρημίαν νοῦ καὶ φρενῶν ἀγαθῶν, πολλὴν δὲ τερθρείαν καὶ στωμυλίαν ἐν ταῖς σχολαῖς πεποίηκε· τῶν μειρακίων, οὔτε βίον, οὔτε πρᾶξιν, οὔτε πολιτείαν φιλοσόφου παραφυλαττόντων ἀνδρός, ἀλλὰ λέξεις καὶ ῥήματα καὶ τὸ καλῶς ἀπαγγέλλειν ἐν ἐπαίνῳ τιθεμένων, τὸ δὲ ἀπαγγελλόμενον εἴτε χρήσιμον εἴτε ἄχρηστον, εἴτε ἀναγκαῖον εἴτε κενόν ἐστι καὶ περιττόν, οὐκ ἐπισταμένων, οὐδὲ βουλομένων ἐξετάζειν.

3. *Des louanges outrées.* — On n'applaudit pas un orateur qui parle de choses sérieuses comme un comédien ou un danseur.

Οἱ τὰς ξένας φωνὰς τοῖς ἀκροατηρίοις νῦν ἐπεισάγοντες, οὗτοι καὶ « Θείως, » καὶ « Θεοφορήτως, » καὶ « Ἀπροσίτως » ἐπιλέγοντες, ὡς οὐκ ἔτι τοῦ « Καλῶς » καὶ τοῦ « Σοφῶς » καὶ τοῦ « Ἀληθῶς » ἐξαρκοῦντος, οἷς οἱ περὶ Πλάτωνα[1] καὶ Σωκράτην καὶ Ὑπερίδην ἐχρῶντο σημείοις τῶν ἐπαίνων, ὑπερασχημονοῦσι, καὶ διαβάλλουσι[2] τοὺς λέγοντας, ὡς ὑπερηφάνων τινῶν καὶ περιττῶν δεομένους ἐπαίνων[3]. Σφόδρα δὲ ἀηδεῖς εἰσι καὶ οἱ μεθ' ὅρκου τοῖς λέγουσιν, ὥσπερ ἐν δικαστηρίῳ, τὰς μαρτυρίας ἀποδιδόντες. Οὐχ ἧττον δὲ τούτων, οἱ περὶ τὰς ποιότητας ἀστοχοῦντες, ὅταν φιλοσόφῳ μὲν ἐπιφωνῶσι « Δριμέως, » γέροντι δὲ « Εὐρώς » ἢ « Ἀνθηρῶς[4], » τὰς τῶν παιζόντων καὶ πανηγυριζόν-

en ce qui concerne la forme. Voyez page 58, note 8. Cependant ils reconnaissaient dans son élégance une finesse et une délicatesse excessives : « Illud in Lysia dicendi textum tenue atque rarum, » dit Quintilien (liv. IX, ch. 4), et ailleurs (liv. XII, ch. 10) : « Lysiaca gracilitas. »

1. Οἱ περὶ Πλάτωνα, périphrase qui équivaut souvent à Πλάτων, etc. — Ici, les auditeurs de Platon.

2. Διαβάλλειν τινί, déprécier quelqu'un, lui faire tort.

3. Ἐπαίνων. « On ne vous demande pas, Zélotus, de vous récrier :

C'est un chef-d'œuvre de l'esprit, l'humanité ne va pas plus loin; c'est jusqu'où la parole humaine peut s'élever; phrases outrées, nuisibles à cela même qui est louable et qu'on veut louer. Que ne disiez-vous seulement : Voilà un bon livre ?... Amas d'épithètes, mauvaises louanges. » (LA BRUYÈRE.)

4. Ἀνθηρῶς. C'est ainsi qu'un des sots du festin ridicule de Boileau, jurant, lui aussi, comme certains marquis de Molière, et les donneurs de louanges outrées, dont parle Plutarque, prodiguant les *morbleu!* les

των¹ ἐν ταῖς σχολαστικαῖς μελέταις φωνὰς ἐπὶ τοὺς φιλοσόφους μετακομίζοντες, καὶ λόγῳ σωφρονοῦντι προσφέροντες ἔπαινον ἑταιρικὸν, ὥσπερ ἀθλητῇ κρίνον ἢ ῥόδων στέφανον, οὐ δάφνης οὐδὲ κοτίνου περιτιθέντες. Ἀνὴρ δ᾽ ἂν, οἶμαι, φιλόσοφος καὶ πολιτικὸς ἀκροατοῦ διακεχυμένου² τρυφὴν ἐκκόψειεν εἰπών· « Σύ μοι δοκεῖς ἀνόητος εἶναι καὶ ἀνάγωγος· οὐ γὰρ ἂν ἐμοῦ διδάσκοντος, ἢ νουθετοῦντος, ἢ διαλεγομένου περὶ θεῶν, ἢ πολιτείας, ἢ ἀρχῆς, ἐτερέτιζες καὶ προσωχοῦ³ τοῖς λόγοις· » Ὅρα γὰρ ἀληθῶς, οἶόν ἐστι, φιλοσόφου λέγοντος, ἀπορεῖν τοὺς ἔξωθεν, ὑπὸ⁴ τῶν ἔνδον βοώντων καὶ ἀλαλαζόντων, πότερον αὐλοῦντος, ἢ κιθαρίζοντος, ἢ ὀρχουμένου τινὸς ὁ ἔπαινός ἐστι.

ma foi! les en vérité! se croit profond quand il trouve que «le Corneille est joli quelquefois.»

1. Πανηγυριζόντων. Les rhéteurs exerçaient leurs disciples à composer, à titre de déclamations, des discours soi-disant destinés à être prononcés en public: tel est le sens des expressions πανηγυρικὸς λόγος, πανηγυρίζειν. Tel est le sens du titre même du fameux discours d'Isocrate qui est resté le modèle du genre.

2. Διακεχυμένου, effusus, se répandant en démonstrations déplacées.

3. Προσωχοῦ avec ἂν, sens conditionnel. — Πρὸς, contenu dans le verbe, a. au son de, : Chanter à mes leçons.

4. Ὑπὸ, à cause de, par l'effet de...

CONSOLATION A APOLLONIUS*

Apollonius venait de perdre un fils que Plutarque chérissait lui-même d'un amour paternel. En adressant ses consolations à un père affligé, il lui rappelle la destinée des hommes : on devrait toujours songer aux vicissitudes de la fortune, afin de ne pas se laisser abattre par ses coups imprévus.

1. Le sage doit toujours conserver l'égalité d'âme. — Fragilité des choses humaines.

Πεπαιδευμένων ἐστὶ καὶ σωφρόνων ἀνδρῶν, πρός τε τὰς δοκούσας εὐτυχίας τὸν αὐτὸν εἶναι, καὶ πρὸς τὰς ἀτυχίας

*. Παραμυθητικός, sous-entendu λόγος. De même Πανηγυρικός. Αἰγινητικός, Παναθηναϊκός, titres de discours d'Isocrate, et autres.

γενναίως φυλάξαι τὸ πρέπον¹. Τῆς γὰρ εὐλογιστίας ἔργον ἐστὶν ἢ τὸ φυλάξασθαι τὸ κακὸν ἐπιφερόμενον, ἢ διορθώσασθαι γενόμενον, ἢ συστεῖλαι πρὸς τὸ βραχύτατον, ἢ παρασκευάζειν αὐτοῦ τὴν ὑπομονὴν ἄρρενα καὶ γενναίαν. Καὶ γὰρ περὶ τἀγαθὸν ἡ φρόνησις πραγματεύεται τετραχῶς ², ἢ κτωμένη τἀγαθά, ἢ φυλάττουσα, ἢ αὔξουσα, ἢ χρωμένη δεξιῶς. Οὗτοι τῆς φρονήσεως καὶ τῶν ἄλλων ἀρετῶν εἰσι κανόνες, οἷς πρὸς ἀμφότερα³ χρηστέον.

Οὐκ ἔστιν γὰρ ὅστις πάντ᾽ ἀνὴρ εὐδαιμονεῖ·⁴

καὶ νὴ Δία,

Τὸ τοι χρεὼν οὐκ ἔστι μὴ χρεὼν ποιεῖν⁵.

Ὥσπερ γὰρ ἐν φυτοῖς ποτὲ μὲν πολυκαρπίαι γίνονται, ποτὲ δ᾽⁶ ἀκαρπίαι, καὶ ἐν θαλάττῃ εὐδίαι τε καὶ χειμῶνες· οὕτω καὶ ἐν βίῳ πολλαὶ καὶ ποικίλαι περιστάσεις γινόμεναι πρὸς τὰς ἐναντίας περιάγουσι τοὺς ἀνθρώπους τύχας. Εἰς ἃς διαβλέψας ἄν τις οὐκ ἀπεικότως εἴποι,

Οὐκ ἐπὶ πᾶσίν σ᾽ ἐφύτευσ᾽ ἀγαθοῖς,
Ἀγάμεμνον, Ἀτρεύς·
δεῖ δέ σε χαίρειν καὶ λυπεῖσθαι·
θνητὸς γὰρ ἔφυς· κἂν μὴ σὺ θέλῃς,
τὰ θεῶν οὕτω βουλόμεν᾽ ἔσται⁷.

Ἀλλ᾽ ὅμως τοιούτων ὄντων τῶν πραγμάτων, ἔνιοι διὰ τὴν

1. Τὸ πρέπον. Cf. Hor., Od. II, III, 1 :
.Æquam memento rebus in arduis
Servare mentem, non secus in bonis
Ab omni temperatam
Lætitia.
Et Od. II, x. 13 (Edit. class., VII) :
Sperat infestis, metuit secundis
Alteram sortem bene præparatum
Pectus.
2. Τετραχῶς. À l'égard des biens, la sagesse a quatre objets à remplir.
3. Πρὸς ἀμφότερα, dans l'une et l'autre fortune, dans la bonne et la mauvaise fortune. Cf. saint Basile. De la lect. des aut. prof., ch. 1 : Τῆς

ἐπ᾽ ἄμφω μεταβολῆς μετασχεῖν. De même en latin : « Experiri utramque fortunam. »
4. Εὐδαιμονεῖ.
— — Nihil est ab omni
Parte beatum,
dit Horace (Od. II, xvi, 27, Ed. class., XIII).
5. Μὴ χρεὼν ποιεῖν. Litt. : Il n'est pas possible de rendre non nécessaire, ce qui est nécessaire, on ne peut résister à la nécessité.
6. Ποτὲ μὲν, ποτὲ δέ, nunc..... nunc..., tantôt, tantôt...
7. Ἔσται. Eurip., Iphigénie, vers 29-33.

ἀφροσύνην οὕτως εἰσὶν ἀβέλτεροι καὶ κεναυχεῖς, ὥστε μικρὸν ἐπαρθέντες, ἢ διὰ χρημάτων περιουσίαν ἄφθονον, ἢ διὰ μέγεθος ἀρχῆς, ἢ διά τινας προεδρίας πολιτικάς, ἢ διὰ τιμὰς καὶ δόξας, ἐπαπειλεῖν τοῖς ἥττοσι καὶ ἐξυβρίζειν· οὐκ ἐνθυμούμενοι τὸ τῆς τύχης ἄστατον καὶ ἀβέβαιον, οὐδ' ὅτι ῥᾳδίως τὰ ὑψηλὰ γίνεται ταπεινά, καὶ χθαμαλὰ πάλιν ὑψοῦται, ταῖς ὀξυρρόποις μεθιστάμενα τῆς τύχης μεταβολαῖς·[1]. Ζητεῖν οὖν ἐν ἀβεβαίοις βέβαιόν τι, λογιζομένων ἐστὶ περὶ τῶν πραγμάτων οὐκ ὀρθῶς.

Τροχοῦ γὰρ περιστείχοντος, ἄλλοθ' ἡτέρα[2]
Ἁψὶς ὕπερθε γίγνετ'[3], ἄλλοθ' ἡτέρα.

Κράτιστον δὲ πρὸς ἀλυπίαν φάρμακον ὁ λόγος[4], καὶ ἡ διὰ τούτου παρασκευὴ πρὸς πάσας τοῦ βίου μεταβολάς. Χρὴ γὰρ οὐ μόνον ἑαυτὸν θνητὸν εἰδέναι ὄντα τὴν φύσιν, ἀλλὰ καὶ ὅτι θνητῷ σύγκληρός ἐστι βίῳ, καὶ πράγμασι ῥᾳδίως μεθισταμένοις πρὸς τοὐναντίον. Ἀνθρώπων γὰρ ὄντας θνητὰ μὲν καὶ ἐφήμερα τὰ σώματα, θνηταὶ δὲ τύχαι καὶ πάθη, καὶ πάνθ' ἁπλῶς τὰ κατὰ τὸν βίον· ἅπερ

— οὐκ ἔστι φυγεῖν βροτὸν, οὐδ' ὑπαλύξαι

τοπαράπαν. Ἀλλὰ Ταρτάρου πυθμένα πιέζεις ἀφανοῦς σφυ-

---

1. Μεταβολαῖς. Cf., entre beaucoup d'autres passages sur le même sujet, Sén., Ep., xci.

2. Ἡτέρα, crase pour ἡ ἑτέρα, comme on dit ἁνήρ, pour ὁ ἀνήρ, ὥνθρωπος pour ὁ ἄνθρωπος, ὥλλοι pour οἱ ἄλλοι, οὕτερος pour ὁ ἕτερος (Hérod.), ὥριστος pour ὁ ἄριστος (Hom.), etc.

3. Ὕπερθε γίγνεται. Ce rapprochement entre les alternatives des choses humaines et une roue qui tourne, a fait chez nous une expression familière de *la roue de la fortune*. *Rota fortunæ* se trouve dans Cicéron, *In Pison.*, 10.

4. Λόγος, la raison, « Cogitanda sunt omnia, et animus adversus ea quæ possunt evenire, firmandus... Tota ante oculos sortis humanæ conditio ponatur, si nolumus opprimi, nec ullis inusitatis velut novis obstupefieri... Omnia mortalium opera mortalitate damnata : inter peritura vivimus. » (SÉNÈQUE.)

CONSOLATION A APOLLONIUS.

ρηλάτοις ἀνάγκαις[1], ὥς φησι Πίνδαρος. Ὅθεν ὀρθῶς ὁ Φαληρεὺς Δημήτριος[2], εἰπόντος Εὐριπίδου,

> Ὁ δ' ὄλβος οὐ βέβαιος, ἀλλ' ἐφήμερος·

καὶ ὅτι

> Μικρότατα τὰ σφάλλοντα, καὶ μί' ἡμέρα
> Τὰ μὲν καθεῖλεν, ὑψόθεν, τὰ δ' ἦρ' ἄνω·

τὰ μὲν ἄλλα καλῶς ἔφη λέγειν αὐτόν· βέλτιον δ' ἂν εἶχεν ὄν[3], εἰ μὴ μίαν ἡμέραν, ἀλλὰ στιγμὴν εἶπε χρόνου.

> Κύκλος γὰρ αὐτὸς[4] καρπίμοις τε γῆς φυτοῖς,
> Θνητῶν τε γενεᾷ· τοῖς μὲν αὔξεται βίος,
> Τῶν δὲ φθίνει γε κἀκθερίζεται πάλιν.

Ὁ δὲ Πίνδαρος ἐν ἄλλοις,

> Τί δέ τις; τί δ' οὔτις;
> Σκιᾶς ὄναρ ἄνθρωπος[5],

ἐκφαντικῶς σφόδρα καὶ φιλοτέχνως ὑπερβολῇ χρησάμενος, τὸν τῶν ἀνθρώπων βίον ἐδήλωσε. Τί γὰρ σκιᾶς ἀσθενέστερον; τὸ δὲ ταύτης ὄναρ οὐδ' ἂν ἐκφράσαι τις ἕτερος δυνηθείη σαφῶς.

2. Le bonheur sans mélange n'est pas de ce monde. — L'homme heureux doit trembler.

Σιμωνίδης[6] δ' ὁ τῶν μελῶν ποιητής, Παυσανίου[7] τοῦ

---

1. Ἀνάγκαις, litt. : Par une nécessité dure, tu foules le fond de l'invisible Tartare; une dure nécessité te fait fouler sous tes pieds le fond du sombre Tartare.

— — Omnes una manet nox,
Et calcanda semel via leti.
Hor., Od. I, xxviii, 15 (Ed. class., xxiii).

2. Δημήτριος. Démétrius de Phalère, orateur et homme d'État athénien, archonte en 318 av. J.-C.

3. Ἂν εἶχεν ὄν, cela serait mieux, il eût encore mieux dit. Ἔχω marque un état, et signifie être, non-seulement avec un adverbe, mais avec un participe : Τοὺς παῖδας ἐκβαλοῦσ'

ἔχεις (Soph.). Tu as chassé tes enfants (tu es ayant chassé).

4. Αὐτός, le même.

5. Σκιᾶς ὄναρ ἄνθρωπος. L'homme est le songe d'une ombre. Expression d'une hardiesse poétique, qui rappelle l'élévation du style biblique, comme un grand nombre des expressions de Pindare ou d'Homère.

6. Μελῶν, poésies lyriques. Simonide avait écrit des thrènes ou élégies.

7. Παυσανίου. Il s'agit de Pausanias, fils du roi Cléombrote, et l'un des vainqueurs de Platée. Il ne peut être question de son petit-fils, que semble désigner le titre de roi; car

βασιλέως τῶν Λακεδαιμονίων μεγαλαυχουμένου συνεχῶς
ἐπὶ ταῖς αὐτοῦ πράξεσι, καὶ κελεύοντος ἐπαγγεῖλαί τι αὐτῷ
σοφὸν μετὰ χλευασμοῦ¹, συνεὶς αὐτοῦ τὴν ὑπερηφανίαν,
συνεβούλευε μεμνῆσθαι, ὅτι ἄνθρωπός ἐστι.

Φίλιππος δ᾽ ὁ τῶν Μακεδόνων βασιλεύς, τριῶν αὐτῷ
προσαγγελθέντων εὐτυχημάτων ὑφ᾽² ἕνα καιρόν· πρώτου μέν,
ὅτι τεθρίππῳ νενίκηκεν Ὀλύμπια³· δευτέρου δέ, ὅτι Παρμε-
νίων⁴ ὁ στρατηγὸς μάχῃ Δαρδανεῖς ἐνίκησε· τρίτου δ᾽, ὅτι
ἄρρεν αὐτῷ παιδίον⁵ ἐκύησεν Ὀλυμπιάς· ἀνατείνας εἰς οὐρανὸν τὰς χεῖρας· « Ὦ δαῖμον, εἶπε, μέτριόν τι τούτοις ἀν-
τίθες ἐλάττωμα· » εἰδώς, ὅτι τοῖς μεγάλοις εὐτυχήμασι
φθονεῖν πέφυκεν⁶ ἡ τύχη.

Θηραμένης⁷ δὲ ὁ γενόμενος Ἀθήνησι τῶν τριάκοντα τυ-

ses expéditions ne furent guère heureuses. Le mot βασιλέως s'explique parce que Pausanias gouverna quelque temps le royaume pendant la jeunesse de Plistarque, fils de Léonidas, et son cousin.

1. Μετὰ χλευασμοῦ doit être construit avec κελεύοντος, et non avec ἐπαγγεῖλαι.

2. Ὑπὸ avec l'accusatif, comme *sub* en latin, *vers*.

3. Νενίκηκεν Ὀλύμπια, il avait remporté le prix aux jeux Olympiques. Cet accusatif s'explique par analogie avec la tournure grecque νικᾶν νίκην. — Le parfait, parce que l'action passée subsiste encore au moment où on l'annonce à Philippe : l'aoriste indiquerait une action passée dans un temps indéterminé, et dont le résultat serait également passé. — Philippe attachait une grande importance à ses succès aux jeux Olympiques et il en fit graver le souvenir sur ses médailles. Ce fait n'était pas, en effet, indifférent : il commençait par là à s'introduire dans le monde grec. « Avant de lui prendre sa liberté, dit un historien contemporain, il prenait ses couronnes. »

4. Παρμενίων. Parménion, lieutenant de Philippe, et plus tard d'Alexandre, qui le fit mettre à mort, parce qu'il lui portait ombrage. — Les Dardaniens, peuple d'Illyrie, limitrophe de la Macédoine.

5. Παιδίον. Ce petit enfant était Alexandre. — Olympias, fille de Néoptolème, roi d'Épire, et femme de Philippe, répudiée ensuite par lui, paraît avoir trempé dans le meurtre de ce prince.

6. Φθονεῖν πέφυκεν. Cf. Hérod., III, 39, Lettre d'Amasis à Polycrate : « La grande prospérité ne me plaît point, car je sais que la divinité est jalouse ; j'aimerais mieux des alternatives de succès et de revers qu'un bonheur sans mélange. Car je n'ai jamais ouï dire que celui-là n'ait point finalement péri, ruiné de fond en comble, à qui la fortune avait d'abord constamment souri. »

7. Θηραμένης. Théramène, l'un des trente tyrans, résista courageusement aux injustices de ses collègues. Sa modération leur déplut ; ac-

ράννων, συμπεσούσης τῆς οἰκίας, ἐν ᾗ μετὰ πλειόνων ἐδείπνει, μόνος σωθείς, καὶ πρὸς πάντων εὐδαιμονιζόμενος, ἀναφωνῆσαι μεγάλῃ τῇ φωνῇ· « Ὦ τύχη, εἶπεν, εἰς τίνα με καιρὸν ἄρα φυλάττεις; » μετ' οὐ πολὺν δὲ χρόνον καταστρεβλωθεὶς ὑπὸ τῶν συντυράννων ἐτελεύτησεν.

3. La mort est-elle un mal?

Ὁ Σωκράτης παραπλήσιον ἔλεγεν εἶναι τὸν θάνατον ἤτοι τῷ βαθυτάτῳ ὕπνῳ, ἢ ἀποδημίᾳ μακρᾷ καὶ πολυχρονίῳ, ἢ τρίτον φθορᾷ τινι καὶ ἀφανισμῷ τοῦ τε σώματος καὶ τῆς ψυχῆς[1]· κατ' οὐδὲν δὲ τούτων κακὸν εἶναι. Καὶ καθ' ἕκαστον ἐπεπορεύετο· καὶ πρῶτον τῷ πρώτῳ[2]. Εἰ γὰρ δὴ ὕπνος τίς ἐστιν ὁ θάνατος, καὶ περὶ τοὺς καθεύδοντας μηδέν ἐστι κακόν, δῆλον, ὡς οὐδὲ περὶ τοὺς τετελευτηκότας εἴη ἄν τι κακόν. Ἀλλὰ μὴν γ'[3] ὅτι ἥδιστός ἐστιν ὁ βαθύτατος, τί δεῖ καὶ λέγειν; αὐτὸ γὰρ τὸ πρᾶγμα φανερόν ἐστι πᾶσιν ἀνθρώποις· μαρτυρεῖ δὲ καὶ Ὅμηρος ἐπ' αὐτοῦ λέγων,

Νήγρετος, ἥδιστος, θανάτῳ ἄγχιστα ἐοικώς·[4]

ἀλλαχοῦ δὲ καὶ ταῦτα λέγει,

Ἔνθ' ὕπνῳ ξύμβλητο κασιγνήτῳ θανάτοιο·[5]

καί,

Ὕπνῳ καὶ θανάτῳ διδυμάοσιν[6],

ὄψει τὴν ὁμοιότητα αὐτῶν δηλοῦν· τὰ γὰρ δίδυμα τὴν ὁμοιότητα μάλιστα παρεμφαίνει. Πάλιν τέ που φησὶ τὸν

cusé par Critias, il fut condamné à boire la ciguë. Voy. Xénoph., *Helléniques*, II.

1. Ψυχῆς. Voy. Platon, *Apol. de Socr.*, ch. XXXII. — Cf. Cic., *De senect.*, XIX, 66 et suiv.

2. Πρώτῳ τῷ πρότῳ. Il reprenait une à une ces trois hypothèses : la première d'abord.

3. Ἀλλὰ μὴν γε, mais au contraire, bien plus.

4. Ἐοικώς. Hom., *Odyss.*, XIII, 80. Cf. Virg., *Én.*, VI, 522 :

Dulcis et alta quies, placidaeque si-
[millima morti.

5. Κασιγνήτῳ θανάτοιο. Homère, *Iliad.*, XIV, 231. Cf. Virg., *Én.*, VI, 278 :

Tum consanguineus Leti Sopor.

6. Διδυμάοσιν. Hom., *Iliade*, XVI, 672.

θάνατον εἶναι χάλκεον ὕπνον, τὴν ἀναισθησίαν ἡμᾶς διδάξαι πειρώμενος. Οὐκ ἀτόπως δ᾽ ἔδοξεν ἀποφήνασθαι οὐδ᾽ ὁ εἰπὼν τὸν ὕπνον τὰ μικρὰ τοῦ θανάτου μυστήρια[1]· προμύησις γὰρ ὄντως ἐστὶ τοῦ θανάτου ὁ ὕπνος. Πάνυ δὲ σοφῶς καὶ ὁ κυνικὸς Διογένης κατενεχθεὶς εἰς ὕπνον, καὶ μέλλων ἐκλείπειν τὸν βίον, διεγείραντος αὐτὸν τοῦ ἰατροῦ, καὶ πυθομένου, μή[2] τι περὶ αὐτὸν εἴη χαλεπόν· «Οὐδέν, ἔφη, ὁ γὰρ ἀδελφὸς τὸν ἀδελφὸν προλαμβάνει, ὁ ὕπνος τὸν θάνατον.»

Εἴγε μὴν ἀποδημία προσέοικεν ὁ θάνατος, οὐδ᾽ οὕτως[3] ἐστὶ κακόν· μή ποτε δὲ[4] καὶ τοὐναντίον, ἀγαθόν. Τὸ γὰρ μὴ δεδουλῶσθαι σαρκὶ καὶ τοῖς πάθεσι ταύτης διάγειν, ὑφ᾽ ὧν κατασπώμενος ὁ νοῦς τῆς θνητῆς ἀναπίμπλαται φλυαρίας, εὔδαιμόν τι καὶ μακάριον. Μυρίας γάρ, φησίν, ἡμῖν, ὁ Πλάτων, ἀσχολίας παρέχει τὸ σῶμα διὰ τὴν ἀναγκαίαν τροφήν· ἔτι δέ, ἐάν τινες νόσοι προσπέσωσιν, ἐμποδίζουσιν ἡμῖν τὴν τοῦ ὄντος[5] θήραν· ἐρώτων δέ, καὶ ἐπιθυμιῶν, καὶ φόβων, καὶ εἰδώλων παντοδαπῶν, καὶ φλυαρίας ἐμπίπλησιν ἡμᾶς, ὥστε μὴ δύνασθαι ὑπ᾽ αὐτοῦ καθορᾶν τἀληθές· ἀλλὰ τῷ ὄντι ἡμῖν δέδεικται, ὅτι, εἰ μέλλομέν ποτε καθαρῶς τι εἴσεσθαι, ἀπαλλακτέον αὐτοῦ, καὶ αὐτῇ τῇ ψυχῇ[6] θεατέον αὐτὰ τὰ πράγματα· καὶ τότε, ὡς ἔοικεν, ἡμῖν ἔσται, οὗ ἐπιθυμοῦμεν, καὶ οὗ φαμεν ἔρωτα εἶναι, φρονήσεως, ἐπειδὰν τελευτήσωμεν ὡς ὁ λόγος[7] σημαίνει, ζῶσι δὲ οὔ· εἰ γὰρ μὴ

---

1. Μικρὰ μυστήρια. Les petits mystères étaient une initiation préparatoire aux grands mystères d'Eleusis. Ils se célébraient tous les ans dans un petit temple situé auprès de l'Illissus, aux portes d'Athènes. Là, un prêtre du second ordre était chargé d'examiner les candidats, qui n'étaient admis qu'après avoir été soumis à des expiations solennelles, et avoir prouvé qu'ils étaient prêts, par la pureté du cœur et de l'esprit, à participer aux vérités réservées aux initiés.

2. Μή, interrogatif, num, ne.

3. Οὐδ᾽ οὕτως, en ce cas non plus.

4. Μή ποτε δέ, loin de là, bien plus.

5. Τοῦ ὄντος, de la vérité.

6. Αὐτῇ τῇ ψυχῇ, par l'âme elle-même, dégagée des entraves corporelles; par les yeux seuls de l'âme.

7. Ὁ λόγος, la raison.

οἷόν τε¹ μετὰ τοῦ σώματος μηδὲν καθαρῶς γνῶναι, δυοῖν τὸ ἕτερον, ἢ οὐδαμοῦ ἐστι κτήσασθαι τὸ εἰδέναι, ἢ τελευτήσασι· τότε γὰρ αὐτὴ καθ' αὑτὴν ἔσται ἡ ψυχὴ χωρὶς τοῦ σώματος, πρότερον δ' οὔ· καὶ ἐν ᾧ² ἂν ζῶμεν, οὕτως, ὡς ἔοικεν, ἐγγυτάτω ἐσόμεθα τοῦ εἰδέναι, ἐὰν ὅτι μάλιστα³ μηδὲν ὁμιλῶμεν τῷ σώματι, μηδὲ κοινωνῶμεν, ὅτι μὴ⁴ πᾶσα ἀνάγκη, μηδὲ ἀναπιμπλώμεθα τῆς τούτου φύσεως, ἀλλὰ καθαρεύωμεν ἀπ' αὐτοῦ, ἕως ἂν ὁ θεὸς αὐτὸς ἀπολύσῃ ἡμᾶς· καὶ οὕτως μὲν καθαροὶ ἀπαλλαττόμενοι τῆς τοῦ σώματος ἀφροσύνης, ὡς τὸ εἰκὸς, μετὰ τοιούτων ἐσόμεθα, δι' ἡμῶν αὐτῶν πᾶν τὸ εἰλικρινὲς ὁρῶντες, τοῦτο δέ ἐστι τὸ ἀληθές⁵, μὴ καθαρῷ γὰρ καθαροῦ ἐφάπτεσθαι μὴ οὐ⁶ θεμιτὸν ᾖ. Ὥστε εἰ καὶ προςέοικε μετάγειν τινὰ εἰς ἕτερον τόπον ὁ θάνατος, οὐκ ἔστι κακόν· μή ποτε⁷ γὰρ καὶ τῶν ἀγαθῶν ἀναφαίνηται, καθάπερ ἀπέδειξεν ὁ Πλάτων. Διὸ καὶ πάνυ δαιμονίως ὁ Σωκράτης πρὸς τοὺς δικαστὰς τοιαῦτ' ἔφη· « Τὸ γὰρ δεδιέναι⁸, ὦ ἄνδρες, τὸν θάνατον οὐδὲν ἄλλο ἐστὶν ἢ δοκεῖν σοφὸν εἶναι μὴ ὄντα· δοκεῖν γὰρ εἰδέναι ἐστίν, ἃ οὐκ οἶδεν⁹· οἶδε μὲν γὰρ οὐδεὶς τὸν θάνατον, οὐδ'

---

1. Οἷόν τε (ἐστί), il est possible. — Μηδέν. La première négation μή, attire la seconde, au lieu de τι, parce que, en grec, deux négations ne se détruisent pas. Autre exemple plus bas, note 6.

2. Ἐν ᾧ, sous-ent. χρόνῳ, pendant que.

3. Ὅτι, comme ὡς, devant un superlatif, même sens que *quam*, en latin : ὅτι μάλιστα, ὡς τάχιστα, *quam maxime, quam celerrime*.

4. Ὅτι μή, à moins que.

5. Τὸ ἀληθές. Cf. Sén., *Ep.*, CII : « Veniet qui te revelet diis, et ex contubernio fœdi atque olidi ventris educat. Hinc nunc quoque, quantum potes, subvola : ab aliis, nisi quæ etiam necessariis cohærebunt, alienus. Jam hinc altius aliquid sublimiusque meditare. Aliquando natura tibi arcana retegentur : discutietur ista caligo : et lux undique clara percutiet. Tunc in tenebris vixisse dices, quum totam lucem totus aspexeris, quam nunc per angustissimas oculorum vias obscure intueris, et tamen admiraris tam procul. »

6. Μή, οὐ. Les deux négations, retombant sur le même verbe, nient avec plus de force, au lieu de se détruire.

7. Μή ποτε. Voy. plus haut, page 42, note 4.

8. Τὸ γὰρ δεδιέναι. Platon, *Apol. de Socr.*, chap. XVII.

9. Οἶδεν. Sujet sous-entendu. τις, *quelqu'un, on*.

εἰ τυγχάνει τῷ ἀνθρώπῳ μέγιστον ὂν πάντων τῶν ἀγαθῶν· δεδίασι δὲ ὡς εὖ εἰδότες, ὅτι τῶν κακῶν μέγιστόν ἐστιν. » Οὐκ ἀπᾴδειν δὲ τούτων ἔοικεν οὐδ᾽ ὁ εἰπών,

Μηδεὶς φοβείσθω θάνατον, ἀπόλυσιν πόνων,

ἀλλὰ καὶ κακῶν τὸν μέγιστον.

Λέγεται δὲ τούτοις μαρτυρεῖν καὶ τὸ θεῖον. Πολλοὺς γὰρ παρειλήφαμεν[1] δι᾽ εὐσέβειαν παρὰ θεῶν ταύτης τυχόντας τῆς δωρεᾶς· ὧν τοὺς μὲν ἄλλους ἀπολείψω· μνησθήσομαι δὲ τῶν ὄντων ἐμφανεστάτων καὶ πᾶσι διὰ στόματος[2]. Πρῶτα δή σοι τὰ περὶ Κλέοβιν καὶ Βίτωνα[3] τοὺς Ἀργείους νεανίσκους διηγήσομαι. Φασὶ γάρ, τῆς μητρὸς αὐτῶν ἱερείας οὔσης τῆς Ἥρας, ἐπειδὴ τῆς εἰς τὸν νεὼν ἀναβάσεως ἧκεν ὁ καιρός, τῶν ἑλκόντων τὴν ἀπήνην ἡμιόνων ὑστερησάντων, καὶ τῆς ὥρας ἐπειγούσης, τούτους ὑποδύντας ὑπὸ τὴν ἀπήνην, ἀγαγεῖν εἰς τὸ ἱερὸν τὴν μητέρα· τὴν δ᾽ ὑπερησθεῖσαν τῇ τῶν υἱῶν εὐσεβείᾳ κατεύξασθαι τὸ κράτιστον αὐτοῖς παρὰ τῆς θεοῦ δοθῆναι τῶν ἐν ἀνθρώποις· τοὺς δὲ κατακοιμηθέντας μηκέτι ἀναστῆναι, τῆς θεοῦ τὸν θάνατον αὐτοῖς τῆς εὐσεβείας ἀμοιβὴν δωρησαμένης.

Τὰ δὲ περὶ τὸν Ἰταλὸν Εὐθύνοον[4] τοιαῦτά φασι γενέσθαι· εἶναι μὲν γὰρ αὐτὸν Ἠλισίου πατρὸς τοῦ Τεριναίου[5], τῶν ἐκεῖ πρώτου καὶ ἀρετῇ, καὶ πλούτῳ, καὶ δόξῃ, τελευτῆσαι δ᾽ ἐξαπίνης αἰτίᾳ τινὶ ἀδήλῳ· τὸν οὖν Ἠλίσιον εἰσελθεῖν[6], ὅπερ ἴσως κἂν ἄλλον εἰσῆλθε, μή ποτ᾽ εἴη φαρμάκοις ἀπολωλώς·

---

1. Παρειλήφαμεν. Même sens que *accepimus*, nous avons appris par la tradition, nous savons.

2. Πᾶσι διὰ στόματος. *In ore omnium versari*, dit le latin.

3. Κλέοβιν καὶ Βίτωνα. Cf. Hérod., liv. I, ch. XXXI; et Cic., *Tuscul.*, liv. I, ch. XLVII.

4. Εὐθύνοον. Ce trait est tiré du livre de la *Consolation* de Crantor. Voy. l'endroit cité ci-dessus de Cicéron que Plutarque suit de près dans les exemples qu'il rapporte ici.

5. Τεριναίου, de Térina, ville du Bruttium.

6. Εἰσελθεῖν, *subiit*, il lui vint à l'esprit.

τούτου γὰρ εἶναι μόνου αὐτῷ, ἐπ᾽ οὐσίᾳ πολλῇ καὶ χρήμασιν·
ἀπορούντα δὲ, ὅτῳ τρόπῳ βάσανον λάβοι τούτου, ἀφικέσθαι
ἐπί τι ψυχομαντεῖον¹, προθυσάμενον δὲ, ὡς νόμος, ἐγκοιμᾶ-
σθαι, καὶ ἰδεῖν ὄψιν τοιάνδε· δόξαι παραγενέσθαι τὸν πατέρα
τὸν ἑαυτοῦ· ἰδόντα δὲ, διεξέργεσθαι² πρὸς αὐτὸν περὶ τῆς
τύχης τῆς κατὰ τὸν υἱὸν, καὶ ἀντιβολεῖν τε καὶ δεῖσθαι συν-
εξευρεῖν τὸν αἴτιον τοῦ θανάτου, καὶ τὸν, « Ἐπὶ τούτῳ ἥκω,
φάναι· ἀλλὰ δέξαι παρὰ τοῦδε », ὅ σοι φέρει· ἐκ γὰρ τούτου
ἅπαντ᾽ εἴσῃ, ὧν πέρι λυπῇ. » εἶναι δ᾽ ὃν ἐσήμαινε, νεανίσκον ἑπόμενον αὐτῷ, ἐμφερῆ τε τῷ υἱῷ, καὶ τὰ τοῦ χρόνου
τε καὶ τὰ τῆς ἡλικίας ἐγγύς· ἐρέσθαι οὖν, ὅστις εἴη, καὶ τὸν
φάναι· « Δαίμων⁴ τοῦ υἱέος σου· » καὶ οὕτω δὴ ὀρέξαι οἱ
γραμματίδιον· ἀνειλήσαντα οὖν αὐτὸ, ἰδεῖν ἐγγεγραμμένα
τρία ταῦτα·

Ἦ ῥου, νήπιε⁵, ἠλίθιοι φρένες ἀνδρῶν.
Εὔθυνοος κεῖται μοιριδίῳ θανάτῳ.
Οὐκ ἦν γὰρ ζώειν καλὸν αὐτῷ, οὔτε γονεῦσι.

1. Ψυχομαντεῖον, *psychomantium*, demeure d'un devin, qui évoquait les ombres. Les Grecs avaient beaucoup de moyens de divination : par l'inspection des victimes (ἱεροσκο-πία), par les sorts (κληρομαντεία), par les songes (ὀνειροπόλοι), par le chant du coq (ὀρνιθομαντεία, ἀλεκτρυομαντεία), par les morts ou les ombres (νεκρομαντεία, ψυχομαντεία), etc. Ce dernier procédé remontait à la plus haute antiquité. (Voy. pag. 13, not. 7.) Il y avait, chez les Grecs, des prêtres consacrés au temple des mânes ; ils évoquaient non les corps, mais des ombres, qui tenaient le milieu entre l'âme et le corps. On les appelait *psychagogues*. Ces magiciens inspiraient un respect superstitieux à la foule ; ils habitaient dans des lieux souterrains.

2. Διεξέργεσθαι, exposer, raconter.

3. Τοῦδε, celui qui m'accompagne, ὃν ἐσήμαινε.

4. Δαίμων. Les Grecs croyaient que chaque personne avait un génie particulier qui, depuis le moment de sa naissance jusqu'à celui de sa mort, présidait à toutes ses actions, et avait pour mission de le conduire.

5. Νήπιε. Ce vers, qui devrait être un hexamètre, a été altéré. D'abord, il lui manque un pied ; ensuite, le verbe ἤρου a besoin d'un complément. On a proposé de lire :

Ἦ που νήπιος εἶ σύ, καὶ ἠλίθιοι
φρένες ἀνδρῶν.

On peut supposer encore en gardant ἤρου :

Ἦ ῥου νήπια, νήπια· ἠλίθιοι φρένες ἀνδρῶν,

ou un autre adjectif que νήπια, pour régime. Le sens est : « Tu demandes des choses insensées : l'esprit des hommes est aveugle. » Voici la traduction que Cicéron donne de ces vers (*Tuscul.*, I, 48) :

Ignaras homines in vita mentibus er-
[rant :

Τοιαῦτα δή σοι καὶ τὰ τῶν διηγημάτων παρὰ τοῖς ἀρχαίοις ἀναγεγραμμένων.

Εἴγε μὴν ὁ θάνατος τελεία τις ἐστὶ φθορὰ καὶ διάλυσις τοῦ τε σώματος καὶ τῆς ψυχῆς· τὸ τρίτον γὰρ ἦν τοῦτο τῆς Σωκρατικῆς εἰκασίας· οὐδ' οὕτω κακόν ἐστιν ὁ θάνατος. Ἀναισθησία γάρ τις κατ' αὐτὸν γίνεται, καὶ πάσης ἀπαλλαγὴ λύπης[1] καὶ φροντίδος. Ὥσπερ γὰρ οὔτ' ἀγαθὸν ἡμῖν ἔπεστιν, οὕτως οὐδὲ κακόν.

4. Il ne faut pas mesurer le bonheur sur la durée de la vie, mais sur le bon emploi qu'on en fait. — Les insectes de l'Hypanis.

Καθόλου χρὴ διανοεῖσθαι, ὡς οὐχ ὁ μακρότατος βίος ἄριστος, ἀλλ' ὁ σπουδαιότατος[2]. Οὐδὲ γὰρ ὁ πλεῖστα κιθαρῳδήσας, ἢ ῥητορεύσας, ἢ κυβερνήσας, ἀλλ' ὁ καλῶς ἐπαινεῖται. Τό τε πολὺ δήπουθεν ἢ μικρὸν οὐδὲν διαφέρειν δοκεῖ πρὸς τὸν ἄπειρον ἀφορῶσιν αἰῶνα[3]. Τὰ γὰρ χίλια καὶ τὰ μύρια, κατὰ Σιμωνίδην, ἔτη στιγμή τις ἐστιν ἀόριστος, μᾶλλον δὲ μόριόν τι βραχύτατον στιγμῆς. Ἐπεὶ καὶ τῶν ζώων ἐκείνων, ἅπερ ἱστοροῦσι περὶ τὸν Πόντον[4] γινόμενα τὴν ζωὴν ἔχειν ἡμερησίαν, ἕωθεν μὲν γεννώμενα, μέσης δ' ἡμέρας ἀκμάζοντα, δείλης δὲ γηρῶντα, καὶ τελειοῦντα τὸ ζῆν, οὐχὶ κἀκείνων ἦν ἂν τὸ καθ' ἡμᾶς πάθος, εἴπερ ψυχή τις ἀνθρω-

Euthynous potitur, fatorum munere, letho:
Sic fuit utilius finiri ipsique tibique.

1. Ἀπαλλαγὴ λύπης. Cf. Sén., Ep., XXIV : « Mors nos aut consumit, aut exuit. Emissis meliora restant, onere detracto ; consumptis nihil restat ; bona pariter malaque submota sunt. »

2. Σπουδαιότατος. Cf. Sén., Ep., LXXVII : « Quomodo fabula, sic vita ; non quam diu, sed quam bene acta sit, refert. »

3. Αἰῶνα. Cf. Cic., De senectute. — « Quanquam, o Dii boni! quid est in hominis vita diu?... Mihi ne diuturnum quidem quidquam videtur, in quo est aliquid extremum. »

4. Περὶ τὸν Πόντον. Cf. Cicéron, Tuscul., I, XXXIX : « Apud Hypanim flumen, qui ab Europæ parte in Pontum influit. Aristoteles ait bestiolas quasdam nasci, quæ unum diem vivunt. Ex his igitur, hora octava quæ mortua est, provecta ætate mortua est ; quæ vero occidente sole, decrepita ; eo magis, si solstitiali die. Confer nostram longissimam ætatem cum æternitate : in eadem propemodum brevitate, qua illæ bestiolæ, reperiemur. »

πίνη καὶ λογισμὸς ἑκάστοις ἐνῆν; καὶ ταῦτα δήπου γ᾿ ἂν συνέπιπτεν· ὥστε τὰ πρὸ μέσης τῆς ἡμέρας ἐκλείποντα θρήνους παρέχειν καὶ δάκρυα, τὰ δὲ διημερεύσαντα πάντως ἂν εὐδαιμονίζεσθαι. Μέτρον γὰρ τοῦ βίου τὸ καλὸν, οὐ τὸ τοῦ χρόνου μῆκος.

Ματαίας γὰρ καὶ πολλῆς εὐηθείας ἡγητέον εἶναι τὰς τοιαύτας ἐκφωνήσεις· « Ἀλλ᾿ οὐκ ἔδει νέον ὄντα ἀναρπαγῆναι. » Τίς γὰρ ἂν εἴποι, ὡς ἔδει; πολλὰ δὲ καὶ ἄλλα, ἐφ᾿ ὧν ἄν τις εἴποι, « Οὐκ ἔδει πραχθῆναι, » πέπρακται, καὶ πράττεται καὶ νῦν, καὶ πραχθήσεται πολλάκις. Οὐ γὰρ νομοθετήσοντες πάρεσμεν εἰς τὸν βίον, ἀλλὰ πεισόμενοι τοῖς διατεταγμένοις ὑπὸ τῶν τὰ ὅλα πρυτανευόντων θεῶν, καὶ τοῖς τῆς εἱμαρμένης καὶ προνοίας θεσμοῖς.

5. C'est être insensé que de ne savoir borner sa douleur.

Φασί τινα τῶν ἀρχαίων φιλοσόφων εἰσιόντα πρὸς Ἀρσινόην[1] τὴν βασίλισσαν, πενθοῦσαν τὸν υἱόν, τοιούτῳ χρήσασθαι λόγῳ[2], φάμενον, ὅτι· « Καθ᾿ ὃν χρόνον ὁ Ζεὺς ἔνεμε τοῖς δαίμοσι τὰς τιμὰς, οὐκ ἔτυχε παρὸν τὸ Πένθος· ἤδη δὲ νενεμημένων[3], ἦλθεν ὕστερον· τὸν οὖν Δία, ὡς ἠξίου καὶ αὐτῷ τιμήν δοθῆναι, ἀποροῦντα, διὰ τὸ ἤδη καταναλῶσθαι πάσας τοῖς ἄλλοις, ταύτην αὐτῷ δοῦναι τὴν ἐπὶ τοῖς τελευτήσασι γιγνομένην, οἷον δάκρυα καὶ λύπας· ὥσπερ οὖν τοὺς ἄλλους δαίμονας, ὑφ᾿ ὧν τιμῶνται, τούτους ἀγαπᾶν[4], τὸν αὐτὸν τρόπον καὶ τὸ Πένθος, ἐὰν μὲν αὐτὸ ἀτιμάσῃς, ὦ γύναι, οὐ προσελεύσεταί σοι· ἐὰν δὲ τιμᾶται ὑπό σου ἐπι-

---

1. Ἀρσινόην. Arsinoé, fille de Ptolémée Lagus. Elle avait épousé Lysimaque, roi de Macédoine.

2. Λόγῳ. Plutarque, dans la *Consolation à sa femme*, attribue cet apologue à Ésope.

3. Νενεμημένων, sous-entendu τῶν τιμῶν, les emplois.

4. Ἀγαπᾶν. Proposition infinitive amenée par la suite du style indirect, commencé dans la phrase précédente ; de sorte qu'on trouve ici à la fois le style direct et le style indirect réunis. Constr. : Ὥσπερ οὖν (φασὶ) τοὺς ἄλλους δαίμονας ἀγαπᾶν τούτους, ὑφ᾿ ὧν τιμῶνται.

μελῶς ταῖς δοθείσαις αὐτῷ τιμαῖς, λύπαις καὶ θρήνοις, ἀγαπήσει σε, καὶ ἀεί τί σοι παρέξεται τοιοῦτον, ἐφ᾽ ᾧ τιμηθήσεται παρὰ σοῦ συνεχῶς. » Θαυμασίως δὴ φαίνεται τῷ λόγῳ πείσας οὗτος παρελέσθαι τῆς ἀνθρώπου[1] τὸ πένθος καὶ τοὺς θρήνους.

Τὸ δ᾽ ὅλον εἴποι τις ἂν[2] πρὸς τὸν πενθοῦντα· « Πότερα παύσῃ ποτὲ δυςφορῶν[3], ἢ ἀεὶ δεῖν οἴσῃ λυπεῖσθαι καὶ παρ᾽ ὅλον τὸν βίον[4]; Εἰ μὲν γὰρ ἀεὶ μενεῖς ἐπὶ τῇ δυςπαθείᾳ ταύτῃ, τελείαν ἀθλιότητα σεαυτῷ παρέξεις, καὶ πικροτάτην κακοδαιμονίαν, διὰ ψυχῆς ἀγένειαν καὶ μαλακίαν· εἰ δὲ μεταθήσῃ ποτέ, τί οὐκ ἤδη μετατίθεσαι καὶ σεαυτὸν ἀνέλκεις ἐκ τῆς ἀτυχίας; Οἷς γὰρ λόγοις τοῦ χρόνου προϊόντος χρησάμενος ἀπολυθήσῃ, τούτοις νῦν προςχών[5], ἀπαλλάγηθι τῆς κακουχίας. Καὶ γὰρ ἐπὶ τῶν σωματικῶν παθημάτων ἡ ταχίστη τῆς ἀπαλλαγῆς ὁδὸς ἀμείνων. Ὃ οὖν μέλλεις τῷ χρόνῳ χαρίζεσθαι[6], τοῦτο τῷ λόγῳ χάρισαι καὶ τῇ παιδείᾳ, καὶ σεαυτὸν ἔκλυσαι τῶν κακῶν. »

Ἀλλ᾽ οὐ γὰρ[7] ἤλπιζον[8], φησί, ταῦτα πείσεσθαι, οὐδὲ προςεδόκων. Ἀλλ᾽ ἐχρῆν[9] σε προςδοκᾶν, καὶ προκατακεκρικέναι τῶν ἀνθρωπείων τὴν ἀδηλότητα καὶ εὐθένειαν[10] ·

---

1. Τῆς ἀνθρώπου. *Homo*, en latin, s'applique aussi quelquefois à une femme : *Homo nata erat.* (Sulp. ap. Cic. Cf. page 24, note 1.

2. Εἴποι τις ἄν, on pourrait dire.

3. Παύσῃ δυςφορῶν. Voy. p. 34, n. 3.

4. Παρ᾽ ὅλον τὸν βίον. Cf. Hor., Od., II, ix, 13 (Ed. class. VI).

5. Προςχών, ou plutôt προςσχών, sous-entendu τὸν νοῦν, de προςέχω.

6. Χαρίζεσθαι, *concedere, condonare*, ce que tu dois accorder au temps.

7. Ἀλλὰ γάρ, comme en latin *at enim*, formule d'objection, ou d'antéoccupation.

8. Ἤλπιζον. *Sperare* a également ce sens, non pas d'espérer, mais de s'attendre à :

Si tantum potui *sperare dolorem!*
(Virg., En., IV, 419.)

9. Ἐχρῆν, *oportebat, oportuit*, il aurait fallu, tu aurais dû.

10. Οὐθένειαν. Cf. Sén., Ep., CVII : « Nihil miremur eorum, ad quæ nati sumus... Imperetur æquitas animo, et sine querela mortalitatis tributa pendamus... Paratos nos inveniat atque impigros fatum. »

καὶ οὐκ ἂν νῦν ἀπαράσκευος¹, ὥσπερ ὑπὸ πολεμίων ἐξαίφνης ἐπελθόντων, ἑλήφθη.

6. Traits de fermeté dans la douleur. — Exemples de Périclès, de Xénophon et de Démosthène.

Ἀποβλέπειν δὲ καὶ πρὸς τοὺς εὐγενεῖς καὶ μεγαλοφρόνους τοὺς ἐπὶ τοῖς υἱοῖς γενομένους θανάτους πράως ὑποστάντας.

Τούτων γὰρ Ἀναξαγόραν παρειλήφαμεν, ὡς φασι, φυσιολογοῦντα καὶ διαλεγόμενον τοῖς γνωρίμοις, ἀκούσαντα παρά τινος τῶν ἀναγγειλάντων αὐτῷ τὴν περὶ τὸν υἱὸν τελευτήν, μικρὸν ἐπισχόντα, πρὸς τοὺς παρόντας εἰπεῖν· « Ἤδειν, ὅτι θνητὸν ἐγέννησα υἱόν. »

Περικλέα δέ, τὸν καὶ Ὀλύμπιον προσαγορευθέντα διὰ τὴν περὶ τὸν λόγον καὶ τὴν σύνεσιν ὑπερβεβλημένην δύναμιν, πυθόμενον ἀμφοτέρους αὐτοῦ τοὺς υἱοὺς μετηλλαχέναι τὸν βίον, Πάραλόν τε καὶ Ξάνθιππον, ὡς φησι Πρωταγόρας², εἰπὼν οὕτως· « Τῶν γὰρ υἱέων νεηνιῶν³ ὄντων καὶ καλῶν, ἐν ὀκτὼ » δὲ ταῖς πάσῃσιν⁴ ἡμέρῃσιν ἀποθανόντων, νηπενθέως

---

1. Ἀπαράσκευος. Cf. Cic., *Tusc.*, III, xiv : « Nihil admirari, quum acciderit; nihil, antequam evenerit, non evenire posse arbitrari.
Quamobrem omnes, quum secundae res sunt maxime, tum maxime
Meditari secum oportet, quo pacto
adversam aerumnam ferant :
Pericula, damna, exsilia, peregre rediens semper cogitet,
Aut filii peccatum, aut uxoris mortem, aut morbum filiae,
Communia haec esse, ne quid horum unquam accidat animo novum.
Térence, *Phormion*, act. II, sc. 1.
Molière a imité plaisamment ce passage :
« Monsieur, la vie est mêlée de traverses; il est bon de s'y tenir sans cesse préparé; et j'ai oui dire, il y a longtemps, une parole d'un ancien que j'ai toujours retenue. — Quoi ? — Que pour peu qu'un père de famille ait été absent de chez lui, il doit promener son esprit sur tous les fâcheux accidents que son retour peut rencontrer : se figurer sa maison brûlée, son argent dérobé, sa femme morte, son fils estropié, et ce qu'il trouve qui ne lui est pas arrivé, l'imputer à sa bonne fortune.»
Fourberies de Scapin, a. II, sc. VIII.

2. Πρωταγόρας. Protagoras d'Abdère, sophiste, auteur d'écrits sur la politique, la rhétorique, la physique, qui furent brûlés par l'ordre des magistrats. Il fut lié avec Périclès (Voy. Fabric., *Bibl. gr.*, t. I, p. 824), qui n'avait pas d'aversion pour la société des rhéteurs et des sophistes, ainsi que le lui reprochèrent ses fils eux-mêmes. (Voy. Plut., *Vie de Périclès*.)

3. Υἱέων νεηνιῶν, πάσῃσιν ἡμέρῃσιν, etc., pour υἱῶν, νεανιῶν, πάσαις ἡμέραις, formes du dialecte ionien.

4. Ταῖς πάσῃσιν, huit jours en tout, dans l'espace de huit jours.

» ἀνέτλη.[1] · εὐθὺς γὰρ εἴχετο · ἐξ ἧς πολλὸν ὤνητο[2] κατὰ
» πᾶσαν ἡμέρην εἰς εὐποτμίην καὶ ἀνωδυνίην, καὶ τὴν ἐν
» τοῖς πολλοῖσι δόξαν · πᾶς γάρ τις μιν ὁρῶν τὰ ἑαυτοῦ
» πένθεα ἐῤῥωμένως φέροντα, μεγαλόφρονά τε καὶ ἀνδρεῖον
» ἐδόκει εἶναι, καὶ ἑαυτοῦ κρείσσω · κάρτα εἰδὼς τὴν ἑαυτοῦ
» ἐν τοιοῖσδε πράγμασι ἀμηχανίην. » Τοῦτον γὰρ εὐθὺς
μετὰ τὴν προσαγγελίαν ἀμφοτέρων τῶν υἱέων, οὐδὲν ἧττον
ἐστεφανωμένον κατὰ τὸ πάτριον[3] ἔθος καὶ λευχειμονοῦντα
δημηγορεῖν, βουλάς τε ἐξάρχοντα ἀγαθάς, πρός τε τὸν πόλεμον[4] ἐπιπαρορμῶντα τοὺς Ἀθηναίους.

Ξενοφῶντα δὲ τὸν Σωκρατικὸν[5] θύοντά ποτε, παρὰ τῶν
ἀγγέλων ἀπὸ τοῦ πολέμου πυθόμενον, ὅτι ὁ υἱὸς αὐτοῦ Γρύλλος ἀγωνιζόμενος ἐτελεύτησε, περιελόμενον τὸν στέφανον[6],
ἐξετάζειν, τίνα τρόπον ἐτελεύτησε· τῶν δὲ ἀπαγγειλάντων,
ὅτι γενναίως ἀριστεύων, καὶ πολλοὺς τῶν πολεμίων ἀποκτεί-

1. Ἀνέτλη. « Xanthippe mourut de la peste qui ravagea Athènes à cette époque. Périclès perdit de même sa sœur et la plupart de ses parents, de ses amis et de ceux dont les conseils lui étaient le plus utiles pour le gouvernement. Cependant il conserva toute sa fermeté et sa grandeur d'âme; il ne faiblissait point sous tant de malheurs; on ne le voyait ni pleurer, ni célébrer des funérailles. » Toutefois, ajoute Plutarque, qui s'écarte ici de Protagoras, lorsqu'il perdit Paralus, le dernier de ses enfants, il essaya vainement de se raidir contre un tel coup et de conserver son caractère et sa force d'âme : il fléchit, et quand il s'approcha pour déposer sur le cadavre une couronne, à cette vue la douleur l'emporta, ses sanglots éclatèrent, et il versa un torrent de larmes : c'était la première fois de sa vie qu'il montrait son désespoir. (Plut., Vie de Périclès.)

2. Πολλὸν ὤνητο, litt. : il gagna beaucoup ; de laquelle il retira beaucoup d'avantages ; qui contribua puissamment à...

3. Πάτριον, de sa patrie. A Athènes, les habits blancs se portaient dans les cérémonies publiques et religieuses. Quand on était en deuil, on prenait des vêtements bruns.

4. Τὸν πόλεμον, la guerre du Péloponnèse. — « Il semblait qu'il n'y avait plus dans Athènes qu'un même sentiment, une même âme. On pourrait dire qu'Athènes alors, c'était Périclès. » (Plut., Vie de Périclès.)

5. Σωκρατικόν, disciple de Socrate, dont il a contribué à nous faire connaître la vie et les paroles dans ses Entretiens mémorables, comme Platon nous a conservé sa doctrine dans ses œuvres philosophiques. Voyez Élien, Var. hist., III, 3.

6. Στέφανον, la couronne dont on avait coutume de se ceindre la tête pour faire un sacrifice.

νας¹, μικρὸν παντελῶς διαστήσαντα χρόνον, καὶ τῷ λογισμῷ τὸ πάθος παρακατασχόντα, ἐπιθέμενον πάλιν τὸν στέφανον, ἐπιτελεῖν τὴν θυσίαν καὶ πρὸς τοὺς ἀγγέλους εἰπεῖν, ὅτι « Θεοῖς ηὐξάμην², οὐκ ἀθάνατον οὐδὲ πολυχρόνιον γενέσθαι » μοι τὸν υἱόν· τὸ γὰρ τοιοῦτον ἄδηλον, ὅτι συμφέρει³· » ἀγαθὸν δὲ καὶ φιλόπατριν· ὃ δὴ καὶ γέγονεν. »

Τοῦτον ζηλῶσαι λέγεται καὶ Δημοσθένην τὸν ῥήτορα, τὴν μόνην καὶ ἀγαπητὴν ἀπολέσαντα θυγατέρα, περὶ ἧς φησιν Αἰσχίνης, κατηγορεῖν αὐτοῦ δόξας, ταυτί· « Ἑβδόμην δ' ἡμέραν τῆς θυγατρὸς αὐτῷ τετελευτηκυίας, πρὶν πενθῆσαι καὶ τὰ νομιζόμενα ποιῆσαι⁴, στεφανωσάμενος καὶ λευκὴν ἐσθῆτα ἀναλαβών, ἐβουθύτει καὶ παρηνόμει, τὴν μόνην ὁ δείλαιος καὶ πρώτην αὐτὸν πατέρα προσειποῦσαν⁵ ἀπολέσας. » Οὗτος μὲν οὖν ῥητορικῶς προθέμενος αὐτοῦ κατηγορῆσαι, ταῦτα διεξῆλθεν, ἀγνοῶν, ὅτι διὰ τούτων αὐτὸν ἐπαινεῖ, τὸ πενθεῖν παρωσάμενον καὶ τὸ φιλόπατρι πρὸ τῆς τῶν ἀναγκαίων συμπαθείας ἐπιδειξάμενον. Τούτους δὴ τοὺς ἄνδρας θαυμάζουσι μὲν τῆς μεγαλοφροσύνης⁶ πάντες καὶ ἄγανται, μιμεῖσθαι δὲ ἐπὶ τῶν ἔργων οὐ δύνανται, διὰ τὴν ἐκ τῆς ἀπαιδευσίας ἀσθένειαν τῆς ψυχῆς.

---

1. Ἀποκτείνας, sous-ent. ἐτελεύτησε.

2. Ὅτι ηὐξάμην. Le grec met la conjonction ὅτι même avec le style direct, contrairement aux habitudes du français.

3. Τὸ τοιοῦτον ἄδηλον, ὅτι συμφέρει. D'après la tournure française on dirait : ἄδηλον, ὅτι τὸ τοιοῦτον συμφέρει. Le mot qui est, en français, sujet de la seconde proposition, est, en grec, complément du premier verbe.

4. Τὰ νομιζόμενα ποιῆσαι, justa persolvere. Les funérailles se faisaient neuf jours après la mort. Le corps se gardait sept jours, on le brûlait le huitième, et on enterrait les cendres le neuvième.

5. Προσειποῦσαν. Il semble y avoir là une allusion aux vers d'Euripide, où Iphigénie dit à Agamemnon, pour tâcher de le fléchir :

C'est moi qui la première,
Seigneur, vous appelai de ce doux nom de père.

Eschine veut par là rendre plus révoltante l'insensibilité de Démosthène en la comparant à la cruauté d'un père barbare et dénaturé. — Voy. Esch., Disc. contre Ctésiphon, ch. XXIX.

6. Μεγαλοφροσύνης, s.-e. ἕνεκα. Voy. page 63, note 7.

BANQUET DES SEPT SAGES

Périandre, tyran de Corinthe, offre un banquet aux Sages de la Grèce, Thalès, Anacharsis, Ésope, Solon, Bias, Pittacus et quelques autres. Après le repas, suivant l'usage, on passe à l'examen d'une énigme et de diverses questions philosophiques. A la fin de la discussion, Gorgias, frère de Périandre, entre dans la salle, et raconte aux convives l'aventure merveilleuse du musicien Arion.

Arion sauvé par un dauphin*.

Ἡ μὲν σελήνη κατέλαμπεν εἰς τὴν θάλατταν· οὐκ ὄντος δὲ πνεύματος, ἀλλὰ νηνεμίας καὶ γαλήνης, πόρρωθεν ἀφεωρᾶτο φρίκη κατιοῦσα παρὰ τὴν ἄκραν[1], ἀφρόν τινα καὶ ψόφον ἄγουσα τῷ ῥοθίῳ περὶ αὐτὴν πολύν, ὥστε πάντας ἐπὶ τὸν τόπον, οὗ προσέβαλλε, καταδραμεῖν θαυμάσαντας· πρὶν δὲ εἰκάσαι τὸ προσφερόμενον ὑπὸ τάχους[2], δελφῖνες ὤφθησαν, οἱ μὲν ἀθρόοι πέριξ κυκλοῦντες, οἱ δὲ ὑφηγούμενοι τοῦ αἰγιαλοῦ πρὸς τὸ λειότατον, ἄλλοι δ' ἐξόπισθεν, οἷον περιέποντες, ἐν μέσῳ δὲ ἀνεῖχεν ὑπὲρ τῆς θαλάσσης ὄγκος ἀσαφὴς καὶ ἄσημος ὀχουμένου σώματος· μέχρις οὗ συνάγοντες εἰς αὐτὸ καὶ συνεποκείλαντες, ἐξέδωκαν ἐπὶ τὴν γῆν ἄνθρωπον ἔμπνουν καὶ κινούμενον· αὐτοὶ δὲ πάλιν πρὸς τὴν ἄκραν ἀναφερόμενοι, μᾶλλον ἢ πρότερον ἐξήλαντο, παίζοντες ὑφ' ἡδονῆς τινος, ὡς ἔοικε, καὶ σκιρτῶντες. Ἡμῶν δὲ, Γοργίας ἔφη, πολλοὶ μὲν διαταραχθέντες ἔφυγον ἀπὸ τῆς θαλάσσης, ὀλίγοι δὲ μετ' ἐμοῦ θαρρήσαντες προσελθεῖν ἐγνώρισαν Ἀρίονα[3] τὸν κιθαρῳδόν, αὐτὸν τοὔνομα φθεγγόμε-

---

* Comp. Hérod., liv. I, ch. XXIV. — Aulu Gelle, liv. XVI, ch. XX. — Ov., *Fastes*, II, 80.

1. Ἄκραν, le cap Ténare, promontoire de Laconie, où s'élevait un temple célèbre de Neptune (cap Matapan). — Gorgias, qui parle, y a été envoyé par Périandre pour faire un sacrifice qui se termine par des jeux et des danses sur le bord de la mer.

2. Ὑπὸ τάχους, avant qu'on eût pu, à cause de la vitesse, deviner ; la vitesse ne permettait pas encore de reconnaître, etc.

3. Ἀρίονα. « Vetus et nobilis

νον αὐτοῦ, καὶ τῇ στολῇ κατάφανὴ γενόμενον· τὸν γὰρ ἐναγώνιον¹ ἐτύγχανεν ἀμπεχόμενος κόσμον, ᾧ κιθαρῳδῶν ἐχρήσατο. Κομίσαντες οὖν ἐπὶ σκηνῆς αὐτὸν, ὡς οὐδὲν εἶχε κακὸν, ἀλλ᾽ ἢ διὰ τάχος καὶ μεῖζον ἐφαίνετο τῆς φορᾶς ἐκλελυμένος καὶ κεκμηκώς, ἠκούσαμεν λόγον ἄπιστον ἅπασι, πλὴν ἡμῶν τῶν θεασαμένων τὸ τέλος. Ἔλεγε γὰρ Ἀρίων, ὡς πάλαι μὲν ἐγνωκὼς ἐκ τῆς Ἰταλίας ἀπαίρειν, Περιάνδρου δὲ γράψαντος αὐτῷ προθυμότερος γενόμενος, ὁλκάδος Κορινθίας παραφανείσης εὐθὺς ἐπιβὰς ἀναχθείη²· μετρίῳ δὲ πνεύματι χρωμένων, αἴσθοιτο τοὺς ναύτας ἐπιβουλεύοντας διελεῖν αὐτὸν, εἶτα καὶ παρὰ τοῦ κυβερνήτου πύθοιτο λάθρα μηνύσαντος, ὡς τῇ νυκτὶ τοῦτο δρᾶν αὐτοῖς εἴη δεδογμένον³· ἔρημος οὖν ὢν βοηθείας καὶ ἀπορῶν, ὁρμῇ τινι χρήσαιτο δαιμονίῳ⁴, τὸ μὲν σῶμα κοσμῆσαι, καὶ λαβεῖν ἐντάφιον αὐτῷ τὸν ἐναγώνιον ἔτι ζῶν κόσμον, ἐξᾶσαι δὲ καὶ τῷ βίῳ τελευτῶν, καὶ μὴ γενέσθαι κατὰ τοῦτο τῶν κύκνων⁵ ἀγενέστερος· ἐσκευασμένος οὖν, καὶ προειπών, ὅτι προθυμία τις αὐτὸν ἔχει τῶν νόμων διελθεῖν τὸν Πυθικὸν⁶ ὑπὲρ σωτηρίας αὐτοῦ, καὶ τῆς νεώς, καὶ τῶν ἐμπλεόντων. καταστὰς παρὰ τὸν τοῖχον ἐν πρύμνῃ. καί τινα θεῶν πελαγίων ἀνάκλησιν προανακρουσάμενος, ᾄδει τὸν νόμον· καὶ ὅσον⁷ οὔπω μεσοῦντος αὐτοῦ, καταδύοιτο μὲν ὁ ἥλιος εἰς τὴν θάλατταν, ἀνα-

---

Arion cantator fidibus fuit, » dit Aulu-Gelle. Il était de Méthymne, dans l'île de Lesbos.

1. Ἐναγώνιον, les ornements dont il était paré, lorsqu'il disputait le prix dans les jeux publics.

2. Ἀναχθείη, il était transporté; l'optatif à cause du style indirect. Ainsi : il leur demandait qui ils étaient, ἠρώτα τίνες εἶεν.

3. Δεδογμένον, résolu. Δοκεῖ, videtur; ἔδοξε, visum est; il a paru bon, il a été résolu.

Quippe ita Neptuno visum est. Virg. Telle est la volonté de Neptune.

4. Δαιμονίῳ, inspiration divine.

5. Κύκνων. Les anciens croyaient que le cygne chantait au moment de sa mort et que sa voix était alors mélodieuse. C'est de cette vieille croyance que nous est venue l'expression proverbiale : le dernier chant du cygne.

6. Νόμον Πυθικὸν, l'hymne d'Apollon.

7. Ὅσον, à peu près.

φαίνοιτο δὲ ἡ Πελοπόννησος· οὐκέτ' οὖν τῶν ναυτῶν τὴν νύκτα περιμενόντων, ἀλλὰ χωρούντων ἐπὶ τὸν φόνον, ἰδὼν ξίφη γεγυμνωμένα, καὶ παρακαλυπτόμενον[1] ἤδη τὸν κυβερνήτην, ἀναδραμὼν ῥίψειεν ἑαυτὸν ὡς δυνατὸν ἦν μάλιστα[2] πόρρω τῆς ὁλκάδος· πρὶν δὲ ὅλον καταδῦναι τὸ σῶμα, δελφίνων ὑποδραμόντων ἀναφέροιτο, μεστὸς ὢν ἀπορίας, καὶ ἀγνοίας, καὶ ταραχῆς τοπρῶτον· ἐπεὶ δὲ ῥᾳστώνη τῆς ὀχήσεως ἦν, καὶ πολλοὺς ἑώρα ἀθροιζομένους περὶ αὐτὸν εὐμενῶς, καὶ διαδεχομένους ὡς ἀναγκαῖον ἐν μέρει λειτούργημα καὶ προσῆκον πᾶσιν, ἡ δὲ ὁλκὰς ἀπολειφθεῖσα πόρρω τοῦ τάχους αἴσθησιν παρεῖχε[3]· μήτε τοσοῦτον ἔφη δέους πρὸς θάνατον αὑτῷ, μήτε ἐπιθυμίας τοῦ ζῆν, ὅσον φιλοτιμίας ἐγγενέσθαι πρὸς τὴν σωτηρίαν, ὡς θεοφιλὴς ἀνὴρ φανείη, καὶ λάβοι περὶ θεῶν δόξαν βεβαίαν[4]· ἅμα δὲ καθορῶν τὸν οὐρανὸν ἀστέρων περίπλεων, καὶ τὴν σελήνην ἀνίσχουσαν εὐφεγγῆ καὶ καθαράν, ἑστώσης δὲ πάντη τῆς θαλάσσης ἀκύμονος, ὥσπερ τρίβον ἀνασχιζόμενον τῷ δρόμῳ, διανοεῖσθαι πρὸς αὐτὸν, ὡς οὐκ ἔστιν εἰς ὃ τῆς δίκης ὀφθαλμός, ἀλλὰ πᾶσι τούτοις[5] ἐπισκοπεῖ κύκλῳ ὁ θεὸς τὰ πραττόμενα περὶ γῆν τε καὶ θάλατταν· τούτοις δὲ δὴ τοῖς λογισμοῖς, ἔφη, τὸ κάμνον αὐτῷ καὶ βαρυνόμενον ἤδη τοῦ σώματος ἀναφέρεσθαι, καὶ τέλος, ἐπεὶ τῆς ἄκρας ἀπαντώσης ἀποτόμου καὶ ὑψηλῆς, εὖ πως φυλαξάμενοι καὶ κάμψαντες[6] (ἐν χρῷ γὰρ ἐνήχοντο), τὴν γῆν, ὥσπερ εἰς λιμένα σκάφος ἀσφαλὲς κατάγοντες, παντά-

---

1. Παρακαλυπτόμενον, se couvrant le visage, pour ne pas être témoin d'un tel crime.

2. Ὡς δυνατὸν ἦν μάλιστα. Exemple de la locution complète, qui le plus souvent s'abrége, et devient ὡς μάλιστα, le plus possible.

3. Παρεῖχε, lui faisait comprendre la rapidité de sa course.

4. Δόξαν βεβαίαν, une foi ferme; sa conservation miraculeuse devait le convaincre pleinement de la protection et de la puissance des dieux.

5. Πᾶσι τούτοις, par toutes les choses de la nature.

6. Κάμψαντες τὴν γῆν, ayant doublé le cap. — Ἐν χρῷ, litt., au ras, en rasant la pointe du promontoire. — Le texte a paru altéré à tous les interprètes. Reiske propose : εἰς τὴν γῆν ἀπέθηκαν αὐτόν.

πᾶσιν αἰσθέσθαι θεοῦ κυβερνήσει γεγονέναι τὴν κομιδήν.

Ταῦτα ὁ Γοργίας ἔφη, τοῦ Ἀρίονος εἰπόντος, ἠρόμην αὐτὸν, ὅπου τὴν ναῦν οἴεται κατασχήσειν· ὁ δὲ, πάντως μὲν εἰς Κόρινθον, πολὺ μέντοι καθυστερεῖν· αὐτὸν γὰρ ἑσπέρας ἐκπεσόντα[1], πεντακοσίων οὐ μεῖον οἴεσθαι δρόμον σταδίων κομισθῆναι, καὶ γαλήνην εὐθὺς κατασχεῖν. Οὐ μὴν ἀλλ᾽ ἑαυτὸν ὁ Γοργίας ἔφη πυθόμενον τοῦ τε ναυκλήρου τοὔνομα καὶ τοῦ κυβερνήτου, καὶ τῆς νεὼς τὸ παράσημον, ἐκπέμψαι πλοῖα καὶ στρατιώτας τὰς καταρτεῖς παραφυλάξοντας· τὸν δὲ Ἀρίονα μετ᾽ αὐτοῦ κομίζειν ἀποκεκρυμμένον, ὅπως μὴ προαισθόμενοι τὴν σωτηρίαν, διαφύγοιεν[2]· οὕτως οὖν ἐοικέναι θείᾳ τύχῃ τὸ πρᾶγμα· παρεῖναι γὰρ αὐτοὺς ἅμα δεῦρο, καὶ πυνθάνεσθαι, τῆς νεὼς κεκρατημένης ὑπὸ τῶν στρατιωτῶν, συνειλῆφθαι τοὺς ἐμπόρους καὶ ναύτας. Ὁ μὲν οὖν Περίανδρος ἐκέλευσεν εὐθὺς ἐξαναστάντα τὸν Γοργίαν, εἰς φυλακὴν ἀποθέσθαι τοὺς ἄνδρας, οὗ μηδεὶς αὐτοῖς πρόσεισι[3], μηδὲ φράσει τὸν Ἀρίονα σεσωσμένον[4].

Ὁ δὲ Αἴσωπος· « Ἀλλ᾽ ὑμεῖς, ἔφη, χλευάζετε τοὺς ἐμοὺς κολοιοὺς καὶ κόρακας, εἰ διαλέγονται· δελφῖνες δὲ τοιαῦτα νεανιεύονται; »

1. Ἐκπεσόντα, s'étant jeté à la mer.

2. Διαφύγοιεν. Sujet sous-entendu : les matelots, οἱ ναῦται.

3. Πρόσεισι, au futur, comme φράσει. Le verbe εἶμι, aller, a la même forme pour le présent et pour le futur.

4. Σεσωσμένον. Hérodote termine ainsi le récit de cette aventure : « Dès qu'ils furent arrivés, Périandre les fit venir, et leur demanda s'ils n'avaient rien à lui dire d'Arion. Ils répondirent qu'il était bien portant en Italie et qu'ils l'avaient laissé à Tarente, où ses affaires prospéraient. Soudain Arion apparut à leurs yeux, avec les mêmes vêtements que quand il s'était précipité à la mer. Frappés de stupeur, et confondus, ils ne purent plus nier... Il y a, ajoute-t-il, à Ténare, une petite statue en bronze, représentant Arion : un homme sur un dauphin. »

DU BAVARDAGE

1. Portrait du bavard.

Τὴν μὲν ἐν Ὀλυμπίᾳ[1] στοὰν ἀπὸ μιᾶς φωνῆς πολλὰς ἀντανακλάσεις ποιοῦσαν, ἑπτάφωνον καλοῦσι· τῆς δ' ἀδολεσχίας ἂν ἐλάχιστος ἅψηται λόγος, εὐθὺς ἀντιπεριηχεῖ[2],

κινοῦσα χορδὰς τὰς ἀκινήτους φρενῶν[3].

Τοῖς μὲν ἄλλοις νοσήμασι τῆς ψυχῆς, οἷον φιλαργυρίᾳ, φιλοδοξίᾳ, φιληδονίᾳ, τὸ γοῦν[4] τυγχάνειν, ὧν ἐφίενται, περίεστι· τοῖς δ' ἀδολέσχοις τοῦτο συμβαίνει χαλεπώτατον· ἐπιθυμοῦντες γὰρ[5] ἀκροατῶν, οὐ τυγχάνουσιν, ἀλλὰ πᾶς φεύγει[6] προτροπάδην· κἂν ἐν ἡμικυκλίῳ[7] τινὶ καθεζόμενοι, κἂν περιπατοῦντες ἐν ταὐτῷ θεάσωνται προσιόντα, ταχέως ἀνάζευξιν αὑτοῖς παρεγγυῶσι. Ὅταν εἰς συμπόσιον ἢ συνέδριον γνωρίμων λάλος εἰσέλθῃ, πάντες ἀποσιωπῶσι, μὴ βουλόμενοι λαβὴν παρασχεῖν[8]· ἂν δ' αὐτὸς ἄρξηται διαίρειν τὸ στόμα, πρὸ χείματος, ὥστ' ἀνὰ ποντίαν ἄκραν βορέου πνέοντος[9],

---

1. Ὀλυμπίᾳ. Olympie, ville du Péloponnèse, célèbre par les jeux qu'on y célébrait tous les quatre ans.

2. Ἀντιπεριηχεῖ. Chacune des deux prépositions qui composent le verbe exprime une idée particulière : ἀντί, en répétant ; περί, autour, à la ronde.

3. Κινοῦσα ἀκινήτους χορδάς, movens immotas antea fides. — L'esprit du babillard est ingénieusement comparé à un instrument sonore, à une lyre, par exemple, qui vibre aussitôt qu'on la touche.

4. Γοῦν, du moins.

5. Γάρ, c'est que.

6. Φεύγει. Cf. Théophr., Περὶ ἀδολεσχίας : « Avec les gens de cette espèce, il faut décamper et fuir à toutes jambes, si l'on ne veut pas attraper la peste. » Outre le portrait du bavard de Théophraste, il faut rapprocher de ce passage de Plutarque la 9e satire du livre Ier d'Horace, sur le bavard importun.

7. Ἡμικυκλίῳ, amphithéâtre, où l'on se réunissait pour entendre les leçons des rhéteurs ; en général, réunion, cercle. Cf. Théophr., Περὶ λαλιᾶς : « Le bavard est un homme à aborder au milieu d'un cercle ou d'une assemblée, et à faire fuir les gens qui s'occupent d'affaires sérieuses. » Barthélemy, Voyage du jeune Anacharsis, ch. XXVIII, a réuni les principaux traits du caractère bavard.

8. Λαβὴν παρασχεῖν, donner prise, fournir matière à son bavardage.

9. Πνέοντος. Citation ou réminis-

ὑφορώμενοι σάλον καὶ ναυτίαν, ἐξανέστησαν. Ὅθεν αὐτοῖς συμβαίνει μήτε παρὰ δεῖπνον συγκλιτῶν¹, μήτε συσκήνων τυγχάνειν προθύμων, ὅταν ὁδοιπορῶσιν ἢ πλέωσιν, ἀλλ᾽ ἀναγκαστῶν· πρόςκειται γὰρ ἁπανταχοῦ, τῶν ἱματίων ἀντιλαμβανόμενος, τοῦ γενείου, τὴν πλευρὰν θυροκοπῶν τῇ χειρί².

Πόδες δὴ κεῖθι τιμιώτατοι,

κατὰ τὸν Ἀρχίλοχον³, καὶ νὴ Δία κατὰ τὸν σοφὸν Ἀριστοτέλην⁴. Καὶ γὰρ αὐτὸς ἐνοχλούμενος ὑπὸ ἀδολέσχου καὶ κοπτόμενος ἀτόποις τισὶ διηγήμασι, πολλάκις αὐτοῦ λέγοντος· « Οὐ θαυμαστόν, Ἀριστότελες ; — Οὐ τοῦτο, φησί, θαυμαστόν· ἀλλ᾽ εἴ τις πόδας ἔχων σὲ ὑπομένει. » Ἑτέρῳ δέ τινι τοιούτῳ μετὰ πολλοὺς λόγους εἰπόντι· « Κατηδολέσχηκά σου, φιλόσοφε. — Μὰ Δί᾽⁵, εἶπεν, οὐ γὰρ προςεῖχον. » Καὶ γὰρ ἂν βιάζωνται λαλεῖν⁶ οἱ ἀδόλεσχοι, παρέδωκεν αὐτοῖς ἡ ψυχὴ τὰ ὦτα περιηχεῖν ἔξωθεν, αὐτὴ δ᾽ ἐντὸς ἑτέρας τινὰς ἀναπτύσσει καὶ διέξεισι πρὸς αὑτὴν⁷ φροντίδας· ὅθεν οὔτε προςεχόντων, οὔτε πιστευόντων ἀκροατῶν εὐποροῦσι.

cence, qui se retrouve encore dans le Traité des *Préceptes de santé*, à la fin du ch. XIII.

1. Συγκλιτῶν, mot à mot, compagnons de lit à table. Dans un triclinium, il y avait trois lits, comme l'indique le mot lui-même, un à droite, l'autre à gauche et l'autre au bout de la table ; et sur chaque lit, trois places.

2. Θυροκοπῶν τῇ χειρί. Excellents détails qui font de Plutarque un rival de Théophraste. Le bavard de l'un, vous prenant par votre manteau, ou vous donnant des coups de coude, est le digne pendant du flatteur de l'autre, « enlevant un duvet qu'il aperçoit sur votre habit, ou une paille que le vent a chassée dans vos cheveux. »

3. Ἀρχίλοχον. Archiloque, poëte satirique, vers 680. Il employa le premier les vers iambiques de six pieds et de quatre pieds, en les faisant alterner ; rhythme que lui a emprunté Horace dans ses épodes. (V. Hor., *Ep.*, I. XIX, 23.)

4. Ἀριστοτέλην. Cf. Barthélemy, *Voyage du jeune Anacharsis*, livre XXVIII.

5. Μὰ est toujours négatif.

6. Βιάζωνται λαλεῖν, m. à m. *ont obtenu par la violence de bavarder*, se sont de force emparés de la conversation.

7. Αὐτὴ πρὸς αὑτήν, à part soi, en elle-même.

2. Savoir se taire n'appartient qu'au sage.

Ὁ μὲν Βίας ἔν τινι πότῳ σιωπῶν, καὶ σκωπτόμενος εἰς ἀβελτηρίαν ὑπό τινος ἀδολέσχου· « Καὶ τίς ἄν, ἔφη, δύναιτο μωρὸς ὢν ἐν οἴνῳ σιωπᾶν; » Ἀθήνησι δέ τις ἐστιῶν πρέσβεις βασιλικούς[1], ἐφιλοτιμήθη σπουδάζουσιν[2] αὐτοῖς συναγαγεῖν εἰς ταὐτὸ τοὺς φιλοσόφους[3]· χρωμένων δὲ τῶν ἄλλων κοινολογίᾳ καὶ τὰς συμβολὰς ἀποδιδόντων[4], τοῦ δὲ Ζήνωνος ἡσυχίαν ἄγοντος, φιλοφρονησάμενοι καὶ προπιόντες[5] οἱ ξένοι· « Περὶ σοῦ δὲ τί χρὴ λέγειν, ἔφασαν, ὦ Ζήνων, τῷ βασιλεῖ; » Κἀκεῖνος· « Ἄλλο μηθέν, εἶπεν, ἢ ὅτι πρεσβύτης ἐστὶν ἐν Ἀθήναις, παρὰ πότον σιωπᾶν δυνάμενος[6]. » Οὕτω τι βαθὺ καὶ μυστηριῶδες[7] ἡ σιγὴ καὶ νηφάλιον.

3. Le babillard fatigue par ses répétitions continuelles.

Λυσίας[8] τινὶ δίκην ἔχοντι λόγον συγγράψας ἔδωκεν· ὁ δὲ πολλάκις ἀναγνούς, ἧκε πρὸς τὸν Λυσίαν ἀθυμῶν καὶ λέγων, τὸ μὲν πρῶτον αὐτῷ διεξιόντι θαυμαστὸν φανῆναι τὸν λόγον, αὖθις δὲ καὶ τρίτον ἀναλαμβάνοντι, παντελῶς ἀμβλὺν[9] καὶ

---

1. Βασιλικούς. C'étaient des ambassadeurs de Ptolémée 1er, roi d'Égypte.

2. Σπουδάζουσιν, le désirant, qui en avaient exprimé le désir.

3. Φιλοσόφους, les philosophes alors renommés à Athènes.

4. Τὰς συμβολὰς ἀποδιδόντων, payant en quelque sorte leur écot par l'amabilité de leur conversation.

5. Προπίνειν, boire à la santé de quelqu'un, porter la santé de quelqu'un.

6. Δυνάμενος. Le même trait est rapporté par Diog. Laërce, Vie de Zénon.

7. Μυστηριῶδες. Le silence était la loi la plus sacrée imposée à ceux qu'on initiait aux mystères. Révéler les secrets que les initiés seuls pouvaient connaître, était le plus grand des crimes.

8. Λυσίας. Lysias, célèbre orateur athénien, né en 459. Cicéron le regardait comme un modèle presque parfait de l'éloquence judiciaire. « S'il n'est, dit-il dans le *Brutus*, ni bien ample, ni bien majestueux, il est du moins fin et élégant, et il a toute la force nécessaire, pour les causes du barreau. » — « S'il suffisait pour l'orateur, dit aussi Quintilien, d'expliquer des faits, on ne saurait chercher rien de plus parfait que Lysias ; c'est plutôt une claire fontaine qu'un grand fleuve. » Sur deux cents discours, il n'en prononça que quelques-uns ; il écrivait des plaidoyers pour d'autres ou pour la lecture. Il avait composé une Apologie pour Socrate, qui la refusa.

9. Ἀμβλύν. Image pleine de justesse : la lime, en polissant le style, lui ôte souvent ce qu'il a de vif et

ἄπρακτον· ὁ δὲ Λυσίας γελάσας· « Τί οὖν, εἶπεν, οὐχ
ἅπαξ μέλλεις λέγειν αὐτὸν ἐπὶ τῶν δικαστῶν; » Καὶ σκόπει[1]
τὴν Λυσίου πειθὼ καὶ χάριν· κἀκεῖνον γὰρ

Ἐγώ φαμι ἰοπλοκάμων μοισᾶν εὖ λαχεῖν[2].

Τῶν δὲ περὶ τοῦ ποιητοῦ[3] λεγομένων ἀληθέστατόν ἐστιν, ὅτι
μόνος Ὅμηρος τῆς τῶν ἀνθρώπων ἁψικορίας περιγέγονεν,
ἀεὶ καινὸς[4] ὢν καὶ πρὸς χάριν ἀκμάζων· ἀλλ' ὅμως εἰπὼν καὶ
ἀναφωνήσας ἐκεῖνο περὶ αὐτοῦ, τό,

Ἐχθρὸν δέ μοί ἐστιν
Αὖθις ἀριζήλως εἰρημένα μυθολογεύειν[5].

φεύγει καὶ φοβεῖται τὸν ἐφεδρεύοντα παντὶ λόγῳ κόρον[6], εἰς
ἄλλα ἐξ ἄλλων διηγήματα τὴν ἀκοὴν ἄγων, καὶ τῇ καινό-
τητι τὴν πλησμονὴν αὐτῆς παραμυθούμενος. Οἱ δ'[7] ἀπο-
κναίουσι δή που τὰ ὦτα ταῖς ταυτολογίαις ὥσπερ παλίμ-
ψηστα διαμολύνοντες.

---

de pénétrant. Ainsi en latin, *hebes*, s'oppose à *acutus*. « Paulo *hebetior* rhetorica, » dit Cicéron, *de Fin.*, II, 6. « *Hebes* oratio. » Quint., VIII, 3.

1. Σκόπει, considérez, rappelez-vous.

2. Φαμί, μοισᾶν, formes doriennes pour φημί, μουσῶν.

3. Ποιητοῦ, le grand poëte, le poëte par excellence. Homère, nommé d'ailleurs à la ligne suivante. Ainsi, on disait l'Orateur, pour Démosthène. C'est par une métonymie du même genre qu'on dit encore *Urbs* pour Rome; ἄστυ, pour Athènes; la *Bible*, pour le livre des livres.

4. Καινός. Nul n'a jamais été tenté de méconnaître cette variété dans les récits, dans les faits, dans les épisodes, dans le sujet même et dans le fonds des idées des deux grandes épopées antiques. Quelques critiques seulement ont reproché à Homère un peu de longueur et de monotonie dans les combats de l'*Iliade*. Ce reproche est plus spécieux que fondé. « Je voyais avec regret, dit La Harpe, que les combats allaient recommencer après l'ambassade des Grecs; et je me disais qu'il était bien difficile que le poëte fît autre chose que de se ressembler, en travaillant toujours sur le même fonds. Mais, quand je le vis tout à coup devenir supérieur à lui-même dans le onzième chant et les suivants.... donner à son action une face nouvelle, substituer à quelques combats particuliers le choc épouvantable de deux grandes armées...., je m'arrêtai pour me livrer à la contemplation du vaste génie, qui, dans l'instant où je le croyais épuisé, avait pu ainsi s'agrandir à mes yeux. »

5. Μυθολογεύειν. *Odyss.*, XII.

6. Κόρον...
Tout ce qu'on dit de trop est fade
[et rebutant.
BOILEAU.

7. Οἱ δέ, les bavards.

4. Dangers du bavardage.

Οὐκ ἄν τις ἐξαριθμήσαιτο ῥᾳδίως ἄνδρας τοσούτους ἀκρασίᾳ πεπτωκότας, ὅσας πόλεις καὶ ἡγεμονίας λόγος ἐξενεχθεὶς ἀπόρρητος[1] ἀναστάτους ἐποίησε. Σύλλας[2] ἐπελιόρκει τὰς Ἀθήνας, οὐκ ἔχων σχολὴν ἐνδιατρῖψαι χρόνον πολύν· ἐπεὶ πόνος ἄλλος ἔπειγεν, ἡρπακότος μὲν Ἀσίαν Μιθριδάτου, τῶν δὲ περὶ Μάριον αὖθις ἐν Ῥώμῃ κρατούντων· ἀλλὰ πρεσβυτῶν τινων ἐπὶ κουρείου[3] διαλεγομένων, ὡς οὐ φυλάττεται τὸ Ἑπτάχαλκον[4], καὶ κινδυνεύει τὸ ἄστυ κατ' ἐκεῖνο ληφθῆναι τὸ μέρος, ἀκούσαντες οἱ κατάσκοποι πρὸς τὸν Σύλλαν ἐξήγγειλαν. Ὁ δ' εὐθὺς τὴν δύναμιν προςαγαγών, περὶ μέσας νύκτας εἰσήγαγε τὸ στράτευμα, καὶ μικροῦ μὲν κατέσκαψε τὴν πόλιν, ἐνέπλησε δὲ φόνου καὶ νεκρῶν, ὥςτε τὸν Κεραμεικὸν[5] αἵματι ῥυῆναι[6]· χαλεπῶς δὲ

1. Λόγος ἐξενεχθεὶς ἀπόρρητος, litt., un propos secret colporté au dehors, un secret révélé, une indiscrétion. Ἐκφέρειν λόγους, *eliminare verba*.

2. Σύλλας. Sylla ayant été chargé par le sénat du commandement de la guerre contre Mithridate, Marius fit annuler par le peuple ce sénatus-consulte. Sylla entre dans Rome à la tête de ses troupes, met la tête de Marius à prix, disperse ses partisans, et va disputer la Grèce à Mithridate. Il prend Athènes en 87, remporte les victoires de Chéronée et d'Orchomène en Béotie (86), et porte la guerre en Asie, où il bat Mithridate et le force à demander la paix. Puis il se hâte de revenir à Rome, où Marius était rentré pendant son absence.

3. Κουρείου. La boutique des barbiers était un lieu de rendez-vous où se réunissaient les oisifs et les nouvellistes, et où les curieux s'entretenaient des affaires du moment.

4. Ἑπτάχαλκον, l'Heptachalcos, quartier d'Athènes.

5. Κεραμεικόν, le Céramique ou les Tuileries, quartier au N.-O. d'Athènes, primitivement habité par les potiers ou ouvriers en terre cuite (κεραμεύς), auxquels il devait son nom. (Voy. Pline, xxxv, 12.) Ce fut ensuite un cimetière réservé à ceux qui avaient péri sur le champ de bataille. Puis, on le divisa en deux parties : l'une, au delà des murs, où se trouvait l'Académie ; l'autre, en dedans, où était la Grande Place.

6. Ῥυῆναι. Cf. Plut., *Vie de Sylla*. « Le carnage fut horrible. On n'a jamais su le nombre de ceux qui périrent ; on en juge encore aujourd'hui par la vaste étendue qui fut couverte de sang ; car, sans compter ceux qui furent tués dans les autres quartiers, le sang versé sur la place remplit tout le Céramique jusqu'aux Dipyles (porte de la ville du côté de Colone) ; plusieurs assurent même qu'il regorgea par les portes, et ruissela dans le faubourg. »

πρὸς τοὺς Ἀθηναίους ἔσχε διὰ τοὺς λόγους μᾶλλον, ἢ διὰ
τὰ ἔργα· κακῶς γὰρ αὐτὸν ἔλεγον καὶ τὴν Μετέλλαν¹, ἀναπηδῶντες ἐπὶ τὰ τείχη καὶ σκώπτοντες·

Συκάμινον ἔσθ' ὁ Σύλλας, ἀλφίτῳ πεπασμένον².

καὶ τοιαῦτα πολλὰ φλυαροῦντες, ἐπεσπάσαντο κουφοτάτου
πράγματος, λόγων, ὥς φησιν ὁ Πλάτων, βαρυτάτην ζημίαν.

Τὴν δὲ Ῥωμαίων πόλιν ἐκώλυσεν ἐλευθέραν γενέσθαι, Νέρωνος ἀπαλλαγεῖσαν³, ἑνὸς ἀνδρὸς ἀδολεσχία. Μία γὰρ ἦν
νύξ, μεθ' ἣν ἔδει⁴ τὸν τύραννον ἀπολωλέναι, παρεσκευασμένων ἁπάντων· ὁ δὲ μέλλων αὐτὸν ἀποκτιννύναι, πορευόμενος
εἰς θέατρον, ἰδών τινα τῶν δεδεμένων⁵ ἐπὶ θύραις μέλλοντα
προσάγεσθαι Νέρωνι, καὶ τὴν αὑτοῦ τύχην ἀποδυρόμενον,
ἐγγὺς προσῆλθεν αὐτῷ, καὶ προσεψιθύρισας· « Εὔχου, φησίν,
ὦ ἄνθρωπε, τὴν σήμερον ἡμέραν παρελθεῖν μόνον, αὔριον δέ
μοι εὐχαριστήσεις. » Ἁρπάσας οὖν τὸ αἰνιχθὲν ἐκεῖνος, καὶ
νοήσας, οἶμαι, ὅτι

Νήπιος, ὃς τὰ ἕτοιμα λιπὼν, ἀνέτοιμα διώκει⁶.

τὴν βεβαιοτέραν εἵλετο σωτηρίαν πρὸ τῆς δικαιοτέρας.
Ἐμήνυσε γὰρ τῷ Νέρωνι τὴν φωνὴν τοῦ ἀνθρώπου· κἀκεῖνος
εὐθὺς ἀνήρπαστο, καὶ βάσανοι, καὶ πῦρ, καὶ μάστιγες ἐπ'
αὐτὸν⁷, ἀρνούμενον πρὸς τὴν ἀνάγκην, ἃ χωρὶς ἀνάγκης
ἐμήνυσε.

---

1. Μετέλλαν. Cécilia Métella, fille du grand pontife Métellus. Sylla l'avait épousée, à l'âge de cinquante ans, lorsqu'il fut nommé consul avec Q. Pompée, peu de jours après avoir répudié Cœlia, sa précédente femme.

2. Πεπασμένον. Cf. Plutarque, *Vie de Sylla*, au commencement : « Sa figure était d'un rouge foncé, parsemée de taches blanches. Un plaisant d'Athènes, raillant à ce propos, fit le vers suivant : « Sylla est une mûre saupoudrée de farine. »

3. Ἀπαλλαγεῖσαν, affranchie, si le complot tramé contre la vie de Néron eût réussi.

4. Ἔδει, m. à m. : il n'y avait plus qu'une nuit, après laquelle il fallait que le tyran, etc., c.-à-d. : il ne fallait plus qu'une seule nuit, pour que...

5. Τινὰ τῶν δεδεμένων. Un gladiateur destiné à combattre contre les bêtes devant l'empereur.

6. Διώκει. Le scoliaste de Théocrite (Idylle XI, 75) attribue ce vers à Hésiode.

7. Ἐπ' αὐτόν. On attend un verbe

Ζήνων[1] δὲ ὁ φιλόσοφος, ἵνα μηδ' ἄκοντος αὐτοῦ προῆταί τι τῶν ἀπορρήτων ἐκβιαζόμενον τὸ σῶμα ταῖς ἀνάγκαις, διαφαγὼν τὴν γλῶτταν, προσέπτυσε τῷ τυράννῳ. Καλὸν δὲ καὶ Λέαινα[2] τῆς ἐγκρατείας ἔχει γέρας· ἑταίρα τῶν περὶ Ἁρμόδιον[3] ἦν καὶ Ἀριστογείτονα, καὶ τῆς ἐπὶ τοὺς τυράννους συνωμοσίας ἐκοινώνει ταῖς ἐλπίσιν. Ὡς οὖν ἐκεῖνοι πταίσαντες ἀνῃρέθησαν, ἀνακρινομένη καὶ κελευομένη φράσαι τοὺς ἔτι λανθάνοντας, οὐκ ἔφρασεν, ἀλλ' ἐνεκαρτέρησεν, ἐπιδείξασα τοὺς ἄνδρας·[4] οὐδὲν ἀνάξιον ἑαυτῶν παθόντας, εἰ τοιαύτην ἠγάπησαν. Ἀθηναῖοι δὲ χαλκῆν ποιησάμενοι λέαιναν[5], ἄγλωσσον, ἐν πύλαις τῆς ἀκροπόλεως ἀνέθηκαν, τῷ μὲν θυμοειδεῖ τοῦ ζώου τὸ ἀήττητον αὐτῆς, τῷ δ' ἀγλώσσῳ τὸ σιωπηλὸν καὶ μυστηριῶδες ἐμφαίνοντες.

5. La discrétion mise à l'épreuve.

Λόγος ἐν τῷ πρώτῳ[6] καταμένων, ἀπόρρητος ὡς ἀληθῶς ἐστιν· ἂν δ' εἰς ἕτερον ἐκβῇ, φήμης ἔσχε τάξιν[7]. Ἔπεα γὰρ πτερόεντα φησὶν ὁ ποιητής[8]· οὔτε γὰρ πτηνὸν ἐκ τῶν χειρῶν

avec ces sujets βάσανοι, πῦρ, μάστιγες. Mais l'ellipse de ce verbe rend la phrase plus vive. Ainsi, on dirait en français : Vite, la torture à cet homme.

1. Ζήνων. Il ne s'agit pas du fondateur de la secte stoïcienne, mais de Zénon, d'Élée, dans la Grande-Grèce, qui fut disciple de Parménide. Le tyran Néarque s'étant emparé de l'autorité souveraine dans sa patrie, Zénon, qui avait conspiré contre lui, fut condamné aux supplices les plus horribles.

2. Λέαινα. Lééna, courtisane.

3. Τῶν περὶ Ἁρμόδιον. Périphrase équivalant à Ἁρμοδίου. — Harmodius et Aristogiton conspirèrent contre les fils de Pisistrate, Hipparque, et Hippias. Ils tuèrent Hipparque, qu'ils attaquèrent le premier. Hippias eut le temps de se mettre en défense, et les deux conjurés furent arrêtés et mis à mort sur-le-champ. Plus tard les Athéniens les honorèrent comme des vengeurs de la liberté et leur élevèrent des statues.

4. Τοὺς ἄνδρας. Harmodius et Aristogiton.

5. Λέαιναν, une lionne, par allusion au nom de Lééna.

6. Τῷ πρώτῳ, la première personne qui en a eu connaissance.

7. Ἔσχε τάξιν. Il passe au rang de, il prend le caractère de.—Ἔσχε, aor. d'habitude.

8. Ὁ ποιητής. Homère. Voy. pag. 59, note 8. — C'est une allusion à cette fin de vers qu'on retrouve souvent dans l'Iliade et dans l'Odyssée : Ἔπεα πτερόεντα προσηύδα, il lui adressa ces paroles ailées.

ἀφέντα ῥᾴδιόν ἐστιν αὖθις κατασχεῖν, οὔτε λόγον, ἐκ τοῦ στόματος προεμένον¹, κρατῆσαι καὶ συλλαβεῖν δυνατόν, ἀλλὰ φέρεται

— λαιψηρὰ κυκλώσας πτερά²,

δι' ἄλλων ἐπὶ ἄλλους σκιδνάμενος.

Ἡ Ῥωμαίων σύγκλητος ἀπόρρητόν τινα βουλὴν ἐβουλεύετο³ καθ' αὑτὴν⁴ ἐπὶ πολλὰς ἡμέρας· ἀσάφειαν δὲ πολλὴν καὶ ὑπόνοιαν ἔχοντος τοῦ πράγματος, γυνὴ τἆλλα σώφρων, γυνὴ δὲ⁵, προσέκειτο τῷ ἑαυτῆς ἀνδρί, λιπαρῶς⁶ δεομένη πυθέσθαι τὸ ἀπόρρητον· ὅρκοι δὲ καὶ κατάραι περὶ σιωπῆς ἐγίγνοντο, καὶ δάκρυα ποτνιωμένης αὐτῆς, ὡς πίστιν οὐκ ἐχούσης. Ὁ δὲ Ῥωμαῖος ἐξελέγξαι βουλόμενος αὐτῆς τὴν ἀδελτηρίαν· « Νικᾷς, ὦ γύναι, εἶπεν, ἀλλ' ἄκουε φοβερὸν πρᾶγμα καὶ τεράστιον· προσήγγελται γὰρ ἡμῖν ὑπὸ τῶν ἱερέων, κόρυδον ὦφθαι πετόμενον, κράνος ἔχοντα χρυσοῦν καὶ δόρυ· σκεπτόμεθα δὴ τὸ τέρας, εἴτε χρηστόν, εἴτε φαῦλόν ἐστι, καὶ συνδιαπορούμεν τοῖς μάντεσιν· ἀλλὰ σιώπα. » Ταῦτα εἰπών, ᾤχετο εἰς τὴν ἀγοράν· ἡ δὲ τῶν θεραπαινίδων μίαν εὐθὺς ἐφελκυσαμένη τὴν πρώτην εἰσελθοῦσαν, ἔπαιε τὸ στῆθος αὐτῆς, καὶ τὰς τρίχας ἐσπάραττεν· « Οἴμοι, λέγουσα, τοῦ ἀνδρὸς καὶ τῆς πατρίδος·⁷ τί πεισόμεθα; » Βου-

---

1. Προεμένον. Horace :

Nam semel emissum volat irrevocabile verbum.

2. Πτερά, arrondissant son vol rapide, volant rapidement en cercle, à la ronde.

3. Βουλὴν ἐβουλεύετο. Figure étymologique, qui consiste à donner pour complément au verbe un nom de la même racine, comme κινδυνεύειν κίνδυνον, μάχεσθαι μάχην, pugnare pugnam, vivere vitam, etc.

4. Καθ' αὑτήν, à part soi, en secret, à huit clos.

5. Γυνὴ δέ, donc curieuse et bavarde. Le bon Plutarque est, comme le bon la Fontaine, assez mordant à l'occasion.

La femme est toujours femme, et jamais ne sera
Que femme, tant qu'entier le monde durera,

dit aussi Gros-René, dans le *Dépit amoureux*, act. IV, sc. 2.

6. Λιπαρῶς, adv. formé, non de λιπαρός, mais de λιπαρής : *instamment*.

7. Οἴμοι τοῦ ἀνδρός. Le génitif s'emploie dans les exclamations pour marquer l'étonnement, l'indignation, la douleur : Τῆς τύχης, quel bonheur! — Τῆς ἀναιδείας, quelle impudence! De même avec un verbe : Εὐ-

λομένη καὶ διδάσκουσα τὴν θεράπαιναν εἰπεῖν[1]· « Τί γὰρ
γέγονεν; » ὡς δ᾽ οὖν πυθομένης[2] διηγήσατο, καὶ προσέθηκε
τὸν κοινὸν ἁπάσης ἀδολεσχίας ἐπῳδὸν[3], τὸ, « Ταῦτα μηδενὶ
φράσῃς, ἀλλὰ σιώπα· » οὐ φθάνει τὸ θεραπαινίδιον ἀποχωρῆσαν αὐτῆς[4], καὶ τῶν ὁμοδούλων εὐθὺς ἣν μάλιστα[5] εἶδε
σχολάζουσαν, ἐμβάλλει τὸν λόγον· ἐκείνη δὲ τῷ ἐραστῇ πα-
ραγενομένῳ πρὸς αὐτὴν ἔφρασεν. Οὕτω δ᾽ εἰς ἀγορὰν τοῦ διη-
γήματος ἐκκυλισθέντος, ὥστε προδραμεῖν[6] τὸν πλασάμενον
τὴν φήμην, ἀπαντήσας τις αὐτῷ τῶν γνωρίμων· « Ἀρτίως,
εἶπεν, οἴκοθεν εἰς ἀγορὰν καταβαίνεις; — Ἀρτίως, ἔφη ἐκεῖνος. — Οὐκοῦν οὐδὲν ἀκήκοας; — Γέγονε γάρ τι καινὸν ἄλλο;
— Κέρυθος ὦπται πετόμενος, κράνος ἔχων χρυσοῦν καὶ δόρυ,
καὶ μέλλουσι περὶ τούτου σύγκλητον ἔχειν οἱ ἄρχοντες. »
Κἀκεῖνος γελάσας· « Εὖ τοῦ τάχους[7], εἶπεν, ὦ γύναι, τὸ
καὶ φθάσαι με τὸν λόγον εἰς ἀγορὰν προϊόντα. » Τοὺς μὲν οὖν
ἄρχοντας ἐντυχὼν ἀπήλλαξε τῆς ταραχῆς· τὴν δὲ γυναῖκα
τιμωρούμενος, ὡς οἴκαδε εἰσῆλθεν· « Ἀπώλεσάς με, εἶπεν,
ὦ γύναι· τὸ γὰρ ἀπόρρητον ἐκ τῆς ἐμῆς οἰκίας πεφώραται

δαιμονίζω σε τῆς σοφίας. On peut
expliquer ce génitif par l'ellipse de
περὶ ou ἕνεκα.

1. Διδάσκουσα τὴν θεράπαιναν εἰπεῖν, m. à m. enseignant à l'esclave
à dire, invitant ainsi l'esclave à lui
demander...

2. Πυθομένης, sous-ent. αὐτῆς,
celle-ci (l'esclave) le lui ayant de-
mandé.

3. Ἐπῳδόν, au propre, épode,
strophe qui termine un chœur, après
la strophe et l'antistrophe, ou après
une suite de strophes et d'antistrophes; au figuré, refrain: elle ajouta
le refrain ordinaire à tous les bavards.

4. Οὐ φθάνει ἀποχωρῆσαν αὐτῆς
καὶ... L'esclave ne l'a pas plutôt
quittée que... LECLAIR, § 623, IV.
BURN., § 388, 16, 4°.

5. Μάλιστα, comme maxime, en
latin, précisément.

6. Προδραμεῖν. Dans ce récit, qui
est un véritable modèle de narration
plaisante, l'heureux choix des expressions ne le cède pas au piquant
des détails. Ἐμβάλλει peint l'empressement de l'esclave, qui va bien
vite *jeter* la nouvelle à sa compagne
d'un air quelque peu effaré. Σχολάζουσαν, comme cela se trouve bien;
il se trouve justement une esclave
qui, par hasard, ne fait rien en ce
moment. Ἐκκυλισθέντος, la nouvelle
circule, elle a bientôt *fait le tour* de
la ville; et dans sa course, προδραμεῖν, elle est arrivée à la place publique avant même celui qui l'a in-
ventée, et à qui on vient l'apprendre.

7. Εὖ τοῦ τάχους. Voy. pag. 63,
note 7.

δεδημοσιωμένου· ὥστε μοι φευκτέον ἐστὶ τὴν πατρίδα διὰ τὴν σὴν ἀκρασίαν. » Τρεπομένης δὲ πρὸς ἄρνησιν αὐτῆς, καὶ λεγούσης· « Οὐ γὰρ ταῦτα μετὰ τριακοσίων ἤκουσας;[1] ; — Ποίων, ἔφη, τριακοσίων; σοῦ βιαζομένης, ἐπλασάμην ἀποπειρώμενος. » Οὗτος μὲν οὖν ἀσφαλῶς πάνυ καὶ μετ' εὐλαβείας, ὥσπερ εἰς ἀγγεῖον σαθρόν, οὐκ οἶνον, οὐκ ἔλαιον, ἀλλ' ὕδωρ ἐγχέας, ἐπείρασε τὴν γυναῖκα.

Φούλβιος[2] δὲ, ὁ Καίσαρος ἑταῖρος τοῦ Σεβαστοῦ[3], γέροντος ἤδη γεγονότος, ἀκούσας ὀδυρομένου τὴν περὶ τὸν οἶκον ἐρημίαν[4], καὶ ὅτι, τῶν μὲν δυεῖν θυγατριδῶν αὐτοῦ ἀπολωλότων, Ποστουμίου δὲ, ὃς ἔτι λοιπός ἐστιν, ἐκ διαβολῆς τινος ἐν φυγῇ[5] ὄντος, ἀναγκάζεται τὸν τῆς γυναικὸς υἱὸν[6] ἐπεισάγειν τῇ διαδοχῇ τῆς ἡγεμονίας, καίπερ οἰκτείρων καὶ βουλευόμενος ἐκ τῆς ὑπερορίας ἀνακαλεῖσθαι τὸν θυγατριδοῦν· ταῦτα ὁ Φούλβιος ἀκούσας ἐξήνεγκε πρὸς τὴν ἑαυτοῦ γυναῖκα, πρὸς δὲ Λιβίαν ἐκείνη, Λιβία δὲ καθήψατο πικρῶς Καίσαρος, εἰ πάλαι ταῦτα ἐγνωκώς, οὐ μεταπέμπεται τὸν θυγατριδοῦν, ἀλλ' εἰς ἔχθραν καὶ πόλεμον αὐτὴν τῷ διαδόχῳ τῆς ἀρχῆς καθίστησιν. Ἐλθόντος οὖν ἕωθεν, ὡς εἰώθει, τοῦ Φουλβίου πρὸς αὐτὸν, καὶ εἰπόντος· « Χαῖρε, Καῖσαρ· » — « Ὑγίαινε[7],

---

1. Ἐπλασάμην, *finxi, j'ai inventé* cette fable.
2. Plutarque se trompe. Cet ami d'Auguste s'appelait Fabius Maximus. Sa femme Marcia ne se tua pas; Tacite rapporte que, pendant les funérailles de Maximus, on l'entendait se reprocher d'être la cause de sa mort. (Tacite, *Annales*, I, 5.)
3. Σεβαστοῦ, traduction en grec du titre *Augustus*.
4. Ἐρημίαν, vide, solitude. Tacite, *Ann.*, I, 3 : « Les deux Césars, Lucius, en allant aux armées d'Espagne, Caïus, en revenant blessé d'Arménie, furent enlevés par une mort que hâtèrent les destins ou le crime de leur marâtre Livie. Depuis longtemps Drusus n'était plus : il ne restait à Auguste d'autre beau-fils que Tibère. Sa mère, Livie, avait tellement subjugué la vieillesse d'Auguste, qu'il jeta sans pitié dans l'île de Planasie, voisine de l'île d'Elbe, son unique petit-fils, Agrippa Postumus, jeune homme, il est vrai, d'une ignorance grossière et stupidement orgueilleux de la force de son corps, mais qui n'était convaincu d'aucune action condamnable. »
5. Φυγῇ, exil. *Fuga* a le même sens en latin.
6. Υἱόν. Tibère, fils de Néron et de Livie.
7. Ὑγίαινε, comme χαῖρε, est une formule de salutation. Mais il s'applique à l'esprit aussi bien qu'à la santé du corps, et peut s'entendre:

εἶπε, Φούλβιε· » Κἀκεῖνος νοήσας[1], ᾤχετο εὐθὺς ἀπιὼν
οἴκαδε, καὶ τὴν γυναῖκα μεταπεμψάμενος· « Ἔγνωκεν,
ἔφη, Καῖσαρ, ὅτι τὸ ἀπόρρητον οὐκ ἐσιώπησα· καὶ διὰ
τοῦτο μέλλω ἀναιρεῖν ἐμαυτόν. » Ἡ δὲ γυνή· « Δικαίως,
εἶπεν, ὅτι μοι τοσοῦτον συνοικῶν χρόνον, οὐκ ἔγνως οὐδ' ἐφυλάξω[2] τὴν ἀκρασίαν· ἀλλ' ἔασον ἐμὲ προτέραν. » Καὶ λαβοῦσα τὸ ξίφος, ἑαυτὴν προανεῖλε τοῦ ἀνδρός.

Ὀρθῶς οὖν Φιλιππίδης[3] ὁ κωμῳδοποιός, φιλοφρονουμένου
τοῦ βασιλέως αὐτὸν Λυσιμάχου[4], καὶ λέγοντος· « Τίνος σοι
μεταδῶ τῶν ἐμῶν; » — « Οὗ βούλει, φησίν, βασιλεῦ, πλὴν
τῶν ἀπορρήτων. »

6. La curiosité est la compagne inséparable du bavardage.

Τῇ δ' ἀδολεσχίᾳ καὶ ἡ περιεργία κακὸν οὐκ ἔλαττον πρόσ-
εστι· πολλὰ γὰρ ἀκούειν θέλουσιν[5], ἵνα πολλὰ λέγειν ἔχωσι·
καὶ μάλιστα τοὺς ἀπορρήτους καὶ κεκρυμμένους τῶν λόγων
περιιόντες ἐξιχνεύουσι καὶ ἀνερευνῶσιν, ὥσπερ ὕλην παλαιὰν
τινά[6] φορτίον τῇ φλυαρίᾳ παρατιθέμενοι· ὥσπερ δὲ ἑρπετὰ
τοὺς ἀπορρήτους λόγους ἐγκολπισάμενοι καὶ συλλαβόντες, οὐ
συγκρατοῦσιν, ἀλλὰ διαβιβρώσκονται ὑπ' αὐτῶν. Σέλευκος ὁ

« Sois sensé, tâche d'avoir du bon sens. » Le mot acquiert ici toute son importance de l'intention qu'y met Auguste. De plus, Fulvius se sert d'une salutation usitée quand on s'aborde : Auguste répond par un mot qu'on ne s'adresse qu'en se quittant.

1. Νοήσας, ayant compris ce que cela voulait dire.

2. Ἐφυλάξω. Φυλάττω, garder ; φυλάσσομαι, se garder de : Tu ne t'es pas tenu en garde contre mon indiscrétion.

3. Φιλιππίδης. Philippide, poète de la comédie nouvelle, rival de Ménandre, quoique moins remarquable que lui par le nombre et par le mérite de ses comédies.

4. Λυσιμάχου. Lysimaque, un des capitaines d'Alexandre, était roi de Thrace. Dans ses Apophthegmes, Plutarque dit qu'il traitait Philippe en ami intime : φίλον ὄντα καὶ συνήθη.

5. Θέλουσι. Sujet οἱ ἀδόλεσχοι, dont l'idée est comprise dans ἀδολεσχίᾳ qui précède. Syllepse. — Θέλω marque un désir, βούλομαι, une résolution.

6. Ὕλην τινὰ φορτίων, materiem quamdam sarcinarum. Τὶς et quidam signifient souvent une sorte de, pour ainsi dire, en quelque sorte.

Καλλίνικος¹, ἐν τῇ πρὸς Γαλάτας μάχῃ πᾶν ἀποβαλὼν τὸ στράτευμα καὶ τὴν δύναμιν, αὐτοῦ δὲ περισπάσας τὸ διάδημα, καὶ φυγὼν ἵππῳ μετὰ τριῶν ἢ τεττάρων ἀνοδίαις καὶ πλάναις πολὺν δρόμον, ἤδη δι' ἔνδειαν ἀπαγορεύων, ἐπαυλίᾳ τινὶ προσῆλθε, καὶ τὸν δεσπότην αὐτὸν εὑρὼν κατὰ τύχην, ἄρτου καὶ ὕδωρ ᾔτησεν. Ὁ δὲ καὶ ταῦτα καὶ τῶν ἄλλων ὅσα παρῆν ἐν τῷ ἀγρῷ, δαψιλῶς ἐπιδιδοὺς καὶ φιλοφρονούμενος, ἐγνώρισε τὸ πρόσωπον τοῦ βασιλέως· καὶ περιχαρὴς γενόμενος τῇ συντυχίᾳ τῆς χρείας, οὐ κατέσχεν, οὐδὲ συνεψεύσατο² βουλομένῳ λανθάνειν, ἀλλ' ἄχρι τῆς ὁδοῦ προπέμψας, καὶ ἀπολυόμενος· « Ὑγίαινε, εἶπεν, ὦ βασιλεῦ Σέλευκε. » Κἀκεῖνος ἐκτείνας τὴν δεξιὰν αὐτῷ, καὶ προσελκόμενος ὡς φιλήσων, ἔνευσεν ἑνὶ τῶν μετ' αὐτοῦ ξίφει τὸν τράχηλον ἀποκόψαι τοῦ ἀνθρώπου.

Φθεγγομένου δ' ἄρα τοῦ γε κάρη κονίῃσιν ἐμίχθη³.

Εἰ δ' ἐσίγησε τότε, καρτερήσας ὀλίγον χρόνον, εὐτυχήσαντος ὕστερον τοῦ βασιλέως καὶ μεγάλου γενομένου, μείζονας ἄν, οἶμαι, χάριτας ἐκομίσατο ἀντὶ τῆς σιωπῆς, ἢ τῆς φιλοξενίας. Οὗτος μὲν οὖν ἁμωσγέπως ἔσχε πρόφασιν τῆς ἀκρασίας, τὴν ἐλπίδα καὶ τὴν φιλοφροσύνην.

Οἱ δὲ πλεῖστοι τῶν ἀδολέσχων οὐδ' αἰτίαν ἔχοντες, ἀπολλύουσιν αὑτούς. Οἷον, ἐν κουρείῳ τινὶ λόγων γινομένων περὶ τῆς Διονυσίου τυραννίδος, ὡς ἀδαμαντίνη⁴ καὶ ἄρρηκτός ἐστι⁵, γελάσας ὁ κουρεύς· « Ταῦτα ὑμᾶς, ἔφη, περὶ Διονυ-

---

1. Σέλευκος. Séleucus le Callinique ou le Victorieux, roi de Syrie (247-225).

2. Συνεψεύσατο. m. à m., il ne se contint pas, et ne mentit pas avec le roi; il ne put contenir sa joie, et trahit la feinte du roi.

3. Ἐμίχθη. Voy. Hom., Iliad., x,

457, la mort de Dolon, tué par Diomède.

4. Ἀδαμαντίνη, litt.: dur comme l'acier; au fig., qu'on ne peut détruire.

5. Ἐστί. Le verbe se met souvent au présent, même dans le style indirect, comme si l'on citait textuellement les paroles. Cf. p. 51, n. 2.

σίου λέγειν[1], οὗ ἐγὼ παρ' ἡμέρας ὀλίγας[2] ἐπὶ τοῦ τραχήλου τὸ ξυρὸν ἔχω; » Ταῦτ' ἀκούσας ὁ Διονύσιος ἀνεσταύρωσεν αὐτόν. Ἐπιεικῶς δὲ λάλον ἐστὶ τὸ τῶν κουρέων γένος· οἱ γὰρ ἀδολεσχότατοι προσρέουσι καὶ προσκαθίζουσιν, ὥστε αὐτοὺς ἀναπίμπλασθαι τῆς συνηθείας. Χαριέντως γοῦν ὁ βασιλεὺς Ἀρχέλαος[3], ἀδολέσχου κουρέως περιβαλόντος αὐτῷ τὸ ὠμόλινον, καὶ πυθομένου· « Πῶς σε κείρω, βασιλεῦ; — Σιωπῶν, » ἔφη. Κουρεὺς δὲ καὶ τὴν ἐν Σικελίᾳ τῶν Ἀθηναίων μεγάλην κακοπραγίαν[4] ἀπήγγειλε, πρῶτος ἐν Πειραιεῖ πυθόμενος οἰκέτου τινὸς τῶν ἀποδεδρακότων ἐκεῖθεν. Εἶτ' ἀφεὶς τὸ ἐργαστήριον, εἰς ἄστυ συνέτεινε δρόμῳ,

Μή τις ἄλλος ἄροιτο, — —

τὸν λόγον εἰς τὴν πόλιν ἐμβαλών,

— ὁ δὲ δεύτερος ἔλθοι[5].

Γενομένης δὲ ταραχῆς, ὡς εἰκός, εἰς ἐκκλησίαν ἀθροισθεὶς ὁ δῆμος, ἐπὶ τὴν ἀρχὴν ἐξάδιζε τῆς φήμης[6]. Ἤγετο οὖν ὁ κουρεὺς καὶ ἀνεκρίνετο, μηδὲ τοὔνομα τοῦ φράσαντος εἰδώς, ἀλλ' εἰς ἀνώνυμον καὶ ἄγνωστον ἀναφέρων τὴν ἀρχὴν πρόσωπον. Ὀργὴ δὲ καὶ βοὴ τοῦ θεάτρου[7]. « Βασάνιζε καὶ στρέβλου τὸν ἀλάστορα· πέπλασται ταῦτα καὶ συντίθεται· τίς

---

1. Λέγειν, Infinitif amené par l'exclamation comme en latin : Mene incœpto *desistere* victam! (Virg., *En.*, I, 41.) Grammaticalement, c'est une proposition infinitive qui s'explique par un verbe sous-entendu : (Προσήκει, δεῖ) ὑμᾶς λέγειν ταῦτα.

2. Παρ' ἡμέρας ὀλίγας, m. à m., *sauf peu de jours* : presque tous les jours, tous les jours à peu près.

3. Ἀρχέλαος. Archélaüs, roi de Macédoine.

4. Κακοπραγίαν. Il s'agit du terrible désastre éprouvé par la flotte et l'armée des Athéniens en Sicile,

la dix-neuvième année de la guerre du Péloponèse (413). Nicias et Démosthène furent vaincus et faits prisonniers : leur armée, qui s'élevait à 40 000 hommes fut en grande partie anéantie. Voir Thucyd., liv. VII à la fin, et liv., VIII, ch. 1.

5. Ἔλθοι. Hom., *Iliade*, x, 368. Application plaisante de deux moitiés de vers, où il s'agit d'un tout autre exploit que d'apporter une triste nouvelle.

6. Ἐπὶ τὴν ἀρχὴν ἐξάδιζε, remontait à la source.

7. Θεάτρου. Les assemblées du

δ' ἄλλος ἤκουσε; τίς δ' ἐπίστευσεν; » Ἐκομίσθη τροχός, κατετάθη ὁ ἄνθρωπος. Ἐν τούτῳ παρῆσαν οἱ τὴν συμφορὰν ἀπαγγέλλοντες, ἐξ αὐτοῦ τοῦ ἔργου [1] διαπεφευγότες. Ἐσκεδάσθησαν οὖν πάντες ἐπὶ τὰ οἰκεῖα πένθη, καταλιπόντες ἐν τῷ τροχῷ τὸν ἄθλιον ἐνδεδεμένον. Ὀψὲ δὲ λυθεὶς ἤδη πρὸς ἑσπέραν, ἠρώτα τὸν δημόσιον, εἰ καὶ περὶ Νικίου τοῦ στρατηγοῦ, ὃν τρόπον ἀπόλωλεν, ἀκηκόασιν. Οὕτως ἄμαχόν τι κακὸν καὶ ἀνυπόθετον ἡ συνήθεια [2] ποιεῖ τὴν ἀδολεσχίαν.

7. Quelquefois des criminels se sont trahis eux-mêmes par un mot indiscret.

Οὐκ ἔστι γλώσσης ῥεούσης ἐπίσχεσις, οὐδὲ κολασμός. Ἐν Λακεδαίμονι τῆς Χαλκιοίκου τὸ ἱερὸν ὤφθη σεσυλημένον, καὶ κειμένη ἔνδον κενὴ λάγυνος· ἦν οὖν ἀπορία πολλῶν συνδεδραμηκότων· καί τις τῶν παρόντων· « Εἰ βούλεσθε, εἶπεν, ἐγὼ φράσω ὑμῖν, ὅ μοι παρίσταται [3] περὶ τῆς λαγύνου. Νομίζω γάρ [4], ἔφη, τοὺς ἱεροσύλους ἐπὶ τηλικοῦτον ἐλθεῖν κίνδυνον, κώνειον ἐμπιόντας, καὶ κομίζοντας οἶνον· ἵν', εἰ μὲν αὐτοῖς λαθεῖν ἐγγένοιτο, τῷ ἀκράτῳ ποθέντι σβέσαντες καὶ διαλύσαντες τὸ φάρμακον, ἀπέλθοιεν ἀσφαλῶς· εἰ δ' ἁλίσκοιντο, πρὸ τῶν βασάνων [5] ὑπὸ τοῦ φαρμάκου ῥᾳδίως καὶ ἀνωδύνως ἀποθάνοιεν. » Ταῦτ' εἰπόντος αὐτοῦ, τὸ πρᾶγμα [6] πλοκὴν ἔχον καὶ περιένεσιν τοσαύτην, οὐχ ὑπονοοῦντος, ἀλλ' εἰδότος [7] ἐφαίνετο· καὶ περιστάντες αὐτὸν ἀνέκριναν ἀλλαχόθεν ἄλλος· « Τίς εἶ; καὶ τίς σε οἶδε [8]; καὶ πόθεν ἐπίσταται

peuple se tenaient tantôt dans l'Agora, tantôt dans le Pnyx, tantôt dans le théâtre de Bacchus. — *Le théâtre*, par métonymie, pour *les assistants*.

1. Ἔργου, l'action, la bataille.
2. Συνήθεια. « Vetus consuetudo naturæ vim obtinet. » (Cic.)
3. Παρίσταται, subit, occurrit.
4. Γάρ, c'est que.
5. Πρὸ τῶν βασάνων, avant d'être mis à la torture.
6. Πρᾶγμα, cette explication, cette interprétation.
7. Εἰδότος, d'un homme connaissant le fait, qui savait comment la chose s'était passée.
8. Τίς σε οἶδε; qui te connaît? Y a-t-il dans la ville quelqu'un qui

ταῦτα : » Καὶ τὸ πέρας ἐλεγχόμενος οὕτως, ὡμολόγησεν εἶς εἶναι τῶν ἱεροσύλων.

Οἱ δ᾽ Ἴβυκον[1] ἀποκτείναντες οὐχ οὕτως ἑάλωσαν, ἐν θεάτρῳ καθήμενοι, καὶ γεράνων παραφανεισῶν, ἅμα γέλωτι πρὸς ἀλλήλους ψιθυρίζοντες, ὡς αἱ Ἰβύκου ἔκδικοι πάρεισιν· ἀκούσαντες γὰρ οἱ καθεζόμενοι πλησίον, ἤδη πολὺν χρόνον τοῦ Ἰβύκου ὄντος ἀφανοῦς καὶ ζητουμένου, ἐπελάβοντο τῆς φωνῆς, καὶ προσήγγειλαν τοῖς ἄρχουσιν. Ἐλεγχθέντες δὲ οὕτως, ἀπήχθησαν, οὐχ ὑπὸ τῶν γεράνων κολασθέντες, ἀλλ᾽ ὑπὸ τῆς αὐτῶν γλωσσαλγίας, ὥσπερ ἐρινύος ἢ ποινῆς, βιασθέντες ἐξαγορεῦσαι τὸν φόνον.

8. De la concision, et en particulier du style laconique. Exemples.

Θαυμάζονται μᾶλλον καὶ ἀγαπῶνται καὶ σοφώτεροι δοκοῦσι τῶν ἐξηνίων[2] τούτων καὶ φερομένων οἱ στρογγύλοι καὶ βραχυλόγοι, καὶ ὧν πολὺς νοῦς ἐν ὀλίγῃ λέξει συνέσταλται. Καὶ γὰρ Πλάτων τοὺς τοιούτους ἐπαινεῖ, δεινοῖς ἀκοντισταῖς ἐοικέναι λέγων, οὖλα καὶ πυκνὰ καὶ συνεστραμμένα φθεγγομένους. Καὶ ὁ Λυκοῦργος εἰς ταύτην τὴν δεινότητα τοὺς πολίτας εὐθὺς ἐκ παίδων τῇ σιωπῇ πιέζων συνῆγε καὶ κατεπύκνου. Ὅθεν ὁ Λακωνικὸς λόγος ἀφαιρέσει τοῦ περιττοῦ διωκόμενος στομοῦται[3] · τὸ γὰρ ἀποφθεγματικὸν αὐτοῖς τοῦτο[4], καὶ τὸ μετ᾽ εὐστροφίας ὀξὺ πρὸς τὰς ἀπαντήσεις, ἐκ τῆς πολλῆς περιγίνεται σιωπῆς. Καὶ δεῖ

puisse donner des renseignements sur ton compte?

1. Ἴβυκον. Ibycus, poëte lyrique de Rhégium, vers 540 av. J.-C. Il fut tué par des voleurs dans un chemin écarté, loin de tous les regards. Une troupe de grues passait au dessus de la tête d'Ibycus. Il les prit à témoin de sa mort, sans se douter que ces témoins muets feraient en effet découvrir les assassins.

2. Ἐξηνίων, ces bavards effrénés, qui se laissent emporter par l'intempérance de leur langage, « qui babillent à langue débridée, » dit Amyot.

3. Στομοῦται. Plutarque compare les traits acérés du langage concis au fer ou à l'acier affiné.

4. Τοῦτο, ce caractère qui leur est propre.

τὰ τοιαῦτα μάλιστα τοῖς ἀδολέσχοις προβάλλειν, ὅσην χάριν ἔχει καὶ δύναμιν· οἷόν ἐστι τό· « Λακεδαιμόνιοι Φιλίππῳ· Διονύσιος ἐν Κορίνθῳ¹. » Καὶ πάλιν γράψαντος αὐτοῖς τοῦ Φιλίππου· « Ἂν ἐμβάλω² εἰς τὴν Λακωνικὴν, ἀναστάτους ὑμᾶς ποιήσω· » ἀντέγραψαν· « Αἴκα³. » Δημητρίου δὲ τοῦ βασιλέως⁴ ἀγανακτοῦντος, καὶ βοῶντος· « Ἕνα πρὸς ἐμὲ Λακεδαιμόνιοι πρεσβευτὴν ἔπεμψαν. » οὐ καταπλαγεὶς ὁ πρεσβευτής· « Ἕνα, εἶπε, ποτὶ ἕνα⁵. » Θαυμάζονται δὲ καὶ τῶν παλαιῶν οἱ βραχυλόγοι. Καὶ τῷ ἱερῷ τοῦ Πυθίου Ἀπόλλωνος οὐ τὴν Ἰλιάδα καὶ τὴν Ὀδύσσειαν, οὐδὲ τοὺς Πινδάρου παιᾶνας⁶, ἐπέγραψαν οἱ Ἀμφικτύονες⁷· ἀλλὰ τὸ Γνῶθι σαυτὸν, καὶ τὸ Μηδὲν ἄγαν, καὶ τὸ Ἐγγύα, πάρα δ' ἄτα⁸. Θαυμάσαντες τῆς λέξεως τὸ εὔογκον καὶ τὸ λιτὸν, ἐν βραχεῖ σφυρήλατον⁹ νοῦν περιεχούσης.

1. Ἐν Κορίνθῳ. Denys le Jeune, tyran de Syracuse, fut renversé par Timoléon, qui l'envoya à Corinthe. C'est de cette défaite du tyran de Sicile que les Spartiates donnent avis en deux mots au tyran de Macédoine.

2. Ἐμβάλω, sens neutre, *faire invasion dans*.

3. Αἴκα, pour εἴ κε, *si... Si tu peux y entrer*. Au défi, les Lacédémoniens ajoutent en quelques lettres une ironie, en répondant à Philippe dans son dialecte.

4. Δημητρίου. Démétrius, roi de Macédoine.

5. Ἕνα ποτὶ ἕνα, *unum ad unum*. Outre la concision, il y a dans cette réponse encore plus de fierté. Un simple citoyen de Lacédémone croyait bien valoir un roi.

6. Παιᾶντας, hymnes (au propre, hymnes en l'honneur d'Apollon).

7. Ἀμφικτυόνες, les Amphictyons, conseil ou sorte de diète, ayant un caractère à la fois politique et religieux, et formée d'abord par les représentants de douze peuples du nord de la Grèce. Le conseil amphictyonique, juge suprême des questions religieuses, intervenait aussi dans les affaires publiques, pour concilier les intérêts de ces différents peuples, pour atténuer les maux ou les excès de la guerre.

8. Πάρα, pour πάρεστι. Ἄτα, pour ἄτη. — Les deux premières maximes sont bien connues, et il y est fait souvent allusion chez les anciens. Voy. en particulier Platon, *Alcibiade*, ch. XXIV; Xenoph., *Memorab.*, ch. II, 24; Pausan. X, 24; Cic., *Tusc.*, X.22. La troisième, en style d'oracle, un peu plus obscure, a été diversement interprétée. Ἐγγύα signifie *prendre un engagement, engager sa parole*. Ici, ἐγγύα, prends l'engagement de comparaître, prends tes mesures pour comparaître devant le tribunal suprême; Atè, la fatalité, amenant la mort et le châtiment, n'est pas loin.

9. Σφυρήλατον, en quelque sorte frappé, forgé au marteau; solide, plein de force.

Πούπλιος Πείσων[1] ὁ ῥήτωρ, μὴ βουλόμενος ἐνοχλεῖσθαι, προσέταξε τοῖς οἰκέταις πρὸς τὰ ἐρωτώμενα λαλεῖν, καὶ μηδὲν πλέον. Εἶτα Κλώδιον ἄρχοντα[2] δεξιώσασθαι βουλόμενος, ἐκέλευσε κληθῆναι, καὶ παρεσκευάσατο λαμπρὰν, ὡς εἰκὸς, ἑστίασιν· ἐνστάσης δὲ τῆς ὥρας, οἱ μὲν ἄλλοι παρῆσαν, ὁ δὲ Κλώδιος προσεδοκᾶτο· καὶ πολλάκις ἔπεμψε τὸν εἰωθότα καλεῖν[3] οἰκέτην, ἐποψόμενον, εἰ πρόσεισιν· ὡς δ' ἦν ἑσπέρα, καὶ ἀπέγνωστο[4]· « Τί δὲ, ἔφη πρὸς τὸν οἰκέτην, ἐκάλεσας αὐτόν; — Ἔγωγε, εἶπε. — Διὰ τί οὖν οὐκ ἀφῖκται; » Κἀκεῖνος· « Ὅτι ἠρνήσατο. — Πῶς οὖν οὐκ εὐθὺς ἔφρασας; — Ὅτι τοῦτό με οὐδ' ἠρώτησας. » Οὗτος μὲν Ῥωμαϊκὸς οἰκέτης. Ὁ δ' Ἀττικὸς ἐρεῖ τῷ δεσπότῃ σκάπτων, ἐφ' οἷς γεγόνασιν αἱ διαλύσεις[5]. Οὕτως μέγα πρὸς πάντα ὁ ἐθισμός ἐστι. Παρὰ ταῦτα πάντα δεῖ πρόχειρον ἔχειν καὶ μνημονεύειν τὸ Σιμωνί-

---

1. Πείσων. M. Pupius Pison Calpurnianus, dont Cicéron parle en plusieurs endroits de ses ouvrages, et qu'il fait figurer dans le *De Finibus*, V. Il avait été adopté par M. Pupius. (Cic., *Pro Dom.*, 13.) Il fut questeur de L. Scipion l'Asiatique (*Verr.* I, 14), préteur en Espagne (*Flacc.* 3), ami de Clodius (*Ad Att.* I, 13), et se fit remarquer comme philosophe péripatéticien (*Nat. Deor.* I, 7). Quant à son éloquence, elle était, dit Cicéron, le fruit de l'étude et du travail. Il s'était formé, plus que tous ses devanciers, par l'étude des Grecs. Il avait reçu de la nature une certaine finesse d'esprit, mais il était souvent froid. Il avait acquis assez de réputation dans sa jeunesse; mais la faiblesse de sa santé ne lui permit pas de supporter la fatigue, et à mesure qu'il se ralentit dans ses travaux, sa gloire baissa d'autant. (*Brut.*, 67.)

2. Ἄρχοντα. Clodius était tribun du peuple.

3. Εἰωθότα καλεῖν, l'esclave chargé des invitations. Certains esclaves, quelquefois instruits et capables, remplissaient auprès du maître des fonctions plus relevées que le commun des serviteurs. L'un était intendant, un autre secrétaire, tel autre lecteur, tel autre chargé d'accompagner le maître en public, et de lui dire les noms des personnages qu'il rencontrait.

4. Ἀπέγνωστο, on désespérait de le voir venir.

5. Αἱ διαλύσεις, à quelles conditions la paix a été conclue. Un esclave romain ne sait pas dire ce qu'exige son service; un esclave athénien, en faisant sa besogne, parlera en homme important des affaires de l'État, plutôt que de se taire. Ainsi, le babillard de Théophraste (Περὶ λαλιᾶς) « est au courant de ce qui se passe à l'assemblée, et c'est lui qui l'apprend aux autres. »

θεῖον¹, ὅτι λαλήσας μὲν, πολλάκις μετενόησε, σιωπήσας
δὲ, οὐδέποτε.

1. *Σιμωνίδου*. Valère Maxime attribue au philosophe Xénocrate ce mot, que Plutarque prête au poète Simonide : « Xenocratis philosophi responsum quam laudabile! Quum maledico sermoni querumdam ho- minum interesset, ac taceret, uno ex his quærente, cur solus ita linguam coherceret : Quia locutum fuisse me, inquit, aliquando pœnituit; tacuisse, numquam. » *Loc.* VII, 2.

SUR LES DÉLAIS DE LA JUSTICE DIVINE

S'il est une chose qui paraisse révoltante entre toutes, et qui semble de nature à confondre toutes les notions du juste et de l'injuste, c'est de voir les méchants prospérer en ce monde, tandis que la vertu est opprimée. Comment Dieu peut-il tolérer un pareil désordre dans les événements humains? Une telle anomalie n'est-elle pas de nature à faire douter de sa Providence? Comment les hommes ne se sentiraient-ils pas portés à l'iniquité, quand ils voient si souvent les méchants triompher et jouir en paix du fruit de leurs forfaits? Telles sont les objections que les Épicuriens élevaient contre la justice et la providence de Dieu. Telle est la question que Plutarque entreprend d'examiner dans ce dialogue. Aucun philosophe n'a écrit un traité plus propre à éclairer un problème qui paraît obscur au premier abord à ceux mêmes qui sont bien résolus, *à priori*, à n'admettre aucune opinion blessante pour la Providence, à dissiper les doutes des esprits sincères, et à guérir les faiblesses dont les âmes justes ne peuvent toujours se défendre.

I. Plutarque se promène avec plusieurs amis, en dissertant, suivant l'usage, sur les questions philosophiques les plus importantes, lorsque l'un d'eux, Épicure, après avoir lancé contre la Providence divine les attaques les plus violentes, les quitte brusquement¹.

Ταῦτα² μὲν ὁ Ἐπίκουρος³ εἰπών, ὦ Κύντε⁴, καὶ πρὶν

1. Les personnages du dialogue sont : Plutarque lui-même ; Timon, son frère; Patrocléas, son parent; et Olympicus, inconnu d'ailleurs, et qui soutient ici la thèse des Épicuriens contre la Providence et les délais de sa justice. — On consultera avec profit l'étude de Joseph de Maistre sur ce traité.

2. *Ταῦτα*. Le commencement du traité est perdu.

3. *Ἐπίκουρος*. Il ne s'agit pas du célèbre Épicure, mais d'un philosophe qui représente sa doctrine.

4. *Κύντε*. Plusieurs éditeurs proposent, non sans raison, de lire Κύντε ou Κοΐντε, *Quintus*, qui serait

ἀποκρίνασθαί τινα, πρὸς τῷ πέρατι τῆς στοᾶς¹ γενομένου ἡμῶν, ᾤχετο ἀπιών· ἡμεῖς δὲ, ὅσον τι θαυμάσαι τοῦ ἀνθρώπου τὴν ἀτοπίαν ἐπιστάντες² σιωπῇ, καὶ πρὸς ἀλλήλους διαβλέψαντες, ἀνεστρέφομεν πάλιν ὥσπερ ἐτυγχάνομεν περιπατοῦντες³. Εἶτα πρῶτος ὁ Πατροκλέας· « Τί οὖν, εἶπεν, ἐὰν δοκεῖ⁴ τὴν ζήτησιν, ἢ τῷ λόγῳ, καθάπερ παρόντος, καὶ μὴ παρόντος, ἀπορινώμεθα τοῦ εἰπόντος; » Ὑπολαβὼν δὲ ὁ Τίμων· « Ἀλλ' οὐδ' εἰ βαλών⁵, εἶπεν, ἀπαλλάγη, καλῶς εἶχε⁶ περιορᾶν τὸ βέλος ἐγκείμενον· ὁ μὲν γὰρ Βρασίδας⁷, ὡς ἔοικεν, ἐξελκύσας τὸ δόρυ τοῦ σώματος, αὐτῷ τούτῳ τὸν βαλόντα πατάξας ἀνεῖλεν· ἡμῶν δ' ἀμύνασθαι μὲν οὐδὲν ἔργον ἐστὶ δήπου τοὺς ἄτοπον ἢ ψευδῆ λόγον εἰς ἡμᾶς ἀφέντας, ἀρκεῖ δ' αὐτοῖς⁸, πρὶν ἅψασθαι τὴν δόξαν, ἂν ἐκβάλλωμεν. » — Τί οὖν, ἔφην ἐγώ, μάλιστα κεκίνηκεν ὑμᾶς τῶν εἰρημένων; ἀθρόα γὰρ πολλὰ καὶ κατὰ τάξιν οὐδὲν, ἄλλο δ' ἀλλαχόθεν⁹ ἄνθρωπος, ὥσπερ ὀργῇ τινι καὶ λοιδορίᾳ σπαράττων ἅμα κατεφέρει τῆς προνοίας¹⁰. »

II. Patrocléas avoue que, de toutes les objections d'Épicure, il en est une surtout qui n'a pas laissé de l'émouvoir profondément. Il s'agit de cette lenteur que Dieu met à punir les coupa-

le même que celui auquel Plutarque a adressé le traité de l'Amitié fraternelle.

1. Στοᾶς, le *Portique*, galerie fameuse à Athènes, où se réunissaient les philosophes pour discuter, et d'où les stoïciens ont tiré leur nom.

2. Ἐπιστάντες ὅσον τι θαυμάσαι, litt., nous étant arrêtés seulement autant qu'il fallait pour admirer, c.-à-d. : après nous être arrêtés un instant, étonnés de... Τοσοῦτον ὅσον, avec l'infinitif, *seulement le temps de...*

3. Ὥσπερ ἐτυγχάνομεν, comme nous nous trouvions nous promenant, continuant notre promenade.

4. Δοκεῖ, *videtur*, paraît-il bon, à propos? Vous plaît-il...? Voulez-vous...?

5. Βαλών, en nous lançant une flèche, comme le faisaient, par exemple, les Parthes, en fuyant.

6. Εἶχε, sens conditionnel, à cause de l'idée hypothétique exprimée par εἰ.

7. Βρασίδας, Brasidas, général lacédémonien, tué en Thrace où il avait été envoyé pour défendre la liberté des Grecs établis dans cette contrée. Voy. Thucyd. liv. IV, ch. LXX et suiv.

8. Αὐτοῖς (ἡμῖν), *nobis ipsis*.

9. Ἄλλο δ' ἀλλαχόθεν, *alia, aliunde*, des choses prises les unes d'un côté, les autres de l'autre, de tous côtés, au hasard.

10. Προνοίας, la Providence divine.

bles, lenteur qui lui paraît bien faite pour décourager les hommes vertueux et enhardir les criminels.

Καὶ ὁ Πατροκλέας· « Ἡ περὶ τὰς τιμωρίας, εἶπε, τῶν πονηρῶν βραδύτης τοῦ δαιμονίου καὶ μέλλησις ἐμοὶ δοκεῖ καὶ μάλιστα δεινὸν[1] εἶναι· καὶ νῦν ὑπὸ τῶν λόγων τούτων ὥσπερ πρόσφατος γέγονα τῇ δόξῃ καὶ καινός· ἔκπαλαι δ᾽ ἠγανάκτουν ἀκούων Εὐριπίδου λέγοντος·

Μέλλει, τὸ θεῖον δ᾽ ἐστὶ τοιοῦτον φύσει[2].

Καίτοι πρὸς οὐδέν, ἥκιστα δὲ πρέπει πρὸς τοὺς πονηροὺς ῥᾴθυμον εἶναι τὸν θεόν, οὐ ῥᾳθύμους ὄντας αὐτούς, οὐδ᾽ ἀμβλιεργοὺς τοῦ κακῶς ποιεῖν, ἀλλ᾽ ὀξυτάταις ὁρμαῖς ὑπὸ τῶν παθῶν φερομένους πρὸς τὰς ἀδικίας. Καὶ μὴν τὸ ἀμύνασθαι τῷ παθεῖν[3], ὥς Θουκυδίδης φησὶν[4], ὅτι ἐγγυτάτω[5] κείμενον, εὐθὺς ἀντιφράττει τὴν ὁδὸν τοῖς ἐπὶ πλεῖστον εὑρούσῃ τῇ κακίᾳ χρωμένοις[6]. Οὐδὲν γὰρ οὕτω χρέος, ὡς τὸ τῆς δίκης ὑπερήμερον γινόμενον, ἀσθενῆ μὲν ταῖς ἐλπίσι ποιεῖ καὶ ταπεινὸν τὸν ἀδικούμενον, αὔξει δὲ θρασύτητι καὶ τόλμῃ τὸν μοχθηρόν· αἱ δ᾽ ὑπὸ χεῖρα[7] τοῖς τολμωμένοις ἀπαντῶσαι τιμωρίαι, καὶ τῶν μελλόντων εἰσὶν ἐπισχέσεις ἀδικημάτων, καὶ μάλιστα τὸ παρηγοροῦν τοὺς πεπονθότας ἔνεστιν αὐταῖς. Ὡς ἔμοιγε καὶ τὸ τοῦ Βίαντος[8] ἐνοχλεῖ πολλάκις ἀναλαμβάνοντι τὸν λόγον· ἔφη γάρ, ὡς ἔοικε[9], πρός τινα πονηρόν, ὡς οὐ δέδιε, μὴ

---

1. Δεινόν, attribut au neutre avec un sujet féminin. Nombreux exemples : voy. page 3, note 1, etc.

2. Φύσει. Eurip., *Oreste*.

3. Τῷ παθεῖν, au dat. comme complément de ἐγγυτάτω.

4. Φησίν. Thucyd., liv. III, ch. 38, disc. de Cléon, proposant de faire périr les Mityléniens.

5. Ὅτι ἐγγυτάτω. Ὅτι, comme ὥς, avec un superlatif, même sens que *quam* en latin : ὡς τάχιστα *quam celerrime*.

6. Χρωμένοις. Même pensée dans Cicéron : « Quorum effrenatus furor alitur impunitate diuturna. (*Pro Sest.* 82.) Impunitatis spes maxima illecebra peccandi. (*Pro Mil.*, 44.)

7. Ὑπὸ χεῖρα, *in promptu*.

8. Βίαντος. Bias, un des sept sages.

9. Ὡς ἔοικε. Cette restriction prouve que Plutarque ne garantit pas l'authenticité de cette réponse, qui peut n'être qu'un de ces mots comme la tradition en attribue tant aux hommes célèbres.

οὐ δῷ δίκην, ἀλλὰ μὴ οὐκ αὐτὸς ἐπίδῃ. Τί γὰρ Μεσσηνίοις ὄφελος τοῖς προαναιρεθεῖσι τῆς Ἀριστοκράτους[1] τιμωρίας; ὃς προδοὺς τὴν ἐπὶ Τάφρῳ μάχην, καὶ λαθὼν ὑπὲρ εἴκοσιν ἔτη καὶ πάντα ταῦτα βασιλεύσας Ἀρκάδων, ὕστερον ἔδωκε δίκην φωραθείς· οἱ δὲ οὐκέτ' ἦσαν. Ἢ τίνα Ὀρχομενίων[2] τοῖς ἀποβαλοῦσι παῖδας καὶ φίλους καὶ οἰκείους ὑπὸ Λυκίσκου[3] προδοθέντας ἤνεγκε παραμυθίαν ἡ χρόνοις ὕστερον πολλοῖς ἁψαμένη νόσος καὶ κατανεμηθεῖσα[4] τοῦ σώματος; ὃς ἀεὶ βάπτων καὶ βρέχων τὼ πόδε εἰς τὸν ποταμὸν, ὤμοσε καὶ κατηράσατο σαπῆναι, προδόντος[5] αὐτοῦ καὶ ἀδικήσαντος. Τὰ μὲν γὰρ[6] Ἀθήνησι τῶν ἐναγῶν σωμάτων ῥίψεις[7], καὶ νεκρῶν ἐξορισμοὺς, οὐδὲ παίδων παισὶν ἰδεῖν ὑπῆρξε τῶν ἀποσφαγέντων ἐκείνων. Ὅθεν Εὐριπίδης ἄτοπος, εἰς ἀποτροπὴν κακίας τούτοις χρώμενος·

Οὗτοι προσελθοῦσ' ἡ δίκη, σε (μὴ τρέσῃς)
Παίσει πρὸς ἧπαρ, οὐδὲ τῶν ἄλλων βροτῶν

1. Ἀριστοκράτους. Aristocrate, roi d'Arcadie, vers 680, trahit les Messéniens, ses alliés dans la seconde guerre Messénienne contre les Lacédémoniens, et fut cause de leur défaite, en les privant de l'appui des Arcadiens. — Le peuple, indigné, le lapida, et abolit la royauté. Cf. Polybe, IV, 33 : Ἀναζητήσαντες τὴν Ἀριστοκράτους τοῦ βασιλέως προδοσίαν ἐν τῇ μάχῃ τῇ καλουμένῃ περὶ Τάφρον, αὐτόν τ' ἀνεῖλον, καὶ τὸ γένος αὐτοῦ πᾶν ἠφάνισαν.»

2. Ὀρχομενίων, habitants d'Orchomène, en Béotie.

3. Λυκίσκου. Lyciscus n'est pas connu d'ailleurs. Plutarque aime à citer parfois des faits de l'histoire de sa patrie, que les historiens passent sous silence.

4. Κατανεμηθεῖσα. Le latin offre une expression semblable : *Artus depascitur.* (Virg.)

5. Προδόντος, participe avec le sens conditionnel : *s'il avait livré, s'il était vrai qu'il eût livré.* Le participe peut avoir également ce sens conditionnel en latin : « Septime, Gades *aditure mecum.* » (Hor.) Toi qui *irais* avec moi.

6. Μὲν γάρ n'exprime aucun rapport avec les faits précédents. Il fait suite, comme le γάρ de la première phrase (τί γὰρ Μεσσηνίοις ὄφελος), à l'idée principale : ἔμοιγε τὸ τοῦ Βίαντος ἐνοχλεῖ.

7. Σωμάτων ῥίψεις. Les Athéniens firent transporter hors de leur territoire les ossements de ceux qui, pour punir Cylon et ses partisans d'avoir aspiré à la tyrannie, les massacrèrent, après leur avoir promis la vie sauve, s'ils sortaient du temple des Euménides, où ils s'étaient réfugiés. C'est à ce fait, ou à un autre semblable que Plutarque fait ici allusion. Voy. Thucyd., liv. I, ch. 126.

Τὸν ἄδικον, ἀλλὰ σίγα καὶ βραδεῖ ποδί¹
Στείχουσα, μάρψει τοὺς κακοὺς, ὅταν τύχῃ.

Οὐ γὰρ ἀλλὰ δή που, ταῦτα δ' αὐτὰ τοὺς κακοὺς εἰκός ἐστιν ἑαυτοῖς διακελευομένους καὶ παρεγγυῶντας, ἐπιχειρεῖν τοῖς παρανομήμασιν, ὡς² τῆς ἀδικίας τὸν μὲν καρπὸν εὐθὺς ὡραῖον καὶ πρόυπτον ἀποδιδούσης, τὴν δὲ τιμωρίαν ὀψὲ καὶ πολὺ τῆς ἀπολαύσεως³ καθυστερούσαν. »

III. Olympicus ajoute que ces délais de la justice divine risquent même de détruire toute foi en la Providence : car la punition qui vient tardive, a l'air d'être un simple accident ordinaire et non un châtiment destiné à corriger les méchants.

Ταῦτα τοῦ Πατροκλέους διελθόντος, ὑπολαβὼν ὁ Ὀλυμπικός· « Ἐκεῖνο δὲ, εἶπεν, ὦ Πατροκλέα, πηλίκον αἱ περὶ ταῦτα τοῦ θείου διατριβαὶ καὶ μελλήσεις ἄτοπον ἔχουσιν, ὅτι τὴν πίστιν ἡ βραδυτὴς ἀφαιρεῖ τῆς προνοίας, καὶ τὸ μὴ παρ' ἕκαστον ἀδίκημα τοῖς πονηροῖς ἐπακολουθοῦν κακὸν, ἀλλ' ὕστερον, εἰς ἀτυχήματος χώραν⁴ τιθέμενοι, καὶ συμφορὰν, οὐ τιμωρίαν, ὀνομάζοντες, οὐδὲν ὠφελοῦνται⁵, τοῖς μὲν συμβαίνουσιν ἀχθόμενοι, τοῖς δὲ πεπραγμένοις μὴ μεταμελόμενοι; Καθάπερ γὰρ ἵππον ἡ παραχρῆμα τὸ πταῖσμα καὶ τὴν ἁμαρτίαν διώκουσα πληγὴ καὶ νύξις ἐπανορθοῖ καὶ μετάγει πρὸς τὸ δέον, οἱ δὲ ὕστερον καὶ μετὰ χρόνον σπαραγμοὶ⁶ καὶ ἀνακρούσεις καὶ περιψοφήσεις, ἑτέρου τινὸς⁷ ἕνεκα

1. Βραδεῖ ποδί.
Raro antecedentem scelestum
Deseruit *pede* Pœna *claudo*.
(Hor., Od., III, 11, 31.)

2. Sur ὡς avec un génitif, voy. Leclair et Feuillet, § 590. Ἀποδιδούσης a pour complément τὸν μὲν καρπὸν... τὴν δὲ τιμωρίαν.

3. Ἀπολαύσεως, au gén. amené par l'idée du comparatif (ὕστερον) contenue dans le verbe : Arrivant beaucoup plus tard que...

4. Εἰς ἀτυχήματος χώραν, *infortunii loco*.

5. Οὐδὲν ὠφελοῦνται. Pu... ce qu'ils regardent comme un malheur, et non un châtiment, ne peut les engager à se corriger.

6. Οἱ ὕστερον σπαραγμοί. Ὕστερον, adverbe jouant le rôle d'un adjectif, comme dans οἱ νῦν, οἱ τότε, οἱ πάλαι, etc.

7. Ἑτέρου τινός, *pour quelque autre raison*.

μᾶλλον δοκοῦσι γίνεσθαι ἡ διδασκαλία, διὸ¹ τὸ λυπεῖν
ἄνευ τοῦ παιδεύειν ἔχουσιν. Οὕτως ἡ καθ' ἕκαστον, ὧν²
πταίει καὶ προσπίπτει, ῥαπιζομένη καὶ ἀνακρουομένη τῷ κολάζεσθαι κακία, μόλις ἂν γένοιτο σύννους καὶ ταπεινὴ καὶ
κατάφοβος πρὸς τὸν θεὸν, ὡς ἐφεστῶτα τοῖς ἀνθρωπίνοις πράγμασι καὶ πάθεσιν³ οὐχ ὑπερήμερον δικαιωτήν⁴. Ἡ δ' ἀτρέμα καὶ βραδεῖ ποδὶ, κατ' Εὐριπίδην⁵, καὶ ὡς ἔτυχεν⁶ ἐπι-
πίπτουσα δίκη τοῖς πονηροῖς, τῷ αὐτομάτῳ μᾶλλον ἢ τῷ
κατὰ πρόνοιαν ὅμοιον ἔχει τὸ πεπλανημένον καὶ ὑπερήμερον καὶ ἄτακτον⁷. Ὥστ' οὐχ ὁρῶ, τί χρήσιμον ἔνεστι
τοῖς ὀψὲ δὴ τούτοις ἀλεῖν λεγομένοις μύλοις τῶν θεῶν⁸,
καὶ ποιοῦσι τὴν δίκην ἀμαυρὰν, καὶ τὸν φόβον ἐξίτηλον τῆς
κακίας. »

IV. Plutarque entreprend de réfuter ces accusations. D'abord, un mortel ne peut avoir la prétention de juger la conduite de Dieu. Souvent les hommes ne saisissent pas même le sens des institutions humaines. Comment se croiraient-ils en état de comprendre les desseins impénétrables de la Providence?

1. Διὸ et par là, et ainsi.

2. Ὧν, génitif d'attraction.

3. Πάθεσιν, les sentiments, les pensées, opposé à πράγμασι, les actions.

4. Δικαιωτήν. Cf. Cic., De leg. « Hoc sit persuasum hominibus, deos intueri quali mente quisque sit, et habere rationem piorum atque impiorum. Si mentes fuerint imbutæ his opinionibus, metus supplicii divini revocabit multos a scelere. »

5. Κατ' Εὐριπίδην. Dans les vers cités plus haut.

6. Ὡς ἔτυχεν, comme cela se trouve, par hasard. Ces mots rappellent les expressions mêmes d'Euripide : ὅταν τύχῃ.

7. Ἄτακτον. Constr. Ἔχει τὸ πεπλανημένον καὶ ὑπερήμερον καὶ ἄτακτον μᾶλλον ὅμοιον τῷ αὐτομάτῳ ἤ, τῷ κατὰ πρόνοιαν. Litt. A une (allure) incertaine, etc., ressemblant plutôt à un événement fortuit que...

8. Μύλοις τῶν θεῶν. Expression proverbiale : la meule, le moulin des dieux moud lentement. Les idées qu'expose ici Olympicus étaient répandues dans le peuple; car on trouve plus d'une expression populaire où la lenteur des dieux est tournée en ridicule. On disait aussi : Dii lanatos pedes habent. Ce qui revient encore au même sens que le βραδεῖ ποδί d'Euripide et le pede claudo d'Horace. — Le vers proverbial, que Plutarque a ici en vue, disait :

Ὀψὲ θεῶν ἀλέουσι μύλοι, ἀλέουσι
[δὲ λεπτά.

Ῥηθέντων οὖν τούτων, κἀμοῦ πρὸς αὐτὸν ὄντος[1], ὁ Τίμων· « Πότερον, εἶπεν, ἐπιθῶ καὶ αὐτὸς ἤδη[2] τῷ λόγῳ τὸν κολοφῶνα[3] τῆς ἀπορίας, ἢ πρὸς ταῦτα ἐάσω πρότερον αὐτὸν[4] διαγωνίσασθαι; » — « Τί γὰρ, ἔφην ἐγώ, δεῖ τὸ τρίτον ἐπενεγκεῖν κῦμα[5], καὶ προσκατακλῦσαι τὸν λόγον, εἰ τὰ πρῶτα μὴ δυνατὸς ἔσται διώσασθαι μηδ᾽ ἀποφυγεῖν ἐγκλήματα; Πρῶτον οὖν ὥσπερ ἀφ᾽ ἑστίας ἀρχόμενοι πατρῴας[6], τῆς πρὸς τὸ θεῖον εὐλαβείας[7] τῶν ἐν Ἀκαδημίᾳ φιλοσόφων, τὸ μὲν ὡς εἰδότες τι λέγειν περὶ τούτων ἀφοσιωσόμεθα. Πλέον γάρ ἐστι τοῦ περὶ μουσικῶν[8] ἀμούσους, καὶ πολεμικῶν

---

1. Πρὸς αὐτὸν ὄντος, étant tout à lui, attentif à ce qu'il disait. — D'autres éditions portent πρὸς αὐτόν. Il faudrait alors sous-entendre ἐμέ, et expliquer : Comme j'étais tout à moi-même, plongé dans mes réflexions.

2. Ἤδη, dès maintenant, tout de suite.

3. Ἐπιθεῖναι κολοφῶνα, litt. ajouter le faîte (à un édifice) ; au fig. mettre le comble à.

4. Αὐτόν, Patrocléas, qui doit maintenant, après avoir présenté ses réflexions, les développer et entrer dans la discussion.

5. Κῦμα. Métaphore empruntée, comme beaucoup d'autres, à la langue et aux idées maritimes, familières aux Grecs. La troisième vague passait pour être plus violente que les deux premières : de là, pour désigner une vague terrible, qui emporte tout, le mot τρίκυμα, en deux mots τρίτον κῦμα.
La figure se continue dans les mots suivants, προσκατακλῦσαι τὸν λόγον, « obruere argumentum, » engloutir, et, pour ainsi dire, faire sombrer, couler à fond la discussion.

6. Πατρῴας. Bien que n'appartenant exclusivement à aucune école philosophique, Plutarque,
Nullius adstrictus jurare in verba
[magistri,

partageait plutôt les principes des Académiciens, dont il avait reçu tout d'abord les enseignements, et pour lesquels il conservait une prédilection particulière, quelque chose de l'amour qu'on a pour le foyer natal. Voy. la Notice sur Plutarque.

7. Εὐλαβείας. Trop éclairés pour ajouter foi aux erreurs grossières de la religion nationale, mais incapables de comprendre la divinité, bon nombre de philosophes de l'antiquité niaient l'existence d'un Dieu et étaient tombés dans un athéisme plus ou moins avoué. Dieu existe, disaient les académiciens, inspirés par une plus sage réserve; et, bien que nous ne puissions le comprendre, mille preuves nous démontrent son existence. Il faut suspendre notre jugement, mais non refuser de croire. Plutarque, qui trouvait que la superstition est une plus grande injure à la divinité que l'athéisme (voy. particul. le traité Περὶ δεισιδαιμονίας), démontre, dans son discours contre Colotès, que la prudente circonspection des Académiciens vaut mieux que la négation absolue des Epicuriens.

8. Μουσικά, en général tout ce qui se rattache aux études libérales, sciences, lettres et arts.

ἀστρατεύτους διαλέγεται, τὸ τὰ θεῖα καὶ δαιμόνια¹ πράγματα διασκοπεῖν ἀνθρώπους ὄντας, οἷον ἀτέχνους τεχνιτῶν διάνοιαν ἀπὸ δόξης² καὶ ὑπονοίας κατὰ τὸ εἰκὸς μετιόντας. Οὐ γὰρ ἰατροῦ μὲν ἰδιώτην³ ὄντα συμβαλεῖν λογισμὸν, ὡς⁴ πρότερον οὐκ ἔτεμεν, ἀλλ᾽ ὕστερον, οὐδὲ χθὲς ἔλουσεν, ἀλλὰ σήμερον, ἔργον ἐστί· περὶ θεοῦ δὲ, θνητὸν ῥᾴδιον ἢ βέβαιον εἰπεῖν ἄλλο, πλὴν ὅτι τὸν καιρὸν εἰδὼς ἄριστα τῆς περὶ τὴν κακίαν ἰατρείας, ὡς φάρμακον ἑκάστῳ προσφέρει τὴν κόλασιν, οὔτε μεγέθους μέτρον κοινὸν, οὔτε χρόνον ἕνα καὶ τὸν αὐτὸν⁵ ἐπὶ πάντων ἔχουσαν. Ὅτι γὰρ ἡ περὶ τὴν ψυχὴν ἰατρεία, δίκη δὲ καὶ δικαιοσύνη⁶ προσαγορευμένη, πασῶν ἐστι τεχνῶν μεγίστη, πρὸς μυρίοις ἑτέροις καὶ Πίνδαρος ἐμαρτύρησεν, ἀριστοτέχναν⁷ ἀνακαλούμενος τὸν ἄρχοντα καὶ κύριον ἁπάντων θεὸν, ὡς δὴ δίκης ὄντα δημιουργὸν, ᾗ προσήκει τὸ πότε καὶ πῶς καὶ μέχρι πόσου κολαστέον ἕκαστον τῶν πονηρῶν ὁρίζειν. Καὶ ταύτης φησὶ τῆς τέχνης ὁ Πλάτων υἱὸν ὄντα τοῦ Διὸς γεγονέναι τὸν Μίνω⁸ μαθητὴν, ὡς οὐ δυνατὸν⁹ ἐν τοῖς δικαίοις κατορθοῦν, οὐδ᾽ αἰσθάνεσθαι τοῦ κατορθοῦντος, τὸν μὴ μαθόντα, μηδὲ κτησάμενον τὴν ἐπιστήμην. Οὐδὲ γὰρ οὓς ἄνθρωποι νόμους τίθενται, τὸ εὔλογον ἁπλῶς ἔχουσι καὶ πάντοτε φαινόμενον, ἀλλ᾽ ἔνια καὶ δοκεῖ κομιδῇ

1. Θεῖα, à proprement parler, ce qui concerne les grands dieux; δαιμόνια, ce qui concerne les divinités inférieures.

2. Δόξης, opinions, préjugés.

3. Ἰδιώτην, simple particulier, homme du commun. Ainsi Cic., *De sign.* 4: « Quis est nostrum, quos ille *idiotas* appellat... »

4. Λογισμὸν, ὡς... la raison (qui fait) que..., par quelle raison...

5. Ἕνα καὶ τὸν αὐτόν, comme en latin, *unus et idem.*

6. Δίκη, la justice absolue, les principes de la justice; δικαιοσύνη, la justice pratique, l'application de la justice; *jus* et *justitia.*

7. Ἀριστοτέχναν, acc. de forme dorienne, pour ἀριστοτέχνην, pris au texte même de Pindare.

8. Μίνω, Minos, le législateur de la Crète, était fils de Jupiter et d'Europe. Pour donner à ses lois plus d'autorité, il se retirait tous les neuf ans dans un antre où il disait que Jupiter les lui dictait.

9. Ὡς οὐ δυνατὸν (ὄν), litt. *comme n'étant pas possible,* faisant entendre par là qu'il n'était pas possible...

γελοῖα τῶν προςταγμάτων. Οἷον, ἐν Λακεδαίμονι κηρύττουσιν οἱ ἔφοροι παριόντες εὐθὺς¹ εἰς τὴν ἀρχήν, μὴ τρέφειν μύστακα², καὶ πείθεσθαι τοῖς νόμοις, ὡς μὴ χαλεποὶ ὦσιν αὐτοῖς. Ῥωμαῖοι δέ, οὓς ἂν εἰς ἐλευθερίαν ἀφαιρῶνται, κάρφῳ,³ αὐτῶν λεπτὸν ἐπιβάλλουσι τοῖς σώμασιν· ὅταν δὲ διαθήκας γράφωσιν⁴, ἑτέρους μὲν ἀπολείπουσι κληρονόμους, ἑτέροις δὲ πωλοῦσι τὰς οὐσίας· ὃ δοκεῖ παράλογον εἶναι. Παραλογώτατον δὲ τὸ τοῦ Σόλωνος, ἄτιμον εἶναι τὸν ἐν στάσει πόλεως μηδετέρᾳ μερίδι προσθέμενον, μηδὲ συστασιάσαντα⁵. Καὶ ὅλως πολλὰς ἂν τις ἐξείποι νόμων ἀτοπίας, μήτε τὸν λόγον ἔχων τοῦ νομοθέτου, μήτε τὴν αἰτίαν συνιεὶς ἑκάστου τῶν γραφομένων. Τί δὴ θαυμαστόν, εἰ, τῶν ἀνθρωπίνων οὕτως ἡμῖν ὄντων δυσθεωρήτων, οὐκ εὔπορόν ἐστι τὸ περὶ τῶν θεῶν εἰπεῖν, ὅτινι λόγῳ⁶ τοὺς μὲν ὕστερον, τοὺς δὲ πρότερον τῶν ἁμαρτανόντων κολάζουσιν;

V. Mais il ne se bornera pas à cette raison, qu'on pourrait prendre pour un prétexte spécieux. Loin de lui l'intention d'éluder la difficulté : il ne recule pas devant la discussion. — Et

1. Παριόντες εὐθύς, sitôt entrant, dès leur entrée en charge.

2. Μύστακα, de se raser la moustache : ce qui était donner une preuve d'obéissance aveugle aux lois, même dans les choses les moins importantes.

3. Κάρφῳ. Dans la cérémonie légale de l'affranchissement, le magistrat posait une baguette (*vindicta*) sur la tête de l'esclave, en prononçant la formule : Je te déclare libre par le droit des Romains, *Aio te liberum more Quiritium*. Cf. Cic., *Pro Rab.*, 5; Perse, *Sat.* v, 88 ; Tite-Live, II, 5.

4. Διαθήκας γράφωσιν. Le testateur appelait cinq témoins, et un peseur (*libripens*). Il faisait une vente simulée de son héritage à une sixième personne, qui lui comptait pour la forme un peu d'argent. Cet acheteur supposé n'était qu'un prête-nom, et il remettait les biens de la succession entre les mains de la personne désignée par le vendeur.

5. Συστασιάσαντα. Cf. Plut., *Vie de Solon*, ch. XX :
« Une loi de Solon, qui lui est particulière, et qui est fort étrange, est celle qui note d'infamie quiconque, dans une sédition, ne se sera déclaré pour aucun parti. Apparemment il voulait que nul ne pût rester indifférent et insensible aux calamités publiques, content de mettre en sureté sa personne et ses biens. Il voulait que, dès le commencement de la sédition, on s'associât à la cause la plus juste, et qu'au lieu d'attendre sans péril le succès des plus forts, on secourût les honnêtes gens en partageant leurs dangers. »

6. Λόγῳ, raison.

d'abord, si Dieu use de tant de lenteurs, loin de l'accuser, il
faut louer sa sagesse. Dieu est un modèle que nous devons imiter. Il veut nous montrer par ses délais que nous ne devons jamais punir dans un de ces mouvements de colère qui égarent la
raison. — Exemples de modération des grands hommes. De quel
pouvoir ne devrait pas être sur nous l'exemple de Dieu lui-même?

Ταῦτα δ' οὐκ ἀποδράσεως πρόφασίς[1] ἐστιν, ἀλλὰ συγγνώμης αἴτησις· ὅπως ὁ λόγος, οἷον εἰς λιμένα[2] καὶ κατα-
φυγὴν ἀποβλέπων, εὐθαρσέστερον ἐξαναφέρῃ τῷ πιθανῷ πρὸς
τὴν ἀπειρίαν. Ἀλλὰ[3] σκοπεῖτε πρῶτον, ὅτι κατὰ Πλάτωνα[4]
πάντων καλῶν[5] ὁ θεὸς ἑαυτὸν ἐν μέσῳ[6] παράδειγμα θέμενος, τὴν ἀνθρωπίνην ἀρετήν, ἐξομοίωσιν οὖσαν ἁμωσγέπως πρὸς αὐτόν, ἐνδίδωσι τοῖς ἕπεσθαι θεῷ δυναμένοις.
Καὶ γὰρ ἡ πάντων φύσις[7], ἄτακτος οὖσα[8], ταύτην ἔσχε τὴν
ἀρχὴν[9] τοῦ μεταβαλεῖν, καὶ γενέσθαι κόσμος[10], ὁμοιότητι
καὶ μεθέξει τινὶ τῆς περὶ τὸ θεῖον ἰδέας[11] καὶ ἀρετῆς. Καὶ

1. Ἀποδράσεως πρόφασις, un prétexte pour éluder la difficulté. Ἀπο-
διδράσκω, *facessere*, fuir, esquiver.

2. Λιμένα. Métaphore, c'est-à-dire,
comparaison sous-entendue : De
même que le navigateur, se voyant
près d'un port où il pourra trouver
un abri, affronte avec plus de courage les dangers, de même la certitude d'un refuge assuré donne plus
de confiance pour affronter les difficultés de la discussion.

3. Ἀλλά ne marque pas ici une
opposition ; c'est une formule de
transition avant le sens de, eh bien,
donc, pour entrer en matière.

4. Κατὰ Πλάτωνα. Voy. Platon,
Timée.

5. Καλῶν. Τὸ καλόν, le bien, que
les Grecs ne séparaient pas du beau,
ainsi que l'atteste l'expression κα-
λοκἀγαθός.

6. Ἐν μέσῳ, *in medio*, comme un
modèle offert à tous.

7. Πάντων φύσις, la nature de toutes
les choses, l'univers : *rerum natura,
omnis*, dit Cicéron. (*De Leg.*, III, 3.)

8. Ἄτακτος, *rudis indigestaque
moles*.

9. Ταύτην τὴν ἀρχήν, savoir :
l'imitation de la perfection divine.
L'univers, au sortir du chaos, com-
mençant à se transformer, n'a fait
que reproduire les caractères de la
beauté parfaite, dont Dieu est le type
idéal.

10. Κόσμος, comme *mundus*, en latin, signifie, à proprement parler,
ordre. Il est donc opposé ici à ἄτακτος, et rappelle à la fois l'idée du
monde et de l'ordre qui y règne. Il
ajoute au sens dérivé de *monde*, ou de
ciel, qu'il a pris par extension, l'idée
inséparable d'ordre et de régularité.
« Hunc varietate distinctum bene
Graeci κόσμον, nos lucentem mun-
dum nominavimus. — Omne cœlum
sive mundus. » (Cic.).

11. Ἰδέας, même racine que εἶδος,
species; dans le sens platonique du
mot, forme originelle, type. « Has

τὴν ὄψιν αὐτὸς οὕτως ἀνὴρ ἐνάψαι φησὶ τὴν φύσιν ἐν ἡμῖν, ὅπως ὑπὸ θέας[1] τῶν ἐν οὐρανῷ φερομένων καὶ θαύματος ἀσπάζεσθαι καὶ ἀγαπᾶν ἐθιζομένη τὸ εὔσχημον ἡ ψυχὴ καὶ τεταγμένον, ἀπεχθάνηται τοῖς ἀναρμόστοις καὶ πλανητοῖς πάθεσι, καὶ φεύγῃ τὸ εἰκῆ καὶ ὡς ἔτυχεν[2], ὡς κακίας καὶ πλημμελείας ἁπάσης γένεσιν. Οὐ γὰρ ἔστιν ὅ τι[3] μεῖζον ἄνθρωπος ἀπολαύειν Θεοῦ πέφυκεν ἢ τὸ μιμήσει καὶ διώξει τῶν ἐν ἐκείνῳ καλῶν καὶ ἀγαθῶν εἰς ἀρετὴν καθίστασθαι. Διὸ καὶ τοῖς πονηροῖς ἐν χρόνῳ καὶ σχολαίως τὴν δίκην ἐπιτίθησιν, οὐκ αὐτός τινα τοῦ ταχὺ κολάζειν ἁμαρτίαν δεδιὼς ἢ μετάνοιαν, ἀλλ' ἡμῶν τὸ περὶ τὰς τιμωρίας θηριῶδες καὶ λάβρον ἀφαιρῶν, καὶ διδάσκων μὴ σὺν ὀργῇ, μηδ' ὅτε μάλιστα[4] φλέγεται καὶ σφαδάζει

Πηδῶν[5] ὁ θυμός[6] τῶν φρενῶν ἀνωτέρω,

καθάπερ δίψαν ἢ πεῖναν ἀποπιμπλάντας, ἐπιπηδᾶν τοῖς λελυπηκόσιν, ἀλλὰ μιμουμένους τὴν ἐκείνου πραότητα καὶ τὴν μέλλησιν, ἐν τάξει καὶ μετ' ἐμμελείας, τὸν ἥκιστα μετανοίᾳ προσοισόμενον[7] χρόνον ἔχοντας σύμβουλον[8], ἅπτεσθαι τῆς δίκης. Ὕδατι γὰρ τεταραγμένῳ προσπεσόντα[9] χρῆσθαι δι'

---

rerum formas Plato appellat *ideas*, easque gigni negat; et ait semper esse, ac ratione et intelligentia contineri. » (Cic.)

1. Θέα (Θεάομαι), contemplation.
2. Ὡς ἔτυχεν. Voy. p. 78, n. 8.
3. Οὐ γάρ ἐστιν ὅ τι, *non est quod*. Il n'est pas de plus grand avantage...
4. Ὅτε μάλιστα, *quum maxime*, juste au moment, au moment même où...
5. Πηδῶν. On dit aussi en latin : *cor salit, animus exsultat* ; mais l'expression grecque a plus de hardiesse et de vivacité. Plutarque l'emploie souvent : Τοῦ κινδυνεύοντος ἡ καρδία πηδᾷ. — Ἀφαιρεῖν πηδήματα καρδίας. — Ὑποτροπαὶ τῶν παθῶν ἔχουσαι πήδησιν.
6. Θυμός, le cœur, *animus*, considéré comme le siége de la colère et des passions. Φρήν, *mens*, l'intelligence, la raison.
7. Προσοισόμενον, avec le datif, *devant donner lieu, laisser prise à*...
8. Σύμβουλον. « Maximum remedium iræ dilatio, ut primus ejus fervor relanguescat, et caligo, quæ premit mentem, aut residat, aut minus densa sit. » (Sénèque, *De ira*, III, 12.)
9. Προσπεσόντα, comme *incidere in*, en latin : trouver sur son chemin, rencontrer.

ἀκρασίαν, ἧττόν ἐστι κακὸν, ὡς Σωκράτης ἔλεγεν, ἢ θολερὸν ὄντα καὶ διάπλεων τὸν λογισμὸν[1] ὀργῆς καὶ μανίας, πρὶν ἢ καταστῆναι καὶ γενέσθαι καθαρὸν, ἐμφορεῖσθαι τιμωρίας συγγενοῦς καὶ ὁμοφύλου σώματος. Οὐ γὰρ ἐγγυτάτω τὸ ἀμύνεσθαι τοῦ παθεῖν, ὡς Θουκυδίδης[2] ἔλεγεν, ἀλλὰ μᾶλλον ἀπωτάτω κείμενον, ἀπολαμβάνει τὸ προςῆκον. Ὡς γὰρ ὁ θυμὸς, κατὰ τὸν Μελάνθιον[3],

Τὰ δεινὰ πράττει τὰς φρένας μετοικίσας·[4]

οὕτω καὶ ὁ λογισμὸς τὰ δίκαια πράττει καὶ μέτρια, τὴν ὀργὴν καὶ τὸν θυμὸν ἐμποδὼν θέμενος. Ὅθεν ἡμεροῦνται καὶ τοῖς ἀνθρωπίνοις παραδείγμασιν[5], ἀκούοντες ὡς Πλάτων[6] τε τὴν βακτηρίαν ἀνατεινάμενος τῷ παιδὶ, πολὺν ἔστη χρόνον, ὡς αὐτὸς ἔφη, τὸν θυμὸν κολάζων· καὶ Ἀρχύτας[7] οἰκετῶν τινα πλημμέλειαν ἐν ἀγρῷ καὶ ἀταξίαν καταμαθὼν, εἶτα ἑαυτοῦ συναισθανόμενος ἐμπαθέστερον ἔχοντος καὶ τραχύτερον πρὸς αὐτοὺς, οὐδὲν ἐποίησεν, ἀλλ' ἢ τοσοῦτον[8] ἀπιών· « Εὐτυχεῖτε, εἶπεν, ὅτι ὀργίζομαι ὑμῖν. » Εἴπερ οὖν ἀνδρῶν λόγοι μνημονευόμενοι καὶ πράξεις λεγόμεναι τὸ τραχὺ καὶ σφοδρὸν ἀπαρύτουσι τῆς ὀργῆς, πολὺ μᾶλλον εἰκὸς ἡμᾶς τὸν θεὸν ὁρῶντας, ᾧ δέος οὐδὲν, οὐδὲ μετάνοια πράγματος οὐδενὸς, ὅμως ἐν τῷ μέλλοντι τὴν τιμωρίαν κατατιθέμενον, καὶ περιμένοντα τὸν χρόνον, εὐλαβεῖς περὶ τὰ τοιαῦτα γίνεσθαι, καὶ θεῖον ἡγεῖσθαι μόριον ἀρετῆς τὴν πραότητα καὶ τὴν

---

1. Διαπλέων (κατὰ) τὸν λογισμόν. Le second accusatif est complément du premier.

2. Ὡς Θουκυδίδης ἔλεγεν. Voyez page 75, n. 4.

3. Μελάνθιον. Voyez p. 19, n. 5.

4. Μετοικίσας a le sens figuré de notre verbe bannir, comme il en a e sens propre.

5. Παραδείγμασιν, des exemples de modération, de douceur.

6. Πλάτων. Cf. Sén. De ira, III, 12 : « Postquam intellexit irasci se, manum, sicut sustulerat, suspensam detine. at, et stabat percussuro similis... Interrogatus deinde ab amico, qui intervenerat, quid ageret : Exigo, inquit, pœnas ab homine iracundo. »

7. Ἀρχύτας. Cf. p. 8, n. 3. — Cic., Tusc., IV, 35. — Sen., De ira, I, 15. — Val. Max., IV, 2.

8. Ἀλλ' ἤ, nisi quod, si ce n'est que ; τοσοῦτον, tantum, seulement.

μεγαλοπάθειαν, ἣν ὁ θεὸς ἐνδείκνυται, τῷ μὲν κολάζειν ὀλίγους ἐπανορθοῦσαν, τῷ δὲ βραδέως[1] πολλοὺς ὠφελοῦσαν καὶ νουθετοῦσαν.

VI. D'ailleurs, qui vous dit que le moment qui suit la faute est le plus opportun pour une répression exemplaire ? Attendez l'heure voulue, et il est telle circonstance qui rendra la punition bien plus frappante et plus efficace. Exemples de Callippe et de Bessus.

Τὸ δ' ἐν καιρῷ καὶ τρόπῳ προσήκοντι γενέσθαι τὰς τιμωρίας, οὐ βέλτιον εἶναι τοῦ ταχὺ καὶ παραχρῆμα νομίζετε; Οἷόν ἐστι τὸ κατὰ Κάλλιππον[2], ᾧ ξιφιδίῳ, φίλος εἶναι δοκῶν, ἀπέκτεινε Δίωνα, τούτῳ πάλιν αὐτὸν ὑπὸ τῶν φίλων ἀποθανεῖν. Καὶ τὰ περὶ τὸν Βέσσον τὸν Παίονα[3] οἶσθα δήπουθεν. Βέσσος, ὡς ἔοικεν, ἀπεκτονὼς τὸν πατέρα τὸν ἑαυτοῦ, πολὺν χρόνον ἐλάνθανεν, ὕστερον δὲ πρὸς ξένους ἐπὶ δεῖπνον ἐλθών, χελιδόνων τινὰ νεοσσιὰν τῇ λόγχῃ νύξας κατέβαλε, καὶ τοὺς νεοσσοὺς διέφθειρε. Λεγόντων δέ, οἷον εἰκός, τῶν παρόντων. « Ἄνθρωπε, τί παθὼν[4] ἔργον οὕτως ἀλλόκοτον ἔπραξας; — Οὐ γάρ[5], ἔφη, μοῦ πάλαι καταμαρτυροῦσιν αὗται ψευδῶς; καὶ καταβοῶσιν, ὡς ἀπεκτονότος τὸν πατέρα; » Θαυμάσαντες δὲ οἱ παρόντες τὸν λόγον, ἐμήνυσαν τῷ βασιλεῖ, καὶ τοῦ πράγματος[6] ἐξελεγχθέντος, ἔτισεν ὁ Βέσσος τὴν δίκην.

VII. Parlons-en mieux. Vous dites que Dieu diffère la punition des coupables. En êtes-vous bien sûrs ? Pensez-vous que ces cri-

---

1. Τῷ δὲ βραδέως, sous-entendu κολάζειν.

2. Κάλλιππον. Callippus vivait familièrement avec Dion, général de Denys, tyran de Syracuse. Dion, dit Plutarque dans le traité Περὶ δυσωπίας, n'ignorait pas que Callippus avait de mauvais desseins contre lui, mais il eut honte de paraître se défier de son ami et de son hôte, et il périt de sa main.

3. Παίονα, le Péonien. La Péonie était moitié en Macédoine, moitié en Thrace.

4. Τί παθών, litt. quoi éprouvant, quelle idée as-tu, pourquoi ? Gr. gr. Leclair, § 626.

5. Οὐ γάρ. Γάρ donne plus de vivacité à l'interrogation, comme nam en latin, dans les composés quisnam, ubinam, etc.

6. Πράγματος, le parricide commis par Bessus. Voy. le récit du même trait dans Florian.

minels, que vous croyez heureux au milieu de leurs dignités et de leur opulence, ne subissent pas le châtiment de leurs fautes? Quoi? il vous faut les voir tomber dans l'abîme ou descendre au tombeau, pour penser que Dieu a enfin songé à les punir? Et ces tortures morales, ce supplice incessant de l'âme, ces déchirements d'une conscience rongée par les remords, vous les comptez pour rien? Ce n'est pas une longue punition? et puis, différer, qu'est-ce pour Dieu? Pour lui, qu'est-ce que trente ans, qu'est-ce que la durée de la vie humaine tout entière?

Ἀλλὰ ταῦτα μὲν ἡμεῖς λέγομεν, ὥσπερ ἠξίωται, γίγνεσθαί τινα τῆς τιμωρίας ἀναβολὴν ὑποθέμενοι[1] τοῖς πονηροῖς· τὰ λοιπὰ δὲ Ἡσιόδου χρὴ νομίζειν[2] ἀκροᾶσθαι, λέγοντος, οὐχ ἣ[3] Πλάτων ἀκόλουθον εἶναι τιμωρίαν ἀδικίας πάθην, ἀλλ' ἡλικιῶτιν ἐκ τῆς αὐτῆς ὁμόθεν χώρας καὶ ῥίζης συνυποφυομένην.

Ἡ γὰρ κακὴ [φησὶ] βουλὴ τῷ βουλεύσαντι κακίστη[4].

Καὶ·

Ὃς δ' ἄλλῳ κακὰ τεύχει, ἑῷ κακὸν ἥπατι τεύχει[5].

Ἡ μὲν γὰρ κανθαρὶς ἐν αὐτῇ λέγεται τὸ βοηθητικὸν ἔκ τινος ἀντιπαθείας ἔχειν συγκεκραμένον· ἡ δὲ πονηρία συγγεννῶσα τὸ λυποῦν ἑαυτῇ καὶ κολάζον, οὐχ ὕστερον, ἀλλ' ἐν αὐτῇ τῇ ὕβρει, τὴν δίκην τοῦ ἀδικεῖν δίδωσι· καὶ τῷ μὲν σώματι τῶν κολαζομένων ἕκαστος κακούργων ἐκφέρει τὸν αὑτοῦ σταυρόν· ἡ δὲ κακία τῶν κολαστηρίων ἐφ' ἑαυτὴν ἕκαστον ἐξ αὐτῆς τεκταίνεται, δεινή τις οὖσα βίου δημιουργὸς οἰκτροῦ, καὶ σὺν αἰσχύνῃ φόβους τε πολλοὺς καὶ πάθη χαλεπὰ καὶ μεταμελείας καὶ ταραχὰς ἀπαύστους ἔχοντος[6]. Ἀλλ' οὐδὲν

---

1. Ὥσπερ ἠξίωται, ὑποθέμενοι... Supposant, comme on l'a voulu, que Dieu diffère la punition des méchants.

2. Νομίζειν, *statuere*, établir un point, admettre, reconnaître; comme plus haut, au comm. du chap. VI.

3. Ἣ, comme. — Voy. Platon, *Des lois*, liv. V, au commencement.

4. Κακίστη. Voir page 29, n. 6.

5. Τεύχει. Ce second vers ne semble pas être d'Hésiode, comme Plutarque paraît le dire. D'autres écrivains l'ont cité, l'attribuant les uns à Démocrite de Chio, d'autres à Callimaque.

6. Ταραχὰς ἀπαύστους. Cf. Massillon : « Tel est, ô mon Dieu, dès ce monde même l'ordre immuable de votre justice : il n'y a ni paix ni vrai bonheur pour le coupable. Vous lui faites presque toujours trouver sa peine et son supplice dans son péché même : ou bien en le livrant aux

ἔνιοι διαφέρουσι παιδαρίων, ἃ τοὺς κακούργους ἐν τοῖς θεάτροις θεώμενα πολλάκις ἐν χιτῶσι διαχρύσοις καὶ χλαμυδίοις
ἁλουργοῖς ἐστεφανωμένους καὶ πυρριχίζοντας, ἄγαται καὶ
τέθηπεν, ὡς μακαρίους· ἄχρις οὗ κεντούμενοι καὶ μαστιγού-
μενοι καὶ πῦρ ἀνιέντες [1] ἐκ τῆς ἀνθινῆς ἐκείνης καὶ πολυτελοῦς ἐσθῆτος ὁρῶσιν. Οἱ γὰρ πολλοὶ τῶν πονηρῶν οἰκίας
περιεξελημένοι μεγάλας, καὶ ἀρχὰς καὶ δυνάμεις περιφανεῖς,
λανθάνουσιν, ὅτι κολάζονται [2], πρὶν ἂν ὁρῶσιν ἀποσφαγέν-
τες ἢ καταχρημνισθέντας· ἅπερ ἄν τις οὐ τιμωρίαν εἴποι,
πέρας δὲ τιμωρίας καὶ συντέλειαν. Ὥσπερ γὰρ Ἡρόδικον τὸν
Σηλυμβριανὸν [3], εἰς φθίσιν, ἀνήκεστον πάθος, ἐμπεσόντα, καὶ
μίξαντα πρῶτον ἀνθρώπων γυμναστικὴν ἰατρικῇ, φησὶν ὁ
Πλάτων, μακρὰν ποιῆσαι τὸν θάνατον αὐτῷ καὶ τοῖς ὁμοίως
νοσοῦσιν· οὕτω καὶ τῶν πονηρῶν ὅσοι τὴν παραυτίκα πληγὴν
ἐκφυγεῖν ἔδοξαν, οὐ μετὰ πλείονα χρόνον, ἀλλ' ἐν πλείονι
χρόνῳ, τιμωρίαν μακροτέραν, οὐ βραδυτέραν τίνουσιν· οὐδὲ
γηράσαντες ἐκολάσθησαν, ἀλλ' ἐγήρασαν κολαζόμενοι.
Λέγω δὲ πρὸς ἡμᾶς [4] τὸν πολὺν χρόνον· ἐπεὶ τοῖς γε θεοῖς

---

remords de sa conscience, ce bourreau intérieur, d'autant plus redoutable qu'il est toujours présent, et qu'on ne peut s'en garantir; ou vous faites servir ce qu'il aura ambitionné et poursuivi comme devant le plus contribuer à son bonheur, pour lui susciter mille embarras, d'où naît une longue suite de malheurs et de chagrins, qui répandent une triste amertume sur tout le cours de sa vie. » Et Sénèque, *Epist.* xcvii : « Nullum scelus impunitum : quoniam sceleris in scelere supplicium est... Hic consentiamus mala facinora conscientia flagellari, et plurimum illi tormentorum esse, eo quod perpetuo illam sollicitudo urget ac verberat... Multos fortuna liberat pœna, metu neminem.... Male de nobis actum erat, quod multa scelera legem et judicem effugiant et scripta supplicia, nisi in locum patientiæ timor cederet. »

1. Πῦρ ἀνιέντες. Allusion au supplice de la *tunica molesta*, tunique soufrée dont on revêtait le condamné et à laquelle on mettait le feu.

2. Λανθάνουσιν, ὅτι κολάζονται, ou, suivant la tournure la plus fréquente, λανθάνουσι κολαζόμενοι, litt. sont ignorés étant punis, ne paraissent pas subir leur châtiment.

3. Ἡρόδικον τὸν Σηλυμβριανόν. Hérodicus, médecin, de Sélymbrée, ville de Thrace dans la Propontide. Il était frère de Gorgias le sophiste, et eut pour disciple Hippocrate.

4. Πρὸς ἡμᾶς. C'est par rapport à nous que je parle d'un temps plus long : car, pour Dieu, la vie la plus longue n'est rien. « Quid est in vita

πᾶν ἀνθρωπίνου βίου διάστημα τὸ μηδέν ἐστι· καὶ τὸν νῦν, ἀλλὰ μὴ πρὸ ἐτῶν τριάκοντα, τοιοῦτόν ἐστιν, οἷον τὸ δείλης, ἀλλὰ μὴ πρωΐ, στρεβλοῦν ἢ κρεμαννύναι τὸν πονηρόν· ἄλλως τε καὶ [1] φρουρούμενον ἐν τῷ βίῳ, καθάπερ εἱρκτῇ, μηδεμίαν μετανάστασιν ἐχούσῃ, μηδὲ διάφευξιν, εὐωχίας δὲ πολλὰς διὰ μέσου καὶ πραγματείας καὶ δόσεις καὶ χάριτας ἀμέλει καὶ παιδιάς, ὥσπερ ἐν δεσμωτηρίῳ κυβευόντων ἢ πεττευόντων, ὑπὲρ κεφαλῆς τοῦ σχοινίου κρεμαμένου.

VIII. La punition commence au moment du crime, avec les terreurs d'une conscience troublée. — Exemples des songes et des visions qui épouvantent les criminels.

Καίτοι τί κωλύει, μηδὲ τοὺς ἐπὶ θανάτῳ καθειργνυμένους φάναι κολάζεσθαι, μέχρις οὗ τις ἀποκόψει τὸν τράχηλον; μηδὲ τὸν πεπωκότα τὸ κώνειον, εἶτα περιιόντα [2] καὶ προσμένοντα βάρος ἐγγενέσθαι τοῖς σκέλεσιν αὐτοῦ, πρὶν ἢ τὴν συνάπτουσαν ἀναισθησίᾳ σβέσιν καὶ πῆξιν καταλαβεῖν; τί τὸν ἔσχατον τῆς τιμωρίας καιρὸν ἡγούμεθα τιμωρίαν, τὰ δ' ἐν μέσῳ παθήματα, καὶ φόβους, καὶ προσδοκίας, καὶ μεταμελείας, οἷς ἀδικήσας ἕκαστος ἐνέχεται τῶν πονηρῶν, παραλείπομεν; ὥσπερ ἰχθὺν καταπεπωκότα τὸ ἄγκιστρον οὐ φάσκοντες ἑαλωκέναι, πρὶν ὑπὸ τῶν μαγείρων ὀπτώμενον ἴδωμεν ἢ κατατεμνόμενον. Ἔχεται γὰρ ἕκαστος ἀδικήσας τῇ δίκῃ, καὶ τὸ γλυκὺ τῆς ἀδικίας, ὥσπερ δέλεαρ, εὐθὺς ἐξεδήδοκε· τὸ δὲ συνειδὸς ἐγκείμενον ἔχων καὶ ἀποτίνων,

Θύννος βολαῖος πέλαγος ὣς διαστροβεῖ.

hominum diu? » dit Cicéron, *De senect.*, 69.

1. Ἄλλως τε καὶ, surtout, d'autant plus que.

2. Περιιόντα. Nous voyons par un grand exemple que c'était, en effet, ce que devaient faire les condamnés, après avoir bu la ciguë: « Que faudra-t-il que je fasse? demande Socrate au geôlier, à la fin du *Phédon*. —Vous promener, répond celui-ci, jusqu'à ce que vous sentiez vos jambes s'alourdir, et le froid gagner de proche en proche. »

Ἡ γὰρ ἰταμότης ἐκείνη καὶ τὸ θρασὺ τῆς κακίας ἄχρι τῶν ἀδικημάτων ἰσχυρόν ἐστι καὶ πρόχειρον, εἶτα τοῦ πάθους ὥσπερ πνεύματος ὑπολείποντος, ἀσθενὲς καὶ ταπεινὸν ὑποπίπτει τοῖς φόβοις καὶ ταῖς δεισιδαιμονίαις· ὥστε πρὸς τὰ γινόμενα καὶ πρὸς τὴν ἀλήθειαν ἀποπλάττεσθαι τὸ τῆς Κλυταιμνήστρας ἐνύπνιον τὸν Στησίχορον¹, οὑτωσί πως λέγοντα·

Τᾷδε δράκων μὲν ἔδοξε μολεῖν βεβροτωμένος ἄκρον,
Ἐκ δ' ἄρα τοῦ βασιλεὺς Πλεισθενίδας² ἐφάνη.

Καὶ γὰρ ὄψεις ἐνυπνίων, καὶ φάσματα μεθημερινά, καὶ χρησμοί, καὶ καταιβασίαι³, καὶ ὅ τι δόξαν ἔσχεν αἰτίᾳ θεοῦ περαίνεσθαι, χειμῶνας ἐπάγει καὶ φόβους τοῖς οὕτω διακειμένοις. Οἷόν φασιν Ἀπολλόδωρον⁴ ποτε κατὰ τοὺς ὕπνους ὁρᾶν ἐκδερόμενον ἑαυτὸν ὑπὸ Σκυθῶν, εἶτα καθεψόμενον, τὴν δὲ καρδίαν ἐκ τοῦ λέβητος ὑποφθεγγομένην καὶ λέγουσαν· « Ἐγώ σοι τούτων αἰτία· » καὶ πάλιν τὰς θυγατέρας διαπύρους καὶ φλεγομένας τοῖς σώμασι κύκλῳ περὶ αὐτὸν περιτρεχούσας. Ἵππαρχον⁵ δὲ τὸν Πεισιστράτου, μικρὸν ἔμπρο-

---

1. Στησίχορον, Stésichore, poète lyrique d'Himère, en Sicile (vers 626 av. J.-C.), avait composé vingt-six livres de poésies, dont il ne nous reste que quelques fragments. Il inventa l'épode, et traita dans ses poésies lyriques des sujets épiques, comme les exploits d'Hercule, la ruine de Troie, l'Orestie et les retours des héros, auxquels vraisemblablement cette citation est empruntée.

2. Πλεισθενίδας, forme dorienne pour Πλεισθενίδης, nom patronymique, descendant de Plisthènes. — Plisthènes, fils d'Atrée, fut père d'Agamemnon et de Ménélas, qui sont plus souvent désignés sous le nom d'Atrides, parce que, Plisthènes étant mort jeune, leur grand-père Atrée les fit élever comme ses propres fils. Πλεισθενίδης désigne ici le petit-fils de Plisthènes, Oreste, qui vengea avec Électre la mort d'Agamemnon, assassiné, à son retour de Troie, par Clytemnestre et Égisthe, son complice. (Hom., *Odyss.*, xi, 384. — Eschyle, *Choéph.* — Euripide, *Electre.*)

3. Καταιβασίαι se dit ordinairement des feux au moyen desquels on imitait les éclairs au théâtre. Ici, appliqué aux éclairs mêmes, il rappelle les craintes superstitieuses des coupables, en comparant la foudre et les éclairs à un épouvantail de théâtre.

4. Ἀπολλόδωρον, Apollodore, tyran de Cassandra, ville de Macédoine, fameux par sa cruauté. Voy. Dion Chrys.; Élien, xiv, 41; Diod. de Sic., iii.

5. Ἵππαρχον, Hipparque, tué par Harmodius et Aristogiton. Cf. Hérod., v, 55 : « Voici la vision d'Hipparque. Dans la nuit qui précéda les Panathénées, il lui sembla qu'un homme

ὅθεν τῆς τελευτῆς, αἷμα προςχέουσαν αὐτῷ τὴν Ἀφροδίτην ἔκ τινος φιάλης πρὸς τὸ πρόςωπον· οἱ δὲ Πτολεμαίου τοῦ Κεραυνοῦ[1] φίλοι καλούμενον αὐτὸν ἑώρων ἐπὶ δίκην ὑπὸ Σελεύκου, γυπῶν καὶ λύκων δικαζόντων, καὶ κρέα πολλὰ τοῖς πολεμίοις διανέμοντα. Παυσανίας[2] δὲ Κλεονίκην ἐν Βυζαντίῳ παρθένον ἐλευθέραν μεταπεμψάμενος, εἶτα προςιοῦσαν ἔκ τινος ταραχῆς καὶ ὑποψίας ἀνελών, ἑώρα πολλάκις ἐν τοῖς ὕπνοις λέγουσαν αὐτῷ·

Βαῖνε δίκης ἆσσον· μάλα τοι κακὸν ἀνδράσιν ὕβρις·

οὐ παυομένου δὲ τοῦ φάσματος, ὡς ἔοικε, πλεύσας ἐπὶ τὸ ψυχοπομπεῖον[3] εἰς Ἡράκλειαν[4], ἱλασμοῖς τισι καὶ χοαῖς ἀνεκαλεῖτο τὴν ψυχὴν τῆς κόρης· ἐλθοῦσα δ' εἰς ὄψιν, εἶπεν, ὅτι παύσεται τῶν κακῶν, ὅταν ἐν Λακεδαίμονι γένηται· γενόμενος δέ, εὐθὺς ἐτελεύτησεν[5].

IX. Donc ceux des coupables qui vivent longtemps, loin d'être exemptés de la punition qu'ils méritent, sont punis plus cruellement, même ici-bas, que ceux que la mort frappe aussitôt. — Mais est-ce là le seul, le véritable châtiment? N'en est-il pas un autre plus redoutable? N'est-il pas une autre vie, où l'équilibre se rétablit; où tout se complète et se compense; où se réparent

grand et beau se tenait devant lui et lui adressait ces mots : Supporte, lion, souffre d'un cœur patient des choses intolérables; nul des hommes injustes n'échappera à la punition. Dès que le jour parut, il se les fit expliquer par les interprètes des songes; puis, ayant repoussé l'avertissement de la vision, il alla conduire la procession où il périt. »

1. Πτολεμαίου. Ptolémée Céraunus quitta l'Egypte quand son frère Ptolémée Philadelphe fut déclaré l'héritier du trône. Accueilli par Séleucus en Macédoine, il l'assassina, et se fit proclamer roi de Macédoine et de Thrace.

2. Παυσανίας. Pausanias, vainqueur des Perses à Platée, se laissa ensuite séduire par leurs offres, et se retira à Byzance, où il complota pour l'asservissement de sa patrie.

3. Ψυχοπομπεῖον. Voy. p. 45, la note sur ψυχομαντεῖον.

4. Ἡράκλειαν. Il y avait beaucoup de villes du nom d'Héraclée. Il s'agit ici probablement d'Héraclée, ou Périnthe, à peu de distance de Byzance.

5. Ἐτελεύτησεν. Rappelé à Sparte par les Ephores, qui avaient découvert ses projets, et condamné à mort, il se réfugia dans le temple de Minerve, dont on mura les portes, et où il mourut de faim.

les injustices de ce bas monde, où les bons et les mauvais reçoivent enfin ce qui leur est dû, suivant leur mérite ou leur démérite?

Ὥστ', εἰ μηδέν ἐστι τῇ ψυχῇ μετὰ τὴν τελευτὴν, ἀλλὰ καὶ χάριτος[1] πέρας ἁπάσης καὶ τιμωρίας ὁ θάνατος, μᾶλλον ἄν τις εἴποι τοῖς ταχὺ κολαζομένοις τῶν πονηρῶν καὶ ἀποθνήσκουσι μαλακῶς ἢ ῥαθύμως χρῆσθαι τὸ δαιμόνιον. Καὶ γὰρ εἰ μηδὲν ἄλλο φαίη τις ἂν ἐν τῷ βίῳ καὶ τῷ χρόνῳ τῶν πονηρῶν παρέχειν κακὸν[2], ἀλλ' ἐξελεγχομένης τῆς ἀδικίας πράγματος ἀκάρπου[3] καὶ ἀχαρίστου καὶ χρηστὸν οὐδὲν οὐδ' ἄξιον σπουδῆς ἀναφέροντος ἐκ πολλῶν καὶ μεγάλων ἀγώνων, ἡ αἴσθησις αὐτῶν ἀνατρέπει τὴν ψυχήν.

Οἱ πονηροὶ τὴν κακίαν ἐν ἑαυτοῖς, διορῶντες, δι' ἡδονῆς μὲν εὐθὺς κενὴν χάριν ἐχούσης, ἐλπίδος ἔρημον εὑρίσκουσι, φόβων δὲ καὶ λυπῶν, καὶ μνήμης ἀτερποῦς, καὶ πρὸς τὸ μέλλον ὑποψίας, ἀπιστίας δὲ πρὸς τὸ παρὸν ἀεὶ γέμουσαν. Ὅθεν ἐν χρόνῳ πολλῷ μᾶλλον ὡς ἔχουσιν αὑτοὺς καταμανθάνοντες[1], ἄχθονται καὶ δυσκολαίνουσι, καὶ προβάλλονται τὸν ἑαυτῶν βίον. Ἐγὼ μὲν (εἰ θέμις ἐστὶν εἰπεῖν) οὔτε τινὸς θεῶν οὔτ' ἀνθρώπων δεῖσθαι κολαστοῦ νομίζω τοὺς ἀνοσιουργοῦντας, ἀλλὰ τὸν βίον αὐτῶν ἐξαρκεῖν ὑπὸ τῆς κακίας διεφθαρμένον ὅλον καὶ συντεταραγμένον. Καίτοι οὐκ ἂν προείμην τῆς ψυχῆς τὴν διαμονήν. Εἷς γάρ ἐστιν λόγος[3] ὁ τοῦ θεοῦ τὴν πρό-

1. Χάριτος, récompense.
2. Κακόν. Constr. Εἰ φαίη τις ἂν (τὸ δαιμόνιον) παρέχειν οὐδὲν ἄλλο κακὸν ἐν τῷ βίῳ, κ. τ. λ.
3. Ἐξελεγχομένης πράγματος ἀκάρπου, étant prouvé être chose infructueuse. La preuve, que les méchants acquièrent dans le cours d'une longue vie, que leur iniquité est une jouissance stérile, serait déjà pour eux un châtiment. Ainsi Massillon : « Le vide et le néant qu'il est forcé de reconnaître dans les choses qui ont fait l'objet de tous ses désirs, et qui lui ont coûté tant de soins, tant de peines, tant d'inquiétudes, suffiraient pour le rendre infiniment malheureux. »

4. Καταμανθάνοντες αὐτοὺς ὡς ἔχουσιν. Αὐτοὺς est complément de καταμανθάνοντες, et non de ἔχουσιν, qui, accompagné de l'adverbe, signifie être, sans qu'il soit besoin de lui donner un complément.—Voy. sur cet hellénisme, p. 39, n. 3.

3. Λόγος, raisonnement, raison. La providence divine et l'immortalité de l'âme sont établies sur une seule et même preuve.

νοιαν ἅμα καὶ τὴν διαμονὴν τῆς ἀνθρωπίνης ψυχῆς βεβαιῶν, καὶ θάτερον οὐκ ἔστιν ἀπολιπεῖν, ἀναιροῦντα θάτερον. Οὔση δὲ τῇ ψυχῇ μετὰ τὴν τελευτὴν μᾶλλον εἰκός ἐστι καὶ τιμὰς ἀποδίδοσθαι καὶ τιμωρίας[1]. Ἀγωνίζεται γάρ, ὥςπερ ἀθλητής, κατὰ τὸν βίον· ὅταν δὲ διαγωνίσηται, τότε τυγχάνει τῶν προςηκόντων[2].

Le traité se termine par une sorte de songe sur la destinée des âmes, ou de vision céleste. comme le *songe de Scipion* et autres fictions de ce genre, allégories que la philosophie ancienne substituait à la démonstration dans les choses où la certitude faisait défaut, et qui permettaient à l'imagination d'aller plus loin, lorsque la raison était forcée de s'arrêter.

1. Τιμωρίας. Cf. J.-J. Rousseau : « Quand je n'aurais d'autre preuve de l'immortalité de l'âme que le triomphe du méchant et l'oppression du juste en ce monde, cela seul m'empêcherait d'en douter...Je me dirais : Tout ne finit pas avec la vie, tout rentre dans l'ordre après la mort. »

2. Προςηκόντων, ce qui convient, le sort qu'il a mérité, peine ou récompense.

QUE LES BÊTES ONT DE LA RAISON

L'homme est fier de sa supériorité sur les autres êtres de la création. Il s'enorgueillirait volontiers de sa raison qui lui donne cette supériorité. Aussi les philosophes se sont plu quelquefois à rabaisser ces accès de vanité. C'est ainsi que Voltaire met plaisamment en présence un voyageur qui se croit le roi des animaux et un lion d'Afrique qui lui montre lequel des deux l'est en réalité. C'est ainsi que Boileau, dans une boutade de satirique, s'écrie que « le plus sot animal, à son avis, c'est l'homme. » Plutarque entreprend ici de prouver que les animaux ne sont pas si dépourvus de raison qu'on le croit, et que souvent l'homme ne les vaut pas. Il introduit dans un dialogue Ulysse et Gryllus, un de ses malheureux compagnons, que Circé a changés en bêtes. Désolé de voir ses amis réduits à ce déplorable état, le roi d'Ithaque vient de supplier la magicienne de les rendre à leur première forme. Mais Gryllus n'a garde de vouloir redevenir homme. Une telle condition n'a rien qui lui fasse envie.

1. Quelles sont donc les vertus que l'homme a de plus que les animaux ? Est-ce le courage ?

ΓΡΥΛΛΟΣ[1]. Χαῖρε, Ὀδυσσεῦ.

ΟΔ. Καὶ σὺ νὴ Δία, Γρύλλε.

1. Γρύλλος. *Gryllus*, signifie *pourceau*. — Voy. La Font., Fab., liv. XII. 1.

ΓΡ. Τί βούλει[1] ἐρωτᾶν;

ΟΔ. Ἐγὼ γινώσκω ὑμᾶς ἀνθρώπους γεγονότας· οἰκτείρω μὲν ἅπαντας οὕτως ἔχοντας, εἰκὸς δέ μοι μᾶλλον διαφέρειν[2], ὅσοι Ἕλληνες ὄντες εἰς ταύτην ἀφίχθε τὴν δυστυχίαν· νῦν οὖν ἐποιησάμην τῆς Κίρκης δέησιν, ὅπως τὸν βουλόμενον ὑμῶν ἀναλύσασα, καὶ καταστήσασα πάλιν εἰς τὸ ἀρχαῖον εἶδος, ἀποπέμψῃ μεθ᾿ ἡμῶν.

ΓΡ. Παῦε, Ὀδυσσεῦ, καὶ περαιτέρω μηδὲν εἴπῃς· ὡς[3] καὶ σοῦ πάντες ἡμεῖς καταφρονοῦμεν, ὡς[4] μάτην ἄρα δεινὸς ἐλέγου, καὶ τῷ φρονεῖν[5] πολὺ τῶν ἄλλων ἀνθρώπων ἐδόκεις διαφέρειν, ὃς αὐτὸ τοῦτο ἔδεισας, τὴν μεταβολὴν ἐκ χειρόνων εἰς ἀμείνω, μὴ σκεψάμενος· ὥσπερ οἱ παῖδες τὰ φάρμακα τῶν ἰατρῶν φοβοῦνται, καὶ τὰ παθήματα φεύγουσιν, ἃ μεταβάλλοντα ἐκ νοσερῶν καὶ ἀνοήτων ὑγιεινοτέρους καὶ φρονιμωτέρους ποιοῦσιν αὐτούς, οὕτως σὺ διεκρούσω τὸ ἄλλος ἐξ ἄλλου[6] γενέσθαι, καὶ νῦν αὐτός τε φρίττων καὶ ὑποδεικνύων τῇ Κίρκῃ συνεῖναι, μή σε ποιήσῃ λαθοῦσά[7] σῦν ἢ λύκον, ἡμᾶς τε πείθεις, ἐν ἀφθόνοις ζῶντας ἀγαθοῖς, ἀπολιπόντας· ἅμα τούτοις τὴν ταῦτα παρασκευάζουσαν, ἐκπλεῖν μετὰ σοῦ, τὸ πάντων φιλοποτμότατον ζῶον αὖθις ἀνθρώπους γενομένους.

ΟΔ. Ἐμοὶ σύ, Γρύλλε, δοκεῖς οὐ τὴν μορφὴν[8] μόνον, ἀλλὰ καὶ τὴν διάνοιαν ὑπὸ τοῦ πόματος[9] ἐκείνου διεφθάρθαι,

---

1. Βούλει, 2e pers. du sing. en ει, au lieu de ῃ, comme οἴομαι, οἴει, et les futurs contractes, βαδιοῦμαι, βαδιεῖ, — θανοῦμαι, θανεῖ, etc.

2. Διαφέρειν μοι μᾶλλον, m'inspirer plus d'intérêt.

3. Ὡς, car.

4. Ὡς, comme, en voyant combien.

5. Τῷ φρονεῖν. Allusion à la réputation d'Ulysse, πολύμητις, πολυμήχανος, πολὺ εἰδώς.

6. Ἄλλος ἐξ ἄλλου γενέσθαι, devenir autre, passer d'un état à un autre, changer de nature.

7. Λαθοῦσα, étant ignorée de toi, à ton insu. Burn., Gr. gr., § 388, 7.

8. Τὴν μορφὴν διεφθάρθαι, avoir été gâté quant à la forme, avoir perdu la forme humaine.

9. Τοῦ πόματος. Circé leur fit prendre un breuvage délicieux, mais plein d'un funeste (poison.

LA FONT.

καὶ γεγονέναι μεστὸς ἀτόπων καὶ διαλεληθημένων παντάπασι δοξῶν· ἦ σέ τις αὖ συνηθείας ἡδονὴ πρὸς τόδε τὸ σῶμα κατεγοήτευσεν.

ΓΡ. Οὐδετέρα τούτων, ὦ βασιλεῦ Κεφαλλήνων[1]· ἂν δὲ διαλέγεσθαι μᾶλλον ἐθέλῃς ἢ λοιδορεῖσθαι, ταχύ σε μεταπείσομεν[2], ἑκατέρου τῶν βίων ἐμπείρως ἔχοντες, ὅτι ταῦτα πρὸ ἐκείνων[3] εἰκότως ἀγαπῶμεν.

ΟΔ. Καὶ τίνος ποτ' ἀρετῆς, ὦ Γρύλλε, μέτεστι τοῖς θηρίοις;

ΓΡ. Τίνος μὲν οὖν οὐχὶ μᾶλλον, ἢ τῷ σοφωτάτῳ τῶν ἀνθρώπων; σκόπει δὲ πρῶτον, εἰ βούλει, τὴν ἀνδρείαν, ἐφ' ᾗ σὺ φρονεῖς μέγα, καὶ οὐκ ἐγκαλύπτῃ θρασὺς καὶ πτολίπορθος ἀποκαλούμενος, ὅστις, ὦ σχετλιώτατε, δόλοις καὶ μηχαναῖς ἀνθρώπους ἁπλοῦν καὶ γενναῖον εἰδότας πολέμου τρόπον, ἀπάτης δὲ καὶ ψευδῶν ἀπείρους, παρακρουσάμενος, ὄνομα τῇ πανουργίᾳ προστίθης τῆς ἀρετῆς, ἥκιστα πανουργίαν προσιεμένης. Ἀλλὰ τῶν γε θηρίων τοὺς πρὸς ἄλληλα καὶ πρὸς ὑμᾶς ἀγῶνας ὁρᾷς, ὡς ἄδολοι καὶ ἄτεχνοι, καὶ μετ' ἐμφανοῦς γυμνοῦ τε τοῦ θαρρεῖν πρὸς ἀληθινῆς ἀλκῆς[4] ποιοῦνται τὴν ἄμυναν· καὶ οὔτε νόμου καλοῦντος[5], οὔτ' ἀστρατείας δεδοικότα γραφὴν, ἀλλὰ φύσει φεύγοντα τὸ κρατεῖσθαι, μέχρι τῶν ἐσχάτων ἐγκαρτερεῖ καὶ διαφυλάττει τὸ ἀήττητον[6]· οὐ γὰρ ἥτταται κρατούμενα τοῖς σώμασιν, οὐδ' ἀπαγορεύει ταῖς ψυχαῖς[7], ἀλλὰ ταῖς μάχαις ἐναποθνῄσκει· πολλῶν δὲ θνησκόντων ἡ ἀλκὴ μετὰ τοῦ θυμοειδοῦς ἀποχω-

1. Κεφαλλήνων. Céphallénie, île voisine d'Ithaque, au sud-ouest. Les Céphalléniens étaient sujets du roi d'Ithaque.

2. Μεταπείσομεν. Πείθω, contraindre; μετά, en faisant changer d'avis.

3. Ταῦτα, notre état présent. — Ἐκείνων, notre condition précédente.

4. Πρός, avec le génitif, à cause de, par l'effet de.

5. Νόμου. Contrairement à ce qui se passe chez les hommes, où le courage n'est souvent l'effet que de la contrainte ou de la vanité.

6. Ἀήττητον, gardent leur caractère invincible, restent invincibles.

7. Ταῖς ψυχαῖς. Gryllus, en habile

ρήσασα που καὶ συναθροισθεῖσα περὶ ἕν τι τοῦ σώματος μόριον, ἀνθίσταται τῷ κτείνοντι, καὶ πηδᾷ, καὶ ἀγανακτεῖ, μέχρις ἂν ὥσπερ πῦρ ἐγκατασϐεσθῇ παντάπασι καὶ ἀπόληται· δέησις δ' οὐκ ἔστιν[1], οὐδ' οἴκτου παράκλησις, οὐδ' ἐξομολόγησις ἥττης, οὐδὲ δουλεύει λέων λέοντι, καὶ ἵππος ἵππῳ, δι' ἀνανδρείαν, ὥσπερ ἄνθρωπος ἀνθρώπῳ, τὴν τῆς δειλίας ἐπώνυμον[2] δουλείαν εὐκόλως ἐνασπαζόμενος.

Ὑμεῖς δ' ὑμεῖς κατὰ νόμων ἀνάγκην, οὐχ ἑκούσιον οὐδὲ βουλομένην, ἀλλὰ δουλεύουσαν ἔθεσι, καὶ ψόγοις καὶ δόξαις ἐπήλυσι[3] καὶ λόγοις πλαττομένην, μελετᾶτε ἀνδρείαν· καὶ τοὺς πόνους ὑφίστασθε καὶ τοὺς κινδύνους, οὐ πρὸς ταῦτα θαρροῦντες, ἀλλὰ τῷ ἕτερα μᾶλλον τούτων δεδιέναι. Οὕτως δ' ἀναφαίνεται ὑμῖν ἡ μὲν ἀνδρεία δειλία φρόνιμος οὖσα, τὸ δὲ θάρσος φόϐος ἐπιστήμην ἔχων τοῦ δι' ἑτέρων ἕτερα φεύγειν. Ὅλως δέ, εἰ πρὸς ἀνδρείαν οἴεσθε βελτίους εἶναι τῶν θηρίων, τί ποτε ὑμῶν οἱ ποιηταὶ τοὺς κράτιστα τοῖς πολεμίοις μαχομένους λυκόφρονας καὶ θυμολέοντας καὶ συῒ ἰκέλους ἀλκὴν προσαγορεύουσιν; Ἀλλ' οὐ λέοντά τις αὐτῶν ἀνθρωπόθυμον, οὐ σῦν ἀνδρὶ εἴκελον ἀλκὴν προσαγορεύει.

rhéteur, tout pourceau qu'il est, semble faire ici une allusion comique à une belle phrase d'Isocrate, qui s'écrie, en parlant des héros des Thermopyles : Ταῖς ψυχαῖς νικῶντες τοῖς σώμασιν ἀπεῖπον· οὐ γὰρ δὴ τοῦτό γε θέμις εἰπεῖν, ὡς ἡττήθησαν. (Panegyr., ch. XXVI.) Les expressions de Plutarque offrent un rapport si manifeste avec cette phrase célèbre d'Isocrate, qu'on ne peut douter qu'il n'ait eu l'intention de faire un rapprochement, qui, dans la situation présente, ne laisse pas d'être fort plaisant par ce qu'il a d'emphatique.

1. Δέησις δ' οὐκ ἔστιν, il n'y a point de supplications, on ne les voit pas supplier leur ennemi.

2. Ἐπώνυμον, la servitude, qui mérite le nom de lâcheté.

3. Ἐπήλυσι retombe sur λόγοις, aussi bien que sur δόξαις. Les hommes sont braves, dit Gryllus, par respect humain, parce qu'ils craignent ce qu'on pensera δόξαις, ce qu'on dira d'eux λόγοις, dans le public, parce qu'ils craignent le qu'en dira-t-on.

II. Ce n'est cependant pas non plus la tempérance qui donne aux hommes la supériorité.

ὈΔ. Παπαί, ὦ Γρύλλε, δεινός μοι δοκεῖς γεγονέναι σοφιστής, ὅς γε καὶ νῦν ἐκ τῆς συηνίας φθεγγόμενος, οὕτω νεανικῶς πρὸς τὴν ὑπόθεσιν ἐπικεχείρηκας· ἀλλὰ τί οὐ περὶ τῆς σωφροσύνης ἐφεξῆς διεξῆλθες;

ΓΡ. Καὶ τούτῳ μὲν οὐδενὸς τῶν θηρίων διαφέρεις. Τῶν περὶ βρῶσιν καὶ πόσιν ἡμεῖς μὲν τὸ ἡδὺ μετὰ χρείας τινὸς ἀεὶ λαμβάνομεν· ὑμεῖς δὲ τὴν ἡδονὴν μᾶλλον ἢ τὸ κατὰ φύσιν τῆς τροφῆς [1] διώκοντες, ὑπὸ πολλῶν καὶ μακρῶν κολάζεσθε νοσημάτων, ἅπερ ἐκ μιᾶς πηγῆς ἀπαντλούμενα τῆς πλησμονῆς τοῖς σώμασι, παντοδαπῶν πνευμάτων καὶ δυσκαθάρτων ὑμᾶς ἐμπίπλησι. Πρῶτον μὲν γὰρ ἑκάστου γένει ζώου μία τροφὴ σύμφυλός ἐστι, τοῖς μὲν πόα, τοῖς δὲ ῥίζα τις ἢ καρπός· ὅσα δὲ σαρκοφαγεῖ, πρὸς οὐδὲν ἄλλο τρέπεται βορᾶς εἶδος, οὐδ' ἀφαιρεῖται τῶν ἀσθενεστέρων τὴν τροφήν· ἀλλ' ἐᾷ νέμεσθαι καὶ λέων ἔλαφον, καὶ λύκος πρόβατον, ᾗ πέφυκεν [2]. Ὁ δ' ἄνθρωπος ἐπὶ πάντα ταῖς ἡδοναῖς ὑπὸ λαιμαργίας ἐξαγόμενος, καὶ πειρώμενος πάντων καὶ ἀπογευόμενος, ὡς οὐδέπω τὸ πρόσφορον καὶ οἰκεῖον ἐγνωκώς, μόνος γέγονε τῶν ὄντων παμφάγος. Καὶ σαρξὶ χρῆται πρῶτον, ὑπ' οὐδεμίας ἀπορίας οὐδ' ἀμηχανίας, ᾧ [3] πάρεστιν ἀεὶ καθ' ὥραν ἄλλα ἐπ' ἄλλοις ἀπὸ φυτῶν καὶ σπερμάτων τρυγῶντι καὶ λαμβάνοντι καὶ δρεπομένῳ, μὴ κάμνειν διὰ πλῆθος· ἀλλ' ὑπὸ τρυφῆς καὶ κόρου τῶν ἀναγκαίων, βρώσεις ἀνεπιτηδείους καὶ οὐ καθαρὰς σφαγαῖς ζώων μετερχόμενος, πολὺ τῶν ἀγριωτάτων θηρίων ὠμότερον. Αἷμα μὲν γὰρ καὶ φόνος

---

1. Τὸ κατὰ φύσιν τῆς τροφῆς, le (genre) de nourriture (qui est) selon la nature, la nourriture que la nature exige.

2. Ἧ πέφυκεν, comme il lui est naturel, selon sa nature.

3. Ὧ, *utpote cui*, lui à qui il est facile, puisqu'il peut...

καὶ σάρκες ἰκτίνῳ καὶ λύκῳ καὶ δράκοντι σιτίον οἰκεῖον, ἀνθρώπῳ δ' ὄψον¹ ἐστίν. Ἔπειτα παντὶ γένει χρώμενος, οὐχ², ὡς τὰ θηρία, τῶν πλείστων ἀπέχεται, ὀλίγοις δὲ πολεμεῖ, διὰ τὴν τῆς τροφῆς ἀνάγκην· ἀλλ' οὔτε τι πτηνόν, οὔτε νηκτόν, ὡς ἔπος εἰπεῖν, οὔτε χερσαῖον, ἐκπέφευγε τὰς ἡμέρους δὴ λεγομένας ὑμῶν καὶ φιλοξένους τραπέζας³.

Gryllus termine en soutenant que l'intelligence et la raison même ne sont pas le partage exclusif de l'homme, et, depuis qu'il habite ce nouveau corps, il est tout étonné de la sottise de cet être infirme, qui se laisse persuader par ses sophistes qu'il est le premier des animaux.

1. Σιτίον, *cibus*, un aliment, rien autre chose qu'un moyen de se nourrir; ὄψον, *obsonium*, un ragoût, un régal.
2. Οὐχ. Négation en tête de la phrase. Burn., *Gr. gr.*, § 383.
3. Τραπέζας. Cf. Buffon : « L'homme sait user en maître de sa puissance sur les animaux... Mais il étend ce droit bien au delà de ses besoins. Car, indépendamment des espèces qu'il s'est assujetties, il fait aussi la guerre aux animaux sauvages, aux oiseaux, aux poissons ; il ne se borne pas même à ceux du climat qu'il habite : il va chercher au loin, et jusqu'au milieu des mers de nouveaux mets ; et la nature entière semble suffire à peine à son intempérance. L'homme engloutit à lui seul plus de chair que les autres animaux ensemble n'en dévorent. Il est donc le plus grand destructeur, et c'est plus par abus que par nécessité. »

ON NE PEUT VIVRE HEUREUX EN SUIVANT LA DOCTRINE D'ÉPICURE

Quel est le but de la vie ? En quoi consiste la sagesse ? Dans l'insensibilité, dans l'absence de toute passion, ἀπάθεια, répondent les Stoïciens. Dans la volupté, disent les Épicuriens matérialistes. Plutarque qui, comme nous l'avons expliqué dans l'*Introduction*, n'appartient servilement à aucune école, combat dans plusieurs traités la doctrine stoïcienne. Dans le présent livre, il démontre que, lors même que le vrai bonheur consisterait dans la volupté, ce serait une erreur grossière que de chercher la volupté dans les plaisirs des sens et les jouissances matérielles, qui enfantent plus de douleurs que de joies réelles.

I. L'étude nous procure des plaisirs infiniment plus vifs que ceux des sens.

Ἐξωθοῦσι¹ καὶ τὰς ἀπὸ τῶν μαθημάτων ἡδονάς. Καίτοι ταῖς μὲν ἱστορίαις ἁπλοῦν τι καὶ λεῖον² ἐστιν· αἱ δ' ἀπὸ γεωμετρίας, καὶ ἀστρολογίας, καὶ ἁρμονικῆς, δριμὺ καὶ ποικίλον ἔχουσι τὸ δέλεαρ³, οὐδὲν ἀγώγιμον ἀποδέουσιν. Ὅπου οἱ φιλογραφοῦντες οὕτως ἄγονται τῇ πιθανότητι τῶν ἔργων, ὥστε Νικίαν⁴, γράφοντα τὴν νεκυίαν⁵, ἐρωτᾶν πολλάκις τοὺς οἰκέτας, εἰ ἠρίστηκε⁶· Πτολεμαίου⁷ δὲ τοῦ βασιλέως ἑξήκοντα τάλαντα⁸ τῆς γραφῆς συντελεσθείσης πέμψαντος αὐτῷ, μὴ λαβεῖν, μηδ' ἀποδόσθαι τὸ ἔργον· τίνας οἰώμεθα καὶ πηλίκας ἡδονὰς ἀπὸ γεωμετρίας δρέπεσθαι καὶ ἀστρολογίας Εὐκλείδην, καὶ Ἀρχιμήδην καὶ ἄλλους τούτων εὑρετὰς γενομένους, ὧν νῦν ἡ θέα καὶ κατανόησις ἡδονάς τε μεγάλας καὶ φρόνημα θαυμάσιον ἐμποιεῖ τοῖς μανθάνουσι; Εὔδοξος⁹ δ' ηὔχετο, παραστὰς τῷ ἡλίῳ, καὶ καταμαθὼν τὸ σχῆμα τοῦ ἄστρου καὶ τὸ μέγεθος καὶ τὸ εἶδος, ὡς ὁ Φαέ-

1. Ἐξωθοῦσι. Sujet, *les stoïciens*.
2. Ἁπλοῦν τι καὶ λεῖον, des plaisirs simples et doux. En général, il n'est pas dans la nature de l'histoire d'émouvoir et de passionner : la satisfaction qu'elle procure est plus calme et plus modérée.
3. Δέλεαρ. C'est ainsi que Virgile lui-même met au-dessus des plaisirs que procurent les lettres et la poésie ceux qu'on éprouve à approfondir les mystères de la nature :

Me vero primum dulces ante omnia
(Musæ
Accipiant, cælique vias et sidera monstrent,
Defectus solis varios lunæque labores...
Felix qui potuit rerum cognoscere causas...
Sin has ne possim naturæ accedere
(partes, etc.
Georg., II, 475.

4. Νικίαν, Nicias, un des peintres les plus célèbres d'Athènes, florissait vers l'an 332 av. J.-C.
5. Τὴν νεκυίαν, descente d'Ulysse aux Enfers, ou plutôt évocation des Ombres. C'est le sujet du xiᵉ chant de l'*Odyssée*.
6. Ἠρίστηκε. Cf. « Εἰ πρεσβυτέρῳ πολιτευτέον, » ch. V : Νικίας, ὁ ζωγράφος, οὕτως ἔχαιρε τοῖς τῆς τέχνης ἔργοις, ὥστε τοὺς οἰκέτας ἐρωτᾶν πολλάκις, εἰ λέλουται καὶ ἠρίστηκεν.
7. Πτολεμαίου. Ptolémée Lagus, roi d'Égypte.
8. Ἑξήκοντα τάλαντα, soixante talents, environ 333,600 francs.
9. Εὔδοξος. Eudoxe, astronome, né à Cnide, séjourna longtemps en Égypte. Il en rapporta la connaissance du mouvement des planètes, et d'autres notions empruntées à la

θοῶν¹, καταφλεγῆναι. Ἀρχιμήδην δὲ βίᾳ τῶν διαγραμμάτων
ἀποσπῶντες συνήλειφον οἱ θεράποντες· ὁ δ' ἐπὶ τῆς κοιλίας
ἔγραφε τὰ σχήματα τῇ στλεγγίδι· καὶ λουόμενος, ὥς φασιν,
ἐκ τῆς ὑπερχύσεως ἐννοήσας τὴν τοῦ στεφάνου² μέτρησιν,
οἷον ἔκ τινος κατοχῆς ἢ ἐπιπνοίας ἐξήλατο βοῶν· « Εὕ-
ρηκα· » καὶ τοῦτο πολλάκις φθεγγόμενος ἐβάδιζεν. Οὐδενὸς δ' ἀκηκόαμεν γαστριμάργου περιπαθῶς « Βέβρωκα »
βοῶντος· μυρίοι μυριάκις ἀκόλαστοι γεγόνασιν καὶ ἔσον-
ται· ἀλλὰ καὶ βδελυττόμεθα τοὺς μεμνημένους δείπνου ἐμπαθέστερον, ὡς ἐφ' ἡδοναῖς μικραῖς καὶ μηδενὸς ἀξίαις ὑπερ-
ατρενίζοντας· Εὐδόξῳ δὲ καὶ Ἀρχιμήδει συνενθουσιῶμεν·
καὶ Πλάτωνι πειθόμεθα περὶ τῶν μαθημάτων, ὡς³ ἀμελού-
μενα δι' ἄγνοιαν καὶ ἀπειρίαν, ὅμως βίᾳ ὑπὸ χάριτος αὔξα-
νεται.

II. Borner les plaisirs aux jouissances matérielles, c'est dégra-
der l'âme et méconnaître sa nature. — Joies des grands
hommes qui ont été utiles à leur patrie.

Κατατείναντες δὲ τὸ θεωρητικόν⁴ εἰς τὸ σῶμα, καὶ
κατασπάσαντες, ὥσπερ μολίβδοις⁵, ταῖς τῆς σαρκὸς ἐπιθυ-

---

science des prêtres égyptiens. Voy.
Sén., *Quest. nat.*, VII, 3.

1. Φλέθων. Voy. p. 129, n. 6.

2. Στεφάνου. Hiéron, ayant fait
fabriquer une couronne d'or, soup-
çonnait l'ouvrier de n'y avoir pas employé tout l'or qu'on lui avait remis.
Il chargea Archimède de découvrir la
fraude. Voici, au rapport de Vitruve,
comment celui-ci résolut le problème.
Il prit deux lingots, l'un d'or pur pesant. spécif.:19,25 , et l'autre d'argent
pesant. spécif. : 10,47 , chacun du
poids de la couronne. Il plongea d'a-
bord le lingot d'argent dans un vase
plein d'eau, et mesura la quantité
d'eau qui déborda. Il répéta la même
expérience pour le lingot d'or, et
trouva que la quantité d'eau écou-
lée était d'autant moindre que l'or
a moins de volume que l'argent
pour un même poids, c'est-à-dire,
qu'il y avait une proportion entre
les quantités d'eau écoulées, et les
volumes des deux lingots de différents aloi et de même poids. Enfin Archimède remplit une troisième
fois le vase, et y plongea la couronne
qui fit déborder plus d'eau que le
lingot d'or du même poids, mais
moins que le lingot d'argent. Il établit ainsi la proportion d'argent mêlée à l'or par l'ouvrier. Voy. *Mém.
de l'Acad. des Insc.* XVI, 138.

3. Ὡς. Nous croyons Platon disant que, nous pensons avec Platon,
que...

4. Τὸ θεωρητικόν, la partie con-
templative de leur âme.

5. Μολίβδοις, masses de plomb.

μίξις, οὐδὲν ἀπολείπουσιν ἱπποκόμων ἢ ποιμένων, χόρτον ἢ καλάμην ἤ τινα πόαν προεβαλλόντων, ὡς ταῦτα βόσκεσθαι καὶ τρώγειν προςῆκον[1] αὐτῶν τοῖς θρέμμασιν. Ἡ γὰρ οὐχ[2] οὕτως ἀξιοῦσι τὴν ψυχὴν ταῖς τοῦ σώματος ἡδοναῖς κατασυβωτεῖν, ὅσον ἐλπίσαι τι περὶ σαρκὸς ἢ παθεῖν ἢ μνημονεῦσαι χαίρουσαν[3], οἰκεῖον δὲ μηδὲν ἡδὺ μηδὲ τερπνὸν ἐξ αὐτῆς λαμβάνειν μηδὲ ζητεῖν ἐῶντες; Καίτοι τί γένοιτ᾽ ἂν ἀλογώτερον, ἢ εἰ δυεῖν ὄντοιν, ἐξ ὧν ὁ ἄνθρωπος πέφυκε, σώματος καὶ ψυχῆς, ψυχῆς δὲ τάξιν ἡγεμονικωτέραν ἐχούσης, σώματος μὲν ἴδιόν τι καὶ κατὰ φύσιν καὶ οἰκεῖον ἀγαθὸν εἶναι, ψυχῆς δὲ μηθέν, ἀλλὰ τῷ σώματι καθῆσθαι προςβλέπουσαν αὐτήν, καὶ τοῖς τοῦ σώματος πάθεσιν ἐπιμειδιῶσαν, καὶ συνηδομένην, καὶ συγχαίρουσαν, αὐτὴν δ᾽ ἀκίνητον ἐξ ἀρχῆς καὶ ἀπαθῆ, καὶ μηδὲν αἱρετὸν ἔχουσαν, μηδ᾽ ὀρεκτὸν ὅλως, μηδὲ χαρτόν; Ἡ γὰρ ἁπλῶς ἀποκαλυψαμένους ἔδει σαρκοποιεῖν τὸν ἄνθρωπον ὅλον[4], ὥσπερ ἔνιοι ποιοῦσι, τὴν ψυχικὴν οὐσίαν ἀναιροῦντες, ἢ δύο φύσεις ἐν ἡμῖν διαφέρους ἀπολιπόντας, ἴδιον ἀπολιπεῖν ἑκατέρας καὶ ἀγαθὸν καὶ κακόν, καὶ οἰκεῖον καὶ ἀλλότριον. Τὸ δὲ περὶ τοῦ πρὸς εὐπαθείας ἐπαίρεσθαι καὶ μέγα φρονεῖν, τοῦτ᾽ οὐδεὶς ἂν ὑγιαίνων εὐφροσύνας ἀληθεῖς ἢ χαρὰς ὀνομάσειεν· ἀλλ᾽ εἴ τις ἐστί καὶ ψυχῆς Σαρδιανὸς γέλως[5], ἐν

Métaphore qui représente les Épicuriens, plongeant l'âme dans les plaisirs des sens, comme des pêcheurs garnissant de plomb leurs filets pour le faire descendre au fond de l'eau. Le reste de la phrase les comparant aux palefreniers ou aux éleveurs de bestiaux, a l'inconvénient d'offrir, sinon une métaphore incohérente, du moins deux métaphores accumulées l'une sur l'autre.

1. Προςῆκον, acc. neut. absolu, comme δέον, ἐξόν, etc., équivalant à une proposition : ὅτι προςῆκει.

2. Ἡ γὰρ οὐκ, nonne enim.

3. Ὅσον χαίρουσαν, comme se réjouissant seulement, comme si elle n'avait d'autre bonheur...

4. Σαρκοποιεῖν τὸν ἄνθρωπον, faire de l'homme un être purement corporel. — Si l'on reconnaît que l'âme est immatérielle, il faut pour être logique, admettre des joies immatérielles distinctes de celles du corps. Sinon, niez complètement l'immatérialité de l'âme.

5. Σαρδιανὸς γέλως, rire sardonique, rire forcé; sens tiré, dit-on, de ce que la Sardaigne produisait une herbe qui causait un rire convulsif.

τούτοις ἐστὶ τοῖς παρακιασμοῖς καὶ κλαυσιγέλωσιν. Εἰ δ'
οὖν ταῦτα φήσει τις εὐφροσύνας καὶ χαράς, σκόπει τὰς
ὑπερβολὰς τῶν ἡδονῶν ἐκείνων·

Ἡμετέραις βουλαῖς Σπάρτα μὲν ἐκείρατο δόξαν·

καὶ·

Οὗτός τοι Ῥώμας ὁ μέγας, ξένε, πατρίδος ἀστήρ·

καὶ·

Δίψω, ἢ σε θεὸν μαντεύσομαι, ἢ ἄνθρωπον[1].

Ὅταν δὲ λάβω τὰ Θρασυβούλου καὶ Πελοπίδου πρὸ ὀφθαλ-
μῶν κατορθώματα, καὶ τὸν ἐν Πλαταιαῖς Ἀριστείδην, ἢ
τὸν ἐν Μαραθῶνι Μιλτιάδην[2], ἐνταῦθα, κατὰ τὸν Ἡρό-
δοτον, ἐξείργομαι γνώμην εἰπεῖν, ὅτι τῷ πρακτικῷ βίῳ τὸ
ἡδὺ πλέον ἢ τὸ καλόν ἐστιν. Μαρτυρεῖ δέ μοι καὶ Ἐπαμεινώνδας, εἰπών, ὥς φασιν, ἥδιστον αὐτῷ γενέσθαι τὸ τοὺς
γονεῖς ζῶντας ἐπιδεῖν τὸ ἐν Λεύκτροις τρόπαιον αὐτοῦ στρατηγοῦντος[3]. Ὥσπερ φησὶν Ἱπποκράτης δυεῖν πόνων τὸν ἥττονα
ὑπὸ τοῦ μείζονος ἀμαυροῦσθαι, καὶ[4] τῶν ἡδονῶν τὰς σωμα-
τικὰς αἱ πρακτικαὶ καὶ φιλότιμοι τῷ χαίροντι τῆς ψυχῆς δι'
ὑπερβολὴν καὶ μέγεθος ἀναφανίζουσι καὶ κατασβεννύουσιν.

Epicure ne croit pas qu'il faille employer d'autre frein pour
arrêter le mal que la crainte du châtiment. Mais, en niant l'immortalité de l'âme, il enlève aux méchants leurs craintes les plus
sérieuses, et aux bons leurs plus douces espérances.

1. Ἄνθρωπον. Vers tirés de trois épitaphes ou inscriptions, rappelant, la première les victoires d'Épaminondas sur les Lacédémoniens ; la seconde, les exploits de Marcellus, vainqueur d'Annibal ; la troisième, la sagesse de Lycurgue.

2. Θρασυβούλου. Thrasybule, qui chassa les trente tyrans d'Athènes. — Pélopidas, qui délivra sa patrie de la tyrannie lacédémonienne. — Aristide fut un de ceux qui contribuèrent le plus à la défaite définitive des Perses à Platée, en 479, lors de la seconde invasion, comme Miltiade avait arrêté la première en les mettant en déroute à Marathon, en 490.

3. Στρατηγοῦντος. Cf. « Εἰ πρεσβυτέρῳ πολιτευτέον », ch. VI : Ἐπαμεινώνδας, ἐρωτηθεὶς τί ἥδιστον αὐτῷ γέγονεν, ἀπεκρίνατο Τὸ, τοῦ πατρὸς ἔτι ζῶντος καὶ τῆς μητρός, νικῆσαι τὴν ἐν Λεύκτροις μάχην.

4. Καί, aussi, de même aussi.

III. Ce que les hommes redoutent le plus, c'est l'anéantissement complet. L'espoir d'un avenir meilleur fait qu'on regarde la mort sans effroi.

Τοῦ θανάτου τὸ πρόσωπον, ὡς φοβερὸν καὶ σκυθρωπὸν καὶ σκοτεινὸν ἅπαντες ὑποδειμαίνουσι, τὸ τῆς ἀναισθησίας, καὶ λήθης, καὶ ἀγνοίας · καὶ πρὸς τὸ « ἀπόλωλε, » καὶ τὸ « ἀνῄρηται, » καὶ τὸ « οὐκ ἔστι, » ταράσσονται · καὶ δυσανασχετοῦσι τούτων λεγομένων, τὸ,

Ἐπιτακήσεται βαθυδένδρῳ ἐν χθονί.
Συμποσίων τε καὶ λυρᾶν ἄμοιρος.
Ἰχθᾶς[1] τε παντερπέος αὐλῶν.

Αὐτὸ γὰρ τοῦτό ἐστιν, ὃ δέδοικεν ἡ φύσις, τὴν εἰς τὸ μὴ φρονεῖν μηδ' αἰσθάνεσθαι διάλυσιν τῆς ψυχῆς · ἣν Ἐπίκουρος εἰς κενὸν[2] καὶ ἀτόμους διασπορὰν ποιῶν, ἔτι μᾶλλον ἐκκόπτει τὴν ἐλπίδα τῆς ἀφθαρσίας · δι' ἣν ὀλίγου δέω λέγειν[3] πάντας εἶναι καὶ πάσας προθύμους τῷ Κερβέρῳ διαδάκνεσθαι, καὶ φέρειν εἰς τὸν ἄπληστον[4], ὅπως ἐν τῷ εἶναι μόνον διαμένωσι, μηδ' ἀναιρεθῶσι. Καίτοι ταῦτα μὲν, ὥσπερ ἔφην, οὐ πάνυ πολλοὶ δεδίασι, μητέρων ὄντα καὶ τιτθῶν δόγματα, καὶ λόγους μυθώδεις. Οἱ δὲ καὶ δεδιότες τελετάς τινας αὖ πάλιν καὶ καθαρμοὺς οἴονται βοηθεῖν, οἷς ἁγνισάμενοι διατελεῖν ἐν Ἅιδου παίζοντες καὶ χορεύοντες ἐν τοῖς αὐγὴν καὶ πνεῦμα καθαρὸν καὶ φθόγγον ἔχουσιν[5]. Ἡ δὲ τοῦ ζῆν στέρησις ἐνοχλεῖ καὶ νέους καὶ γέροντας.

1. Λυρᾶν, génit. dorien, pour λυρῶν. — Ἰχθᾶς, pour ἰχθής.

2. Κενόν, le vide. — Allusion à la doctrine d'Épicure, d'après laquelle l'âme est composée d'atomes ou de corps très-subtils, qui se dissipent après la mort et vont se perdre dans le vide.

3. Ὀλίγου δέω λέγειν, paulum absum quin dicam, je dirai presque, j'oserais presque dire.

4. Ἄπληστον, le tonneau où les Danaïdes sont condamnées à verser sans cesse de l'eau, sans pouvoir jamais le remplir.

5. Ἐν τοῖς ἔχουσιν, parmi ceux qui jouissent dans les Champs Élysées d'un air doux, etc.

Largior hic campos aether et lumine vestit
Purpureo, solemque suum, sua sidera norunt.

DOCTRINE D'ÉPICURE.

Διὸ τῇ δόξῃ[1] τῆς ἀθανασίας συναχιροῦσι τὰς ἡδίστας ἐλπίδας καὶ μεγίστας τῶν πολλῶν. Τί δῆτα τὸν ἀγαθὸν οἰόμεθα καὶ βεβιωκότων ὁσίως καὶ δικαίως, οἳ κακὸν μὲν οὐδὲν ἔχει, τὰ δὲ κάλλιστα καὶ θειότατα προσδοκῶσι· πρῶτον μὲν γὰρ ἀθληταὶ στέφανον οὐκ ἀγωνιζόμενοι λαμβάνουσιν, ἀλλ' ἀγωνισάμενοι καὶ νικήσαντες· οὕτως ἡγούμενοι τοῖς ἀγαθοῖς τὰ νικητήρια τοῦ βίου μετὰ τὸν βίον ὑπάρχειν, θαυμάσιον οἷον[2] φρονοῦσι τῇ ἀρετῇ, πρὸς[3] ἐκείνας τὰς ἐλπίδας· ἐν αἷς ἐστι, καὶ τοὺς νῦν ὑβρίζοντας ὑπὸ πλούτου καὶ δυνάμεως, καὶ καταγελῶντας ἀνοήτως τῶν κρειττόνων, ἐπιδεῖν[4] ἀξίαν δίκην τίνοντας. Ἔπειτα τῆς ἀληθείας καὶ θέας τοῦ ὄντος οὐδεὶς ἐνταῦθα τὸν ἐρῶντα ἐνέπλησεν ἑαυτὸν ἱκανῶς, οἷον δι' ὁμίχλης ἢ νέφους τοῦ σώματος, ὑγρῷ καὶ ταρασσομένῳ τῷ λογισμῷ χρώμενος, ἀλλ' ὄρνιθος δίκην ἄνω βλέποντες, ὡς ἐκπτησόμενοι τοῦ σώματος, εἰς μέγα τι καὶ λαμπρὸν, εὐσταλῆ καὶ ἐλαφρὰν ποιοῦσι τὴν ψυχὴν ἀπὸ τῶν θνητῶν, τῇ φιλοσοφεῖν μελέτῃ χρώμενοι τοῦ ἀποθνήσκειν[5]. Οὕτω μέγα τι καὶ τέλεον ὄντος ἀγαθὸν ἡγοῦμαι τὴν τελευτὴν, ὡς βίον ἀληθῆ[6] βιωσομένων ἐκεῖ τὴν ψυχὴν, οὐχ ὕπαρ νῦν ζώντων, ἀλλ' ἐνείρασιν ὁμοῖα πάσχουσαν.

Pars in gramineis exercent membra
  [palaestris;
Pars pedibus plaudunt choreas et
  [carmina dicunt.
  Virg., *En.*, vi, 610.

1. Τῇ δόξῃ, au datif, régi par la prép. σὺν comprise dans le verbe : avec l'idée de l'immortalité, ils suppriment…

2. Θαυμάσιον οἷον, comme θαυμαστὸν ὅσον, forment une sorte de locution adverbiale : *étonnamment, merveilleusement*; ils ont la plus grande confiance dans leur vertu. *Mirum quantum, mire quam.* Burn., § 387, 12.

3. Πρός, en vue de.

4. Ἐπιδεῖν, inf. de ἐπιδεῖν, aor. 2 de ἐφοράω. Il ne faut pas le confondre avec l'inf. prés. de ἐπιδέω, *lier*.

5. Ἀποθνήσκειν. « Philosopher, c'est apprendre à mourir. »—« Philosophia commentatio mortis, » dit Cicéron *Tusc.* I, 74.

6. Βίον ἀληθῆ. Cf. saint Basile, *Sur la lect. des aut. profanes*, ch. II : « À nos yeux cette vie humaine est absolument sans prix…. Nos espérances vont plus loin, et nous n'agissons qu'en vue de nous préparer à une autre vie… Autant l'âme est en tout supérieure au corps, autant la seconde de ces deux existences est au-dessus de la première. »

Οἱ δὲ ἑτέρου βίου τὸν θάνατον ἀρχὴν κρείττονος νομίζοντες, ἐὰν τ' ἐν ἀγαθοῖς [1] ὦσι, μᾶλλον ἥδονται μείζονα προσδοκῶντες· ἄν τε μὴ κατὰ γνώμην τῶν ἐνταῦθα τυγχάνωσιν, οὐ πάνυ δυσχεραίνουσιν, ἀλλ' αἱ τῶν μετὰ τὸν θάνατον ἀγαθῶν καὶ καλῶν ἐλπίδες, ἀμηχάνους ἡδονὰς καὶ προσδοκίας ἔχουσαι, πᾶν μὲν ἔλλειμμα, πᾶν δὲ πρόσκρουσμα τῆς ψυχῆς ἐξαλείφουσι καὶ ἀφανίζουσιν, ὥσπερ ἐν ὁδῷ, μᾶλλον δὲ ὁδοῦ παρατροπῇ βραχείᾳ, ῥᾳδίως τὰ συντυγχάνοντα καὶ μετρίως φερούσης [2].

1. Ἐν ἀγαθοῖς. *In bonis rebus*, dit Horace : dans la prospérité, dans le bonheur.

2. Φερούσης. Ces idées sont tellement chrétiennes, qu'on les retrouvera dans tous les auteurs chrétiens. Citons seulement un passage de Massillon : « L'homme n'aime pas à s'occuper de son néant et de sa bassesse : tout ce qui le rappelle à son origine le rappelle en même temps à sa fin, blesse son orgueil, et le jette dans des pensées noires et funestes. Mourir : disparaître à tout ce qui nous environne ; entrer dans les abîmes de l'éternité ; devenir cadavre, la pâture des vers, le dépôt hideux d'un tombeau ; ce spectacle tout seul soulève tous les sens...; on n'ose fixer ses regards sur une image si affreuse... Mais l'âme juste !... libre de tous les attachements du monde et de la vanité, soutenue de la foi des promesses, mûre pour le ciel, elle ferme les yeux sans regret à tous les vains objets qu'elle n'avait vus qu'avec peine ; elle s'envole dans le sein de Dieu, d'où elle était sortie, et où elle avait toujours habité par ses désirs, et rentre avec paix et avec confiance dans la bienheureuse éternité. »

DU FLATTEUR ET DE L'AMI [1]

Le flatteur est d'autant plus dangereux qu'il prend les dehors du véritable ami, et qu'il sait habilement se mouler sur ceux qu'il veut séduire. Il importe donc de savoir à quels traits on le reconnaîtra, avant qu'il ait pu nous nuire.

I. Portrait du flatteur. — Il se plie à tous les caractères, et approuve tous les goûts.

Εἰδὼς ὁ κόλαξ, ὅτι τὸ χαίρειν τοῖς ὁμοίοις καὶ τὸ χρῆ-

1. On peut rapprocher de ce Traité, particulièrement les livres VIII et IX de la *Morale à Nicomaque*, d'Aristote, et le traité de Cicéron, *De Amicitia*. Chez nous, Montaigne a écrit des pages admirables sur l'amitié dans le chapitre consacré à la Boétie ; et Louis de Sacy a publié, en 1702, un traité en forme sur le même sujet.

σθαι καὶ ἀγαπᾶν ἔμφυτόν ἐστι, ταύτῃ πρῶτον ἐπιχειρεῖ πλησιάζειν ἑκάστῳ καὶ παρασκηνοῦν, ὥςπερ ἔν τισι νομαῖς θηρίου¹, τοῖς αὐτοῖς ἐπιτηδεύματι καὶ διατριβαῖς περὶ ταὐτὰ καὶ σπουδαῖς καὶ διαίταις, ἀτρέμα παραβάλλων καὶ προςαναχρωννύμενος² · ἄχρις οὗ λαβὴν παραδῷ³, καὶ ψαύοντι τιθασσὸς γένηται καὶ συνήθης · ψέγων μὲν, οἷς ἐκεῖνον αἰσθάνεται πράγμασι καὶ βίοις⁴ καὶ ἀνθρώποις ἀχθόμενον, ἐπαινέτης δὲ τῶν ἀρεσκόντων οὐ μέτριος, ἀλλ' ὥστε ὑπερβάλλειν⁵ σὺν ἐκπλήξει καὶ θαύματι φαινόμενος · βεβαιῶν δὲ τὸ φιλοῦν καὶ μισοῦν, ὡς κρίσει μᾶλλον ἢ πάθει γινόμενον⁶.

Ὁ μὲν πίθηκος, ὡς ἔοικε, μιμεῖσθαι τὸν ἄνθρωπον ἐπιχειρῶν, ἁλίσκεται συγκινούμενος καὶ συνορχούμενος · ὁ δὲ κόλαξ αὐτὸς ἑτέρους ἐπάγεται καὶ παλεύει, μιμούμενος οὐχ ὁμοίως ἅπαντας, ἀλλὰ τῷ μὲν συνορχούμενος καὶ συνᾴδων, τῷ δὲ συμπαλαίων καὶ συγκονιούμενος · θηρευτικοῦ δὲ καὶ κυνηγετικοῦ λαβόμενος, μονόνου⁷ τὰ τῆς Φαίδρας ἀναβοῶν ἕπεται,

Πρὸς θεῶν ἔραμαι κυσὶ θωὔξαι
Βαλιαῖς ἐλάφοις ἐγχριμπτόμενος⁸,

καὶ οὐδὲν αὐτῷ πρᾶγμα⁹ πρὸς τὸ θηρίον, ἀλλ' αὐτὸν ἐκσαγηνεύει καὶ περιβάλλεται τὸν κυνηγόν. Ἂν δὲ θηρεύῃ¹⁰

---

1. Θηρίου. Il prend toutes sortes de précautions pour vous approcher et se glisser chez vous, comme ceux qui veulent approcher un animal sauvage.

2. Προςαναχρωννύμενος, prenant en quelque sorte votre couleur, s'efforçant de vous ressembler.

3. Παραδῷ a pour sujet, non pas le flatteur, mais celui qu'il flatte.

4. Βίοις, manière de vivre, mœurs.

5. Ὑπερβάλλειν, exagérer ses éloges.

6. Γινόμενον, vous confirmant dans l'idée, vous persuadant que votre affection et votre haine sont dictées par la raison et non par la passion.

7. Μονόνου, tantum non, presque.

8. Ἐγχριμπτόμενος. Euripide, Hippol., v. 218.

9. Οὐδὲν πρᾶγμα, il n'a point affaire à l'animal, ce n'est point au cerf qu'il en veut.

10. Θηρεύῃ, par une heureuse métaphore, continue l'idée qui précède, et nous représente le flatteur comme à l'affût d'une proie.

φιλόλογον καὶ φιλομαθῆ νέον, αὖθις ἐν βιβλίοις ἐστί, καὶ
πώγων ποδήρης καθεῖται, καὶ τριβωνοφορία τὸ σχῆμα, καὶ
ἀδιαφορία, καὶ διὰ στόματος οἵ τε ἀριθμοὶ, καὶ τὰ ὀρθογώ-
νια καὶ τρίγωνα Πλάτωνος. Εἶτα ῥοθιάς τις ἐμπέπτωκεν[1]
αὖθις καὶ φιλοπότης καὶ πλούσιος.

Αὐτὰρ ὁ γυμνώθη, ῥακέων πολύμητις Ὀδυσσεύς[2].

Ἔρριπται μὲν ὁ τρίβων, κατακείρεται δ' ὁ πώγων, ὥσπερ
ἄκαρπον θέρος, ψυκτῆρες δὲ καὶ φιάλαι καὶ γέλωτες ἐν περι-
πάτοις, καὶ σκώμματα πρὸς τοὺς φιλοσοφοῦντας. Ὥσπερ ἐν
Συρακούσαις φασὶν, ὁπηνίκα Πλάτων ἀφίκετο, καὶ Διονύσιον[3] ζῆλος ἔσχε περιμανὴς φιλοσοφίας, τὰ βασίλεια κονιορτοῦ[4] γέμειν ὑπὸ πλήθους τῶν γεωμετρούντων· ἐπεὶ δὲ προσ-
έκρουσε Πλάτων, καὶ Διονύσιος ἐκπεσὼν φιλοσοφίας, πάλιν
εἰς πότους καὶ τὸ ληρεῖν καὶ ἀκολασταίνειν ἧκε φερόμενος,
ἀθρόως ἅπαντας, ὥσπερ ἐν Κίρκης[5], μεταμορφωθέντας,
ἀμουσία καὶ λήθη καὶ εὐήθεια κατέσχε.

II. Le flatteur est de l'avis de tout le monde.

Τὰς δὲ τοῦ κόλακος τροπὰς ῥᾷστα φωράσειεν ἄν τις,

---

1. Ἐμπέπτωκεν. Suite de la même idée : est tombé entre ses mains, dans ses filets.

2. Ὀδυσσεύς. Vers d'Homère au commencement du XXII₉ chant de l'*Odyssée*, au moment où Ulysse, jette enfin les haillons de mendiant, sous lesquels il s'était déguisé, et se prépare à punir l'insolence des prétendants.

3. Διονύσιον, Denys le Jeune. Il s'agit ici du second voyage de Platon à Syracuse.

4. Κονιορτοῦ, la poussière qui servait à tracer les figures géométriques, suivant l'usage des anciens. A la prise de Syracuse, le soldat qui vint tuer Archimède le trouva occupé à tracer ses figures sur la poussière.

5. Κίρκης, s.-ent. οἴκῳ, dont l'ellipse est fréquente, par exemple dans la locution connue ἐν Ἅδου. Virgile a dit, avec ellipse de *domus* ou *templum* : *Ventum erat ad divæ*. — La magicienne Circé changea par enchantements les compagnons d'Ulysse en animaux de différentes sortes :

Les voilà devenus ours, lions, élé-
[phants,
Les uns sous une masse énorme,
Les autres sous une autre forme...
(LA FONT., XII, 1.)

αὐτὸς ἐπὶ πολλὰ δοκῶν τρέπεσθαι, καὶ ψέγων μὲν, ὃν ἐπῄνει πρότερον βίον, οἷς δὲ ἤχθετο πράγμασιν, ἢ διαίταις, ἢ λόγοις, ὡς ἀρέσκουσι[1] ἐξαίφνης προσιέμενος. Ὄψεται γὰρ αὐτὸν οὐδαμοῦ βέβαιον, οὐδ' ἴδιον, οὐδ' οἰκείῳ πάθει φιλοῦντα, καὶ μισοῦντα, καὶ χαίροντα, καὶ λυπούμενον, ἀλλὰ δίκην[2] κατόπτρου, παθῶν ὀθνείων καὶ βίων καὶ κινημάτων εἰκόνας ἀναδεχόμενον. Τοιοῦτος γὰρ, οἷος[3], εἰ ψέγοις τινὰ τῶν φίλων πρὸς αὐτὸν, εἰπεῖν · « Βραδέως πεφώρακα; τὸν ἄνθρωπον · ἐμοὶ μὲν γὰρ οὐδὲ[4] πρότερον ἤρεσκεν. » Ἂν δὲ αὖ πάλιν ἐπαινῇς μεταβαλλόμενος, Νὴ Δία φήσει συνήδεσθαι καὶ χάριν ἔχειν αὐτὸς ὑπὲρ τοῦ ἀνθρώπου. καὶ πιστεύειν. Ἂν δὲ βίον ἀλλακτέον ἕτερον εἴποις, οἷον[5] εἰς ἀπραγμοσύνην καὶ ἡσυχίαν ἐκ πολιτείας μεταβαλλόμενος · « Πάλαι γε ἐχρῆν[6], φησί, θορύβων ἡμᾶς ἀπηλλάχθαι καὶ φθόνων. » Ἂν δὲ πάλιν ὁρμᾶν δοκῇς ἐπὶ τὸ πράττειν καὶ λέγειν, ὑπεφώνησεν[7] · « Ἄξια σαυτοῦ φρονεῖς;[8] ἡ δ' ἀπραγμοσύνη γλυκὺ

---

1. Ἀρέσκοντας, grammaticalement, ne se rapporte qu'à λόγοις, mais, dans l'idée, il se rapporte également à πράγμασιν et à διαίταις.

2. Δίκην, adverbialement, *more, in morem*.

3. Τοιοῦτος.. οἷος ou ὥστε, avec l'infinitif, est la formule par laquelle Théophraste commence presque tous ses portraits : *Is est qui dicat*, il est homme à vous dire, c'est un homme qui vous dira.

4. Οὐδέ, *non plus*.

5. Οἷον, comme par exemple.

6. Ἐχρῆν, dans le sens du conditionnel. Souvent aussi en latin. *oportebat, oportuit, il faudrait, il aurait fallu.* — Le ἡμᾶς, qui suit, et qui met le flatteur de la partie, est un trait charmant.

7. Ὑπεφώνησεν. L'aoriste marque la vivacité de l'action. La réponse ne se fait pas attendre : il vous a bientôt dit. Comparez page 1, note 3.

8. Φρονεῖς. Ainsi, Gnathon, le modèle des parasites dans l'*Eunuque* de Térence, est toujours de l'avis de ceux qu'il courtise :

Quidquid dicunt laudo ; id rursum si
 [negant, laudo id quoque :
Negat quis? nego. Ait? aio. Postre-
 [mo imperavi egomet mihi
Omnia assentari.

Je cherche les plus sots, quand ils
 [sont les plus riches,
Sais toujours applaudir, jamais ne
 [contredire,
Etre de tous avis, en rien ne les dé-
 [dire.
Du blanc donner au noir la couleur
 [et le nom,
Dire sur même point tantôt oui, tan-
 [tôt non.
 (LA FONTAINE.)

Vilis adulator. si dixeris : Æstuo, su-
 [dat.
 (JUVÉNAL.)

Si Célimène rit, à rire il s'évertue :
Est-elle triste? il pleure. A-t-elle
 [chaud? il sue.
 (REGNARD.)

μέν, ἀλλ' ἄδοξον καὶ ταπεινόν¹. » Εὐθὺς οὖν λέγειν χρὴ πρὸς τὸν τοιοῦτον,

Ἀλλοῖός μοι, ξεῖν', ἐφάνης νέον², ἠὲ πάροιθεν³·

οὐ δέομαι φίλου συμμεθισταμένου καὶ συνεπινεύοντος· ἡ γὰρ σκιὰ ταῦτα ποιεῖ μᾶλλον· ἀλλὰ συναληθεύοντος καὶ συνεπικρίνοντος.

III. Il sait donner à tous les défauts de favorables noms. — Funestes effets de la flatterie.

Ὁ κόλαξ ἀεὶ μνημονεύων τοῦ τὰ δεύτερα λέγειν⁴, ὑφίεται τῇ ὁμοιότητι τῆς ἰσότητος, ἡττᾶσθαι πανταχοῦ καὶ ἀπολείπεσθαι, πλὴν τῶν φαύλων, ὁμολογῶν. Ἐν δὲ τοῖς φαύλοις οὐ παρίησι τὸ πρωτεῖον, ἀλλά φησιν, ἂν ἐκεῖνος⁵ ᾖ δύσκολος, αὐτὸν εἶναι μελαγχολικόν· ἂν ἐκεῖνος δεισιδαίμων, αὐτὸν θεοφόρητον· ἀκαίρως, φησίν, ἐγέλας, ἐγὼ δ' ἐξέθνησκον ὑπὸ τοῦ γέλωτος. Ἀλλ' ἔν γε τοῖς χρηστοῖς τοὐναντίον, αὐτός φησι ταχέως τρέχειν, ἵπτασθαι δι' ἐκεῖνον· αὐτὸς ἱππεύειν ἐπιεικῶς, ἀλλὰ τί πρὸς τὸν ἱπποκένταυρον⁶ τοῦτον; εὐφυής εἰμι ποιητής, καὶ στίχον οὐ φαυλότατον γράφων·

Βροντᾶν δ' οὐκ ἐμόν, ἀλλὰ Διός⁷.

1. Γλυκύ, ταπεινόν, *chose douce, chose basse.* « *Triste lupus stabulis.* » Voy. page 3, note 1.

2. Νέον, adv., récemment, présentement. — Ἀλλοῖος ἠέ, tout autre qu'auparavant, différent de ce que tu étais.

3. Πάροιθεν. Hom., *Odyss.*, XVI,

4. Τὰ δεύτερα λέγειν, jouer le second rôle, comme ces acteurs qui ne sont là que pour donner la réplique.

5. Ἐκεῖνος, celui qu'il flatte, ὁ κολακευόμενος.

6. Ἱπποκένταυρον. Les Centaures, peuple de la Thessalie, étaient si habiles dans l'art de l'équitation, qu'ils ne paraissaient faire qu'un avec leurs chevaux. Aussi la fable en avait-elle fait des monstres moitié hommes, moitié chevaux.

7. Διός. Allusion dont le sens est : « Si je suis un humble poète, vous, vous êtes un dieu ; vous seul pouvez tonner comme Jupiter. » — Βροντᾶω, *tonat*, se disaient d'un poète ou d'un orateur éloquent : « Démosthène tonne, » dit Fénelon.

Ἅμα γὰρ αὐτοῦ δοκεῖ καὶ τὴν προαίρεσιν ἀποφαίνειν καλὴν, μιμούμενος, καὶ τὴν δύναμιν ἀνέφικτον, ἡττώμενος. Τὸ δὲ ἦθος, ἀρχὴν καὶ πηγὴν τοῦ βίου, διαστρέφουσιν οἱ κόλακες, τὰ τῆς ἀρετῆς ὀνόματα τῇ κακίᾳ περιθέντες. Ἐν μὲν γὰρ ταῖς στάσεσι καὶ τοῖς πολέμοις ὁ Θουκυδίδης [1] φησὶν, ὅτι τὴν εἰωθυῖαν ἀξίωσιν τῶν ὀνομάτων ἐς τὰ ἔργα ἀντήλλαξαν τῇ δικαιώσει· τόλμα μὲν γὰρ ἀλόγιστος, ἀνδρεία φιλέταιρος ἐνομίσθη· μέλλησις δὲ προμηθής, δειλία εὐπρεπής· τὸ δὲ σῶφρον, τοῦ ἀνάνδρου πρόσχημα· καὶ τὸ πρὸς ἅπαν συνετὸν, ἐπίπαν ἀργόν. Ἐν δὲ ταῖς κολακείαις ὁρᾶν χρὴ καὶ παραφυλάττειν ἀσωτίαν μὲν ἐλευθεριότητα καλουμένην· καὶ δειλίαν, ἀσφάλειαν· ἐμπληξίαν δὲ, ὀξύτητα· μικρολογίαν δὲ σωφροσύνην· τὸν δ' ἐρωτικὸν, φιλοσυνήθη καὶ φιλόστοργον· ἀνδρεῖον δὲ, τὸν ὀργίλον καὶ ὑπερήφανον· φιλάνθρωπον δὲ, τὸν εὐτελῆ καὶ ταπεινόν [2]. Ὡς που καὶ Πλάτων [3] φησὶ τὸν ἐραστὴν κόλακα τῶν ἐρωμένων ὄντα, τὸν μὲν σιμὸν, καλεῖν ἐπίχαριν· τὸν δὲ γρυπὸν, βασιλικόν· μέλανας δὲ, ἀνδρικούς· λευκοὺς δὲ, θεῶν παῖδας· τὸ δὲ μελίχρουν, ὅλως ἐραστοῦ πρόσποίημα εἶναι, ὑποκοριζομένου καὶ εὐκόλως φέροντος τὴν ὠχρότητα [4].

---

1. Θουκυδίδης. *Guerre du Péloponèse*, liv. III, 82.

2. Ταπεινόν. « Devant un prodigue, ses profusions ne sont plus dans notre bouche qu'un air de générosité et de magnificence. Devant un avare, sa dureté et sa sordidité n'est plus qu'une sage modération et une bonne conduite domestique... Nous trouvons toujours un beau côté, dans les vices les plus déplorables ; et comme toutes les passions ressemblent toujours à quelque vertu, nous ne manquons jamais de nous sauver à la faveur de cette ressemblance. » (MASSILLON.)

3. Πλάτων. *De la République*, liv. V.

4. Ὠχρότητα. Cf. Mol., *Misanthr.*:

Et l'on voit les amants vanter toujours
[leur choix ;
Jamais leur passion n'y voit rien de
[blâmable,
Et dans l'objet aimé tout leur devient
[aimable ;
Ils comptent les défauts pour des per-
[fections,
Et savent y donner de favorables noms:
La pâle est aux jasmins en blancheur
[comparable,
La noire à faire peur, une brune ado-
[rable ;
La maigre a de la taille et de la li-
[berté,
La grasse est dans son port pleine de
[majesté ;
La malpropre sur soi, de peu d'attraits
[chargée,
Est mise sous le nom de beauté né-
[gligée ;
La géante paraît une déesse aux yeux,

Καί τοι καλὸς μὲν εἶναι πεισθεὶς ὁ αἰσχρὸς, ἢ μέγας ὁ μικρὸς, οὔτε χρόνον πολὺν τῇ ἀπάτῃ σύνεστι, καὶ βλάπτεται βλάβην ἐλαφρὰν καὶ οὐκ ἀνήκεστον. Ὁ δὲ ταῖς κακίαις ἐθίζων ἔπαινος ὡς ἀρεταῖς, ὡς μὴ ἀχθόμενον, ἀλλὰ χαίροντα χρῆσθαι[1], καὶ τὸ αἰδεῖσθαι τῶν ἁμαρτανομένων ἀφαιρῶν, οὗτος ἐπέτριψε Σικελιώτας, τὴν Διονυσίου καὶ Φαλάριδος[2] ὠμότητα μισοπονηρίαν καὶ δικαιοσύνην προσαγορεύων· οὗτος Αἴγυπτον ἀπώλεσε, τὴν Πτολεμαίου[3] θηλύτητα, καὶ θεοληψίαν, εὐσέβειαν ὀνομάζων καὶ θεῶν λατρείαν· οὗτος τὰ Ῥωμαίων ἤθη τηνικαῦτα[4] παρ' οὐδὲν ἦλθεν[5] ἀνατρέψαι καὶ ἀνελεῖν, τὰς Ἀντωνίου[6] τρυφὰς καὶ ἀκολασίας καὶ πανηγυρισμοὺς, ἱλαρὰ πράγματα καὶ φιλάνθρωπα, χρωμένης[7] ἀφθόνως αὐτῷ δυνάμεως καὶ τύχης, ὑποκριζόμενος. Πτολεμαίῳ δὲ τί περιῆψεν ἄλλο φορβειὰν καὶ αὐλούς[8]; τί δὲ Νέ-

La naine un abrégé des merveilles [des cieux, etc. (Acte II, sc. 4.)

Cf. Lucrèce, *De Nat. rerum*, IV, 1154.

1. Χρῆσθαι a été considéré par plusieurs interprètes, comme dépendant de ὡς, pris dans le sens de ὥστε. Il est plus simple et plus naturel de construire : Ὁ δὲ ἔπαινος ἐθίζων (ἄνθρωπον) χρῆσθαι ταῖς κακίαις ὡς ἀρεταῖς, ὡς μὴ ἀχθόμενον, ἀλλὰ χαίροντα, καὶ ἀφαιρῶν, κ. τ. λ.

2. Διονυσίου, Denys l'Ancien, tyran de Syracuse. Plutarque rapporte de lui plusieurs traits de cruauté : tantôt, c'est Antiphon qu'il fait mettre à mort pour une parole hardie ; tantôt, c'est Philoxène qu'il fait jeter dans les Latomies, parce qu'il n'admire pas ses vers. Il punit son barbier pour un mot indiscret ; il fait embarquer Platon avec ordre de le tuer ou de le vendre. — Phalaris, tyran d'Agrigente, est célèbre également par sa cruauté, surtout par ce fameux taureau d'airain, où il faisait brûler à petit feu ses victimes. Voy. p. 130, n. 7.

3. Πτολεμαίου, Ptolémée Aulétès ou Joueur de flûte, roi d'Égypte, non moins superstitieux que débauché, et qui fut un objet d'exécration pour les Égyptiens.

4. Τηνικαῦτα, alors, à la même époque que Ptolémée.

5. Παρ' οὐδὲν ἦλθεν, en vint presque à, ne fut pas loin de, faillit.....

6. Ἀντωνίου. Entouré de musiciens et de bouffons, Antoine cherchait à rivaliser avec Cléopâtre en luxe, en festins splendides et en ostentation. « Il n'y eut plus alors, dit Plutarque, dans la *Vie d'Antoine*, ni bornes ni mesure, tout le monde voulant suivre son exemple. »

7. Χρῆσθαί τινι, *uti aliquo*, traiter quelqu'un ; littér. la puissance et la fortune le traitant libéralement.

8. Αὐλούς, lui mit la flûte à la main, l'encouragea à jouer de la flûte en public.

ρωπα τραγικὴν ἐπήξατο σκηνήν, καὶ προςωπεῖα καὶ κοθόρνους περιέθηκεν[1]: οὐχ ὁ κολακευόντων ἔπαινος;) Οἱ δὲ πολλοὶ τῶν βασιλέων, οὐκ Ἀπόλλωνες μὲν, ἂν μινυρίσωσι, Διόνυσοι δὲ, ἂν μεθυσθῶσιν, Ἡρακλεῖς δὲ, ἐὰν παλαίσωσι, προςαγορευόμενοι, καὶ χαίροντες, εἰς ἅπασαν αἰσχύνην ὑπὸ τῆς κολακείας ἐξάγονται.

IV. Franchise d'Apelles et de Solon.

Ἀπελλῆς ὁ ζωγράφος, Μεγαβύζου[2] παρακαθίσαντος αὐτῷ, καὶ περὶ γραμμῆς τι καὶ σκιᾶς βουλομένου λαλεῖν· « Ὁρᾷς, ἔφη, τὰ παιδάρια ταυτὶ τὰ τὴν μηλίδα τρίβοντα; πάνυ σοι προςεῖχε τὸν νοῦν σιωπῶντι, καὶ τὴν πορφύραν ἐθαύμαζε καὶ τὰ χρυσία· νῦν δέ σου καταγελᾷ περὶ ὧν[3] οὐ μεμάθηκας ἀρξαμένου λαλεῖν. »

Καὶ Σόλων, Κροίσου περὶ εὐδαιμονίας διαπυνθανομένου[4], Τέλλον[5] τινὰ τῶν οὐκ ἐπιφανῶν Ἀθήνησι, καὶ Βίτωνα καὶ Κλέοβιν[6], ἀπέφηνεν εὐποτμοτέρους. Οἱ δὲ κόλακες τοὺς βα-

1. Περιέθηκεν. « Nec minus foedum Neroni studium cithara ludicrum in modum canere... Postremo ipse scenam incedit, multa cura tentans citharam et præmeditans, assistentibus familiaribus.» (TAC., Ann., XIV, 14 et 15.)

2. Μεγαβύζου, l'un des sept satrapes perses qui renversèrent Smerdis.

3. Περὶ ὧν, attraction pour περὶ τούτων ἅ. Le relatif prend le cas de l'antécédent sous-entendu.

4. Διαπυνθανομένου περὶ εὐδαιμονίας, littér. l'interrogeant sur le bonheur; expressions concises, que Plutarque n'a pas besoin d'expliquer plus longuement, parce qu'elles font allusion à un fait bien connu. Solon s'étant rendu à Sardes, Crésus le promena dans son palais pour lui faire admirer son opulence. Puis,

il lui demanda s'il avait jamais vu un homme heureux. « Il lui faisait cette question, pensant être lui-même le plus heureux des hommes.»(HÉROD., I, 29.)

5. Τέλλον. « Crésus étonné lui demanda doucement : A quoi juges-tu que Tellus fut le plus heureux des hommes? Solon reprit : Ce Tellus vit sa patrie florissante, il eut des enfants braves et vertueux, et de tous il a vu naître des enfants, qui tous ont vécu... Puis, dans une bataille contre nos voisins d'Eleusis, il défendit les Athéniens, mit les ennemis en fuite, et périt glorieusement. » (HÉROD., I, 30.—Cf. PLUT., Vie de Solon, ch. 27.)

6. Βίτωνα καὶ Κλέοβιν. L'histoire de Cléobis et de Biton a été souvent racontée, particulièrement par Hérodote, liv. I, ch. 31, et par Plu-

σιλεῖς, καὶ πλουσίους, καὶ ἄρχοντας, οὐκ ὀλβίους μόνον καὶ μακαρίους, ἀλλὰ καὶ φρονήσει, καὶ τέχνῃ, καὶ ἀρετῇ πάσῃ πρωτεύοντας ἀναγορεύουσιν.

Εἶτα[1] τῶν μὲν Στωϊκῶν οὐδὲ ἀκούειν ἔνιοι ὑπομένουσι, τὸν σοφὸν ὁμοῦ πλούσιον, καλὸν, εὐγενῆ, βασιλέα προσαγορευόντων· οἱ δὲ κόλακες τὸν πλούσιον ὁμοῦ καὶ ῥήτορα καὶ ποιητὴν, ἂν δὲ βούληται, καὶ ζωγράφον καὶ αὐλητὴν ἀποφαίνουσι, καὶ ποδώκη, καὶ ῥωμαλέον, ὑποπίπτοντες ἐν τῷ παλαίειν, καὶ ἀπολιμπανόμενοι θεόντων· ὥσπερ Κρίσσων ὁ Ἱμεραῖος ἀπελείφθη[3] διαθέων πρὸς Ἀλέξανδρον· ὁ δ' αἰσθόμενος ἠγανάκτησε.

V. Souvent les apparences de la franchise ne sont qu'une flatterie habilement déguisée.

Ἔτι δέ τινες πανουργότεροι καὶ πρὸς ἡδονὴν[1] χρῶνται τῷ παρρησιάζεσθαι καὶ ψέγειν. Καθάπερ Ἆγις ὁ Ἀργεῖος[5], Ἀλεξάνδρου γελωτοποιῷ τινι μεγάλας δωρεὰς δόντος, ὑπὸ φθόνου καὶ λύπης ἐξέκραγεν, « Ὦ τῆς πολλῆς ἀτοπίας· » ἐπιστρέψαντος δὲ τοῦ βασιλέως πρὸς αὐτὸν ὀργῇ, καὶ δὴ, « Τί σὺ λέγεις; » εἰπόντος, « Ὁμολογῶ, φησίν, ἄχθεσθαι καὶ ἀγανακτεῖν, ὁρῶν ὑμᾶς τοὺς ἐκ Διὸς γεγονότας[6] ἅπαντας

---

tarque, *Vie de Solon*, 27, et *Consol. à Apollonius*. (Voy. p. 44.)

1. Εἶτα, *et puis*; exclamation.

2. Βασιλέα. « Solos sapientes esse, si distortissimi sint, formosos; si mendicissimi, divites; si servitutem serviant, reges; nos autem qui sapientes non sumus, fugitivos, exsules, hostes, insanos denique esse dicunt stoici. » « Sapiens solus rex, so'us dives, solus formosus. » (Cic.)

3. Ἀπελείφθη, resta en arrière, se laissa devancer.

4. Πρὸς ἡδονήν, *en vue du plaisir, pour plaire.* Leur franchise apparente et leurs blâmes ne sont qu'une manière détournée de flatter plus délicatement.

5. Ἆγις ὁ Ἀργεῖος, Agis d'Argos, mauvais poète et vil flatteur de l'entourage d'Alexandre : Agis quidam Argivus, pessimorum carminum post Chœrilum conditor. » (Q. CURCE, VIII, 18.)

6. Ἐκ Διὸς γεγονότας. Ce mot réparait habilement tout le mal, et ne pouvait manquer de calmer Alexandre, qui, dit Q. Curce, « Jovis filium non dici tantum se, sed etiam credi volebat; itaque more Persarum Macedonas venerabundos ipsum salutare, prosternentes humi corpora jussit. »

ὁμοίως κολάξειν ἀνθρώποις καὶ καταγελάστοις χαίροντας·
καὶ γὰρ Ἡρακλῆς Κέρκωψί¹ τισι, καὶ Σειληνοῖς² ὁ Διόνυσος
ἐτέρπετο, καὶ παρά σοι τούτους ἰδεῖν ἔστιν εὐδοκιμοῦντας. »

Τιβερίου δὲ Καίσαρος εἰς τὴν σύγκλητόν ποτε παρελθόν-
τος, εἷς τῶν κολάκων ἀναστὰς ἔφη, δεῖν ἐλευθέρους ὄντας
παρρησιάζεσθαι, καὶ μηδὲν ὑποστέλλεσθαι, μηδ' ἀποσιωπᾶν
τῶν συμφερόντων· ἀνατείνας³ δὲ πάντας οὕτως, γενομένης
αὐτῷ σιωπῆς, καὶ τοῦ Τιβερίου προσέχοντος⁴· « Ἄκουσον,
ἔφη, Καῖσαρ, ἅ σοι πάντες ἐγκαλοῦμεν, οὐδεὶς δὲ τολμᾷ
φανερῶς λέγειν· ἀμελεῖς σεαυτοῦ, καὶ προίεσαι τὸ σῶμα,
καὶ κατατρύχεις ἀεὶ φροντίσι καὶ πόνοις ὑπὲρ ἡμῶν, οὔτε
μεθ' ἡμέραν, οὔτε νύκτωρ ἀναπαυόμενος. » Πολλὰ δὲ αὐτοῦ
τοιαῦτα συνείροντος, εἰπεῖν φασι τὸν ῥήτορα Κάσσιον
Σευῆρον⁵· « Αὕτη τούτου ἡ παρρησία τὸν ἄνθρωπον ἀπο-
κτενεῖ⁶. »

1. Κέρκωψι, les Cercopes, êtres fabuleux, habitants de l'île Pithécus, changés en singes, suivant une tradition recueillie par Ovide, *Métam.*, liv. XIV.

2. Σειληνοῖς. Les Silènes, vieux Satyres, dont le plus ancien fut le père nourricier de Bacchus :

Custos famulusque dei Silenus alumni.
(Hor.)

3. Ἀνατείνας, « quum intentos fecisset. »

4. Προσέχοντος. La locution complète est προσέχειν τὸν νοῦν ou τὴν διάνοιαν.

5. Κάσσιον Σευῆρον, Cassius Sévérus, sur lequel il nous reste un jugement dans le *Dialogue des Orateurs*, ch. 26 ; et dans Sénèque, *Controv.*, III, préface.

6. Ἀποκτενεῖ, fera périr, perdra. — Cette amère ironie de Cassius Sévérus n'était que l'expression des sentiments que tant de turpitude inspirait à Tibère lui-même : « Dans ce siècle infecté d'adulation et de bassesse, la contagion ne s'arrêtait pas aux premiers de l'Etat, qui avaient besoin de cacher un nom trop brillant sous l'empressement de leurs respects ; tous les consulaires, et même beaucoup de sénateurs obscurs, se levaient à l'envi pour voter les flatteries les plus honteuses et les plus exagérées. On raconte que Tibère, chaque fois qu'il sortait du sénat, s'écriait en grec : O hommes prêts pour l'esclavage ! Ainsi celui même qui ne voulait pas de la liberté publique ne voyait qu'avec dégoût leur servile et patiente abjection. » (TAC., *Ann.*, III, 65.)

VI. Un véritable ami cache ses bienfaits. Le flatteur fait parade du moindre service.

Ἡ μὲν παρὰ τοῦ φίλου χάρις [1], ἐπιδεικτικὸν καὶ πανηγυρικὸν οὐδὲν ἔπεστιν· ἀλλὰ πολλάκις, ὥςπερ ἰατρὸς λαθών [2] ἐθεράπευσε, καὶ [3] φίλος ὠφέλησεν ἐντυχὼν ἢ διαλυσάμενος, ἀγνοοῦντος ἐπιμεληθείς. Τοιοῦτος Ἀρκεσίλαος [4] περί τε τὰ ἄλλα [5], καὶ νοσοῦντος Ἀπελλοῦ [6] τοῦ Χίου τὴν πενίαν καταμαθών, ἐπανῆλθεν μὲν αὖθις ἔχων εἴκοσι δραχμὰς, καὶ καθίσας πλησίον· « Ἐνταῦθα μὲν, εἶπεν, οὐδὲν ἢ τὰ Ἐμπεδοκλέους [7] στοιχεῖα ταυτί,

Πῦρ καὶ ὕδωρ καὶ γαῖα καὶ αἰθέρος ἤπιον ὕψος·

ἀλλ' οὐδὲ κατάκεισαι σὺ δεξιῶς· » ἅμα δὲ διακινῶν τὸ προςκεφάλαιον αὐτοῦ, λαθὼν ὑπέβαλε τὸ κερμάτιον. Ὡς οὖν ἡ διακονοῦσα πρεσβῦτις εὗρε, καὶ θαυμάσασα τῷ Ἀπελλῇ προςήγγειλε, γελάσας ἐκεῖνος· « Ἀρκεσιλάου, εἶπε, τουτὶ τὸ κλέμμα. »

Τὸ δὲ τοῦ κόλακος ἔργον οὐδὲν ἔχει δίκαιον, οὐδ' ἀληθινὸν, οὐδ' ἁπλοῦν, οὐδ' ἐλευθέριον· ἀλλ' ἱδρῶτα, καὶ διαδρομὴν, καὶ κραυγὴν, καὶ σύντασιν προςώπου, ποιοῦσαν

1. Χάρις, bienfaisance.

2. Λαθών, à l'insu des malades par des remèdes cachés.

3. Καὶ, de même aussi; « profuit et amicus. »

4. Ἀρκεσίλαος, Arcésilas, philosophe grec, précepteur de Théophraste. —Sénèque rapporte le même trait dans le traité Des bienfaits, liv. II.

5. Περί τε τὰ ἄλλα, et dans les autres choses (que celle qui suit); entre plusieurs autres traits. Ainsi, cette phrase : Entre autres bonheurs, il a des enfants obéissants, se tournera : Il est heureux dans les autres choses, et il a, etc. Τά τε ἄλλα εὐδαιμονεῖ, καὶ παῖδας ἔχει κατηκόους αὐτῷ. De même l'adverbe ἄλλως τε καί, signifie en particulier, surtout.

6. Ἀπελλοῦ, le célèbre peintre. Diog. Laerte (Arcésil.) raconte le même fait, en nommant le mathématicien Ctésibius, au lieu d'Apelles.

7. Ἐμπεδοκλέους. Empédocle d'Agrigente, philosophe de l'école italique. Avec des talents qui le rapprochaient d'Homère, il prêta le charme de la poésie aux matières les plus abstraites. Il admettait quatre éléments, l'air, la terre, l'eau et le feu.

ἔμφασιν καὶ δόκησιν ἐπιπόνου χρείας καὶ κατεσπευσμένης, ὥσπερ ζωγράφημα περίεργον ἀναιδέσι φαρμάκοις, καὶ κεκλασμέναις στολίσι, καὶ ῥυτίσι, καὶ γωνίαις, ἐναργείας φαντασίαν ἐπαγόμενον. Ἔστι δὲ καὶ διηγούμενος ἐπαχθὴς, ὡς ἔπραξε πλάνας τινὰς ὑπὲρ αὐτοῦ[1], καὶ φροντίδας, εἶτα ἀπεχθείας πρὸς ἑτέρους, εἶτα πράγματα μυρία καὶ πάθη μεγάλα διεξιών, ὥστ' εἰπεῖν[2]· « Οὐκ ἄξια ταῦτα ἐκείνων. » Πᾶσα μὲν γὰρ ὀνειδιζομένη χάρις ἐπαχθὴς[3], καὶ ἄχαρις, καὶ οὐκ ἀνεκτή· ταῖς δὲ τῶν κολάκων οὐχ ὕστερον, ἀλλὰ πραττομέναις ἔνεστιν εὐθὺς τὸ ἐπονείδιστον καὶ δυσωποῦν. Ὁ δὲ φίλος, κἂν εἰπεῖν δεήσῃ τὸ πρᾶγμα, μετρίως ἀπήγγειλε, περὶ αὐτοῦ δὲ εἶπεν οὐδέν. Ὁ δὴ[4] καὶ Λακεδαιμόνιοι Σμυρναίοις δεομένοις σῖτον πέμψαντες, ὡς ἐθαύμαζον ἐκεῖνοι τὴν χάριν· « Οὐδὲν, ἔφασαν, μέγα· μίαν γὰρ ἡμέραν ψηφισάμενοι τὸ ἄριστον ἀφελεῖν ἑαυτῶν καὶ τῶν ὑποζυγίων, ταῦτα[5] ἠθροίσαμεν. » Οὐ γὰρ μόνον ἐλευθέριος ἡ τοιαύτη χάρις, ἀλλὰ καὶ τοῖς λαμβάνουσιν ἡδίων, ὅτι τοὺς ὠφελοῦντας οὐ μεγάλα βλάπτεσθαι νομίζουσιν.

VII. Un cœur généreux ne craint pas de défendre librement ses amis. Trait de Platon.

Φιλικόν ἐστι, τὸ παρορᾶσθαι καὶ ἀμελεῖσθαι δοκοῦντας αὐτούς, ὑπὲρ ἄλλων ἀμελουμένων παρρησιάζεσθαι, καὶ ὑπομιμνήσκειν, ὡς Πλάτων ἐν ταῖς πρὸς Διονύσιον ὑπεροψίαις[6]

---

1. Αὐτοῦ, celui qu'il flatte.

2. Ὥστ' εἰπεῖν, de sorte qu'on lui dit.

3. Ἐπαχθής.
Un bienfait reproché tint toujours lieu
  (RACINE.)   [d'offense.
Un bienfait perd sa grâce à le trop
         [publier.
         (CORNEILLE.)
Crede mihi, quamvis ingentia, Post-
        [hume, dones,
Auctoris pereunt garrulitate sui.
         (MARTIAL.)

—Cf. Sén., De benef., III, 9 et 10.

4. Ὁ δή, s.-ent. κατά, est ici employé comme une conjonction. διό, ὅθεν, c'est ce qui fait que, c'est ainsi que.

5. Ταῦτα, savoir, les vivres envoyés aux habitants de Smyrne.

6. Ὑπεροψίαις. Voy. sur les rapports de Platon avec Denys le Tyran. p. 110, n. 2.

καὶ διαφοραῖς ᾐτήσατο καιρὸν ἐντυχίας· εἶτα ὁ μὲν ἔδωκεν[1], οἰόμενος ὑπὲρ αὑτοῦ τι μέμψασθαι[2] τὸν Πλάτωνα καὶ διελθεῖν. Ὁ δὲ Πλάτων οὕτω πως διελέχθη πρὸς αὐτόν· « Εἴ τινα αἴσθοιο, Διονύσιε, δυσμενῆ πεπλευκότα εἰς Σικελίαν, κακόν τί σε ποιῆσαι[3] βουλόμενον, οὐκ ἔχοντα δὲ καιρόν, ἆρ' ἂν ἐάσειας αὐτὸν ἐκπλεῦσαι, καὶ περιιδοῖς ἀθῷον ἀπαλλαγέντα; — Πολλοῦ δέω, εἶπεν ὁ Διονύσιος, ὦ Πλάτων· δεῖ γὰρ οὐ τὰ ἔργα τῶν ἐχθρῶν μόνον, ἀλλὰ καὶ τὴν προαίρεσιν μισεῖν[4] καὶ κολάζειν. — Εἰ τοίνυν, εἶπεν ὁ Πλάτων, ἐπ' εὐνοίᾳ τις ἀφιγμένος τῇ σῇ δεῦρο, βούλεται μὲν ἀγαθοῦ τινος αἴτιός σοι γενέσθαι, σὺ δὲ καιρὸν οὐ παρέχεις, ἄξιόν ἐστι τοῦτον ἀχαρίστως προέσθαι καὶ ὀλιγώρως; » Ἐρωτήσαντος δὲ τοῦ Διονυσίου· « Τίς οὗτός ἐστιν; — Αἰσχίνης[5], εἶπεν, ἀνὴρ τῷ τε ἤθει παρ' ὁντινοῦν τῶν Σωκράτους ἑταίρων ἐπιεικής, καὶ τῷ λόγῳ δυνατὸς ἐπανορθοῦν, οἷς συνείη· πλεύσας δὲ δεῦρο πολλὴν θάλατταν[6], ὡς συγγένοιτό σοι διὰ φιλοσοφίας, ἠμέληται. » Ταῦτα οὕτως ἐκίνησε τὸν Διονύσιον, ὥστε τὰς μὲν χεῖρας τῷ Πλάτωνι εὐθὺς περι-

1. Ἔδωκεν, lui accorda l'entrevue qu'il demandait.

2. Μέμψασθαι. L'aoriste revient ici au sens du futur : *qu'il avait eu à se plaindre*, donc : *qu'il devait se plaindre*. Ce n'est pas que ces temps s'emploient indifféremment l'un pour l'autre, mais la substitution de l'un à l'autre, dans certains cas, s'explique par l'analogie des idées. Il en est de même dans toutes les langues. Quand on dit : « Qui ne sait se borner ne sut jamais écrire, » ne pourrait-on pas dire : *ne sait pas*, ou *ne saura jamais écrire*, sans modifier la pensée ?

3. Κακόν τί σε ποιῆσαι. Εὖ ποιεῖν τινά, κακῶς ou κακόν ποιεῖν τινί, avec deux accusatifs, comme si les locutions εὖ ποιεῖν, κακῶς ποιεῖν, ne faisaient qu'un mot composé, un verbe actif.

4. Προαίρεσιν, l'intention, la volonté.

5. Αἰσχίνης, Eschine le philosophe, disciple de Socrate, qu'il ne faut pas confondre avec le célèbre orateur, disciple de Platon. La conduite de Platon à son égard est d'autant plus généreuse, qu'Eschine n'avait pas beaucoup de sympathie pour lui, d'après ce que rapporte Diogène Laërte, *Aristipp.*, 60.

6. Πλεῖν θάλατταν se rattache, par analogie, aux nombreuses figures étymologiques qu'on rencontre continuellement en grec, κινδυνεύειν κίνδυνον, μάχεσθαι μάχην. Virgile a imité cet hellénisme, au liv. Ier de l'*Enéide*, v. 67 :

Tyrrhenum *navigat æquor.*

ἐπαινεῖν καὶ κατασπάζεσθαι, τὴν εὐμένειαν καὶ μεγαλοφρο-
σύνην ἀγάμενος, τοῦ δ' Αἰσχίνου καλῶς καὶ μεγαλοπρεπῶς
ἐπιμεληθῆναι.

DE L'UTILITÉ DES ENNEMIS

I. « Il est d'un homme sage de tirer parti même de ses ennemis, »
a dit Xénophon. — Développement de cette idée.

Σατύρου τὸ πῦρ[1], ὡς πρῶτον ὤφθη, βουλομένου φιλῆσαι
καὶ περιβαλεῖν[2], ὁ Προμηθεύς·

> Τράγος γένειον ἄρα πενθήσεις σύ γε·
> Καίει τὸν ἁψάμενον[3].

ἀλλὰ φῶς παρέχει καὶ θερμότητα, καὶ τέχνης ἁπάσης ὄρ-
γανόν ἐστι τοῖς χρῆσθαι μαθοῦσι. Σκόπει δὴ καὶ τὸν ἐχθρόν,
εἰ βλαβερὸς ὢν τἆλλα καὶ δυσμεταχείριστος, ἁμωσγέπως
ἁφὴν ἐνδίδωσιν αὑτοῦ καὶ χρῆσιν οἰκείαν, καὶ ὠφέλιμός
ἐστι.

Πρῶτον μὲν δοκεῖ μοι τῆς ἔχθρας τὸ βλαβερώτατον ὠφε-
λιμώτατον ἂν γενέσθαι τοῖς προσέχουσιν. Τί δὲ τοῦτό ἐστιν;
Ἐφεδρεύει σου τοῖς πράγμασιν ἐγρηγορὼς ὁ ἐχθρὸς ἀεί, καὶ
λαβὴν ζητῶν πανταχόθεν περιοδεύει τὸν βίον, οὐ διὰ δρυὸς
μόνον ὁρῶν, ὡς ὁ Λυγκεύς[4], οὐδὲ διὰ λίθων καὶ ὀστράκων,
ἀλλὰ καὶ διὰ φίλου καὶ οἰκέτου, καὶ διὰ συνήθους παντός,

---

1. Τὸ πῦρ. Prométhée, fils du Ti-
tan Japétus et de la Terre, fut l'in-
venteur du feu. Il déroba, dit la légende, le feu du ciel pour le donner
aux hommes.
    Audax Japeti genus
Ignem fraude mala gentibus intulit.
    (Hor., *Od.*, 1, 3.)
2. Περιβαλεῖν. Quand les sauvages
de l'Amérique virent pour la première fois les Européens allumer du
feu, ravis d'admiration ils s'appro-
chèrent et voulurent, comme le Satire, en prendre dans leurs mains.

3. Ἁψάμενον. Vers d'une tragédie
inconnue.

4. Λυγκεύς, Lyncée, un des Ar-
gonautes, fils d'Apharée, avait, dit
la Fable, la vue si perçante qu'il
voyait au fond de la mer et même à
travers les murs.

ὡς ἀνυστόν ἐστι φωρῶν τὰ πραττόμενα, καὶ τὰ βουλευόμενα διορύττων καὶ διερευνώμενος. Οἱ μὲν γὰρ φίλοι καὶ νοσοῦντες ἡμᾶς πολλάκις καὶ ἀποθνήσκοντες λανθάνουσι [1] μέλλοντας καὶ ὀλιγωροῦντας · τῶν δ' ἐχθρῶν μονονουχὶ [2] καὶ τοὺς ὀνείρους πολυπραγμονοῦμεν · νόσοι δὲ, καὶ δανεισμοὶ, καὶ διαφοραὶ αὐτοὺς ἐκείνους μᾶλλον ἢ τὸν ἐχθρὸν λανθάνουσι. Μάλιστα δὲ τῶν ἁμαρτιῶν ἔχεται [3], καὶ ταύτας ἐξιχνεύει · καὶ καθάπερ οἱ γῦπες ἐπὶ τὰς ὀσμὰς τῶν διεφθορότων [4] σωμάτων φέρονται, τῶν δὲ καθαρῶν καὶ ὑγιαινόντων αἴσθησιν οὐκ ἔχουσιν, οὕτω καὶ νοσοῦντα τοῦ βίου [5] καὶ φαῦλα καὶ πεπονθότα κινεῖ τὸν ἐχθρὸν, καὶ πρὸς ταῦτα οἱ μισοῦντες ἄττουσι, καὶ τούτων ἅπτονται καὶ σπαράττουσι. Τοῦτο οὖν ὠφέλιμόν ἐστι; πάνυ μὲν οὖν · εὐλαβούμενον ζῆν καὶ προςέχειν ἑαυτῷ, καὶ μήτε πράττειν μηδὲν ὀλιγώρως καὶ ἀπερισκέπτως, μήτε λέγειν, ἀλλ' ἀεὶ διαφυλάττειν ὥσπερ ἐν ἀκριβεῖ διαίτῃ τὸν βίον ἀνεπίληπτον. Ἡ γὰρ οὕτω συστέλλουσα τὰ πάθη καὶ συνέχουσα τὸν λογισμὸν εὐλάβεια μελέτην ἐμποιεῖ καὶ προαίρεσιν τοῦ ζῆν ἐπιεικῶς καὶ ἀνεγκλήτως [6].

1. Λανθάνουσι νοσοῦντες, sont ignorés *étant malades*; leurs maladies sont ignorées de nous. Leclair, Gr. gr., § 618.

2. Μονονουχί, *tantum non*, presque.

3. Ἔχεται, sujet sous-entendu ὁ ἐχθρός, qui était le sujet des propositions précédentes, ἐφεδρεύει, περιοδεύει. — Ἔχομαι, au moyen, *s'attacher à*.

4. Διεφθορότων. Le parfait second, διέφθορα, a le sens neutre; le parfait premier, διέφθαρκα, le sens actif. Ainsi, ὀλώλεκα, parfait premier de ὄλλυμι, a le sens actif, *j'ai perdu*, *perdidi*; et le parfait second, ὄλωλα, le sens neutre, *je suis perdu*, *perii*. De même, lorsqu'un verbe a les deux aoristes, l'aoriste premier a le sens actif; l'aoriste second le sens neutre :

Ἔστησα, je plaçai; ἔστην, je me plaçai, je me tins; ἔβησα, je fis marcher, ἔβην, je marchai.

5. Νοσοῦντα τοῦ βίου, ce qu'il y a de vicieux dans la vie d'un homme, nos infirmités morales.

6. Ἀνεγκλήτως. Cf. Boileau, Ep. VIII, Sur l'utilité des ennemis :

Leur venin, qui sur moi brûle de s'é-
[pancher,
Tous les jours en marchant m'empê-
[che de broncher.
Je songe, à chaque trait que ma plume
[hasarde,
Que d'un œil dangereux leur troupe
[me regarde,
Je sais sur leurs avis corriger mes
[erreurs,
Et je mets à profit leurs malignes fu-
[reurs.
Sitôt que sur un vice ils pensent me
[confondre

Καὶ μὴν τοὺς περὶ τὸν Διόνυσον[1] τεχνίτας ὁρῶμεν ἐκλελυμένους καὶ ἀπροθύμους, καὶ οὐκ ἀκριβῶς πολλάκις ἀγωνιζομένοις ἐν τοῖς θεάτροις ἐφ᾽ ἑαυτῶν[2]· ὅταν δὲ ἅμιλλα καὶ ἀγὼν γένηται πρὸς ἑτέρους, οὐ μόνον αὐτούς, ἀλλὰ καὶ τὰ ὄργανα μᾶλλον συνεπιστρέφουσι, χορδολογοῦντες καὶ ἀκριβέστερον ἁρμοζόμενοι καὶ καταυλοῦντες. Ὅστις οὖν οἶδεν ἀνταγωνιστὴν βίου καὶ δόξης τὸν ἐχθρὸν ὄντα, προσέχει μᾶλλον αὑτῷ, καὶ τὰ πράγματα περισκοπεῖ, καὶ διαρμόζεται τὸν βίον. Ἐπεὶ[3] καὶ τοῦτο τῆς κακίας ἴδιόν ἐστι, τὸ τοὺς ἐχθροὺς αἰσχύνεσθαι μᾶλλον ἢ τοὺς φίλους, ἐφ᾽ οἷς ἐξαμαρτάνομεν. Ὅθεν ὁ Νασικᾶς[4], οἰομένων τινῶν καὶ λεγόντων, ἐν ἀσφαλεῖ γεγονέναι τὰ Ῥωμαίων πράγματα, Καρχηδονίων μὲν ἀνῃρημένων, Ἀχαιῶν δὲ δεδουλωμένων· « Νῦν μὲν οὖν, εἶπεν, ἐπισφαλῶς ἔχομεν, μήτε οὓς φοβηθῶμεν, μήτε οὓς αἰσχυνθῶμεν, ἑαυτοῖς ἀπολελοιπότες. »

Ἔτι τοίνυν πρόσλαβε τὴν Διογένους ἀπόφασιν, φιλόσοφον σφόδρα καὶ πολιτικὴν[5] οὖσαν· Πῶς ἀμυνοῦμαι τὸν ἐχθρόν; — Αὐτὸς καλὸς κἀγαθὸς γενόμενος. Εἰ θέλεις ἀνιᾶν τὸν μισοῦντα, μὴ λοιδόρει κίναιδον, μηδὲ μαλακόν, μηδὲ ἀκόλαστον, μηδὲ βωμολόχον, μηδ᾽ ἀνελεύθερον· ἀλλ᾽ αὐτὸς ἀνὴρ ἴσθι, καὶ σωφρόνει, καὶ ἀλήθευε, καὶ χρῶ φιλανθρώπως[6] καὶ δικαίως τοῖς ἐντυγχάνουσιν. Ἂν δὲ λοιδορῆσαι προαχθῇς, ἄπαγε πορρωτάτω σεαυτόν, ὧν[7] λοιδορεῖς ἐκεῖνον· ἐνδύου

C'est en me guérissant que je sais
    [leur répondre ;
Et plus en criminel ils pensent m'é-
    [riger,
Plus, croissant en vertu, je songe à
    [me venger.

1. Περὶ τὸν Διόνυσον, les artistes qui jouaient dans les pièces de théâtre, représentées aux fêtes de Bacchus.

2. Ἐφ᾽ ἑαυτῶν, pro se, seuls, livrés à eux-mêmes, sans concurrents.

3. Ἐπεί, au commencement d'une phrase, car.

4. Νασικᾶς, Scipion Nasica, consul en l'an 222 av. J.-C. vainqueur des Lusitaniens et des Boïens, et l'un des plus habiles jurisconsultes de son temps.

5. Φιλόσοφον καὶ πολιτικήν, digne d'un philosophe et d'un bon citoyen.

6. Χρῆσθαι φιλανθρώπως τινί, uti humane aliquo, traiter quelqu'un humainement, se montrer humain envers quelqu'un.

7. Ὧν. Constr. pleine: πορρωτάτω τούτων περὶ ὧν...

τῇ ψυχῇ, περισκόπει τὰ σαθρά, μή τις καὶ σοὶ ποθὲν ὑποφθέγγηται κακία τὸ τοῦ τραγῳδοῦ,

Ἄλλων ἰατρός, αὐτὸς ἕλκεσι βρύων.

Ἂν ἀπαίδευτον εἴπῃ σε, ἐπίτεινε τὸ φιλομαθὲς ἐν σεαυτῷ καὶ φιλόπονον· ἂν δειλόν, ἔγειρε μᾶλλον τὸ θαρσαλέον καὶ ἀνδρῶδες· κἂν ἀσελγῆ καὶ ἀκόλαστον, ἐξάλειψε τῆς ψυχῆς, εἴ τι [1] λανθάνον ἐστι φιληδονίας ἴχνος.

II. La médisance, au lieu de nous blesser, peut nous guérir.

Τοὺς ἀποροῦντας εὐνοίας [2] νουθητούσης ὑπομένειν ἀνάγκη μισοῦντος ἐχθροῦ λόγον, ἂν ἐλέγχῃ καὶ κολάζῃ τὴν κακίαν, σκοποῦντας τὸ ἔργον [3], ἀλλὰ μὴ τὴν γνώμην τοῦ κακῶς λέγοντος. Ὥσπερ γὰρ ὁ τὸν Θεσσαλὸν Προμήθεα [4] κτεῖναι διανοηθεὶς ἔπαισε τῷ ξίφει τὸ φῦμα, καὶ διεῖλεν οὕτως, ὥστε σωθῆναι τὸν ἄνθρωπον, καὶ ἀπαλλαγῆναι τοῦ φύματος ῥαγέντος· οὕτω πολλάκις ὑπ' ὀργῆς ἢ ἔχθρας προσπεσοῦσα λοιδορία κακὸν ψυχῆς ἢ ἀγνοούμενον ἢ ἀμελούμενον ἐθεράπευσεν. Ἀλλ' οἱ πολλοὶ λοιδορηθέντες οὐ σκοποῦσιν, εἰ πρόσεστιν αὐτοῖς τὸ λεγόμενον, ἀλλὰ τί πρόσεστιν ἕτερον τῷ λοι-

1. Ἐξάλειψε, εἴ τι... Tournure grecque et latine : *Dele, si quod est vestigium*; même sens que : *Dele quodcumque est vestigium*. Ainsi dans Virgile : « Ceux que nous avons mis en fuite reparaissent : » *Illi etiam, si quos fudimus, apparent.*(Én., II, 420).

2. Εὐνοίας, la *bienveillance*, pour les *hommes bienveillants*; métonymie, qui consiste à mettre le nom abstrait à la place du nom concret. On dit de même, en latin, *vitæ*, pour *homines viventes*; *servitia*, pour *servi*; *fortitudo* pour *viri fortes*, etc. Cette figure est encore plus fréquente en français. On dira élégamment : Les conseils de la bienveillance, pour des amis bienveillants; l'ambition, la vertu, la lâcheté, pour les ambitieux, les hommes vertueux, les lâches. Voltaire a dit poétiquement : « L'esclavage obéit à sa voix. »

3. Τὸ ἔργον, le fait en lui-même, le service qu'on nous rend.

4. Προμηθέα, Prométhée le Thessalien, presque inconnu d'ailleurs. Le nom importe peu. Dans ces sortes d'anecdotes, qui se transmettent toutes faites, sans avoir rien de fondé ni d'authentique, il n'est pas rare de voir les noms des personnages différer dans les récits de divers auteurs. Cicéron, *De nat. Deor.*, III, 28, rapporte le même fait de Jason de Phères. Cf. Valère Maxime, I, 7. — Sénèque, *De beneficiis*, II, 19.

δοροῦντι, καὶ, καθάπερ οἱ παλαίοντες τὴν κόνιν, οὐχ ἑαυτῶν ἀποψῶσι τὰς λοιδορίας, ἀλλὰ συμπάσσουσιν ἀλλήλους, εἶτα φύρονται καὶ ἀναχρώννυνται συμπεσόντες ὑπ' ἀλλήλων. Δεῖ δὲ ἀκούσαντα κακῶς ὑπ' ἐχθροῦ[1], τὸ μὲν προςὸν ἀφαιρεῖν αὐτοῦ μᾶλλον ἢ κηλίδα προσοῦσαν ἱματίῳ καὶ δειχθεῖσαν· πολὺ δὲ βέλτιον, ἐχθρῶν καὶ ἀλλοτρίων ἐγγυμνασάμενον σκώμμασι, καὶ λοιδορίαις, καὶ ὀργαῖς, καὶ βδελυρίαις, ἐθίσαι τὸν θυμὸν ἡσυχίαν ἄγειν, μηδὲ ἀσχάλλειν ἐν τῷ λοιδορεῖσθαι.

Ἐχθροῦ δὲ καὶ τὸ τιμωρίαν παραλιπεῖν ἐν καιρῷ παρασχόντος, ἐπιεικές ἐστι· τὸν δὲ καὶ πταίσαντι συμπαθήσαντα, καὶ δεηθέντι συλλαβόμενον, καὶ παισὶν ἐχθροῦ καὶ οἰκείοις πράγμασιν ἐν χρείᾳ γενομένοις σπουδήν τινα καὶ προθυμίαν ἐνδειξάμενον, ὅςτις οὐκ ἀγαπᾷ τῆς εὐμενείας[2], οὐδὲ ἐπαινεῖ τὴν χρηστότητα,

Κεῖνος ἐξ ἀδάμαντος ἢ σιδάρου κεχάλκευται μέλαιναν καρδίαν[3].

Τῷ Καίσαρι κελεύσαντι τὰς Πομπηίου τιμὰς[4] ἀναστaθῆναι καταβεβλημένας, ὁ Κικέρων· « Τοὺς Πομπηίου, φησίν, ἀνδριάντας ἔστησας, τοὺς δὲ σοὺς ἔπηξας. »

III. Il est beau de se montrer généreux même envers ses ennemis.

Εἴπερ ὀρθῶς ὁ Πυθαγόρας, ἐν ἀλόγοις ζώοις ἐθίζων ὠμότητος ἀπέχεσθαι καὶ πλεονεξίας, ὀρνέων τε θηρευτὰς παρῃτεῖτο, καὶ βόλους ὠνούμενος ἰχθύων, ἐκέλευεν ἀφιέναι, καὶ

---

1. Ἀκούειν κακῶς ὑπό τινος, *male audire ab aliquo*, entendre mal parler de soi, être blâmé. Voy. des exemples de cette locution dans Cic., *De Leg.* I, 50; *De Fin.*, III, 57; *Lett. à Att.*, VI, 2.

2. Ἀγαπᾷ τῆς εὐμενείας. Le verbe ἀγαπᾶν, comme θαυμάζειν, εὐδαιμονίζειν, etc., prend le nom de la personne à l'accusatif et celui de la chose au génitif. Leclair, *Gr. gr.*, § 296.

3. Καρδίαν. Expression imitée par Horace, *Od.*, I, III, 9 :

Illi robur et aes triplex,
Circa pectus erat.

« Ames de bronze, humains, » dit La Fontaine.

4. Πομπηίου τιμάς. L'an 710 de Rome. — Cf. Suét., *César*, ch. LXXV.

παντὸς ἡμέρου ζώου φόνον ἀπηγόρευε· πολὺ δή που σεμνότερόν ἐστιν, ἐν διαφοραῖς πρὸς ἀνθρώπους καὶ φιλονεικίαις, γενναῖον ἐχθρὸν ὄντα καὶ δίκαιον καὶ ἀψευδῆ, τὰ μοχθηρὰ καὶ ἀγενῆ καὶ κακοῦργα πάθη κολάζειν καὶ ταπεινὰ ποιεῖν[1]. Σκαῦρος ἐχθρὸς ἦν Δομιτίου καὶ κατήγορος[2]· οἰκέτης οὖν τοῦ Δομιτίου πρὸ τῆς δίκης ἧκε πρὸς αὐτὸν, ὡς ἔχων τι μηνῦσαι τῶν λανθανόντων ἐκεῖνον[3]· ὁ δὲ οὐκ εἴασεν εἰπεῖν, ἀλλὰ συλλαβὼν τὸν ἄνθρωπον, ἀπέστειλε πρὸς τὸν δεσπότην. Κάτωνι δὲ Μουρήναν[4] διώκοντι δημοκοπίας[5], καὶ συνάγοντι τοὺς ἐλέγχους[6], ἐξ ἔθους παρηκολούθουν οἱ τὰ πραττόμενα παραφυλάττοντες· πολλάκις οὖν αὐτὸν ἠρώτων, εἴ τι μέλλει σήμερον συνάγειν ἢ πραγματεύεσθαι πρὸς τὴν κατηγορίαν· εἰ δὲ μὴ φαίη[7], πιστεύοντες ἀπῄεσαν. Ταῦτα μὲν οὖν αὐτοῦ τῆς δόξης[8] ἔχει τεκμήριον μέγιστον.

1. Ταπεινὰ ποιεῖν équivaut à ταπεινοῦν, compescere.

2. Κατήγορος. D'après Cicéron, ce fut Cn. Domitius Ahénobarbus, tribun du peuple, en l'an de Rome 650, qui accusa M. Emilius Scaurus, prince du sénat. Scaurus est suspect d'avoir reçu les présents de Jugurtha, et de s'être laissé corrompre, lorsqu'il avait été chargé de lui faire la guerre.

3. Ἐκείνῳ est complément de μηνῦσαι, et non de λανθανόντων, qui régirait l'accusatif. — Dans Cicéron, c'est l'esclave de Scaurus, qui vient prévenir Domitius qu'il est prêt à déposer contre son maître; Domitius refusant de l'entendre le fait saisir et conduire à Scaurus. (Voy. Cic., Pro Dejot., xi. 31.) Il y a donc là une confusion de noms, qui intervertit les rôles. C'est une de ces inexactitudes comme on en a relevé un assez grand nombre dans Plutarque, la plupart insignifiantes, et beaucoup sans fondement.

4. Μουρήναν. Licinius Muréna, qui servit avec distinction dans la troisième guerre contre Mithridate, fut nommé consul en l'an 691 de Rome. Il fut accusé par S. Sulpicius, son rival, et Caton d'Utique, d'avoir obtenu cette dignité par la brigue, et défendu par Hortensius, par M. Crassus, et ensuite par Cicéron, dont le discours nous est resté.

5. Δημοκοπίας. Avec les verbes qui signifient accuser, poursuivre, citer en justice, condamner, on met en grec comme en latin, le nom qui exprime le délit au génitif.

6. Συνάγοντι τοὺς ἐλέγχους, recueillant les preuves pour fonder l'accusation, procédant à l'enquête.

7. Εἰ δὲ μὴ φαίη, si vero negaret. C.-à-d. εἰ φαίη, ἑαυτὸν μὴ μέλλειν, κ. τ. λ. Il ne faut pas oublier que la négation, que nous mettons en français avec le second verbe, se construit en grec avec le premier.

8. Δόξης, de l'opinion qu'on avait de lui, de la confiance qu'on avait dans sa loyauté.

IV. Les qualités et les succès de nos ennemis doivent exciter notre émulation, et non notre envie.

Τὰς ἁμίλλας πρὸς τοὺς ἐχθροὺς ἐστὶ ποιητέον¹ ὑπὲρ δόξης, ἢ ἀρχῆς, ἢ πορισμῶν δικαίων, μὴ δακνομένους μόνον, ἄν τι πλέον ἡμῶν ἔχωσι, ἀλλὰ καὶ πάντα παραφυλάττοντας, ἐξ ὧν πλέον ἔχουσι, καὶ πειρωμένους ὑπερβαλέσθαι ταῖς ἐπιμελείαις, καὶ φιλοπονίαις, καὶ τῷ σωφρονεῖν, καὶ προσέχειν ἑαυτοῖς² · ὡς Θεμιστοκλῆς ἔλεγεν οὐκ ἐᾶν αὐτὸν καθεύδειν τὴν ἐν Μαραθῶνι τοῦ Μιλτιάδου νίκην³. Ὁ μὲν γὰρ εὐτυχίᾳ διαφέρειν αὑτοῦ τὸν ἐχθρὸν ἡγούμενος ἐν ἀρχαῖς, ἢ συνηγορίαις⁴, ἢ πολιτείαις, ἢ παρὰ φίλοις καὶ ἡγεμόσιν, ἐκ τοῦ πράττειν τι⁵ καὶ ζηλοῦν εἰς τὸ βασκαίνειν παντάπασιν καὶ ἀθυμεῖν καταδυόμενος, ἀργῷ τῷ φθόνῳ καὶ ἀπράκτῳ σύνεστιν. Ὁ δὲ μὴ τυφλούμενος περὶ τὸ μισούμενον, ἀλλὰ καὶ βίου, καὶ ἤθους, καὶ λόγων, καὶ ἔργων γινόμενος θεατὴς δίκαιος, τὰ πλεῖστα κατόψεται τῶν ζηλουμένων ἐξ ἐπιμελείας, καὶ προνοίας, καὶ πράξεων χρηστῶν περιγινόμενα τοῖς κεκτημένοις, καὶ πρὸς ταῦτα συντείνων ἐπασκήσει τὸ φιλότιμον αὐτοῦ καὶ φιλόκαλον, τὸ δὲ γαστρῶδες ἐκκόψει καὶ ῥᾴθυμον.

1. Ἁμίλλας ποιητέον, *rivaliser*; c'est, plus exactement encore, l'expression française du dix-septième siècle, *faire combat de* :

Qui de civilités avec tous *font combat*.
(Mol., *Misanth.*, acte I, sc. 1.)

2. Προσέχειν ἑαυτοῖς, veiller sur soi.

3. Νίκην. Cf. *Apophthegmes* : « Thémistocle avait passé les premiers temps de sa jeunesse dans les plaisirs et la débauche. Mais après que Miltiade eut vaincu les barbares à Marathon, il se réforma tellement qu'il n'y eut plus rien à reprendre dans sa conduite. Lorsque ses concitoyens lui témoignaient leur surprise de ce changement, il leur disait : « La victoire de Miltiade ne me laisse pas un instant de repos. » Voy. aussi le *Traité sur les progrès dans la vertu* : « Thémistocle disant que les victoires de Miltiade l'empêchaient de dormir, et l'éveillaient en sursaut pendant la nuit, faisait bien voir qu'en les admirant il brûlait du désir de les imiter. »

4. Συνηγορίαις, dans les plaidoyers au barreau.

5. Πράττειν τι, agir, travailler, faire des efforts, pour égaler leurs rivaux. Πράττειν est opposé à ἀπράκτῳ, qui suit.

Εἰ δέ τινας οἱ ἐχθροὶ κολακεύοντες, ἢ πανουργοῦντες, ἢ δεκάζοντες [1], ἢ μισθαρνοῦντες, αἰσχρὰς καὶ ἀνελευθέρους δοκοῦσι καρποῦσθαι δυνάμεις ἐν αὐλαῖς ἢ πολιτείαις, οὐκ ἐνοχλήσουσιν ἡμᾶς, ἀλλὰ μᾶλλον εὐφρανοῦσι, τὴν αὑτῶν ἐλευθερίαν, καὶ τὸ καθαρὸν τοῦ βίου καὶ ἀνύβριστον ἀντιτιθέντας. Ἅπας γὰρ ὁ ὑπὲρ γῆς καὶ ὑπὸ γῆν χρυσὸς οὐκ ἀντάξιος ἀρετῆς, κατὰ Πλάτωνα. Καὶ τὸ τοῦ Σόλωνος ἔχειν ἀεὶ δεῖ πρόχειρον·

Ἀλλ' ἡμεῖς αὐτοῖς οὐ διαμειψόμεθα
Τῆς ἀρετῆς [2] τὸν πλοῦτον [3].

1. Δεκάζοντες, en corrompant, par la corruption.

2. Τῆς ἀρετῆς (s.-ent. ἀντί). Nous ne ferons pas un échange de la richesse contre la vertu, nous ne prendrons pas la richesse en échange de la vertu : *Virtute divitias non permutabimus*. Même construction dans cette phrase (Hor., *Od.*, III, 1, 47) :

Cur *valle* permutem Sabina
Divitias operosiores ?

En grec et en latin, le nom de la chose qu'on donne en échange est complément indirect, tandis qu'il est complément direct en français. — Αὐτοῖς se rapporte à κακοί, qui se trouve dans le vers précédent, que ne cite pas Plutarque.

3. Πλοῦτον. Solon, dans sa jeunesse, cultiva la poésie, par passetemps et par manière de distraction, παίζων πως, dit Plutarque, καὶ παράγων ἑαυτὸν ἐν τῷ σχολάζειν. On trouve, dans la *Vie de Solon*, ch. II, plusieurs fragments de ces poésies sur le mépris des richesses, et entre autres les deux distiques, auxquels est empruntée la citation ci-dessus. Démosthène, dans son discours sur la *fausse ambassade*, nous a conservé un passage plus étendu des poésies de Solon sur l'obéissance aux lois.

SUR LE GRAND NOMBRE D'AMIS

Il ne faut pas se lier avec le premier venu. L'amitié demande un peu plus de mystère :

Avec lumière et choix cette union veut naître.

Τὸν παρὰ τῷ Μενάνδρῳ [1] νεανίσκον ὑπερφυῶς ἐπαινοῦμεν,

1. Μενάνδρῳ, Ménandre, le plus grand des poètes de la Comédie nouvelle. Il égala Aristophane, mais nous ne pouvons juger de son théâtre que par des fragments, ou par les imitations que Térence a faites de plusieurs de ses pièces.

SUR LE GRAND NOMBRE D'AMIS.

εἰπόντα, θαυμαστὸν ὅσον[1] νομίζειν ἕκαστον ἀγαθὸν, ἂν ἔχῃ φίλου σκιάν[2].

Ἀντίον[3] δὲ μετὰ πολλῶν ἄλλων οὐχ ἥκιστά γ' εἰς φιλίας κτῆσιν ἡ τῆς πολυφιλίας ὄρεξις· ὥςπερ δὲ ὁ τῆς Ὑψιπύλης[4] τρόφιμος,

> Εἰς τὸν λειμῶνα καθίσας
> Ἔδρεπεν ἕτερον ἐφ' ἑτέρῳ
> Αἱρόμενος ἄγρευμα ἀνθέων
> Ἡδομένᾳ ψυχᾷ[5],
> Τὸ νήπιον ἄπληστον ἔχων[6],

οὕτως ἕκαστον ἡμῶν, διὰ τὸ φιλόκαινον καὶ ἀψίκορον, ὁ πρόσφατος[7] ἀεὶ καὶ ἀνθῶν ἐπάγεται, καὶ μετατίθησι πολλὰς ὁμοῦ καὶ ἀτελεῖς ἀρχὰς πράττοντας φιλίας καὶ συνηθείας, ἔρωτι τοῦ διωκομένου παρερχομένους[8] τὸν καταλαμβανόμενον.

---

1. Θαυμαστὸν ὅσον, hellénisme, qui équivaut au superlatif ; de même, en latin : *Mirum quantum*, très-étonnant.

2. Σκιάν. Montaigne dans ses *Essais* fait allusion, en changeant un peu le sens de ἀγαθόν, au passage qu'a en vue Plutarque : « L'ancien Ménandre disait celui-là heureux, qui avait pu seulement rencontrer l'ombre d'un ami. »

3. Ἀντίον. La plupart des éditions portent αἴτιον, qui ne peut s'expliquer que par une interprétation forcée. Aussi le texte de cette phrase a-t-il été torturé. Reiske propose hardiment de lire avec αἴτιον : εἰς φιλίας οὐδεμιᾶς κτλ., ou : εἰς ἀφιλίας κτῆσιν. Malgré notre répugnance pour les corrections, dont on doit toujours être sobre, même quand le texte est douteux, celle-ci nous a paru rétablir si naturellement la phrase, que nous avons cru devoir hasarder ce simple changement d'une seule lettre.

4. Ὑψιπύλης, Hypsipyle, fille de Thoas, et reine de Lemnos. Prise par des pirates, elle fut vendue à Lycurgue, roi de Thessalie, qui la donna pour nourrice à son fils Archémore. Invitée par les Argiens, qui allaient à l'expédition de Thèbes, à leur indiquer une source, elle déposa l'enfant dans une prairie, où il s'amusait à cueillir des fleurs, lorsqu'un serpent le piqua et lui donna la mort.

5. Ἡδομένᾳ ψυχᾷ pour ἡδομένῃ ψυχῇ, forme du dialecte dorien, usité dans les chœurs.

6. Ἔχων, litt., ayant son enfance insatiable, entraîné par l'inconstance insatiable de l'enfance. — Ces vers sont tirés d'un chœur de l'*Hypsipyle* d'Euripide, tragédie aujourd'hui perdue.

7. Πρόσφατος, sous-entendu ἄνθρωπος, φίλος. — Ἀνθῶν est amené par la comparaison entre l'enfant qui court de fleur en fleur, et ceux qui courent après ces amitiés nouvelles, dont la première fleur les séduit.

8. Πράττοντας, παρερχομένους, au pluriel, se rapportant à nous, dont l'idée est contenue dans ἕκαστον

Οὔτε δὲ δούλους, οὔτε φίλους ἔστι κτήσασθαι¹ πολλοὺς ἀπ' ὀλίγου νομίσματος. Τί οὖν νόμισμα φιλίας; εὔνοια καὶ χάρις μετ' ἀρετῆς, ὧν οὐδὲν ἔχει σπανιώτερον ἡ φύσις. Ὅθεν τὸ σφόδρα φιλεῖν καὶ φιλεῖσθαι πρὸς πολλοὺς οὐκ ἔστιν· ἀλλ' ὥσπερ οἱ ποταμοί, πολλὰς σχίσεις καὶ κατατομὰς λαμβάνοντες, ἀσθενεῖς καὶ λεπτοὶ ῥέουσιν, οὕτω τὸ φιλεῖν, σφοδρὸν ἐν ψυχῇ πεφυκὸς, εἰς πολλοὺς μεριζόμενον, ἐξαμαυροῦται.

Τὸν δὲ φίλον ἡμεῖς² μόνον μὲν οὐκ ἀξιοῦμεν εἶναι· νῦν δὲ πολλοὶ φίλοι λεγόμενοι συμπιόντες ἅπαξ, ἢ συσφαιρίσαντες, ἢ συγκυβεύσαντες, ἢ συγκαταλύσαντες ἐκ πανδοκείου καὶ παλαίστρας καὶ ἀγορᾶς, φιλίας συλλέγουσιν. Ἐν δὲ ταῖς τῶν πλουσίων καὶ ἡγεμονικῶν οἰκίαις, πολὺν ὄχλον καὶ θόρυβον ἀσπαζομένων³ καὶ δεξιουμένων καὶ δορυφορούντων⁴ ὁρῶντες, εὐδαιμονίζουσι τοὺς πολυφίλους· καίτοι πλείονάς γε μυίας ἐν ταῖς ὀπτανείοις αὐτῶν ὁρῶσιν· ἀλλ' οὔτε αὗται τῆς λιχνείας, οὔτ' ἐκεῖνοι τῆς χρείας ἐπιλειπούσης, παραμένουσιν⁵.

ἡμῶν. C'est une de ces syllepses, très-fréquentes en grec, qui substituent l'accord logique, c'est-à-dire entre les idées, à l'accord grammatical, c'est-à-dire entre les mots.

1. Ἔστι κτήσασθαι. Ἔστι, il est possible. Même tournure en latin, dans : Videre est, reperire est; et en français, dans : Il est à croire, il est à présumer. — Autre exemple, trois lignes plus bas.

2. Ἡμεῖς, nous pour moi, l'auteur.

3. Ἀσπαζομένων. Allusion à la coutume des clients d'aller présenter leurs hommages et leurs salutations à leur patron ou protecteur :

Foribus domus alta superbis
Mane salutantum totis vomit aedibus
[undam.
(Virg., Georg., II. 461.)

4. Δορυφορούντων. Quand le patron se présentait en public et descendait au forum, la troupe des clients lui faisait cortège ; cette escorte lui donnait l'air d'un souverain entouré de ses gardes. L'expression est d'autant plus juste, que parfois ces satellites en venaient aux mains avec une bande rivale.

5. Παραμένουσιν. Cf. Plaut., Stich., act. IV, sc. 1 :

Ut cuique homini res parata est, firmi
[amici sunt;
Si res fessa labat, itidem amici collabascunt.

Ovide, Tristes, I, IX :

Donec eris felix multos numerabis
[amicos ;
Tempora si fuerint nubila, solus eris.

Piron, Fab., Le Hibou.

Vous avez cent amis, et faites fond sur
[eux ;
Soyez un instant malheureux,
Et vous m'en direz des nouvelles.

Διὸ δεῖ μὴ ῥᾳδίως προσδέχεσθαι μηδὲ κολλᾶσθαι τοῖς ἐντυγχάνουσι, μηδὲ φιλεῖν τοὺς διώκοντας, ἀλλὰ τοὺς ἀξίους φιλίας διώκειν[1]. Οὐ γὰρ αἱρετέον πάντως τὸ ῥᾳδίως ἁλισκόμενον· καὶ γὰρ ἐρείκην καὶ βάτον ἐπιλαμβανομένην ὑπερβάντες καὶ διιστάμενοι, βαδίζομεν ἐπὶ τὴν ἐλαίαν καὶ τὴν ἄμπελον· οὕτως ἀεὶ μὴ τὸν εὐχερῶς περιπλεκόμενον ποιεῖσθαι συνήθη καλὸν, ἀλλὰ τοῖς ἀξίοις σπουδῆς καὶ ὠφελίμοις αὐτοὺς περιπλέκεσθαι δοκιμάζοντας[2].

Ὥσπερ οὖν ὁ Ζεῦξις, αἰτιωμένων αὐτόν τινων, ὅτι ζωγραφεῖ βραδέως· « Ὁμολογῶ, εἶπεν, ἐν πολλῷ χρόνῳ γράφειν, καὶ γὰρ εἰς πολύν· » οὕτω φιλίαν δεῖ καὶ συνήθειαν σώζειν παραλαβόντας ἐν πολλῷ κριθεῖσαν.

1. Διώκειν. Cf. Cic., *De Amicitia*, XXII, 85 : « Quum judicaveris, diligere oportet; non quum dilexeris, judicare. » Et Sén., *Ép.* 3 : « Isti vero præpostere officia permiscent qui contra præcepta Theophrasti, quum amaverint, judicant ; et non amant, quum judicaverint. Diu cogita an tibi in amicitiam aliquis recipiendus sit ; quum placuerit fieri, toto illum pectore admitte. »

2. Δοκιμάζοντας, *eos experti dignos esse amicitia*.

DE LA TRANQUILLITÉ DE L'AME[1]

La tranquillité de l'âme ne consiste pas dans l'éloignement des affaires ; c'est de l'oisiveté. Elle n'est autre chose que l'empire de la raison sur les passions.

I. Rien ne sert de changer d'état, si nous gardons en nous la cause de notre inquiétude.

Ὥσπερ οἱ δειλοὶ καὶ ναυτιῶντες ἐν τῷ πλεῖν, εἶτα ῥᾷον οἰόμενοι διάξειν, ἐὰν εἰς γαῦλον ἐξ ἀκάτου, καὶ πάλιν ἐὰν εἰς τριήρη μεταβῶσιν, οὐδὲν περαίνουσι, τὴν χολὴν καὶ τὴν

1. On peut rapprocher de ce traité celui de Sénèque : *De Tranquillitate animi*.

δειλίαν συμμεταφέροντες ἑαυτοῖς · οὕτως αἱ τῶν βίων ἀντιμεταλήψεις οὐκ ἐξαίρουσι τῆς ψυχῆς τὰ λυποῦντα καὶ ταράττοντα[1]. ταῦτα δ᾿ ἐστὶν ἀπειρία πραγμάτων, ἀλογιστία, τὸ μὴ δύνασθαι μηδ᾿ ἐπίστασθαι χρῆσθαι τοῖς παροῦσιν ὀρθῶς.

Δυςάρεστον[2] οἱ νοσοῦντες ἀπορίας ὕπο.

Καὶ γὰρ τὸν ἰατρὸν αἰτιῶνται, καὶ δυςχεραίνουσι τὸ κλινίδιον·

Φίλων δ᾿ ὅ τ᾿ ἐλθὼν λυπηρός, ὅ τ᾿ ἀπιὼν βαρύς,

ὡς ὁ Ἴων[3] φησίν. Εἶτα τῆς νόσου διαλυθείσης, καὶ κράσεως ἑτέρας γενομένης, ἦλθεν ἡ ὑγίεια φίλα πάντα ποιοῦσα καὶ προςηνῆ· ὁ γὰρ χθὲς ᾠὰ καὶ ἀμύλια καὶ σητάνιον ἄρτον διαπτύων, τήμερον αὐτόπυρον ἐπ᾿ ἐλαίαις ἢ καρδαμίδι σιτεῖται προςφιλῶς καὶ προθύμως.

Τοιαύτην ὁ λογισμὸς εὐκολίαν καὶ μεταβολὴν ἐγγενόμενος μεταποιεῖ πρὸς ἕκαστον βίον. Ἀλέξανδρος Ἀναξάρχου[4] περὶ κόσμων ἀπειρίας ἀκούων ἐδάκρυε, καὶ τῶν φίλων ἐρωτώντων, ὅ τι πέπονθεν[5]· « Οὐκ ἄξιον, ἔφη, δακρύειν, εἰ, κόσμων ὄντων ἀπείρων, ἑνὸς οὐδέπω κύριοι γεγόναμεν; » Κράτης[6] δὲ πήραν ἔχων καὶ τρίβωνα, παίζων καὶ γελῶν ὥςπερ

---

1. Ταράττοντα. Cf. Hor., Od., II, xvi, Edit. class., xiii, 21 :
Scandit æratas vitiosa naves
Cura, nec turmas equitum relinquit...
Et liv. III, 1, 37 :
Sed timor et minæ
Scandunt eodem quo dominus ; neque
Decedit ærata triremi, et
Post equitem sedet atra cura.

2. Δυςάρεστον. Eurip., Oreste. — Adj. au neutre avec un sujet masculin, comme : Triste lupus stabulis. Voy. p. 8, n. 1.

3. Ἴων. Ion, poëte tragique, ami et rival de Sophocle, sur lequel il remporta plus d'une fois le prix.

4. Ἀναξάρχου. Anaxarque d'Abdère, en Thrace, philosophe de l'école d'Élée.

5. Πάσχω, éprouver tel ou tel sentiment. Τί παθών, idiotisme fréquent : pourquoi ? Burn., Gr., gr., § 389, III. Leclair, § 626.

6. Κράτης. Cratès, philosophe cynique comme Diogène, exilé comme lui, et comme lui privé de toute sa fortune.

DE LA TRANQUILLITÉ DE L'AME.

ἐν ἑορτῇ τὸν βίον διετέλεσε· καὶ μὴν καὶ τὸν Ἀγαμέμνονα τὸ πολλῶν βασιλεύειν ἐλύπει·

> Γνώσεαι Ἀτρείδην Ἀγαμέμνονα[1], τὸν περὶ πάντων
> Ζεὺς ἐνέηκε πόνοισι διαμπερές.

Διογένης δὲ, πωλούμενος[2], ἔσκωπτε τὸν κήρυκα κατακείμενος· ἀναστῆναι δὲ οὐκ ἐβούλετο κελεύοντος[3], ἀλλὰ παίζων καὶ καταγελῶν ἔλεγεν· « Εἰ δὲ ἰχθὺν ἐπίπρασκες[4]; » Καὶ Σωκράτης μὲν ἐν δεσμωτηρίῳ φιλοσοφῶν διελέγετο τοῖς ἑταίροις[5]· ὁ δὲ Φαέθων[6] ἀναβὰς εἰς τὸν οὐρανὸν, ἔκλαιεν, εἰ μηδεὶς αὐτῷ τοὺς τοῦ πατρὸς ἵππους καὶ τὰ ἅρματα παραδίδωσιν.

II. Les gens sages savent tirer parti même de la mauvaise fortune.

Τοὺς ἀνοήτους περὶ τὸν βίον, ὥσπερ τοὺς νοσώδεις τοῖς σώμασι μήτε καῦμα φέρειν μήτε κρύος δυναμένους, ἐξίστησι[7]

---

1. Ἀγαμέμνονα. Hom., *Iliade*, x. v. 88. Cf. Eurip., *Iphig. à Aulis*, v. 17 :
Ζηλῶ δ' ἀνδρῶν ὃς ἀκίνδυνον
Βίον ἐξεπέρασ' ἀγνώς, ἀκλεής.
Et Racine, *Iphig.*, acte I, sc. 1 :
Heureux qui, satisfait de son humble
[fortune,
Libre du joug superbe où je suis atta-
[ché,
Vit dans l'état obscur où les dieux
[l'ont caché.

2. Πωλούμενος, pendant qu'on le vendait comme esclave.

3. Κελεύοντος, s.-e. τοῦ κήρυκος.

4. Ἐπίπρασκες. La suite de l'idée est : Comment ferais-tu ? Est-ce que tu lui ordonnerais de se tenir debout ?

5. Τοῖς ἑταίροις. Il s'entretenait avec ses amis de la mort, de l'immortalité de l'âme, et relevait leur courage en leur exposant les derniers enseignements d'une philosophie sublime, que Platon nous a conservés particulièrement dans le *Phédon*.

6. Φαέθων. Epaphus lui ayant dit qu'il n'était pas fils d'Apollon, Phaëthon alla trouver son père, qui lui promit de lui accorder tout ce qu'il demanderait. Phaëthon demanda de conduire pour un jour le char du soleil. Les chevaux, mal dirigés, se détournèrent de la route ordinaire, tantôt menaçant le ciel d'un embrasement inévitable, tantôt tarissant les rivières et brûlant les montagnes.

7. Ἐξίστησι. Ne pas se laisser enorgueillir par la prospérité, ni abattre par les revers, tel est le précepte que répétait sans cesse la sagesse antique, et qui fut presque toute la philosophie d'Horace :
Æquam memento rebus in arduis
Servare mentem, non secus in bonis
Ab insolenti temperatam
Lætitia.   (*Od.*, II, III.)
Rebus angustis animosus atque
Fortis appare ; sapienter idem
Contrahes vento nimium secundo
Turgida vela.
(*Od.*, II, x, Éd. class., VII.)

μὲν εὐτυχία, συστέλλει δὲ δυστυχία· ταράττονται δὲ ὑπ' ἀμφοτέρων. Οἱ δὲ φρόνιμοι, καθάπερ ταῖς μελίτταις φέρει μέλι τὸ δριμύτατον καὶ ξηρότατον ὁ θύμος [1], οὕτως ἀπὸ τῶν δυσχερεστάτων πραγμάτων πολλάκις οἰκεῖόν τι καὶ χρήσιμον αὑτοῖς λαμβάνουσι.

Τοῦτο οὖν δεῖ πρῶτον ἀσκεῖν καὶ μελετᾶν· ὥσπερ ὁ τῆς κυνὸς ἁμαρτὼν τῷ λίθῳ, καὶ τὴν μητρυιὰν πατάξας· « Οὐδ' οὕτως, ἔφη, κακῶς [2]. » Ἔξεστι γὰρ μεθιστάναι τὴν τύχην ἐκ τῶν ἀβουλήτων. Ἐφυγαδεύθη Διογένης [3]· οὐδ' οὕτως κακῶς· ἤρξατο γὰρ φιλοσοφεῖν μετὰ τὴν φυγήν. Ζήνωνι [4] τῷ Κιτιεῖ μία ναῦς περιῆν φορτηγός· πυθόμενος δὲ ταύτην αὐτόφορτον ἀπολωλέναι συγκλυσθεῖσαν· « Εὖγε, εἶπεν, ὦ τύχη, ποιεῖς, εἰς τὸν τρίβωνα [5] καὶ τὴν στοὰν συνελαύνουσα ἡμᾶς. » Τί οὖν κωλύει μιμεῖσθαι τούτους; Ἀρχήν τινα τελῶν διήμαρτες; ἐν ἀγρῷ διάξεις ἐπιμελούμενος τῶν ἰδίων. Ἀλλὰ φιλίαν μνώμενος ἡγεμόνος [6], ἀπώσθης; ἀκινδύνως καὶ ἀπραγμόνως βιώσῃ. Ἀλλά τις ἀπήντηκεν ἐκ διαβολῆς ἢ φθόνου δυσημερία καὶ σκορακισμός; ἐπὶ τὰς μούσας οὔριον τὸ πνεῦμα καὶ τὴν ἀκαδημίαν, ὥσπερ Πλάτωνι χειμασθέντι περὶ τὴν Διονυσίου φιλίαν [7]. Πενίᾳ δυσφορεῖς παρούσῃ; καὶ τίς ἂν ἐβούλου εἶναι

---

1. Θύμος (υ bref, et accent sur ὐ), *thym*. — Θυμός, *cœur* (υ long et accent sur ο).

2. Οὐδέ... litt., *la chose n'est pas mal ainsi non plus*. « Le coup n'est pas perdu, je n'ai pas manqué mon coup. »

3. Διογένης. Cf. Plut. *Utilité des ennemis*. « Quelques-uns, comme Diogène et Cratès, n'ont-ils pas eu dans l'exil et dans la perte de leurs biens une occasion d'embrasser l'étude de la philosophie ? »

4. Ζήνωνι. Zénon, chef de l'école stoïcienne. Fils d'un riche marchand de Cittium, dans l'île de Chypre, il commença par se livrer lui-même au commerce.

5. Τρίβωνα. Un ample manteau était le vêtement habituel des philosophes, des stoïciens en particulier.

6. Ἡγεμόνος, *princeps*, un grand. — *Reges*, en latin, partic. dans Horace, a fréquemment le même sens.

7. Φιλίαν. Platon, s'étant rendu en Sicile, y était devenu l'ami de Dion, qui le fit connaître à Denys le Tyran. Bientôt congédié par ce prince, qu'il ne savait pas flatter, il s'embarqua avec un ambassadeur de Lacédémone, qui reçut l'ordre de le faire périr en chemin ou de le vendre. Platon, conduit à Égine, fut vendu à un Cyrénéen, qui le rendit à la liberté. C'est alors qu'il établit son école de philosophie dans un

μᾶλλον Βοιωτῶν, ἢ Ἐπαμινώνδας; τίς δὲ Ῥωμαίων, ἢ Φαβρίκιος [1];

III. Nous nous lamentons, quand il nous arrive quelque chose de fâcheux ; pensons donc aussi quelquefois au bien qui nous arrive.

Ἀγαθὸν ἐν τοῖς ἀβουλήτοις συμπτώμασι πρὸς εὐθυμίαν, καὶ τὸ μὴ παρορᾶν ὅσα προςφιλῆ καὶ ἀστεῖα πάρεστιν ἡμῖν, ἀλλὰ μιγνύντας ἐξαμαυροῦν τὰ χείρονα τοῖς βελτίοσι [2]. Νῦν δὲ τὰς μὲν ὄψεις ὑπὸ τῶν ἄγαν λαμπρῶν τιτρωσκομένας ἀποστρέφοντες, ταῖς ἀνθηραῖς καὶ ποώδεσι χροιαῖς παρηγοροῦμεν· τὴν δὲ διάνοιαν ἐντείνομεν εἰς τὰ λυπηρὰ καὶ προςβιαζόμεθα τοῖς τῶν ἀνιαρῶν ἐνδιατρίβειν ἀναλογισμοῖς, μονονοῦ [3] βίᾳ τῶν βελτιόνων ἀποσπάσαντες. Καίτοι τό γε πρὸς τὸν πολυπράγμονα [4] λελεγμένον οὐκ ἀηδῶς, δεῦρ᾽ ἐστὶ μετενεγκεῖν·

Τί τἀλλότριον, ἄνθρωπε βασκανώτατε,
Κακὸν ὀξυδορκεῖς, τὸ δ᾽ ἴδιον παραβλέπεις;

Τί τὸ σεαυτοῦ κακόν, ὦ μακάριε, λίαν καταβλέπεις, καὶ ποιεῖς ἐναργὲς ἀεὶ καὶ πρόςφατον, ἀγαθοῖς δὲ παροῦσιν οὐ προςάγεις τὴν διάνοιαν; ὁ δ᾽ Ἀρίστιππος [5] οὐ τοιοῦτος, ἀλλ᾽

endroit d'Athènes nommé l'Académie, d'où ses disciples prirent le nom d'*Académiciens*.

1. Ἐπαμινώνδας. Epaminondas, le vainqueur de Leuctres, resta toujours pauvre par désintéressement et par principe. — Fabricius, vainqueur de Pyrrhus, dont il refusa les présents.

2. Βελτίοσι.

Et amara lento
Temperet risu.
(Hor., *Od.*, II, xvi, Ed. class., XIII, 26.)

3. Μονονοῦ, presque. Burn., § 385.

4. Πολυπράγμονα. Voy. le traité de Plutarque περὶ πολυπραγμοσύνης, I, le portrait du curieux : « Cette passion est un désir de connaître les défauts d'autrui, désir presque toujours accompagné d'envie et de malignité... Si vous aimez à connaître des défauts, vous trouverez dans votre propre cœur de quoi vous occuper. »

5. Ἀρίστιππος. Aristippe, célèbre philosophe de Cyrène, disciple de Socrate. Il disait que toute la science consiste à connaître et le bien et le mal qu'on peut avoir en soi.

ἀγαθός[1], ὥσπερ ἐπὶ ζυγοῦ[2], πρὸς τὰ βελτίονα τῶν ὑποκειμένων ἐξαναφέρειν καὶ ἀνακουφίζειν αὐτόν. Χωρίον οὖν ἀπολίτας καλόν, ἠρώτησεν ἕνα τῶν πάνυ προςποιουμένων συνάχθεσθαι καὶ συναγανακτεῖν · « Οὐχί σοὶ μὲν χωρίδιον ἕν ἐστιν, ἐμοὶ δὲ τρεῖς ἀγροὶ καταλείπονται; » Συνομολογήσαντος δ᾽ ἐκείνου · « Τί οὖν εἶπεν, οὐ σοὶ μᾶλλον ἡμεῖς συναχθόμεθα; » Μανικὸν γάρ ἐστι τοῖς ἀπολλυμένοις ἀνιᾶσθαι, μὴ χαίρειν δὲ τοῖς σωζομένοις, ἀλλ᾽ ὥσπερ τὰ μικρὰ παιδάρια ἀπὸ πολλῶν παιγνίων ἄν ἕν τις ἀφέληταί τι, καὶ τὰ λοιπὰ πάντα προςρίψαντα[3] κλαίει καὶ βοᾷ, τὸν αὐτὸν τρόπον ἡμᾶς περὶ ἕν ὀχληθέντας ὑπὸ τῆς τύχης, καὶ τἆλλα πάντα ποιεῖν ἀνόνητα ἑαυτοῖς, ὀδυρομένους καὶ δυςφοροῦντας.

IV. Il faut regarder, non au-dessus, mais au-dessous de soi, pour se trouver heureux.

Οἱ πολλοὶ πρὸς τοὺς ὑπερέχοντας ἀντιπαρεξάγουσιν. Οἷον εὐθὺς, οἱ δεδεμένοι εὐδαιμονίζουσι τοὺς λελυμένους, ἐκεῖνοι δὲ τοὺς ἐλευθέρους[4] · οἱ δὲ ἐλεύθεροι τοὺς πολίτας · οὗτοι δὲ πάλιν αὖ τοὺς πλουσίους · οἱ δὲ πλούσιοι τοὺς σατράπας;[5] · οἱ δὲ σατράπαι τοὺς βασιλεῖς · οἱ δὲ βασιλεῖς τοὺς θεούς, μονονουχὶ βροντᾶν καὶ ἀστράπτειν ἐθέλοντες. Εἶτα οὕτως ἀεὶ τῶν ὑπὲρ ἑαυτοὺς ἐνδεεῖς ὄντες, οὐδέποτε τοῖς καθ᾽ ἑαυτοὺς χάριν ἔχουσιν. Εἴ τις ἢ δόξαν ἢ δύναμιν ἐν τοῖς ἑαυτοῦ πολίταις εἴληχεν, κλαίει, ὅτι μὴ φορεῖ πατρικίους[6] · ἐὰν δὲ καὶ φορῇ,

---

1. Ἀγαθός, *bon à*, dans le sens de *habile à*. *Bonus* s'emploie dans le même sens avec un infinitif :
  Boni quoniam convenimus ambo
  Tu calamos *inflare* leves... (VIRG.)

2. Ζυγοῦ. Il mettait pour ainsi dire dans une balance les biens et les maux, et savait se consoler, en trouvant que le plateau des biens l'emportait toujours.

3. Προςρίψαντα se rapporte à παιδάρια, et τὰ λοιπὰ πάντα en est le complément.

4. Δεδεμένοι, ceux qui sont dans les fers, les esclaves ; λελυμένους, les affranchis ; ἐλευθέρους, les hommes libres de naissance.

5. Σατράπας, gouverneurs de provinces, particulièrement en Asie. — Ces réflexions rappellent la morale si piquante de la fable de la *Grenouille qui vit un bœuf*.
  Tout bourgeois veut bâtir comme les
  [grands seigneurs.
  Tout prince a des ambassadeurs.
  Tout marquis veut avoir des pages.

6. Πατρικίους, le vêtement des

ὅτι μηδέπω στρατηγεῖ¹ Ῥωμαίων· ἐὰν δὲ καὶ στρατηγῇ, ὅτι μὴ ὑπατεύει²· καὶ ὑπατεύων, ὅτι μὴ πρῶτος³ ἀλλ᾽ ὕστερος ἀνηγορεύθη. Τοῦτο τί δέ ἐστι; τί ἄλλο, ἢ συλλέγοντα προφάσεις ἀχαριστίας ἐπὶ τὴν τύχην, αὐτὸν ὑφ᾽ αὐτοῦ κολάζεσθαι καὶ διδόναι δίκην⁴; Ἀλλ᾽ ὅ γε νοῦν ἔχων σωτήρια φρονῶντα⁵, τοῦ ἡλίου μυριάδας ἀνθρώπων ἀπείρους ἐφορῶντος,

Εὐρυόδου γ᾽ ὅσοι καρπὸν αἰνύμεθα χθονός.

οὐκ, εἴ τινων ἧττον ἐνδόξοις ἐστὶ καὶ πλούσιος, ὀδυρόμενος κάθηται⁶ καὶ ταπεινούμενος, ἀλλ᾽ ὅτι μυρίων μυριάκις ἐν τοσούτοις εὐσχημονέστερον ζῇ καὶ βέλτιον, ὑμνῶν τὸν ἑαυτοῦ δαίμονα καὶ τὸν βίον, ἐν ὁδῷ πρόεισιν⁷. Ὅταν οὖν πάνυ θαυμάσῃς ὡς κρείττονα τὸν ἐν τῷ φορείῳ κομιζόμενον, ὑποκύψας θέασαι καὶ τοὺς βαστάζοντας· καὶ ὅταν διαβαίνοντα τὴν σχεδίαν⁸ μακαρίσῃς τὸν Ξέρξην ἐκεῖνον, ὡς ὁ Ἑλλησπόντιος⁹, ἴδε καὶ τοὺς ὑπὸ μάστιξι διορύττοντας τὸν Ἄθω¹⁰, καὶ

patriciens ou des sénateurs, la robe bordée d'une bande de pourpre, nommée laticlave.

1. Στρατηγεῖ. C'est le mot qui désignait la dignité à peu près correspondante à celle de *stratége* chez les Athéniens, *préteur*, chez les Romains.

2. Ὑπατεύει. Les trois grandes charges étaient l'édilité, la préture, et le consulat.

3. Πρῶτος, celui qui avait eu le plus de voix, et qui était le premier en dignité. Voy. Tite-Live, liv. IX, ch. 8.

4. Διδόναι δίκην, *dare pœnas*, *a se ipso sumere pœnas*.

5. Σωτήρια φρονεῖν offre, en deux mots, le même sens que le verbe composé de la même racine, σωφρονεῖν.

6. Κάθηται, m. à m. *sedere*, rester assis, rester dans l'inaction, dans la torpeur. Καθήμεθα, dans Démosthène : *Nous restons assis sans rien faire*. De même Tite Live : *Sedemus desides domi*.

7. Ἐν ὁδῷ πρόεισιν, *il poursuit sa route*, *il va droit son chemin*; opposé à κάθηται.

8. Σχεδίαν, le pont de bateaux que Xerxès fit établir d'une rive de l'Hellespont à l'autre, de Sestos à Abydos.

9. Ἑλλησπόντιος. Hérodote, liv. VII, ch. 56 : « L'armée mit sept jours et sept nuits à défiler sans interruption. Alors, dit-on, comme Xerxès avait déjà traversé le détroit, un Hellespontin s'écria : Ô Jupiter, pourquoi sous la figure d'un homme, et au lieu de ton nom ayant pris le nom Xerxès, viens-tu bouleverser la Grèce ? »

10. Ἄθω. Le mont Athos, entre la Thrace et la Macédoine, ne tient au continent que par un isthme d'une demi-lieue environ. La flotte des Perses ayant été précédemment détruite par une tempête en doublant cette

τοὺς περικοπτομένους ὦτα καὶ ῥῖνας ἐπὶ τὸ διαλυθῆναι τὴν γέφυραν[1] ὑπὸ τοῦ κλύδωνος, ἅμα καὶ τὴν ἐκείνων ἀποθεωρῶν διάνοιαν, ὅτι τὸν σὸν βίον καὶ τὰ σὰ πράγματα μακαρίζουσιν. Ὁ Σωκράτης ἀκούσας τινὸς τῶν φίλων λέγοντος, ὡς πολυτελὴς ἡ πόλις[2]· μνᾶς[3] ὁ Χῖος οἶνος· ἡ πορφύρα, τριῶν μνῶν· τοῦ μέλιτος ἡ κοτύλη[4], πέντε δραχμῶν· λαβὼν αὐτὸν προσήγαγε τοῖς ἀλφίτοις[5]. Ὀβολοῦ[6] τὸ ἡμίεκτον, εὐτελὴς ἡ πόλις· εἶτα ταῖς ἐλαίαις, Δυοῖν χαλκοῖν[7] ἡ χοῖνιξ, εὐτελὴς ἡ πόλις· εἶτα ταῖς ἐξωμίσι[8], Δέκα δραχμῶν, εὐτελὴς ἡ πόλις. Οὐκοῦν καὶ ἡμεῖς, ὅταν ἀκούσωμεν ἑτέρου λέγοντος, ὡς μικρὰ τὰ καθ' ἡμᾶς πράγματα καὶ λυπρὰ δεινῶς, μὴ ὑπατευόντων[9], μηδὲ ἐπιτροπευόντων, ἔνεστιν εἰπεῖν· « Λαμπρὰ τὰ καθ' ἡμᾶς πράγματα, καὶ ζηλωτὸς ἡμῶν ὁ βίος· οὐ προσαιτοῦμεν, οὐκ ἀχθοφοροῦμεν, οὐ κολακεύομεν[10]. »

presqu'île, Xerxès fit creuser un canal à travers l'isthme. Il y employa les habitants du pays et des hommes de toutes les nations, pris dans l'armée, qu'on forçait à travailler à coups de fouet. Voy. Hérod., VII, 21, 22, 23.

1. Γέφυραν. « A peine les ponts étaient-ils établis, qu'une grande tempête les assaillit et détacha tous les vaisseaux. A cette nouvelle, Xerxès ressentit une colère terrible; il fit donner à l'Hellespont trois cents coups de fouet, et ordonna qu'on jetât dans les flots une paire d'entraves. Quant à ceux qui avaient présidé à la construction du pont, il leur fit trancher la tête. » (Hérod., VII, 35, 36.)

2. Πόλις, Athènes, comme Urbs, en latin, désigne Rome.

3. Μνᾶς. Une mine, cent drachmes, à peu près 93 francs.

4. Κοτύλη, cotyle, demi-setier, 270 millilitres. — Cinq drachmes, 4 francs 65 centimes. La drachme valait 0 fr. 93 c.

5. Τὰ ἄλφιτα, boutiques de marchands de farine, ou plutôt de bouillie faite de farine d'orge, dont se nourrissait le menu peuple; comme la bouillie de maïs, dans le midi; le macaroni, à Naples, etc. — Les marchands étaient distribués par quartiers. De même, αἱ ἐλαῖαι désigne le côté où se tenaient les marchands d'olives; et αἱ ἐξωμίδες, les boutiques de fripiers.

6. Ὀβολοῦ, obole, sixième de la drachme, 15 centimes. — Ἡμίεκτον, hémiecte, 4 litres 315 millilitres.

7. Χαλκοῖν. Le chalque (χαλκοῦς) valait le huitième de l'obole, 2 centimes. — La chénice, 1 litre, 079 millilitres.

8. Ἐξωμίσι. L'exomide était une tunique grossière, courte et sans manches, réservée aux gens de la dernière classe.

9. Ὑπατευόντων, génit. absolu ou amené par l'idée du génit. ἡμῶν, représentée par καθ' ἡμᾶς.

10. Κολακεύομεν. On attend un troisième verbe exprimant une con-

Οὐ μὴν ἀλλ᾽[1] ἐπεὶ πρὸς ἑτέρους μᾶλλον ἢ πρὸς αὑτοὺς ὑπ᾽ ἀδελτηρίας εἰθίσμεθα ζῆν, καὶ πολὺ τὸ δύσζηλον ἡ φύσις ἔχουσα καὶ τὸ βάσκανον οὐ χαίρει τοσοῦτον τοῖς ἰδίοις, ὅσον ἀνιᾶται τοῖς ἀλλοτρίοις ἀγαθοῖς· μὴ μόνον ὅρα τὰ λαμπρὰ καὶ τὰ περιόντα τῶν ζηλουμένων ὑπὸ σοῦ καὶ θαυμαζομένων, ἀλλ᾽ ἀνακαλύψας καὶ διαστείλας, ὥσπερ ἀνθηρὸν παραπέτασμα, τὴν δόξαν αὐτῶν καὶ τὴν ἐπιφάνειαν, ἐντὸς γενοῦ, καὶ κατόψει πολλὰ δυσχερῆ καὶ πολλὰς ἀηδίας ἐνούσας αὐτοῖς.

V. Il faut, pour jouir de la tranquillité de l'âme, mesurer ses désirs selon ses forces.

Οὐχ ἥκιστα εὐθυμίαν κολούει τὸ μὴ συμμέτροις χρῆσθαι πρὸς τὴν ὑποκειμένην δύναμιν ὁρμαῖς, ὥσπερ ἱστίοις[2], ἀλλὰ μειζόνων ἐφιεμένους ταῖς ἐλπίσιν, εἶτ᾽ ἀποτυγχάνοντας, αἰτιᾶσθαι δαίμονα καὶ τύχην, ἀλλὰ μὴ τὴν αὑτῶν ἀδελτηρίαν. Οὐδὲ γὰρ ὁ τοξεύειν τῷ ἀρότρῳ βουλόμενος, καὶ τῷ βοῒ τὸν λαγὼ κυνηγετεῖν[3], δυστυχής ἐστιν· οὐδὲ τῷ γρίφοις καὶ σαγήναις ἐλάφους μὴ λαμβάνοντι μηδὲ εἷς δαίμων ἐναντιοῦται μοχθηρός, ἀλλ᾽ ἀδελτηρία καὶ μωρία τοῖς ἀδυνάτοις ἐπιχειροῦσα. Αἴτιον δὲ ἡ φιλαυτία μάλιστα, φιλοπρώτους ποιοῦσα καὶ φιλονείκους ἐν πᾶσι, καὶ πάντων ἐπιδραττομένους ἀπλήστως. Οὐ γὰρ πλούσιοι μόνον ὁμοῦ καὶ λόγιοι καὶ ἰσχυροὶ καὶ συμποτικοὶ καὶ ἡδεῖς εἶναι καὶ φίλοι βασιλέων καὶ πόλεων ἄρχοντες ἀξιοῦσιν· ἀλλ᾽ εἰ μὴ καὶ κύνας[4] ἕξουσι

dition servile ou mercenaire. Après l'état de mendiant, ou de portefaix, Plutarque ne trouve pas de plus vil métier à citer que celui de parasite ou de flatteur. C'était un métier, en effet, dont vivait toute une classe d'hommes. Voy. p. 104 et suiv.

1. Οὐ μὴν ἀλλά, *cependant*; littér. : Il n'en est pas ainsi, mais...

2. Ἱστίοις. Métaphore équivalant à cette comparaison : De même que le nautonnier sait resserrer ses voi-les et régler sa course suivant la force du vent; de même le sage doit borner ses désirs et modérer ses espérances suivant son pouvoir. — Contrahes vento nimium secundo Turgida vela. (Hon., *Od.*, II, x, Edit. class., vii, 24.)

3. Κυνηγετεῖν. Expressions proverbiales pour désigner des prétentions ridicules et impraticables.

4. Κύνας. La qualité l'entête : et tous ses entre-
[tiens

πρωτεύοντας ἀρετῇ, καὶ ἵππους καὶ ὄρτυγας καὶ ἀλεκτρυόνας ¹, ἀθυμοῦσι. Διονύσιος ὁ πρεσβύτερος οὐκ ἠγάπα μέγιστος ὢν ² τῶν τότε τυράννων, ἀλλ' ὅτι Φιλοξένου τοῦ ποιητοῦ μὴ βέλτιον ᾖδε ³, μηδὲ περιῆν ἐν τῷ διαλέγεσθαι Πλάτωνος ⁴, ὀργισθεὶς καὶ παροξυνθείς, τὸν μὲν εἰς τὰς λατομίας ⁵ ἀνέβαλε, τὸν δ' ἀπέδοτο πέμψας εἰς Αἴγιναν. Οὐ πάντα πάντων ἐστίν, ἀλλὰ δεῖ τῷ Πυθικῷ ⁶ γράμματι πειθόμενον, αὑτὸν καταμαθεῖν· εἶτα χρῆσθαι ⁷ πρὸς ἕν, ὃ πέφυκε, καὶ μὴ πρὸς ἄλλον ἄλλοτε βίου ζῆλον ἕλκειν, καὶ παραβιάζεσθαι ⁸ τὴν φύσιν·

Ἐν ἅρμασιν ἵππος, ἐν δ' ἀρότρῳ βοῦς,
Παρὰ ναῦν δ' ἰθύει τάχιστα δελφίς·
Κάπρῳ δὲ βουλεύοντα φόνον
Κύνα χρὴ τλάθυμον ἐξευρεῖν ⁹.

Ὁ δ' ἀσχάλλων καὶ λυπούμενος, ὅτι μὴ καὶ λέων ἐστίν

— Ὀρεσίτροφος ἀλκὶ πεποιθώς· ¹⁰

ἅμα καὶ κυνίδιον Μελιταῖον ¹¹ ἐν κόλπῳ χήρας γυναικὸς τιθη-

Ne sont que de chevaux, d'équipage [et de chiens.
(MOLIÈRE, *Misanthr.*, acte II, sc. IV.)

1. Ἀλεκτρυόνας. L'usage des combats de cailles, très-goûté des anciens, s'est conservé en Italie. Celui des combats de coqs se retrouve encore, très-rarement en France, mais souvent en Angleterre.

2. Ὤν. Litt. Ne se contentait pas *étant*, c.-à-d. *d'être...*

3. Ἦδε. Ἀδω, comme *canere*, en parlant des poètes, *faire des vers*.

4. Πλάτωνος. Platon fit trois voyages en Sicile, le premier sous Denys l'Ancien, en 390; les deux autres sous Denys le Jeune, en 364 et en 361. Voy. p. 130, n. 7.

5. Λατομίας, les Latomies, carrières devenues une prison souterraine à Syracuse. Cf. Cic., *In Verr. de Suppl.*, 152.

6. Πυθικῷ. Allusion à l'inscription du temple de Delphes : « Γνῶθι σεαυτόν. »

7. Χρῆσθαι, s.-e. ἑαυτῷ, m. à m. il faut que chacun s'emploie soi-même, fasse usage de ses qualités pour la seule chose qui est dans sa nature.

8. Παραβιάζεσθαι, comme le verbe *forcer* dans le vers de la Fontaine : « Ne *forçons* point notre talent. »

9. Ἐξευρεῖν. Vers de Pindare, cités encore par Plutarque, dans le traité de la *Vertu morale*.

10. Πεποιθώς. Hom., *Odyss.*, VI, 130.

11. Μελιταῖον, de l'île de Mélite

νούμενον, ἀπόπληκτός ἐστι. Δεῖ δὴ τὸ πρόσφορον ἑαυτοῖς
ἑλομένους καὶ διαπονοῦντας, ἐᾷν τὰ τῶν ἄλλων· καὶ μὴ τὸν
Ἡσίοδον ἐλέγχειν ἐνδεέστερον εἰπόντα·

Καὶ κεραμεὺς κεραμεῖ κοτέει καὶ τέκτονι τέκτων[1].

(Malte). Cf. Plut., *Vie de Périclès*, au début. — Théophr., *Caract.*, ch. XXI: « S'il vient à perdre un petit chien, il l'enterre dans un tombeau fait exprès, avec cette inscription : *Petit chien de Malte*. »

1. Τέκτων. Hés., *Œuvres et Jours*, v. 25.

DE L'AMOUR FRATERNEL

I. Rara est concordia fratrum.

Ἀρίσταρχος[1], ὁ Θεοδέκτου[2] πατήρ, ἐπισκώπτων τὸ
πλῆθος τῶν σοφιστῶν, ἔλεγε πάλαι μὲν ἑπτὰ σοφιστὰς[3] μόλις
γενέσθαι, τότε δὲ μὴ ῥᾳδίως ἂν ἰδιώτας[4] τοσούτους εὑρε-
θῆναι. Ἐγὼ δὲ ὁρῶ καθ' ἡμᾶς τὴν φιλαδελφίαν οὕτω σπά-
νιον οὖσαν, ὡς τὴν μισαδελφίαν ἐπὶ[5] τῶν παλαιῶν, ἧς γε

1. Ἀρίσταρχος, Aristarque, ou, suivant Suidas, Aristandre.

2. Θεοδέκτου, Théodecte, né à Phasélis, en Pamphylie, disciple d'Aristote, qui lui dédia sa *Rhétorique*. Il avait composé plusieurs tragédies, qui eurent du succès, puisque Plutarque rapporte que sa statue était à Eleusis parmi celles des poëtes les plus célèbres. Cependant, il représente la décadence de la tragédie, dont il avait fait un froid plaidoyer, sans action et sans mouvement.

3. Σοφιστάς. Le mot σοφιστής n'avait primitivement aucune acception défavorable. Il signifiait *sage*, ou *ami de la science*. Cf. Isocr., *Panég.* 1 : πολλοὶ τῶν προσποιησαμένων σοφιστῶν εἶναι, beaucoup de nos prétendus *sages*. — Ici, il désigne particulièrement les sept sages de la Grèce : Thalès, Pittacus, Bias, Cléobule, Myson, Chilon, Solon.

4. Ἰδιώτας, litt. simples particuliers, par extension, hommes vulgaires, ignorants. Un mot du philosophe Ménédème fait bien comprendre l'opposition établie ici par Plutarque entre σοφιστάς et ἰδιώτας. « Ceux qui se rendaient à Athènes pour étudier furent d'abord, dit-il, des sages, puis plus tard des amis de la sagesse, puis plus tard des parleurs de sagesse, puis enfin avec le temps des rustres : Σοφοὺς τὸ πρῶτον, εἶτα γενέσθαι φιλοσόφους, εἶτα ῥήτορας, τοῦ δὲ χρόνου προϊόντος, ἰδιώτας. » Cicéron se sert de la même expression : « Quemvis nostrum, quos iste *idiotas* appellat. » *De signis*, II, 5.

5. Ἐπί, avec le génitif, *du temps de*.

τὰ φανέντα παραδείγματα τραγῳδίαις [1] καὶ θεάτροις ὁ βίος
ἐξέδωκε, διὰ τὸ παράδοξον · οἱ δὲ νῦν ἄνθρωποι πάντες ὅταν
ἐντυγχάνωσι χρηστοῖς ἀδελφοῖς, θαυμάζουσι, καὶ τὸ χρῆσθαι
κοινῶς τοῖς πατρῴοις χρήμασι καὶ φίλοις καὶ δούλοις,
ἄπιστον ἡγοῦνται καὶ τερατῶδες. Ἐνίους δὲ καὶ ἀκερδῶς
φιλονεικίας ἕνεκα χρησαμένους τοῖς πατρῴοις οὐδὲν ἐπιεικέ-
στερον ἢ λαφύροις ἴσμεν. Ὧν καὶ Χαρικλῆς καὶ Ἀντίοχος
ἦσαν οἱ Ὀπούντιοι · καὶ γὰρ ἔκπωμα διακόψαντες ἀργυροῦν,
καὶ ἱμάτιον διατεμόντες ἀπῄεσαν, ὥσπερ ἐκ τραγικῆς τινος
κατάρας [2],

Θηκτῷ σιδήρῳ δῶμα διαλαχόντες.

Οἱ δὲ καὶ διηγοῦνται πρὸς ἑτέρους γαυριῶντες, ὅτι τῶν
ἀδελφῶν, πανουργίᾳ, καὶ δριμύτητι, καὶ παραλογισμῷ,
πλέον ἔσχον ἐν τῷ νέμεσθαι · δέον [3] ἀγάλλεσθαι καὶ μέγα
φρονεῖν ἐπιεικείᾳ, καὶ χάριτι, καὶ ὑπείξει, περιγενομένους.
Ὅθεν ἄξιόν ἐστιν Ἀθηνοδώρου [4] μεμνῆσθαι, καὶ μέμνηνται
γε πάντες παρ' ἡμῖν. Ἦν γὰρ [5] ἀδελφὸς πρεσβύτερος αὐτῷ,
ὄνομα Ξένων, καὶ πολλὰ τῆς οὐσίας ἐπιτροπεύων διεφόρησε.
Τέλος δὲ καταδικασθεὶς, ἀπώλεσε τὴν οὐσίαν, εἰς τὸ Καίσαρος ταμιεῖον [6] ἀναληφθεῖσαν. Ὁ δ' Ἀθηνόδωρος ἦν μὲν ἔτι

1. Τραγῳδίαις. Par exemple la haine d'Étéocle et de Polynice, qui a été le sujet de nombreuses tragédies tant chez les anciens que chez les modernes : Ἑπτὰ ἐπὶ Θήβας, d'Eschyle, *la Thébaïde* ou *les Frères ennemis*, de Racine, etc.

2. Κατάρας, imprécations, malédiction des dieux. — Τραγικῆς, parce que, souvent, dans la tragédie antique, les héros du drame, comme Œdipe, Oreste, et tant d'autres, sont victimes de la malédiction divine ou de la haine du destin.

3. Δέον, participe neutre absolu, équivalant à une proposition : *tandis qu'il faudrait*. On emploie de même les participes δόξαν, ἐξόν, πά-
ρον. Burn., § 370, IV ; Leclair, § 591.

4. Ἀθηνοδώρου. Athénodore, philosophe stoïcien, né à Tarse, en Cilicie. Il vivait à Pergame lorsque Caton d'Utique, ayant entendu parler de son mérite, alla le trouver, et, l'ayant décidé à le suivre, fut plus heureux de cette victoire que de toutes les conquêtes par lesquelles Pompée et Lucullus s'illustraient alors.

5. Γάρ indique souvent qu'on va raconter le fait qu'on annonce : *ce fait, c'est que*.

6. Ταμιεῖον. Une condamnation

μειράκιον οὐδέπω γενειῶν · ἀποδοθέντος δὲ τοῦ μέρους αὐτῷ τῶν χρημάτων, οὐ περιεῖδε τὸν ἀδελφὸν, ἀλλ' εἰς μέσον ἅπαντα καταθεὶς, ἐνείματο[1], καὶ, πολλὰ περὶ τὴν νέμησιν ἀγνωμονούμενος, οὐκ ἠγανάκτησεν, οὐδὲ μετενόησεν, ἀλλὰ πράως καὶ ἱλαρῶς ἤνεγκε τοῦ ἀδελφοῦ τὴν ἄνοιαν, περιβόητον ἐν τῇ Ἑλλάδι γενομένην.

II. Tout doit être commun entre frères.

Ὁ δὲ ἐν οἰκίᾳ παραινῶν ἀδελφοῖς, μάλιστα μὲν, ὡς ὁ Πλάτων παρῄνει τοῖς πολίταις, τὸ ἐμὸν ἐξαίρειν καὶ τὸ οὐκ ἐμὸν[2], εἰ δὲ μὴ, τὴν ἴσην[3] ἀγαπᾶν, καὶ τῆς ἴσης περιέχεσθαι, καλὴν κρηπῖδα καὶ μόνιμον ὁμονοίας καὶ εἰρήνης καταβαλλόμενός ἐστι. Χρήσθω δὲ καὶ παραδείγμασιν ἐνδόξοις · οἷόν ἐστι καὶ τὸ τοῦ Πιττακοῦ[4] πρὸς τὸν βασιλέα Λυδῶν[5] πυνθανόμενον, εἰ χρήματά ἐστιν αὐτῷ · « Διπλάσια, εἶπεν.

---

infamante n'entraînait pas de droit, mais entraînait le plus souvent la confiscation des biens du condamné.

1. Ἐνείματο. On rapporte un trait semblable de P. Scipion Emilien. Voyant que, après la mort de Paul Emile, son frère Fabius était moins riche que lui, il lui abandonna toute la succession, qui s'élevait à plus de soixante talents. Ainsi la fortune de Fabius égala la sienne. (Diod. de Sicile, xxxi.) Tel fut encore ce Proculeius, chevalier romain, ami d'Auguste. A la mort de son père, il avait partagé également l'héritage avec ses frères Muréna et Scipion. La guerre civile les ayant dépouillés de leurs biens, il partagea de nouveau avec eux sa fortune personnelle :

Vivet extento Proculeius ævo
Notus in fratres animi paterni.
(Hor., Od., II, ii.)

2. Τὸ ἐμὸν καὶ τὸ οὐκ ἐμόν, le mien et le tien, compagnons inséparables de la discorde.

La déesse Discorde ayant brouillé les [dieux,
Et fait un grand procès là-haut pour [une pomme,
On la fit déloger des cieux.
Chez l'animal qu'on appelle homme,
On la reçut à bras ouverts,
Elle et Que-si-que-non, son frère,
Avecque Tien-et-mien son père.
(La Font., vi, 20.)

Et le Mien et le Tien, deux frères poin- [tilleux,
Par son ordre amenant les procès et
(Boil., Sat., xi, 168.) [la guerre.

3. Ἴσην, adj. employé substantivement. Le féminin s'explique par l'ellipse d'un nom, comme μοῖρα ou τύχη. De même ἡ οἰκουμένη, s.-ent. γῆ. Ἐν ταῖς αὐτῶν, s.-ent. πόλεσι, etc. Cf. la locution adverbiale ἐπ' ἴσης, également, avec égalité.

4. Πιττακοῦ, Pittacus, l'un des sept sages de la Grèce, né à Mitylène, vers 649 av. J.-C.

5. Βασιλέα Λυδῶν, Alyatte II, prédécesseur de Crésus.

ἢ[1] ἐβουλόμην, τοῦ ἀδελφοῦ τεθνηκότος. » Ἐπεὶ[2] δ' οὐ μόνον ἐν χρημάτων κτήσει καὶ μειώσει τῷ πλέονι πολέμιον καθίσταται τοὔλασσον, ἀλλ' ἁπλῶς, ᾗ[3] φησιν ὁ Πλάτων ἐν μὲν ἀνωμαλίᾳ κίνησιν, ἐν δὲ ὁμαλότητι στάσιν ἐγγίνεσθαι καὶ μονὴν[4], οὕτω πᾶσα μὲν ἀνισότης ἐπισφαλής ἐστι πρὸς διαφορὰν ἀδελφῶν. Ἐν πᾶσι δ' ἴσους γενέσθαι καὶ ὁμαλούς, ἀδύνατον· τὰ μὲν γὰρ αἱ φύσεις εὐθὺς ἀνίσως νέμουσαι, τὰ δὲ ὕστερον αἱ τύχαι, φθόνους ἐμποιοῦσι καὶ ζηλοτυπίας, αἴσχιστα νοσήματα καὶ κῆρας, οὐκ οἰκίαις μόνον, ἀλλὰ καὶ πόλεσιν ὀλεθρίους. Δεῖ καὶ ταῦτα φυλάττεσθαι, καὶ θεραπεύειν, ἂν ἐγγένηται. Τῷ μὲν οὖν ὑπερέχοντι παραινέσειεν ἄν τις, πρῶτον μέν, οἷς δοκεῖ διαφέρειν, ταῦτα κοινὰ ποιεῖν τοῖς ἀδελφοῖς, συνεπικοσμοῦντα τῇ δόξῃ, καὶ συνεισποιοῦντα ταῖς φιλίαις· κἂν λέγειν δεινότερος ᾖ, χρῆσθαι παρέχοντα τὴν δύναμιν, ὡς ἐκείνου μηθὲν ἧττον οὖσαν· ἔπειτα μήτε ὄγκον ἐμφαίνειν τινὰ μήτε ὑπεροψίαν, ἀλλὰ μᾶλλον ἐνδιδόντα καὶ συγκαθιέντα τῷ ἤθει τὴν ὑπεροχὴν ἀνεπίφθονον ποιεῖν, καὶ τὴν τῆς τύχης ἀνωμαλίαν ἐπανισοῦν, ὡς ἄνυστόν ἐστι, τῇ μετριότητι τοῦ φρονήματος. Ὁ μὲν οὖν Λεύκολλος[5] οὐκ ἠξίωσε τοῦ ἀδελφοῦ πρότερος τὴν ἀρχὴν λαβεῖν πρεσβύτερος ὤν, ἀλλὰ τὸν αὐτοῦ παρεὶς καιρόν, τὸν ἐκείνου περιέμεινεν. Ὁ δὲ Πολυδεύκης[6] οὐδὲ θεὸς ἠθέλησε μόνος, ἀλλὰ μᾶλλον ἡμίθεος σὺν τῷ ἀδελφῷ γενέσθαι, καὶ τῆς θνητῆς μερίδος

---

1. Ἤ, *que*, amené par l'idée de comparaison contenue dans διπλάσια.

2. Ἐπεί, *car*; sens fréquent au commencement d'une phrase.

3. Ἦ, adv. *comme*. Ainsi dans la ocution connue : ᾗ θέμις ἐστί.

4. Μονή, ῆς, subst., rac. μένω. — Μόνη, fém. de μόνος, acc. sur ὁ.

5. Λεύκολλος, Lucullus, vainqueur de Mithridate, non moins fameux par son luxe et son opulence que par ses talents militaires. Cf. Plut., *Vie de Lucullus*.

6. Πολυδεύκης, Pollux, fils de Jupiter et de Léda. Son frère, Castor, regardé comme fils de Tyndare, était mortel. Après sa mort, Pollux demanda à Jupiter de le rendre immortel. Cette prière ne pouvant être entièrement exaucée, il obtint que l'immortalité dont il jouissait fût partagée entre lui et son frère. Ainsi,

μετασχεῖν ἐπὶ τῷ μεταδοῦναι τῆς ἀθανασίας ἐκείνῳ. Σοὶ δὲ, φαίη τις ἄν, ὦ μακάριε, μηδὲν ἐλαττοῦντι τῶν προσόντων ἀγαθῶν, ὑπάρχει συνεξομοιοῦν καὶ συνεπικοσμεῖν τὸν ἀδελφὸν, ὥσπερ αὐτός, ἀπολαύοντα τῆς περὶ σὲ δόξης, ἢ ἀρετῆς, ἢ εὐτυχίας.

III. Exemples de désintéressement et d'amour fraternels.

Ἄξιον πυθέσθαι βαρβάρων ἀδελφῶν διαδικασίαν, οὐ περὶ γηδίου μερίδος, οὐδ᾽ ἐπ᾽ ἀνδραπόδοις ἢ προβατίοις γενομένην, ἀλλὰ περὶ τῆς Περσῶν ἡγεμονίας. Δαρείου γὰρ ἀποθανόντος, οἱ μὲν ἠξίουν Ἀριαμένην[1] βασιλεύειν, πρεσβύτατον ὄντα τῆς γενεᾶς, οἱ δὲ, Ξέρξην, Ἀτόσσης τε μητρὸς ὄντα τῆς Κύρου θυγατρός, ἔκ τε Δαρείου βασιλεύοντος ἤδη γεγεννημένου[2]. Ἀριαμένης μὲν οὖν κατέβαινεν ἐκ Μήδων, οὐ πολεμικῶς, ἀλλ᾽ ὡς ἐπὶ δίκην ἡσύχως. Ξέρξης δὲ παρὼν ἔπραττεν ἅπερ ἦν βασιλεῖ προσήκοντα· ἐλθόντος δὲ τοῦ ἀδελφοῦ, θεὶς τὸ

---

ils vivaient et mouraient alternativement.

Et fratrem Pollux alterna morte redemit
Itque reditque viam toties. [demit,
VIRG. *En.*, VI, 122.

Les deux frères, après leur mort, formèrent dans le ciel le signe des Gémeaux ; l'une des deux étoiles de cette constellation se cache sous l'horizon, lorsque l'autre paraît.

1. Ἀριαμένην. Hérodote appelle ce frère de Xerxès Artabazane et Justin Artemène. On a reproché à Plutarque de dénaturer parfois les noms propres. Rien ne prouve ici que ce soit lui qui ne soit pas exact. En ce qui concerne particulièrement l'Orient nous savons aujourd'hui combien les noms des princes de la Perse, aussi bien que de l'Égypte, ont été défigurés par les historiens grecs. Ainsi le firent les Romains pour les noms germains ou gaulois ; ainsi le font les Français pour les noms des premières races de leurs rois, et en général pour les noms propres de tous les pays.

2. Γεγεννημένον. Cf. Hérod., VII, 2 et 3 : « Darius avait eu trois fils de sa première femme, fille de Gobryas, et, depuis qu'il était roi, quatre autres d'Atossa, fille de Cyrus. Des premiers Artabazane était l'aîné, des derniers Xerxès. Artabazane prétendait régner parce qu'il était l'aîné de toute la famille ; Xerxès, parce qu'il était fils de la fille de Cyrus... » Suivant le même auteur, ce fut Démarate, le roi banni de Sparte, qui conseilla à Xerxès d'alléguer qu'il était né du temps que son père régnait, tandis que Artabazane avait reçu le jour quand Darius vivait dans une condition privée. Voy. aussi le même trait dans Justin. II. 10.

διάδημα, καὶ καταβαλὼν τὴν τιάραν, ἣν φοροῦσιν ὀρθὴν οἱ
βασιλεύοντες, ἀπήντησεν αὐτῷ, καὶ ἠσπάζετο, καὶ δῶρα
πέμπων, ἐκέλευσεν εἰπεῖν τοὺς κομίζοντας· « Τούτοις σε νῦν
τιμᾷ Ξέρξης, ὁ ἀδελφός· ἂν δὲ βασιλεὺς κρίσει καὶ ψήφῳ
Περσῶν ἀναγορευθῇ, δίδωσί σοι δευτέρῳ μεθ' ἑαυτὸν εἶναι. »
Καὶ ὁ Ἀριαμένης· « Ἐγὼ δὲ, ἔφη, τὰ μὲν δῶρα δέχομαι,
βασιλείαν δὲ τὴν Περσῶν ἐμαυτῷ νομίζω προσήκειν· τιμὴν
δὲ τὴν μετ' ἐμὲ τοῖς ἀδελφοῖς φυλάξω, Ξέρξῃ δὲ πρώτῳ τῶν
ἀδελφῶν. » Ἐπεὶ δὲ ἡ κρίσις ἐνέστη, Πέρσαι μὲν Ἀρτάβανον,
ἀδελφὸν ὄντα Δαρείου, δικαστὴν ἀπέφηναν, δόξαν[1] αὐτοῖς,
Ξέρξης δ' ἔφευγεν ἐπ' ἐκείνου κριθῆναι, τῷ πλήθει[2] πεποιθώς.
Ἄτοσσα δὲ ἡ μήτηρ ἐπέπληξεν αὐτῷ· « Τί φεύγεις Ἀρτάβανον, ὦ παῖ, θεῖον[3] ὄντα καὶ Περσῶν ἄριστον; τί δὲ οὕτως
τὸν ἀγῶνα δέδοικας, ἐν ᾧ καλὰ καὶ τὰ δευτερεῖα, Περσῶν
βασιλέως ἀδελφὸν κληθῆναι; » Πεισθέντος οὖν Ξέρξου καὶ
γενομένων λόγων[4], Ἀρτάβανος μὲν ἀπεφήνατο Ξέρξῃ τὴν
βασιλείαν προσήκειν· Ἀριαμένης δ' εὐθὺς ἀναπηδήσας προσεκύνησε[5] τὸν ἀδελφὸν, καὶ λαβόμενος τῆς δεξιᾶς, εἰς τὸν
θρόνον ἐκάθισε τὸν βασίλειον. Ἐκ τούτου μέγιστος ἦν παρ'
αὐτῷ, καὶ παρεῖχεν εὔνουν ἑαυτόν[6]· ὥστε ἀριστεύων ἐν τῇ
περὶ Σαλαμῖνα ναυμαχίᾳ πεσεῖν[7] ὑπὲρ τῆς ἐκείνου δόξης.

1. Δόξαν, participe neutre absolu. Voy. p. 138, n. 3. — Le verbe δοκεῖ, comme videtur, en latin, signifie une décision, un décret : *Hoc mihi visum est*, τοῦτο ἐμοὶ ἔδοξε ; Je l'ai décidé ainsi, telle est ma volonté.

2. Πλήθει, le plus grand nombre, la majorité des grands de la Perse, qui devaient juger le différend.

3. Θεῖον, *patruum*.

4. Λόγων, la discussion.

5. Προσεκύνησε. Suivant l'usage encore en vigueur chez les Orientaux, de se prosterner devant les rois.

6. Παρεῖχον ἑαυτόν, *se præstitit*.

7. Πεσεῖν. Ici encore Plutarque est en désaccord avec Hérodote sur les noms : Celui-ci cite deux frères de Xerxès qui combattaient à Salamine : Ariabique, fils de Darius et de la fille de Gobryas, sa première femme, qui commandait les vaisseaux d'Ionie et de Carie, et qui périt dans le combat ; et Achemène, frère de Xerxès de père et de mère, qui commandait l'escadre égyptienne. (Hérod., VII. 97 ; VIII. 89.)

Τοῦτο μὲν οὖν ὥσπερ ἀρχέτυπον ἐκκείσθω καθαρὸν καὶ ἀμώμητον εὐμενείας καὶ μεγαλοφροσύνης.

Τὸ δ᾽ Εὐμενοῦς [1] τοῦ βασιλέως ἔργον ὑπερβολὴν πραότητος οὐδεμίαν ἀπολέλοιπε. Περσεὺς [2] γὰρ ὁ τῶν Μακεδόνων βασιλεὺς ἐχθρὸς ὢν αὐτῷ, παρεσκεύασε τοὺς ἀποκτενοῦντας [3]· οἱ δὲ περὶ Δελφοὺς ἐνήδρευον, αἰσθόμενοι βαδίζοντα πρὸς τὸν θεὸν ἀπὸ θαλάσσης. Γενόμενοι δ᾽ ὄπισθεν αὐτοῦ, λίθους μεγάλους ἐμβάλλουσιν εἴς τε τὴν κεφαλὴν καὶ τὸν τράχηλον, ὑφ᾽ ὧν σκοτωθεὶς καὶ πεσὼν, ἔδοξε τεθνάναι· καὶ περιῆλθε φήμη πανταχόσε, καὶ φίλοι τινὲς ἀφίκοντο καὶ θεράποντες εἰς Πέργαμον, αὐτάγγελοι τοῦ πάθους ἥκειν δοκοῦντες. Ἄτταλος οὖν ὁ πρεσβύτατος αὐτοῦ τῶν ἀδελφῶν, ἀνὴρ ἐπιεικὴς καὶ περὶ τὸν Εὐμενῆ πάντων ἄριστος, οὐ μόνον βασιλεὺς ἀνηγορεύθη διαδησάμενος, ἀλλὰ καὶ τὴν γυναῖκα τοῦ ἀδελφοῦ Στρατονίκην ἔγημε. Ἐπεὶ δ᾽ ἀπηγγέλθη ζῶν ὁ Εὐμενὴς, καὶ πρόσῃει, θεὶς τὸ διάδημα, καὶ λαβὼν, ὥσπερ εἰώθει, τὰ δοράτια μετὰ τῶν ἄλλων ἀπήντησεν αὐτῷ δορυφόρων. Ὁ δὲ κἀκεῖνον εὐμενῶς ἐδεξιώσατο, καὶ τὴν βασίλισσαν ἠσπάσατο μετὰ τιμῆς καὶ φιλοφροσύνης· καὶ χρόνον οὐκ ὀλίγον ἐπιβιώσας, ἀμέμπτως καὶ ἀνυπόπτως ἀπέθανε, τῷ Ἀττάλῳ τήν τε βασιλείαν καὶ τὴν γυναῖκα παρεγγυήσας.

---

1. Εὐμένους, Eumène II, troisième roi de Pergame (198-157).

2. Πέρσευς, Persée, fils naturel de Philippe V, et successeur de ce prince. Il fit assassiner Eumène II, et soutint une guerre contre les Romains, qui le vainquirent à Pydna sous la conduite de Paul Emile, en 168.

3. Ἀποκτενοῦντας. Plutarque raconte ce fait d'une manière plus succincte dans les Apophthegmes.

DU PROGRÈS DANS LA VERTU

1. Beaucoup se découragent avant d'avoir pu tirer profit de la philosophie. — Anecdote de Diogène à ses débuts.

Ὡς ἡ τοῦ καλάμου βλάστησις, ὁρμὴν ἔχουσα πλείστην καὶ καλλίστην ἀπ' ἀρχῆς εἰς μῆκος ἐπιδώσειν ὁμαλὸν καὶ συνεχὲς[1], τὸ πρῶτον ἐν διαστήμασι μεγάλοις ὀλίγας λαμβάνουσα προςκρούσεις καὶ ἀντικοπάς, εἶθ' οἷον ὑπ' ἄσθματος ἄνω δι' ἀσθένειαν ἀπαγορεύουσα[2], πολλοῖς ἐνίσχεται καὶ πυκνοῖς γόνασι· οὕτως ὅσοι τὸ πρῶτον μεγάλαις ἐκδρομαῖς ἐχρήσαντο πρὸς φιλοσοφίαν, εἶτα πολλὰ καὶ συνεχῆ προςκρούσματα καὶ διασπάσματα λαμβάνουσι, μηδενὸς διαφόρου πρὸς τὸ βέλτιον ἐπαισθανόμενοι, τελευτῶντες[3] ἐξέκαμον καὶ ἀπηγόρευσαν. Δήλωμα δὲ προκοπῆς τοῦ Ἡσιόδου, μηκέτι προςάντη μηδ' ὄρθιον ἄγαν, ἀλλὰ ῥᾳδίαν, καὶ λείαν, καὶ δι' εὐπετείας εἶναι τὴν ὁδόν[4], οἷον ἐκλεαινομένην τῇ ἀσκήσει, καὶ φῶς ἐν τῷ φιλοσοφεῖν καὶ λαμπρότητα ποιοῦσαν ἐξ ἀπορίας καὶ πλάνης καὶ μεταμελείων, αἷς προστυγχάνουσιν οἱ φιλοσοφοῦντες τὸ πρῶτον, ὥσπερ οἱ γῆν ἀπολιπόντες, ἣν ἴσασι, μηδέπω δὲ καθορῶντες, ἐφ' ἣν πλέουσι. Προέμενοι

---

1. Ὁρμὴν (ὥςτε) ἐπιδώσειν, littéral.. ayant une très-grande force pour pousser... — Ἐπιδώμι, sens neutre, *croître, grandir, se développer.*

2. Ἀπαγορεύουσα, mot à mot, cessant (de monter), s'arrêtant pour ainsi dire, faute de souffle, comme s'il était épuisé.

3. Τελευτῶντες, hellénisme. *Finissant*, ils se fatiguent, c'est-à-dire, *ils finissent par.....* — Ἐξέκαμον, aoriste d'habitude.

4. Τὴν ὁδόν. Allusion à une pensée d'Hésiode, citée également par saint Basile, *Discours sur la lecture des auteurs profanes*, ch. v : « La route escarpée qui mène à la vertu paraît d'abord rude et difficile à gravir, féconde en peines et en sueurs. Aussi n'est-il pas donné à tout le monde d'y entrer, tant elle est roide, ni à ceux qui y entrent d'arriver jusqu'au sommet. Et pourtant une fois qu'on y est parvenu, on peut voir combien elle est belle et unie, combien elle est facile et douce, combien enfin elle est plus agréable que celle qui conduit au vice, et que les hommes prennent en foule, parce qu'elle est près d'eux. »

γὰρ τὰ κοινὰ καὶ συνήθη¹, πρὶν ἢ τὰ βελτίονα γνῶναι καὶ
λαβεῖν, ἐν μέσῳ περιφέρονται πολλάκις ὑποτρεπόμενοι. Περὶ
Διογένους τοιαῦτα τοῦ Σινωπέως ἱστοροῦσιν ἀρχομένου φιλοσοφεῖν, ὡς Ἀθηναίοις ἦν ἑορτή, καὶ δεῖπνα δημοτελῆ, καὶ
θέατρα, καὶ συνουσίας μετ' ἀλλήλων ἔχοντες ἐχρῶντο κώμοις
καὶ παννυχίσιν· ὁ δέ, ἔν τινι γωνίᾳ τῆς ἀγορᾶς συνεσπει-
ραμένος² ὡς καθευδήσων, ἐνέπιπτεν εἰς λογισμοὺς τρέποντας
αὐτὸν οὐκ ἀτρέμα καὶ θραύοντας, ὡς οὐδ' ἀπὸ μιᾶς ἀνάγκης³
εἰς ἐπίπονον καὶ ἀλλόκοτον ἥκων βίον, αὐτὸς ὑφ' ἑαυτοῦ⁴ κάθηται τῶν ἀγαθῶν ἁπάντων ἐστερημένος· εἶτα μέντοι μῦν
τινα προσερπύσαντα λέγεται περὶ τὰς ψίχας αὐτοῦ τῆς μάζης
ἀναστρέφεσθαι· τὸν δὲ αὖθις ἀναφέρειν τῷ φρονήματι, καὶ
λέγειν πρὸς ἑαυτόν, οἷον ἐπιπλήττοντα καὶ κακίζοντα· « Τί
φής, ὦ Διόγενες, τοῦτον μὲν εὐωχεῖ τὰ σὰ λείμματα καὶ τρέφει, σὺ δ' ὁ γενναῖος, ὅτι μὴ μεθύεις ἐκεῖ κατακείμενος ἐν
ἁπαλοῖς καὶ ἀνθινοῖς στρώμασιν, ὀδύρῃ καὶ θρηνεῖς σεαυτόν;

II. Les enseignements de l'enfance portent leurs fruits, sinon
sur-le-champ, du moins dans l'âge mûr.

Ἀντιφάνης⁵ ἔλεγε παίζων, ἔν τινι πόλει τὰς φωνὰς εὐθὺς
λεγομένας⁶ πήγνυσθαι διὰ ψῦχος, εἶθ' ὕστερον ἀνιεμένων
ἀκούειν⁷ θέρους, ἃ τοῦ χειμῶνος διελέχθησαν· οὕτω δὴ τῶν
ὑπὸ Πλάτωνος ἔφη νέοις οὖσι λεχθέντων μόλις ὀψὲ τοὺς πολλοὺς αἰσθάνεσθαι γέροντας γενομένους. Καὶ πρὸς ὅλην δὲ

---

1. Τὰ κοινὰ καὶ συνήθη, les idées communes qui leur étaient familières.

2. Συνεσπειραμένος, litt., pelotonné, blotti. — Participe parf. pass. de συσπειράω.

3. Οὐδ' ἀπὸ μιᾶς ἀνάγκης, sans aucune nécessité.

4. Τῷ' ἑαυτοῦ, complément de ἐστερημένος.

5. Ἀντιφάνης. Antiphane, poète comique, l'un des principaux représentants de la comédie grecque après Aristophane.

6. Εὐθὺς λεγομένας, aussitôt prononcées, au moment même où on les prononçait.

7. Ἀκούειν, sujet sous-entendu ἀνθρώπους, qu'on entendait...

τοῦτο τὴν φιλοσοφίαν πεπόνθασιν¹, ἄχρις οὗ κατάστασιν ὑγιεινὴν ἡ κρίσις λαβοῦσα τοῖς ἦθος ἐμποιεῖν καὶ μέγεθος δυναμένοις² ἄρξηται συμφέρεσθαι.

1. Πεπόνθασιν. Πάσχω, *éprouver*. Ils éprouvent cela pour...; c'est ce qui leur arrive pour...

2. Τοῖς δυναμένοις, datif dépendant de συμφέρεσθαι, s'attacher aux choses pouvant..., aux études qui peuvent former, etc.

SUR LA FORTUNE

Est-il juste de dire, comme on le fait souvent, que la Fortune dirige tout en ce monde ? L'homme ne doit-il pas plutôt sa supériorité à la prudence et à la raison ?

I. Infériorité et supériorité de l'homme à l'égard des animaux.

Εἰ μὴ νοῦν μηδὲ λόγον ἔσχεν ὁ ἄνθρωπος, οὐδὲν ἂν διέφερε τῶν θηρίων. Τύχῃ γὰρ καὶ φύσει γενέσεως ἄμεινον τὰ πλεῖστα τῶν ἀλόγων κέχρηται. Τὰ μὲν γὰρ ὥπλισται κέρασι, καὶ ὀδοῦσι, καὶ κέντροις· μόνος δὲ ὁ ἄνθρωπος, κατὰ τὸν Πλάτωνα, γυμνὸς, καὶ ἄοπλος, καὶ ἀνυπόδετος, καὶ ἄστρωτος, ὑπὸ τῆς φύσεως ἀπολέλειπται¹.

Ἀλλ' ἐν ἑνὶ δοῦσα, πάντα μαλθάσσει τάδε²·

τὸν λογισμὸν, καὶ τὴν ἐπιμέλειαν, καὶ τὴν πρόνοιαν. Ἦ βραχὺ μὲν σθένος ἀνδρός, ἀλλὰ ποικιλίᾳ πραπίδων³ δεινὰ

1. Ἀπολέλειπται. Cf. Pline, *Hist. nat.*, VII, 1 : « Ceteris varie tegumenta tribuit natura, testas, cortices, coria, spinas, villos, setas, pilos, pennas, squamas, vellera. Hominem tantum nudum et in nuda humo, natali die abjicit ad vagitus statim et ploratum..... Ut non sit satis æstimare parens melior homini an tristior noverca fuerit. »

2. Μαλθάσσει τάδε, litt. Elle adoucit tout cela, elle remédie à ces maux.

3. Πραπίδων, synonyme poétique de διανοίας. Toute la phrase est évidemment une citation ou plutôt une réminiscence d'un poëte.

μὲν πόντου, χθονίων τ' ἀερίων τε δάμναται παιδεύματα[1]. Κουφότατον[2] ἵπποι καὶ ὠκύτατον, ἀνθρώποις δὲ θέουσι[3]· μάχιμον κύων καὶ θυμοειδές, ἀλλ' ἄνθρωπον φυλάττει· ἥδιστατον ἰχθὺς, καὶ ὗς πολύσαρκον, ἀνθρώποις δὲ τροφὴ καὶ ὄψον ἐστί. Τί μεῖζον ἐλέφαντος, ἢ φοβερώτερον ἰδεῖν[4]; ἀλλὰ καὶ τοῦτο παίγνιον γέγονεν ἀνθρώπου, καὶ θέαμα πανηγυρικὸν, ὀρχήσεις τε μανθάνει, καὶ χορείας[5], καὶ προσκυνήσεις· οὐκ ἀχρήστως τῶν τοιούτων παρεισαγομένων[6], ἀλλ' ἵνα μανθάνωμεν, ποῦ τὸν ἄνθρωπον ἡ φρόνησις αἴρει, καὶ τίνων ὑπεράνω ποιεῖ, καὶ πῶς κρατεῖ πάντων καὶ περίεστιν.

Οὐ γὰρ ποδώκεις εἰμὲν χρώμενοι, οὐδὲ παλαισταί.
Οὐδὲ ποσὶ κραιπνοῖς θέομεν[7]·

ἀλλ' ἐν πᾶσι τούτοις ἀτυχέστεροι τῶν θηρίων ἐσμέν· ἐμπειρίᾳ δὲ, καὶ μνήμῃ, καὶ σοφίᾳ, καὶ τέχνῃ, κατὰ Ἀναξαγόραν, σφῶν αὐτῶν χρώμεθα[8]· καὶ βλίττομεν, καὶ ἀμέλγομεν, καὶ φέρομεν, καὶ ἄγομεν[9] συλλαμβάνοντες· ὥστε ἐν-

1. Παιδεύματα forme avec ses compléments πόντου, χθονίων τ' ἀερίων τε, une périphrase poétique, dont le sens littéral est : les *nourrissons* de la mer, de la terre et des airs.

2. Κουφότατον, et plus bas μάχιμον, ἥδιστατον, etc., attribut au neutre avec un sujet masculin ou féminin. Voy. page 3, note 1.

3. Θέουσι. Quorum celeritas atque vis nobis ipsis affert vim et celeritatem... Nos sagacitate canum ad utilitatem nostram abutimur. » (Cic.)

4. Φοβερώτερον ἰδεῖν. Le grec offre la même tournure que le français, *facile à faire, terrible à voir*, tandis que le latin emploie dans ce cas le passif, le supin en *u*, et non l'infinitif actif. On construit également, en grec, l'infinitif passif : καλὸς ὁρᾶσθαι. De même en latin, mais seulement chez les poëtes : *Nireus rideri*. (Horace.)

5. Χορείας, danses de plusieurs ensemble. Pline rapporte que, dans les jeux de gladiateurs donnés par Germanicus César, on vit des éléphants former une sorte de ballet. Pline le Natur., liv. viii.

6. Παρεισαγομένων. Litt. Ces réflexions n'étant pas amenées ici sans utilité.

7. Θέομεν. Hom., *Odyss.*, viii. 246.

8. Χρώμεθα. Ce passage a exercé la sagacité des commentateurs. Le texte porte σφῶν τε αὐτῶν χρώμεθα et ne peut s'expliquer. En retranchant τε et en prenant σφῶν αὐτῶν dans l'acception fort rare de ἡμῶν αὐτῶν, on obtient un sens satisfaisant.

9. Ἄγειν καὶ φέρειν, piller. *Aguntque feruntque*. (Virg.) — Burn., Gr. gr., p. 307.

ταῦθα μηδὲν τῆς τύχης, ἀλλὰ πάντα τῆς εὐβουλίας εἶναι καὶ τῆς προνοίας [1].

Il est très-rare que la fortune se montre intelligente. Ce n'est qu'un effet exceptionnel.

II. Tableau peint par le hasard.

Ἕνα [2] φασὶν ἵππον ζωγραφοῦντα τοῖς μὲν ἄλλοις κατορθοῦν εἴδεσι καὶ χρώμασι, τοῦ δὲ ἀφροῦ τὴν παρὰ τῷ χαλινῷ κοπτομένην χαυνότητα καὶ συνεκπίπτουσαν τῷ ἄσθματι μὴ ἀρεστὴν ἐπ' αὐτῷ [3] γράφοντα, πολλάκις γοῦν ἐξαλείφειν, τέλος δ' ὑπ' ὀργῆς προσβαλεῖν τῷ πίνακι τὸν σπόγγον, ὥςπερ εἶχε [4], τῶν φαρμάκων ἀνάπλεων [5]· τὸν δὲ προςπεσόντα θαυμαστῶς ἐναπομάξαι καὶ ποιῆσαι τὸ δέον [6]. Τοῦτο ἔντεχνον τύχης μόνον ἔργον ἱστορεῖται [7].

III. On ne s'en remet pas à la fortune pour les choses les plus communes ; mais pour le plus grand de tous les arts, pour la

---

1. Προνοίας. Ce sujet a été souvent traité par les anciens et les modernes, et c'est maintenant un lieu commun que de parler de l'empire de l'homme sur les animaux. Aucun écrivain n'en a dit autant que Pascal en quelques mots, dans un de ses passages les plus sublimes : « L'homme n'est qu'un roseau, le plus faible de la nature, mais c'est un roseau pensant. Il ne faut pas que l'univers entier s'arme pour l'écraser. Une vapeur, une goutte d'eau suffit pour le tuer. Mais quand l'univers l'écraserait, l'homme serait plus noble que ce qui le tue, parce qu'il sait qu'il meurt ; et l'avantage que l'univers a sur lui, l'univers n'en sait rien. »

2. Ἕνα. Ce peintre, d'après Pline, est Néalcès.

3. Ἐπ' αὐτῷ, pour lui, à ses yeux, à son gré.

4. Ὡς εἶχε, ut erat, litt., comme elle était. Burn., Gr. gr., § 388. 5.

5. Ἀνάπλεων, accusatif de forme attique.

6. Τὸ δέον, ce qu'il fallait, ce que voulait le peintre.

7. Ἱστορεῖται. Cf. le même récit dans Valère Maxime, liv. viii, ch. 11. Pline l'Ancien, liv. xxxv, chap. 36, raconte que la même aventure arriva à Protogène, voulant représenter l'écume à la gueule d'un chien. Son récit offre beaucoup de rapport avec celui de Plutarque. « Non judicabat se exprimere in eo spumam anhelantis, quum in reliqua omni parte (quod difficillimum erat) sibi ipse satisfecisset. Displicebat autem ars ipsa, et videbatur spuma illa pingi, non ex ore nasci : anxio animi cruciatu, quum in pictura verum esse, non verisimile vellet, absterserat sæpius, mutaveratque penicillum, nullo modo sibi approbans. Postremo iratus spongiam impegit inviso loco tabulæ, et illa reposuit ablatos colo-

vertu, on croit que la Fortune seule suffit. Cependant les dons de la Fortune, sans la sagesse, sont plus funestes qu'utiles.

Θαυμαστόν ἐστι, πῶς[1] αἱ μὲν τέχναι τῆς τύχης οὐ δέονται πρὸς τὸ οἰκεῖον τέλος, ἡ δὲ πασῶν μεγίστη καὶ τελειοτάτη τέχνη, καὶ τὸ κεφάλαιον τῆς ἀνθρωπίνης εὐφημίας καὶ δικαιώσεως, οὐδέν ἐστιν. Χρυσίον δέ τις πολὺ συμφορήσας καὶ ἀργύριον, καὶ πλῆθος ἀνδραπόδων καὶ πολυθύρους αὐλὰς περιβαλόμενος, καὶ κλίνας προθέμενος πολυτελεῖς καὶ τραπέζας, οἴεται ταῦτα, φρονήσεως αὐτῷ μὴ παραγενομένης, εὐδαιμονίαν ἔσεσθαι, καὶ βίον ἄλυπον, καὶ μακάριον, καὶ ἀμετάβλητον. Ἠρώτα τις Ἰφικράτην[2] τὸν στρατηγόν, ὥσπερ ἐξελέγχων, τίς ἐστιν; οὔτε γὰρ ὁπλίτης, οὔτε τοξότης, οὔτε πελταστής· κἀκεῖνος· « Ὁ τούτοις, ἔφη, πᾶσιν ἐπιτάττων καὶ χρώμενος. » Οὐ χρυσίον ἡ φρόνησίς ἐστιν, οὐδὲ ἀργύριον, οὐδὲ δόξα, οὐδὲ πλοῦτος, οὐδ᾽ ὑγίεια, οὐδ᾽ ἰσχύς, οὐδὲ κάλλος. Τί οὖν ἐστι; τὸ πᾶσι καλῶς τούτοις χρῆσθαι δυνάμενον, καὶ δι᾽ ὃ τούτων ἕκαστον ἡδὺ γίνεται, καὶ ἔνδοξον, καὶ ὠφέλιμον, ἄνευ δὲ τούτου δύσχρηστα, καὶ ἄκαρπα, καὶ βλαβερά, καὶ βαρύνει καὶ καταισχύνει τὸν κεκτημένον. Ἦπου καλῶς ὁ Ἡσιόδου Προμηθεὺς τῷ Ἐπιμηθεῖ[3] παρακελεύεται,

— μήποτε δῶρα
Δέξηται παρὰ Ζηνὸς Ὀλυμπίου, ἀλλ᾽ ἀποπέμπειν·[4]

res, qualiter cura optaverat; fecitque in pictura fortuna naturam. »

1. Θαυμαστόν ἐστι πῶς, mirum est quomodo, litt. : Il est étrange comment, tournure usitée également en français, au XVIIe siècle. Pascal a dit : Il est étrange de quelle sorte on révère les anciens.

2. Ἰφικράτην. Iphicrate, général athénien, vainqueur des Spartiates. C. Népos a écrit sa vie.

3. Ἐπιμηθεῖ. Quand les dieux firent chacun un don particulier à Pandore, Jupiter lui fit présent d'une boîte bien close et lui ordonna de la porter à Prométhée. Celui-ci se défiant de quelque piège ne voulut recevoir ni Pandore ni la boîte ; mais Épiméthée, moins sage que son frère Prométhée, accueillit Pandore, et devint son époux. La boîte fatale fut ouverte et laissa échapper tous les maux et tous les crimes qui ont depuis infesté l'univers. Il ne resta au fond de la boîte que la seule Espérance.

4. Ἀποπέμπειν. Hés., Œuvres et Jours, 86.

τὰ τυχηρὰ λέγων[1] καὶ τὰ ἐκτός · ὡς εἰ παρεκελεύετο[2], μὴ συρίζειν ἄμουσον ὄντα, μηδ' ἀναγινώσκειν ἀγράμματον, μηδὲ ἱππεύειν ἄνιππον, οὕτως παρακελευόμενος αὐτῷ, μὴ ἄρχειν ἀνόητον ὄντα, μηδὲ πλουτεῖν ἀνελεύθερον. Οὐ γὰρ μόνον τὸ εὖ πράττειν[3] παρὰ τὴν ἀξίαν ἀφορμὴ τοῦ κακῶς φρονεῖν τοῖς ἀνοήτοις γίνεται, ὡς Δημοσθένης[4] εἶπεν · ἀλλὰ τὸ εὐτυχεῖν παρὰ τὴν ἀξίαν ἀφορμὴ τοῦ κακῶς πράττειν τοῖς μὴ φρονοῦσιν.

1. Λέγων, voulant dire, entendant par là...

2. Ὡς εἰ παρεκελεύετο...., perinde ac si vetaret musicæ ignarum canere fistula : comme s'il défendait..... comme on défendrait...

3. Εὖ πράττειν, litt., bien faire (ses affaires), réussir, prospérer. Bien différent de εὖ ποιεῖν, faire du bien.

4. Δημοσθένης. Plutarque cite ici textuellement les paroles de Démosthène, Olynth., I, vii, à la fin du chap. — Cf. Thucyd., iii, 39 : « Les États sont volontiers portés à l'orgueil, quand il leur arrive une fortune soudaine et inespérée, et en général les hommes se soutiennent mieux avec un bonheur qui n'a rien d'extraordinaire, que lorsqu'il s'élève au-dessus de ce qu'on devait attendre. »

PRÉCEPTES DE SANTÉ

1. La cause de nos maladies est souvent notre intempérance.

Οἱ πολλοί, νῦν μὲν ἀέρας, νῦν δὲ χώρας ἐπιμεμφόμενοι νοσώδεις, ἀποδημίας[1] τέ τινας λέγουσιν, ἐξαιρούμενοι τῆς αἰτίας[2] τὴν ἀκρασίαν καὶ φιληδονίαν. Ἀλλ' ὥσπερ ὁ Λυσίμαχος[3] ἐν Γέταις συσχεθεὶς δίψῃ, καὶ παραδοὺς ἑαυτὸν μετὰ στρατεύματος αἰχμάλωτον, εἶτα πιὼν ὕδωρ ψυχρόν· « Ὦ

1. Ἀποδημίας. Ricard, suivant la traduction latine, interprète ce mot comme équivalant à νόσους ἐπιδημίους. C'est changer arbitrairement le sens et la valeur des termes.

2. Ἐξαιρούμενοι τῆς αἰτίας, exceptant de toute accusation, mettant hors de cause, n'ayant garde d'accuser.

3. Λυσίμαχος, un des capitaines d'Alexandre, devint roi de Thrace, et fit la guerre avec les Macédoniens et les peuples voisins. Il était alors enfermé dans un défilé par le roi Dromichète. Cf. Regum et Imperatorum Apophthegmata. Le mot de Lysimaque est rapporté là dans des termes un peu différents. Voy. aussi Diod. de Sic., ii.

θεοί, εἶπεν, ὡς βραχείας ἡδονῆς ἕνεκα μεγάλην εὐδαιμονίαν ἀπεβαλόμην· » οὕτως ἀνιστέον ἐν ταῖς ἀρρωστίαις πρὸς αὐτούς, ὡς διὰ ψυχροποσίαν, ἢ λουτρὸν ἄκαιρον, ἢ συμπεριφοράν, πολλὰς μὲν αὐτῶν διαφθείρομεν ἡδονάς, καλάς τε πράξεις, ἐπιτερπεῖς τε διαγωγὰς ἀπολέσαμεν. Ὁ γὰρ ἐκ τῶν τοιούτων ἀναλογισμῶν δηγμὸς αἱμάσσει τὴν μνήμην, ὥστε, οἷον οὐλὴν παραμένουσαν, ἐν τῷ ὑγιαίνειν εὐλαβεστέρους ποιεῖν περὶ τὴν δίαιταν. Οὐδὲ γὰρ ἄγαν τὸ ὑγιαῖνον σῶμα φύσει[1] μεγάλας ἐπιθυμίας, οὐδὲ δυσπειθεῖς, οὐδὲ ἀσυνήθεις, οὐδὲ δυσεκβιάστους· ἀλλὰ δεῖ θαρρεῖν πρὸς τὰς ὀρέξεις ἐκφερομένας, καὶ ἐπιπηδώσας ταῖς ἀπολαύσεσιν, ὡς ἱλαρὸν καὶ παιδικὸν ἐχούσας τὸ μεμψίμοιρον καὶ κλαυθμυριζόμενον[2], εἶτα παυομένας, ἀρθείσης τῆς τραπέζης, καὶ μηδὲν ἐγκαλούσας, μηδὲ ἀδικουμένας, ἀλλὰ τοὐναντίον καθαράς, καὶ ἱλαράς, καὶ οὐ βαρείας, οὐδὲ ναυτιώ   ερι μενούσας τὴν αὔριον. Ὥσπερ ἀμέλει καὶ Τιμόθεον εἰπε[3], τῇ προτεραίᾳ δεδειπνηκότα[4] ἐν Ἀκαδημίᾳ παρὰ Πλάτωνι μουσικὸν[5] καὶ λιτὸν δεῖπνον, ὡς οἱ παρὰ Πλάτωνι δειπνήσαντες, καὶ εἰς αὔριον ἡδέως γίνονται. Λέγεται δὲ καὶ Ἀλέξανδρος εἰπεῖν τοὺς τῆς Ἄδας[6] ὀψοποιοὺς ἀποπεμψάμενος, ὡς ἔχει βελτίονας

1. Φύσει, fut. de φύω.
2. Κλαυθμυριζόμενον. Plutarque compare nos appétits sensuels à ces caprices d'enfants gâtés, qui veulent tout quand on leur cède, et qui pleurent pour qu'on leur donne ce qui leur fait envie ; mais qui oublient vite, quand la table est enlevée, et sont moins exigeants, quand on leur résiste avec fermeté.
3. Εἰπεῖν, sous-entendu φασί. — Τιμόθεον. Timothée, fils de Conon, général athénien, célèbre par ses victoires dans la guerre des alliés. Plutarque fait ici allusion à un fait qu'il raconte avec plus de détails dans les *Symposiaques*, liv. VI, au début. Cf. Élien, II. 10, 18. — Cic., *Tusc.*, V, 100.
4. Δεδειπνηκότα δεῖπνον. Figure étymologique. Cf. Cic. *Tusc.*, V : « Timotheum clarum hominem Athenis, et principem civitatis, ferunt, quum cenavisset apud Platonem, eoque convivio admodum delectatus esset, vidissetque eum postridie, dixisse : Vestrae quidem cenae non solum in praesentia sed etiam postero die jucundae sunt. »
5. Μουσικόν. Μουσική, chez les anciens, désigne les belles-lettres, aussi bien que les beaux-arts. Μουσικὸς ἀνήρ, c'est un homme lettré, un esprit cultivé. Μουσικὸν δεῖπνον, un repas digne de gens éclairés, qui convient à des philosophes ou à des hommes instruits.
6. Ἄδας. Ada, reine de Carie.

ἄγειν ἀεὶ σὺν αὐτῷ, πρὸς μὲν τὸ ἄριστον τὴν νυκτοπορίαν, πρὸς δὲ τὸ δεῖπνον τὴν ὀλιγαριστίαν.

II. Inconvénients d'un régime trop austère.

Ἕτερόν τι φυλακτέον ἐστὶν ἐν γράμμασι καὶ μαθήσει. Καὶ γὰρ ἀφειδεῖν καὶ ἀμελεῖν τοῦ σώματος ἀναγκάζονται, πολλάκις ἀπαγορεύοντος οὐκ ἐκδιδόντες [1], ἀλλὰ προσδιαζόμενοι θνητὸν ἀθανάτοις καὶ γεγενὲς ὀλυμπίοις [2] συνεξαμιλλᾶσθαι καὶ συνεξανύτειν. Εἶτα ὡς ὁ βοῦς [3] πρὸς τὸν ὁμόδουλον ἔλεγε κάμηλον, ἐπικουρίσαι τοῦ φορτίου μὴ βουλομένην· « Ἀλλὰ κἀμὲ καὶ ταῦτα πάντα μετὰ μικρὸν οἴσεις· » ὃ καὶ συνέβη, τελευτήσαντος αὐτοῦ· οὕτω συμβαίνει τῇ ψυχῇ, μικρὰ χαλάσαι καὶ παρεῖναι [4] μὴ βουλομένῃ πονοῦντι καὶ δεομένῳ [5], μετ' ὀλίγον πυρετοῦ τινος ἢ σκοτώματος ἐμπεσόντος, ἀφεῖσα τὰ βιβλία, καὶ τοὺς λόγους, καὶ τὰς διατριβάς, ἀναγκάζεται συννοσεῖν ἐκείνῳ καὶ συγκάμνειν. Ὀρθῶς οὖν ὁ Πλάτων παρῄνεσε, μήτε σῶμα κινεῖν ἄνευ ψυχῆς, μήτε ψυχὴν ἄνευ σώματος, ἀλλ' οἷόν τινα συνωρίδος [6] ἰσορ-

sœur de Mausole. Cf. *Apophthegmes* et *Vie d'Alexandre*. C'est à peu près le mot qu'on attribue à Socrate : « Se quo melius cœnaret obsonare famem ambulando: cibi enim condimentum esse famem, potionis sitim. » (Cic., *Tusc.*, v. 97. *De finib.*, II. 90.)

1. Οὐκ ἐνδιδόντες, litt., ne permettant aucune relâche, le corps succombant, quoique le corps succombe à la fatigue, bien que leurs forces soient épuisées.

2. Ἀθανάτοις, ὀλυμπίοις, ce qu'il y a en eux d'immortel et de céleste, leur âme, leur intelligence.

3. Ὁ βοῦς, le bœuf de la fable. Cf. Ésope, f. 23 ; La Font., VI, 16, *Le Cheval et l'Âne*:

Il reconnut qu'il avait tort ;
Du baudet, en cette aventure,
On lui fit porter la voiture,
Et la peau par-dessus encor.

4. Παρεῖναι, *remittere*, inf. aor. second de παρίημι.

5. Δεομένῳ sous-ent. σώματι.

6. Συνωρίδος. Allusion à une ingénieuse allégorie, où Platon, dans le *Phèdre*, représente l'âme comme un char traîné par deux chevaux qui figurent les bons et les mauvais instincts. Lorsque le bon cheval est le plus fort il emmène l'âme dans les espaces sublimes des cieux. Lorsque c'est, au contraire, le mauvais qui l'emporte, il la fait descendre dans la fange terrestre, où elle est couverte de souillures.

ρωπίαν διαφυλάττειν, ὅτι μάλιστα¹ τῇ ψυχῇ συνεργεῖ τὸ σῶμα καὶ συγκάμνει, πλείστην ἐπιμέλειαν αὐτῷ καὶ θεραπείαν ἐπιδιδόντας, καὶ τὴν καλὴν καὶ ἐράσμιον ὑγίειαν ἀποδιδόντας, ὡς δίδωσιν ἀγαθῶν κάλλιστον ἡγουμένους διδόναι τὸ πρὸς κτῆσιν ἀρετῆς καὶ χρῆσιν ἔν τε λόγοις καὶ πράξεσιν ἀκώλυτον αὐτῶν².

1. Ὅτι μάλιστα, surtout puisque, d'autant plus que. Ὅτι ne marque pas toujours un rapport de temps, mais aussi un raisonnement, comme *quando* et *quum* avec le subjonctif.

2. Ἀκώλυτον αὐτῶν. Constr. : Ἡγουμένους (τὸ σῶμα) διδόναι κάλλιστον ἀγαθῶν ὧν (τούτων ἃ) δίδωσι, τὸ ἀκώλυτον (ἡμῶν) αὐτῶν πρὸς, κ. τ. λ. Considérant qu'il nous offre le plus grand des biens qu'il puisse offrir, en nous permettant d'acquérir la vertu, etc. — La morale bien entendue nous ordonne de ne pas mépriser le corps. Veiller à notre santé est un devoir, car la santé est un bien indispensable pour acquérir la vertu et en faire usage. Cf. Sen., *Ep.*, xiv : « Fateor insitam esse nobis corporis nostri caritatem. Non nego indulgendum illi, serviendum nego. » Et *Ep.*, viii : « Memento hanc salubrem vitæ formam tenere ut corpori tantum indulgeas, quantum bonæ valetudini satis est. » Voy. encore *Ep.*, xv.

TRAITS DE COURAGE ET DE VERTU DES FEMMES

Plutarque a réuni dans ce traité des actes de courage et de vertu, accomplis par les femmes de l'antiquité dans la vie publique ou privée.

I. Les Phocidiennes.

Ἄσπονδος¹ ἦν Θετταλοῖς πρὸς Φωκέας πόλεμος². Οἱ μὲν³ γὰρ ἄρχοντας αὐτῶν⁴ καὶ τυράννους ἐν ταῖς Φωκικαῖς

1. Ἄσπονδος, sans trêve. Suivant les formalités ordinaires, on envoyait un héraut porter la déclaration de guerre avant de commencer les hostilités. Mais dans une guerre acharnée, on ne faisait aucune déclaration, on n'admettait aucune trêve. D'où ces expressions consacrées et souvent réunies : πόλεμος ἀκήρυκτος καὶ ἄσπονδος, une guerre sans trêve ni merci. Cf. Plut., *Vie d'Aristide*, ch. i.

2. Πόλεμος. Il s'agit ici d'une guerre qui, selon Pausanias, précéda l'invasion des Perses dans le Péloponnèse.

3. Οἱ μέν, les uns, c'est-à-dire les Phocidiens. — Οἱ δέ, les autres, les Thessaliens.

4. Αὐτῶν, des Thessaliens, établis par les Thessaliens dans les villes de la Phocide.

πόλεσιν ἡμέρᾳ μιᾷ πάντας ἀπέκτειναν· οἱ δὲ πεντήκοντα καὶ διακοσίους ἐκείνων[1] ὁμήρους κατέλιπον, εἶτα πανστρατιᾷ διὰ Λοκρῶν[2] ἐνέβαλον[3], δόγμα[4] θέμενοι μηδενὸς φείδεσθαι τῶν ἐν ἡλικίᾳ, παῖδας δὲ καὶ γυναῖκας ἀνδραποδίζεσθαι. Δαΐφαντος οὖν ὁ Βαθυλλίου, τρίτος αὐτὸς ἄρχων[5], ἔπεισε τοὺς Φωκεῖς μὲν αὐτοὺς ἀπαντήσαντας τοῖς Θετταλοῖς μάχεσθαι, τὰς δὲ γυναῖκας ἅμα τοῖς τέκνοις εἰς ἕνα που τόπον συναγαγόντας ἐξ ἁπάσης τῆς Φωκίδος, ὕλην τε περινῆσαι ξύλων καὶ φυλακὰς καταλιπεῖν, πρόσταγμα δόντας, ἂν αἴσθωνται νικωμένους αὐτούς, κατὰ τάχος τὴν ὕλην ἀνάψαι[6], καὶ καταπρῆσαι τὰ σώματα. Ἐπιψηφισαμένων δὲ ταῦτα τῶν ἄλλων, εἷς ἐξαναστὰς ἔφη δίκαιον εἶναι ταῦτα συνδοκεῖν καὶ ταῖς γυναιξίν· εἰ δὲ μή, χαίρειν ἐᾶν[7], καὶ μὴ προσβιάζεσθαι. Τούτου τοῦ λόγου διελθόντος εἰς τὰς γυναῖκας, αὐταὶ καθ' αὑτὰς[8] συνελθοῦσαι ταὐτὰ ἐψηφίσαντο, καὶ τὸν Δαΐφαντον ἀνέδησαν, ὡς τὰ ἄριστα τῇ Φωκίδι βεβουλευμένον· τὰ δ' αὐτὰ καὶ τοὺς παῖδας ἰδίᾳ φασὶν ἐκκλησιάσαντας ἐπιψηφίσασθαι. Πραχθέντων δὲ τούτων, συμβαλόντες οἱ Φωκεῖς περὶ Κλεωνὰς[9] τῆς Ὑαμπόλιδος ἐνίκησαν. Τὸ μὲν

1. Ἐκείνων, des Phocéens.
2. Λοκρῶν, les Locriens Epicnémidiens, sur la mer d'Eubée, au sud du golfe Maliaque, au nord-est de la Phocide.
3. Ἐνέβαλον, sens neutre, *irrumpere*.
4. Δόγμα. Δοκεῖ, ἔδοξε, *videtur, visum est*, il a été résolu; δόγμα, résolution prise, décret.
5. Τρίτος, m. à m. Daiphantus, qui gouvernait, lui troisième, c'est-à-dire avec deux autres magistrats, avec deux collègues. — Plutarque avait écrit la Vie, aujourd'hui perdue, de ce chef, que Pausanias nomme Daïphane.
6. Ἀνάψαι. Ce fait rappelle le trait de Sardanapale faisant, dans une circonstance moins glorieuse, élever un bûcher pour se brûler avec ses femmes.
7. Χαίρειν ἐᾶν (sous-ent. ταῦτα, τὸ δόγμα), abandonner ce dessein.
8. Καθ' αὑτάς, seules, de leur côté, séparément.
9. Κλεωνάς, Cléonées, bourg près d'Hyampolis, à quelque distance de la frontière des Locriens. Dans son traité sur les *Délais de la justice divine*, Plutarque dit que les descendants de Daïphante étaient en honneur chez les Phocidiens, et, dans son traité *Contre la doctrine d'Epicure*, il rapproche la victoire de Daïphante à Hyampolis des fameuses batailles de Marathon, de Leuctres et de Mantinée. — Hyampolis ou *ville*

σὺν ψήφισμα Φωκέων Ἀπόνοιαν[1] οἱ Ἕλληνες ὠνόμασαν. Ἑορτὴν δ' ἐκ πασῶν μεγίστην τὰ Ἐλαφηβόλια[2] μέχρι νῦν τῇ Ἀρτέμιδι τῆς νίκης ἐκείνης ἐν Ὑαμπόλιδι τελοῦσιν.

II. Valéria et Clélie.

Ἐκπεσὼν τῆς ἀρχῆς ὁ Ταρκύνιος[3], ἄλλους τε πολλοὺς ἐπολέμησε πολέμους[4], πειρώμενος ἀναλαβεῖν τὴν ἡγεμονίαν· καὶ τέλος ἄρχοντα Τυρρηνῶν Πορσίναν[5] ἔπεισεν ἐπὶ τὴν Ῥώμην στρατεῦσαι μετὰ πολλῆς δυνάμεως. Ἅμα δὲ τῷ πολέμῳ καὶ λιμοῦ συνεπιτιθεμένου τοῖς Ῥωμαίοις, πυθανόμενοι, τὸν Πορσίναν οὐ πολεμικὸν[6] εἶναι μόνον, ἀλλὰ καὶ δίκαιον ἄνδρα καὶ χρηστόν, ἐβούλοντο χρῆσθαι δικαστῇ[7] τῶν πρὸς Ταρκύνιον· ἀπαυθαδισαμένου δὲ τοῦ Ταρκυνίου, καὶ τὸν Πορσίναν, εἰ μὴ μένει[8] σύμμαχος βέβαιος, οὐδὲ κριτὴν δίκαιον ἔσεσθαι φάσκοντος, ἀφεὶς ἐκεῖνον ὁ Πορσίνας, ἔπραττεν, ὅπως φίλος ἄπεισι[9] Ῥωμαίων, τῆς τε χώρας

---

des Hyantes. Les Hyantes, dit Pausanias, chassés de Thèbes par Cadmus, étaient venus fonder, en Phocide, près du mont Parnasse, une ville, qui de leur nom s'appelait Hyampolis. Elle fut brûlée par Xerxès, et Philippe en acheva la destruction.

1. Ἀπόνοιαν, le *désespoir*, puisqu'un beau désespoir alors les secourut.

2. Ἐλαφηβόλια, Elaphébolies, fêtes en l'honneur de Diane chasseresse (ἔλαφος, βάλλω). C'est de ces fêtes, célébrées également à Athènes, que le mois Elaphébolion tirait son nom.

3. Ταρκύνιος, Tarquin le Superbe, chassé par Brutus et Collatin, après l'outrage fait à Lucrèce.

4. Ἐπολέμησε πολέμους, figure étymologique. Voy. p. 151, n. 4.

5. Πορσίναν, Porsenna, roi d'Étrurie. Voy. Tite Live, liv. II, ch. XIII, et suiv.

6. Πολεμικόν, comme *militaris*, en latin, habile dans la guerre, remarquable par ses talents militaires.

7. Χρῆσθαι (αὐτῷ) δικαστῇ. Χρῆσθαι, en grec, et *uti* en latin, prennent souvent pour complément un nom de personne : χρῆσθαί τινι φίλῳ, χρῆσθαί τινι μαλακῶς, *uti aliquo amico, uti aliquo familiariter*, avoir quelqu'un pour ami, traiter quelqu'un avec douceur. Χρῆσθαι τινὶ δικαστῇ, *uti aliquo arbitro*, prendre quelqu'un pour arbitre.

8. Μένει. Le grec met le présent, où nous mettons l'imparfait en français. C'est comme si l'on citait les paroles mêmes sous forme de style direct.

9. Ἄπεισι, au futur avec ὅπως; le verbe εἶμι, aller, a la même forme pour le présent et pour le futur. Cf. Thucydide. Ἔκρασσον ὅπως βοήθειά τις ἥξει; *ils travaillent à ceci: comment arrivera-t-il du secours?* — Ἄπεισι (ἀπό) marque à la fois l'idée de se séparer de Tarquin et

ἐστὶν[1] ἀπετέτμηντο Τυρρηνῶν, καὶ τοὺς αἰχμαλώτους κομισάμενος[2]. Ἐπὶ τούτοις ὁμήρων αὐτῷ δοθέντων, δέκα μὲν ἀρσένων παίδων, δέκα δὲ θηλειῶν (ἐν αἷς ἦν ἡ Ποπλικόλα, τοῦ ὑπάτου, θυγάτηρ, Οὐαλερία), πᾶσαν εὐθὺς ἀνῆκε τὴν πρὸς τὸν πόλεμον πραγματείαν, καίπερ οὔπω τέλος ἐχούσης τῆς ὁμολογίας. Αἱ δὲ παρθένοι κατέβησαν μὲν ἐπὶ τὸν ποταμὸν, ὡς λουσόμεναι μικρὸν ἀπωτέρω τοῦ στρατοπέδου. Μιᾶς δ' αὐτῶν, ὄνομα Κλοιλίας, προτρεψαμένης, ἀναδησάμεναι περὶ τὰς κεφαλὰς τοὺς χιτωνίσκους, παρεβάλοντο πρὸς ῥεῦμα πολύ, καὶ δίνας βαθείας νέουσαι διεπέρασαν ἀλλήλων ἐχόμεναι πολυπόνως καὶ μόλις. Ἐπεὶ δὲ σωθείσας εἶδον οἱ Ῥωμαῖοι, τὴν μὲν ἀρετὴν καὶ τόλμαν ἐθαύμασαν, τὴν δὲ κομιδὴν οὐκ ἠγάπησαν, οὐδ' ὑπέμειναν ἐν πίστει χείρονες ἀνδρὸς ἑνὸς γενέσθαι. Πάλιν οὖν τὰς κόρας ἐκέλευσαν ἀπιέναι, καὶ συνέπεμψαν αὐταῖς ἀγωγούς· οἷς διαβᾶσι τὸν ποταμὸν ἐνέδραν ὑφεὶς ὁ Ταρκύνιος ὀλίγον ἐδέησεν ἐγκρατὴς γενέσθαι τῶν παρθένων. Ἡ μὲν οὖν τοῦ ὑπάτου Ποπλικόλα θυγάτηρ, Οὐαλερία, μετὰ τριῶν προεξέφυγεν οἰκετῶν εἰς τὸ τοῦ Πορσίνα στρατόπεδον, τὰς δ' ἄλλας ὁ τοῦ Πορσίνα υἱὸς, Ἄρρους[3], ταχὺ προςβοηθήσας ἐξείλετο τῶν πολεμίων· ἐπεὶ δ' ἤχθησαν, ἰδὼν αὐτὰς ὁ Πορσίνας, ἐκέλευσεν εἰπεῖν, ἥτις ἐστὶν[4] ἡ προτρεψαμένη καὶ κατάρξασα τοῦ βουλεύματος. Αἱ μὲν οὖν ἄλλαι, φοβηθεῖσαι περὶ τῆς Κλοιλίας, ἐσιώπησαν· αὐτῆς δὲ τῆς Κλοιλίας εἰπούσης ἑαυτὴν[5], ἀγασθεὶς ὁ Πορσίνας, ἐκέλευσεν ἵππον

de se retirer de la guerre qu'il faisait aux Romains.

1. (Τοσαύτην τε) τῆς χώρας, ὅσην, Burn., Gr. gr., § 298, II. Leclair, § 261, II.

2. Κομισάμενος. Il sera leur ami, après avoir recouvré, à condition qu'on lui rendra... — « De agro Veientibus restituendo impetratum, » dit Tite Live. « expressaque necessitas obsides dandi Romanis, si Janiculo praesidium deduci vellent. » (Liv. II, ch. XIII.)

3. Ἄρρους, Aruns.

4. Ἐστίν, au présent. Voy. p. 155, n. 8.

5. Ἑαυτήν, sujet d'une proposition infinitive sous-ent.: εἶναι τὴν προτρεψαμένην.

ἀχθῆναι κεκοσμημένον εὐπρεπῶς, καὶ τῇ Κλοιλίᾳ δωρησάμενος, ἀπέπεμψεν εὐμενῶς καὶ φιλανθρώπως πάσας[1]. Ἀνέκειτο γοῦν ἔφιππος εἰκὼν γυναικὸς ἐπὶ τῆς ὁδοῦ τῆς ἱερᾶς λεγομένης, ἣν οἱ μὲν τῆς Κλοιλίας, οἱ δὲ τῆς Οὐαλερίας λέγουσιν εἶναι.

1. Πάσας. Cf. Tite Live, II, 13 : « Cloelia virgo, una ex obsidibus, quum castra Etruscorum forte haud procul ripa Tiberis locata essent, frustrata custodes, dux agminis virginum inter tela hostium Tiberim tranavit : sospitesque omnes Romam ad propinquos restituit... Utrinque constitit fides ; et Romani pignus pacis ex fœdere restituerunt : et apud regem Etruscum non tuta solum sed honorata etiam virtus fuit... Pace redintegrata, Romani novam in femina virtutem novo genere honoris, statua equestri, donavere : in summa sacra via fuit posita virgo insidens equo. »

SUR LA FORTUNE DES ROMAINS

Les grands peuples et les grands hommes doivent-ils plus à la fortune ou à la vertu? Problème difficile à résoudre, puisqu'il est évident que toutes deux ont une large part dans toutes les affaires humaines. Au lieu de présenter la question sous forme de discussion, Plutarque met en scène la vertu, escortée des Camille, des Fabricius, des Cincinnatus, des Scipion, qui déposent en sa faveur. La fortune vient à son tour présenter un Tarquin l'Ancien, un Paul-Emile, un Sylla, César, Auguste, le peuple romain lui-même, qui lui doivent plus qu'à la Vertu. Ce débat contradictoire donne l'occasion de rappeler les plus beaux faits de l'histoire romaine.

LES GAULOIS AU CAPITOLE.

Après la défaite de l'Allia, un petit nombre de Romains se sont enfermés au Capitole; les autres se sont enfuis à Véies, où ils ont élu pour dictateur Camille, dont on oublie la condamnation en présence du danger. Celui-ci veut instruire les sénateurs réfugiés dans le Capitole du choix des soldats, et le leur faire confirmer.

Ἦν ἐν Βηίοις Γάιος Πόντιος ἀνὴρ ἀγαθός, καὶ τῶν δεδογμένων[1] αὐτάγγελος ὑποστὰς ἔσεσθαι τοῖς ἐν τῷ Καπιτωλίῳ,

1. Τῶν δεδογμένων. La résolution prise par les Romains réfugiés à Véies, l'élection de Camille comme dictateur, investi de tous les pouvoirs.

μέγαν ἀνεδέξατο κίνδυνον. Ἡ γὰρ ὁδὸς ἦν διὰ τῶν πολεμίων κύκλῳ φυλακαῖς καὶ χάρακι τὴν ἄκραν περιεχόντων. Ὡς οὖν ἐπὶ τὸν ποταμὸν ἦλθε νύκτωρ, φελλοὺς πλατεῖς ὑποστερνισάμενος, καὶ τὸ σῶμα τῇ κουφότητι τοῦ ὀχήματος[1] παραθέμενος, ἀφῆκε τῷ ῥόῳ· τυχὼν δὲ πράου καὶ σχολαίως ὑποφέροντος, ἥψατο τῆς ἀντιπέρας ὄχθης ἀσφαλῶς, καὶ ἀποβὰς ἐχώρει[2] πρὸς τὸ τῶν φώτων[3] διάκενον, τῷ τε σκότῳ καὶ τῇ σιωπῇ τὴν ἐρημίαν τεκμαιρόμενος, ἐμφὺς δὲ τῷ κρημνῷ, καὶ ταῖς δεχομέναις τὴν ἐπίβασιν καὶ παρεχούσαις ἀντίληψιν ἐγκλίσεσι καὶ περιαγωγαῖς καὶ τραχύτητι τῆς πέτρας παραδιδοὺς ἑαυτὸν, καὶ ἐπερεισάμενος, ἐξίκετο πρὸς τὸ ἀντιπέρας, καὶ ἀναληφθεὶς ὑπὸ τῶν προφυλάκων, ἐδήλωσε τοῖς ἔσω τὰ δεδογμένα· καὶ λαβὼν τὸ ψήφισμα[4], πάλιν ᾤχετο πρὸς τὸν Κάμιλλον. Ἡμέρας[5] δὲ τῶν βαρβάρων τις ἄλλως[6] τὸν τόπον περιιὼν, ὡς εἶδε τοῦτο μὲν[7] ἴχνη ποδῶν ἀκρώνυχα καὶ περιολισθήσεις, τοῦτο δὲ ἀποτριβὰς καὶ περικλάσεις τῆς ἐπιβλαστανούσης τοῖς γεώδεσι πόας, ὁλκούς τε σώματος καὶ πλαγίους ἀπερείσεις, ἔφραζε τοῖς ἄλλοις. Οἱ δὲ δείκνυσθαι τὴν ὁδὸν αὐτοῖς ὑπὸ τῶν πολεμίων νομίζοντες, ἐπεχείρουν ἁμιλλᾶσθαι, καὶ τῆς νυκτὸς τὸ ἐρημότατον διαφυλάξαντες, ἀνέβησαν λαθόντες οὐ μόνον τοὺς φύλακας[8], ἀλλὰ καὶ τοὺς συνεργοὺς καὶ τοὺς προκοίτους τῆς φρουρᾶς κύνας ὕπνῳ κρατηθέντας. Οὐ μὴν ἠπόρησεν ἡ τῆς Ῥώμης τύχη φωνῆς κα-

---

1. Τοῦ ὀχήματος, *vehiculi*, ce soutien, c.-à-d. le liège qui le porte.

2. Ἐχώρει, imparfait historique. On trouve souvent l'imparfait et l'aoriste dans la même phrase. L'imparfait marque une action prolongée ou qui est la suite de l'autre.

3. Φώτων διάκενον, *loca mortalibus vacua*, expression remarquable, et probablement réminiscence poétique, comme l'indique l'emploi du mot φώτων.

4. Τὸ ψήφισμα, le décret des sénateurs, confirmant l'élection de Camille.

5. Ἡμέρας, au jour, le jour venu.

6. Ἄλλως, *temere*, par aventure.

7. Τοῦτο μὲν..., τοῦτο δὲ..., d'une part, de l'autre.

8. Τοὺς φύλακας. Tite Live : Tanto silentio in summum evasere ut non custodes solum fallerent, sed ne canes quidem, sollicitum animal ad nocturnos strepitus, excitarent. (Liv. V, ch. XLVII.)

κὸν τοσοῦτον μηνύσαι καὶ φράσαι δυναμένης. Χῆνες ἱεροὶ περὶ τὸν νεὼν τῆς Ἥρας ἐτρέφοντο θεραπεύοντες [1] τὴν θεόν. Φύσει μὲν οὖν τὸ ζῶον εὐθρύπητόν ἐστι καὶ ψοφοδεές· τότε δὲ, συντόνου περὶ τοὺς ἔνδον οὔσης ἀπορίας, ἀμελουμένων αὐτῶν, λεπτὸς ἦν καὶ λιμώδης ὁ ὕπνος, ὥστε εὐθὺς ᾔσθοντο τῶν πολεμίων ὑπερφανέντων τῆς στεφάνης [2], καὶ καταβοῶντες ἰταμῶς προσεφέροντο, καὶ τῇ τῶν ὅπλων ὄψει μᾶλλον ἐκταραττόμενοι, κλαγγῆς διατόρου καὶ τραχείας ἐνεπεπλήκεσαν [3] τὸν τόπον· ὑφ' ἧς ἀναστάντες οἱ Ῥωμαῖοι, καὶ συμφρονήσαντες τὸ γενόμενον, ἔστησαν καὶ κατεκρήμνισαν τοὺς πολεμίους [4].

1. Θεραπεύοντες, destinées au service de la déesse, pour le culte de la déesse.

2. Στεφάνης. Nous disons de même en français, le couronnement des murs.

3. Ἐνεπεπλήκεσαν, au plus-que-parfait, parce que l'action a été bientôt faite: Et en un instant elles avaient rempli...

4. Πολεμίους. Cf. Tite Live, V, XLVI.

SUR LA FORTUNE OU LA VERTU D'ALEXANDRE

Plutarque semble pencher à croire que les Romains durent leur grandeur surtout à la Fortune. Fidèle à son principe de comparaison entre les Grecs et les Romains, il examine la même question au sujet d'Alexandre. Est-ce par suite de cette prédilection bien naturelle pour les Grecs, par cet amour-propre national poussé quelquefois jusqu'à l'exagération qu'il semble s'attacher a prouver qu'Alexandre, un Grec, s'est élevé surtout par des prodiges de de vertu? On serait tenté de le croire; mais il est probable que nous n'avons plus que la contre-partie du discours sur la fortune et la vertu d'Alexandre, et que nous avons perdu la première partie: *De la fortune d'Alexandre*, où la Fortune s'attribuait la plus grande part de la gloire du conquérant macédonien.

I. Alexandre encouragea les arts, c'est à sa protection qu'on doit les chefs-d'œuvre qui ont illustré son siècle. — Grossièreté barbare de plusieurs princes.

Τεχνῶν καὶ φύσεων ἀγαθῶν αὔξησιν εὐμένεια καὶ τιμὴ

καὶ φιλανθρωπία βασιλέως ἐκκαλεῖται¹. Καὶ τοὐναντίον ὑπὸ φθόνου καὶ σμικρολογίας ἢ φιλονεικίας τῶν κρατούντων σβέννυται καὶ φθίνει πᾶν τὸ τοιοῦτο.

Ἀλέξανδρος² ὁ Φερκίων τύραννος, θεώμενος τραγῳδόν³, ἐμπαθέστερον ὑφ' ἡδονῆς διετέθη πρὸς τὸν οἶκτον. Ἀναπηδήσας οὖν ἐκ τοῦ θεάτρου, θᾶττον ἢ βάδην ἀπῄει, δεινὸν εἶναι λέγων, εἰ τοσούτους ἀποσφάττων⁴ πολίτας, ὀφθήσεται τοῖς Ἑκάβης καὶ Πολυξένης⁵ πάθεσιν ἐπιδακρύων. Οὗτος μὲν οὖν μικροῦ⁶ καὶ δίκην ἐπράξατο τὸν τραγῳδόν, ὅτι τὴν ψυχὴν αὐτοῦ καθάπερ σίδηρον ἐμάλαξεν.

Ὁ δὲ τῶν Σκυθῶν βασιλεύς, Ἀτέας⁷, Ἰσμηνίαν⁸ τὸν αὐλητὴν λαβὼν αἰχμάλωτον, ἐκέλευσε παρὰ πότον αὐλῆσαι.

1. Ἐκκαλεῖται. Ainsi la protection et les encouragements de Mécène et d'Auguste, des Médicis, de Léon X, de Louis XIV, contribuèrent puissamment à l'essor que prirent sous leur règne les lettres et les arts.

2. Ἀλέξανδρος. Alexandre, tyran de Phères, célèbre par ses cruautés, dont Diodore (liv. XV) et Plutarque (Vie de Pélopidas) ont cité des traits révoltants.

3. Τραγῳδόν. « Un jour qu'il assistait à une représentation des Troyennes d'Euripide, dit Plutarque (Vie de Pélopidas), il sortit et s'éloigna du théâtre, puis il envoya dire à l'acteur que s'il était parti, ce n'était pas qu'il fût mécontent de son jeu; mais qu'il rougirait si, lui qui n'avait jamais eu pitié de ceux qu'il avait fait tuer, on le voyait pleurer, en présence de ses sujets, sur les malheurs d'Hécube ou d'Andromaque. »

4. Ἀποσφάττων. Il entra un jour dans une ville alliée, rassembla sous divers prétextes les citoyens sur la place publique, les fit égorger et livra leurs maisons au pillage. Après ses défaites, il tourna ses fureurs contre ses propres sujets; les uns étaient enterrés tout en vie, d'autres revêtus de peaux d'ours ou de sanglier, étaient poursuivis et déchirés par des dogues, dressés à cette espèce de chasse.

5. Ἑκάβης καὶ Πολυξένης. Hécube femme de Priam, mère d'Hector. — Polyxène, fille d'Hécube. Dans les Troyennes, dont le sujet est le partage des captives après la prise de Troie, Hécube devient l'esclave d'Ulysse; Cassandre est livrée à Agamemnon, Andromaque à Pyrrhus; Polyxène sera immolée en sacrifice sur le tombeau d'Achille.

6. Μικροῦ (sous-ent. δεῖν), presque, litt. : peu s'en fallut.

7. Ἀτέας. Atéas, roi des Scythes, fit la guerre contre Philippe, père d'Alexandre, auquel il écrivait : Vous commandez aux Macédoniens qui ont appris à faire la guerre à des hommes ; et moi je commande aux Scythes, qui savent combattre la faim et la soif. » — Comme il pansait lui-même son cheval, il demanda aux ambassadeurs de Philippe si leur roi en faisait autant. (Plut., Apopth.)

8. Ἰσμηνίαν, célèbre joueur de flûte thébain, dont il est question encore dans le second livre des Symposiaques.

Θαυμαζόντων δ' ἐπὶ τῇ αὐλήσει τῶν ἄλλων καὶ κροτούντων, αὐτὸς ὤμοσεν ἀκροᾶσθαι τοῦ ἵππου χρεμετίζοντος ἥδιον. Οὕτω μακρὰν ἀπεσκηνώκει τὰ ὦτα τῶν μουσῶν, καὶ τὴν ψυχὴν ἐν ταῖς φάτναις εἶχεν οὐχ ἵππων, ἀλλ' ὄνων, ἐπιτηδειοτέραν ἀκούειν. Τίς ἂν οὖν παρὰ τοιούτοις βασιλεῦσιν αὔξησις ἢ τιμὴ τέχνης γένοιτο καὶ μούσης[1] τοιαύτης; Ἀλλ' οὐδὲ[2] παρὰ τοῖς ἀντιτέχνοις ἐθέλουσιν εἶναι, καὶ διὰ τοῦτο βασκανίᾳ καὶ δυσμενείᾳ τοὺς ἀληθῶς τεχνίτας καθαιροῦσιν.

Οἷος ἦν πάλιν αὖ Διονύσιος ὁ τὸν ποιητὴν Φιλόξενον[3] εἰς τὰς λατομίας ἐμβαλών, ὅτι τραγῳδίαν αὐτοῦ διορθῶσαι κελευσθείς, εὐθὺς ἀπὸ τῆς ἀρχῆς ὅλην μέχρι τῆς κορωνίδος αὐτὴν περιέγραψεν.

Ἦν δὲ καὶ Φίλιππος ἐν τούτοις ὑπὸ ὀψιμαθίας ἑαυτοῦ καινοπρεπέστερος. Ὅθεν καὶ φασι πρός τινα ψάλτην περὶ κρουμάτων αὐτοῦ διαφερομένου καὶ δοκοῦντος ἐξελέγχειν, ἀτρέμα μειδιάσαντα τὸν ἄνθρωπον εἰπεῖν· « Μὴ γένοιτό σοι, βασιλεῦ, ἀθλίως οὕτως[4], ἵνα ταῦτα ἐμοῦ βέλτιον εἰδῇς. »

Ἀλλ' Ἀλέξανδρος ταῖς μὲν τέχναις τὸ τιμᾶν ἄνευ τοῦ ζηλοῦν ἀπεδίδου, καὶ τὸ ἔνδοξον αὐτῶν καὶ χάριεν, τῷ τέρπειν[5] δ' οὐκ ἦν εὐάλωτος εἰς τὸ μιμεῖσθαι. Γεγόνασι δὲ κατ' αὐτὸν τραγῳδοὶ μὲν οἱ περὶ Θετταλὸν[6] καὶ Ἀθηνόδωρον, ὧν ἀνταγωνιζομένων ἀλλήλοις, ἐχορήγουν[7] μὲν οἱ Κύπριοι

---

1. Μούσης. Μοῦσαι, μουσική, ont en grec un sens plus général que le mot musique chez nous. Ils s'étendent à tout ce qui constitue l'instruction et l'éducation, la politesse.

2. Οὐδέ, pas même..

3. Φιλόξενον. Consulté une autre fois par Denys, Philoxène se contenta de dire : « Qu'on me ramène aux carrières. » Le tyran, désarmé par cette saillie, pardonna. La Fontaine a mis en récit un autre trait du même poète dans sa fable intitulée : Le Rieur et les Poissons.

4. Μὴ γένοιτό σοι ἀθλίως οὕτως, ne tibi ita male sit, ut... — Cf. Plut., Apophth.

5. Τῷ τέρπειν, litt. par ceci, savoir, que les arts le charmaient.

6. Οἱ περὶ Θετταλόν, périphrase qui équivaut ici, comme souvent, au nom propre seul, Θετταλός.

7. Χορηγεῖν, être chorège, c'était faire les frais d'une représentation scénique.

βασιλεῖς, ἔκρινον δὲ οἱ δοκιμώτατοι τῶν στρατηγῶν. Ἐπεὶ δὲ ἐνίκησεν[1] Ἀθηνόδωρος· « Ἐβουλόμην ἄν, ἔφη, μᾶλλον ἀπολωλέναι μέρος τῆς βασιλείας, ἢ Θετταλὸν ἐπιδεῖν ἡττημένον. » Ἀλλ' οὔτε ἐνέτυχε τοῖς κριταῖς, οὔτε τὴν κρίσιν ἐμέμψατο· πάντων οἰόμενος δεῖν περιεῖναι, τοῦ δικαίου δὲ ἡττᾶσθαι. Κιθαρῳδοὶ δ' ἄλλοι τε καὶ[2] Ἀριστόνικος, ὃς ἐν μάχῃ τινὶ προσβοηθήσας, ἔπεσε λαμπρῶς ἀγωνισάμενος. Ἐκέλευσεν οὖν αὐτοῦ γενέσθαι καὶ σταθῆναι χαλκοῦν ἀνδριάντα Πυθοῖ[3], κιθάραν ἔχοντα καὶ δόρυ προβεβλημένον, οὐ τὸν ἄνδρα τιμῶν μόνον, ἀλλὰ καὶ μουσικὴν κοσμῶν, ὡς ἀνδροποιόν, καὶ μάλιστα δὴ πληροῦσαν ἐνθουσιασμοῦ καὶ ὁρμῆς τοὺς γνησίως ἐντρεφομένους. Καὶ γὰρ αὐτός, Ἀντιγενίδου[4] ποτὲ τὸν ἁρμάτειον αὐλοῦντος νόμον[5], οὕτως παρέστη καὶ διεφλέχθη τὸν θυμὸν ὑπὸ τῶν μελῶν, ὥστε τοῖς ὅπλοις ᾄξας ἐπιβαλεῖν τὰς χεῖρας ἐγγὺς παρακειμένοις, καὶ μαρτυρῆσαι τοῖς Σπαρτιάταις[6] ᾄδουσιν·

1. Ἐνίκησεν, fut proclamé vainqueur, remporta le prix.

2. Ἄλλοι τε καὶ...., et d'autres, et... entre autres. De même, l'adverbe : ἄλλως τε καὶ, entre autres choses, surtout.

3. Πυθοῖ, aux jeux Pythiens, célébrés tous les cinq ans, à Delphes, nommée aussi Πυθώ, en l'honneur d'Apollon.

4. Ἀντιγενίδου. D'autres disent le musicien Timothée.

5. Ἁρμάτειον νόμον, le mode guerrier. Les anciens appelaient *nomes*, ou modes, les différentes sortes d'airs ou de cadences de la musique. Le *nome harmatios* avait été, dit Plutarque dans son traité *Sur la musique*, inventé par Olympe, disciple de Marsyas : il tenait du mode *orthien*, le plus simple et le plus mâle.

Le mode *lydien* était triste, et portait à la sensibilité ; le mode *phrygien* était passionné, et excitait au plaisir.

6. Σπαρτιάταις. Cf. Plut., *De la musique* : « Les anciens croyaient la musique propre à former le cœur des jeunes gens, la musique ayant en effet le plus grand pouvoir pour exciter à toutes sortes d'actions vertueuses, et principalement à l'intrépidité dans les périls de la guerre. Aussi les uns préféraient-ils les flûtes en cette occasion, comme les Lacédémoniens, qui faisaient jouer sur cet instrument l'hymne de Castor, lorsqu'ils marchaient à l'ennemi. Les autres allaient au combat au son de la lyre, et les Crétois ont conservé très-longtemps cet usage dans leurs marches militaires. » Cf. QUINT., I, 17 ; CIC., *De Leg.*, 38.

Ἔπει γὰρ ἄντα τῷ πολέμῳ τὸ καλῶς κιθαρίσδεν[1].

Ἐν δ' οὖν τοῖς ἄλλοις τεχνίταις καὶ Στασικράτης ἦν ἀρχιτέκτων, οὐδὲν ἀνθηρὸν, οὐδὲ ἡδὺ καὶ πιθανὸν[2] τῇ ὄψει διώκων, ἀλλὰ καὶ χειρὶ μεγαλουργῷ καὶ διαθέσει χορηγίας βασιλικῆς οὐκ ἀποδεούσῃ χρώμενος. Οὗτος ἀναβὰς πρὸς Ἀλέξανδρον, ἐμέμφετο τὰς γραφομένας εἰκόνας αὐτοῦ καὶ γλυφομένας καὶ πλαττομένας, ὡς ἔργα δειλῶν καὶ ἀγεννῶν[3] τεχνιτῶν· « Ἐγὼ δ', εἶπεν, εἰς ἄφθαρτον, ὦ βασιλεῦ, καὶ ζῶσαν ὕλην[4] καὶ ῥίζας ἔχουσαν ἀϊδίους, καὶ βάρος ἀκίνητον καὶ ἀσάλευτον, ἔγνωκά σου τὴν ὁμοιότητα καταθέσθαι τοῦ σώματος. Ὁ γὰρ Θρᾴκιος Ἄθως, ᾗ μέγιστος αὐτοῦ[5] καὶ περιφανέστατος ἐξανέστηκεν, ἔχων ἑαυτῷ σύμμετρα πλάτη καὶ ὕψη, καὶ μέλη καὶ ἄρθρα καὶ διαστήματα μορφοειδῆ, δύναται κατεργασθεὶς καὶ σχηματισθεὶς, εἰκών Ἀλεξάνδρου καλεῖσθαι καὶ εἶναι, ταῖς μὲν βάσεσιν ἁπτομένου τῆς θαλάσσης, τῶν δὲ χειρῶν τῇ μὲν ἐναγκαλιζομένου καὶ φέροντος πόλιν ἐνοικουμένην μυρίανδρον, τῇ δὲ δεξιᾷ ποταμὸν ἀέναον ἐκ φιάλης σπένδοντος εἰς τὴν θάλασσαν ἐκχεόμενον. Χρυσὸν δὲ καὶ χαλκὸν καὶ ἐλέφαντα, καὶ ξύλα, καὶ βαφὰς, ἐκμαγεῖα μικρὰ, καὶ ὠνητὰ, καὶ κλεπτόμενα, καὶ συγχεόμενα καταβάλωμεν. » Ταῦτα ἀκούσας Ἀλέξανδρος, τὸ μὲν φρόνημα τοῦ τεχνίτου καὶ τὸ θάρσος ἀγασθεὶς, ἐπῄνεσεν· « Ἔα δὲ μένειν, εἶπε, τὸν Ἄθω κατὰ χώραν· ἀρκεῖ γὰρ ἑνὸς βασι-

---

1. Στάφῳ, dor. pour πολέμῳ. — Κιθαρίσδεν, dor. pour κιθαρίζειν.

2. Πιθανόν indique presque toujours un défaut; les deux adjectifs précédents sont pris également ici dans un sens défavorable, et désignent les enjolivements, la prétention, le mauvais goût : *fleuri, gracieux*, expriment souvent, chez nous, tout autre chose qu'une qualité.

3. Ἀγεννῶν. Cependant Cicéron dit dans ses lettres (*Ad div.*, v, 12), qu'Alexandre ne voulut laisser faire son portrait qu'à Apelle, et sa statue qu'à Lysippe.

4. Ὕλην, *materiam*.

5. Μέγιστος αὐτοῦ, mot à mot à l'endroit où il s'élève le plus grand de lui-même, dans sa partie la plus élevée.

λέως¹ ἐνυβρίσαντος εἶναι μνημεῖον. Ἐμὲ δὲ ὁ Καύκασος δείξει, καὶ τὰ Ἠμωδὰ, καὶ Τάναις, καὶ τὸ Κάσπιον πέλαγος², αὗται τῶν ἐμῶν ἔργων εἰκόνες. »

Alexandre doit sa gloire à ses vertus. On lui reproche quelques traits de violence; mais combien de fois a-t-il montré une tempérance et une modération admirables? — Il a été supérieur à tous ses généraux ; il peut être comparé aux plus grands hommes de la Grèce.

II. Danger qu'il court dans la ville des Oxydraques.

Τῆς νῦν ἐξεταζομένης³ τύχης οἷον τὸ ἔργον; ἐν ἐσχατιᾷ βαρβάρου παραποταμίας⁴, καὶ τείχεσιν ἀδόξου πολίχνης περιβαλούσης καὶ ἀποκρυψάσης, τὸν τῆς οἰκουμένης βασιλέα καὶ κύριον ὅπλοις ἀτίμοις καὶ σκεύεσι τοῖς παρατυχοῦσι τυπτόμενον καὶ βαλλόμενον ἀπολέσθαι. Καὶ γὰρ κοπίδι τὴν κεφαλὴν διὰ τοῦ κράνους ἐπλήγη, καὶ βέλει τις ἀπὸ τόξου τὸν θώρακα διέκοψεν⁵, οὗ τοῖς περὶ τὸν μαστὸν ἐνερεισθέντος ὀστοῖς καὶ καταπαγέντος, ὁ μὲν καυλὸς ἐξεῖχε βαρύνων, τῆς δὲ ἀκίδος ὁ σίδηρος τεσσάρων δακτύλων εὖρος ἴσχε, καὶ πέντε μῆκος. Ἔσχατον δὲ τῶν δεινῶν, ὁ μὲν ἠμύνετο τοὺς κατὰ στόμα⁶, καὶ τὸν βαλόντα καὶ πελάσαι τολμήσαντα

---

1. Βασιλέως, Xerxès qui entreprit de percer le mont Athos, pour y faire passer sa flotte.

2. Κάσπιον πέλαγος. Le Caucase fut franchi par l'armée d'Alexandre en dix-sept jours, dit Quinte Curce, liv. vii, 12. — Emodus, montagne de l'Asie centrale, auj. l'Himalaya, où se trouvent les cimes les plus élevées de l'ancien continent. — Le Tanaïs, fleuve de la Sarmatie, auj. le Don. Voy. Q. Curce, vi, 5; vii, 25. — La mer Caspienne, voy. *ibid.*, vi, 9. — Un poëte contemporain a dit de même de Napoléon 1ᵉʳ :

Ce nom, il est écrit en sanglantes ca-
                    [ractères
Des bords du Tanaïs aux sommets du
                    [Cédar...

3. Ἐξεταζομένης, examinée, c'est-à-dire, dont nous examinons ici le rôle dans la vie d'Alexandre.

4. Παραποταμίας. La ville des Oxydraques, dont il s'agit ici, était située en deçà du Gange, près du confluent de l'Hydraote et de l'Acésius (environs d'Outche, près du confluent du Setledge et du Thermale, dans le royaume de Lahore).

5. Διέκοψεν. Voy. dans Q. Curce le récit de ce fait, liv. ix, ch. 4. — « Indus duorum cubitorum sagittam ita excussit, ut per thoracem paulum super latus dextrum infigeretur, etc. »

6. Κατὰ στόμα, οὗ ὁι, en face, en tête à tête.

μετὰ ξίφους αὐτὸς τῷ ἐγχειριδίῳ φθάσας κατέβαλε καὶ ἀπέκτεινεν· ἐν τούτῳ δέ τις δραμὼν ἐκ μύλωνος, ὑπέρῳ κατὰ τοῦ αὐχένος ὄπισθεν πληγὴν κατήνεγκεν, ἣ συνέχει τὴν αἴσθησιν αὐτοῦ σκοτωθέντος. Ἡ δ' ἀρετὴ[1] παρῆν, θάρσος μὲν αὐτῷ, ῥώμην δὲ καὶ σπουδὴν τοῖς περὶ αὐτὸν ἐμποιοῦσα. Λημναῖοι γὰρ καὶ Πτολεμαῖοι, καὶ Λεοννάτοι[2], καὶ ὅσοι[3] τὸ τεῖχος ὑπερκαταβάντες ἢ ῥήξαντες ἔστησαν πρὸ αὐτοῦ, τεῖχος ἀρετῆς[4] ἦσαν, εὐνοίᾳ καὶ φιλίᾳ τοῦ βασιλέως τὰ σώματα καὶ τὰ πρόσωπα καὶ τὰς ψυχὰς προβαλλόμενοι. Ἐτρέψαντο μὲν οὖν τοὺς βαρβάρους οἱ Μακεδόνες, καὶ πεσοῦσιν αὐτοῖς ἐπικατέσκαψαν τὴν πόλιν. Ἀλεξάνδρῳ δ' οὐδὲν ἦν ὄφελος. Ἥρπαστο γὰρ μετὰ τοῦ βέλους, καὶ τὸν πόλεμον[5] ἐν τοῖς σπλάγχνοις εἶχε, καὶ δεσμὸς ἦν αὐτῷ καὶ ἧλος τὸ τόξευμα τοῦ θώρακος πρὸς τὸ σῶμα· καὶ σπάσαι μὲν ὥσπερ ἐκ ῥίζης τοῦ τραύματος βιαζομένοις οὐχ ὑπήκουεν ὁ σίδηρος, ἕδραν ἔχων[6] τὰ πρὸ τῆς καρδίας στερεὰ τοῦ στήθους· ἐκπρίσαι δὲ τοῦ δόνακος οὐκ ἐθάρρουν τὸ προὔχον, ἀλλ' ἐφοβοῦντο μήπως σπαραγμῷ, σχιζόμενον τὸ ὀστέον ὑπερβολὰς ἀλγηδόνων παράσχῃ, καὶ ῥῆξις αἵματος[7] ἐκ βάθους γένηται.

1. Ἀρετή, la Vertu, personnifiée, qui n'abandonne pas Alexandre pendant que la Fortune le livre aux derniers dangers.

2. Λεοννάτοι. Emploi remarquable du pluriel dans les noms propres, qui ajoute à ces noms un sens emphatique, comme nous disons, en français, les Corneille, les Racine, les César, les Alexandre.

3. Ὅσοι. Q. Curce cite d'autres noms, avec Leonnatus: Timée, Aristonus, et surtout Peucestas, qui, « tribus jaculis confossus, non se tamen, sed regem tuebatur. »

4. Τεῖχος ἀρετῆς. Belle expression, qui se retrouve, mais moins vive, dans le français : faire un rempart de son corps, ou même de son courage à quelqu'un. C'est ainsi que dans Homère, Hector est appelé πύργος Τρώων.

5. Πόλεμον, la douleur de sa blessure. C'est ainsi que, dans Sophocle, Hercule mourant compare le feu qui le dévore à un ennemi farouche qui vient lui livrer de terribles assauts. — « Que je sens de rudes combats, » dit Rodrigue dans Corneille, par une figure analogue, quoique dans un autre ordre d'idées.

6. Ἕδραν ἔχων. C'était, dit Quinte Curce, une flèche en forme de harpon, comme les flèches des sauvages, « hamos inesse telo. »

7. Ῥῆξις αἵματος. « Cæterum ne secantes profluvium sanguinis occuparet verebantur: quippe ingens telum adactum erat, et penetrasse in viscera videbatur. » (Q. Curce.)

Πολλὴν δὲ ἀπορίαν καὶ διατριβὴν ὁρῶν αὐτός, ἐπεχείρησεν ἐν χρῷ τοῦ θώρακος ἀποτέμνειν τῷ ξιφιδίῳ τὸν ὀϊστόν· ἠτόνει δὲ ἡ χείρ, καὶ βάρος εἶχε ναρκῶδες ὑπὸ φλεγμονῆς τοῦ τραύματος. Ἐκέλευεν οὖν ἅπτεσθαι, καὶ μὴ δεδιέναι[1], τοὺς ἀτρώτους θαρρύνων. Καὶ τοῖς μὲν ἐλοιδορεῖτο κλαίουσι καὶ περιπαθοῦσι, τοὺς δὲ, λειποτάκτας ἀπεκάλει, μὴ τολμῶντας[2] αὐτῷ βοηθεῖν. Ἔφη δὲ πρὸς τοὺς ἑταίρους· « Μηδεὶς ἔστω μηδὲ ὑπὲρ ἐμοῦ δειλός· ἀπιστοῦμαι μὴ φοβεῖσθαι θάνατον, εἰ τὸν ἐμὸν φοβεῖσθε ὑμεῖς. »

1. Μὴ δεδιέναι. « Rex quum attin- nasset nihil opus esse iis qui semel continerent, sine motu præbuit corpus. » Q. CURCE.	2. Μὴ τολμῶντας. « Quid, inquit, quodve tempus exspectas? Et non quam primum hoc dolore me saltem moriturum liberas? (Q. CURCE.)

SUR LA COLÈRE

La colère est une maladie dont on peut se guérir par des soins attentifs.

Traits de modération de quelques princes.

Τὸ ἐν ψυχῇ στῆσαι κατὰ θυμοῦ τρόπαιον[1] (ᾧ χαλεπὸν εἶναι διαμάχεσθαί φησιν Ἡράκλειτος· ὅ τι γὰρ ἂν θέλῃ, ψυχῆς[2] ὠνεῖται) μεγάλης ἐστὶ καὶ νικητικῆς ἰσχύος, ὥσπερ νεῦρα[3] καὶ τόνους ἀληθῶς ἐπὶ τὰ πάθη τὰς κρίσεις ἐχούσης. Οἷον Ἀντιγόνου[4] τὸ πρὸς τοὺς στρατιώτας, ὅτε τοὺς παρὰ

1. Στῆσαι τρόπαιον, se dit, au propre, d'un trophée élevé après une victoire. D'où, par métaphore, en considérant la colère comme un ennemi, ériger un trophée pour avoir vaincu la colère, triompher de... 2. Ψυχῆς, animæ, vie. — Au génitif comme nom de prix. 3. Νεῦρα, Nervi, s'emploie également en latin, dans le sens figuré, pour force, vigueur. Contendere omnes nervos in aliqua re. Nervi ora-	tionis, philosophiæ. Nervi atque artus sapientiæ. (Cic.) Toute métaphore étant une comparaison sous-entendue, celle-ci revient à une comparaison ainsi conçue : De même qu'un lutteur vigoureux tend ses nerfs avec effort pour terrasser son adversaire, de même une âme énergique emploie toute la force de son raisonnement pour lutter contre ses passions. 4. Ἀντιγόνου. Antigonus, un des

τὴν σκηνὴν λοιδορούντας αὐτὸν ὡς οὐκ ἀκούοντα, τὴν βακτηρίαν ὑποβαλὼν ἔφη· « Παπαὶ, εἶπεν, οὐ πορρωτέρω παρα-
πεμπόμενοι κακῶς ἐρεῖτε¹; ἡμᾶς; » Ἀρκαδίοντα δὲ τὸν Ἀχαιὸν
τὸν Φίλιππον ἀεὶ κακῶς λέγοντα, καὶ φεύγειν παρακινοῦντα²

Εἰδὼς τοὺς ἀρχαγέτας³ οὐκ ὄντας Φιλίππου⁴

αἰτά πως ἐν Μακεδονίᾳ φανέντος, ᾤοντο δεῖν οἱ φίλοι κολάσαι
καὶ μὴ περιιδεῖν· ὁ δὲ Φίλιππος ἐντυχὼν αὐτῷ φιλανθρώπως,
καὶ ξένια⁴ καὶ δῶρα πέμψας, ἐκέλευσεν ὕστερον πυνθάνεσθαι, τίνας λόγους ἀπαγγέλλοι⁵ πρὸς τοὺς Ἕλληνας· ὡς
δὲ πάντες ἐμαρτύρουν, ἐπαινέτην αὐτοῦ γεγονέναι τὸν ἄνδρα
θαυμάσιον· « Ἐγὼ τοίνυν, ἔφη, βελτίων ἰατρὸς ὑμῶν. »

Ἐν Ὀλυμπίοις⁶ δὲ βλασφημίας περὶ αὐτοῦ γενομένης,
καί τινων λεγόντων, ὡς οἰμώξει⁷ προσῆκε τοὺς Ἕλληνας,
ὅτι εὖ πάσχοντες ὑπὸ τοῦ Φιλίππου⁸ κακῶς αὐτὸν λέγουσι·
« Τί οὖν, ἔφη, ποιήσουσιν, ἂν κακῶς πάσχωσι; » Ὥσπερ

---

généraux d'Alexandre. — Τοὺς λοιδοροῦντας, à l'accusatif, régi par
πρὸς comme τοὺς στρατιώτας.
Constr. ὅτε εἶπε (πρὸς τοὺς στρατιώτας) λοιδοροῦντας. Ὅτε semble-
rait plus naturellement placé devant
τὴν βακτηρίαν.

1. Κακῶς ἐρεῖτε forme comme une
seule locution, un verbe composé
dont ἡμᾶς est le complément direct.
On dit de même εὖ ou κακῶς ποιεῖν
τινά, et non τινί, comme εὐεργετεῖν
τινά, κακουργεῖν τινά. Burn., note
sur le § 342, page 308.

2. Παρακινοῦντας (sous-ent. ἕκαστον ou πάντας).

3. Οἱ οὐκ ἔσαν φίλιπποι, dit Homère. Arcadion changeait la fin du
vers de l'Odyssée pour l'appliquer
plaisamment à Philippe.

4. Ξένια, dons d'hospitalité. Les
usages de l'hospitalité antique voulaient qu'on ne se bornât pas à re-

cevoir un étranger, mais qu'on lui
fît encore des présents.

5. Ἀπαγγέλλοι, à l'optatif, à cause
de la proposition subordonnée : quels
discours il tenait. Burn., Gr. gr.,
§ 365, IV, Lect., § 555, rem.

6. Ἐν Ὀλυμπίοις, aux jeux Olympiques où l'on se réunissait de toutes les parties de la Grèce, et où,
comme il arrive dans les grandes
réunions, les Grecs échangeaient plus
librement leurs sentiments, et se
communiquaient leurs impressions.

7. Οἰμώξει, m. à m. gémir, être
châtié. L'expression familière οἰμώξει, qui revient souvent dans les comiques, signifie littéralement : Tu
en gémiras, je vais te faire crier; c'est-
à-dire : Il t'en cuira, je vais te châtier.

8. Εὖ πάσχειν ὑπό τινος, éprouver
du bien de la part de quelqu'un, être
bien traité, recevoir des bienfaits.

σὺν ἐπὶ τοῦ Φιλίππου τις εἶπε κατασκάψαντος Ὄλυνθον[1], « Ἀλλ' οὐκ ἂν οἰκίσαι γε πόλιν ἐκεῖνος δύναιτο τηλικαύτην, » οὕτως ἐστὶν εἰπεῖν πρὸς τὸν θυμόν· Ἀνατρέψαι μὲν δύνασαι, καὶ διαφθεῖραι, καὶ καταβαλεῖν, ἀναστῆσαι δὲ, καὶ σῶσαι, καὶ φείσασθαι, καὶ καρτερῆσαι, πραότητός ἐστι καὶ συγγνώμης καὶ μετριοπαθείας, καὶ Καμίλλου[2], καὶ Μετέλλου[3], Ἀριστείδου[4], καὶ Σωκράτους[5]· τὸ δ' ἐμφῦναι καὶ δακεῖν, μυρμηκῶδες καὶ μυῶδες.

1. Ὄλυνθον, ville puissante de la Chalcidique, capitale d'une confédération de trente-deux villes. Attaquée par Philippe, elle allait recevoir des secours des Athéniens, que l'éloquence de Démosthène avait arrachés à la torpeur, lorsque ses gouverneurs eux-mêmes la livrèrent au roi de Macédoine.

2. Καμίλλου. Banni de Rome, il souhaita, il est vrai, que son ingrate patrie se repentît bientôt de l'avoir chassé. Mais quand, après la prise de la ville par les Gaulois, les Romains réfugiés à Véies l'élurent dictateur, il fit taire son ressentiment et sauva le Capitole.

3. Μετέλλου. Métellus le Numidique, le vainqueur de Jugurtha. Exilé comme Camille, il ne voulut point se venger de cette injustice.

4. Ἀριστείδου. Aristide, victime de l'ostracisme et de la jalousie de son rival, Thémistocle, oublia ses dissentiments, quand la Grèce fut envahie par les Perses, vint combattre sous les ordres de Thémistocle, et s'effaça avec un noble désintéressement pour contribuer au salut de sa patrie.

5. Σωκράτους. Socrate, condamné à mort, pardonnait à ses juges et plaignait les Athéniens, qui venaient de se souiller d'un crime, plus que lui-même. Sa modération dans toutes les circonstances de sa vie nous est attestée par une foule d'anecdotes célèbres. (Voy. particulièrement le traité de Sénèque, *De ira*.)

DE L'AMOUR DES ENFANTS

Instinct des animaux. Leur tendresse pour leurs petits.

Ὅρα ὅσον ἐστὶν ἐν τοῖς ζώοις τὸ κατὰ φύσιν. Ἀξίως οὐκ ἔστιν εἰπεῖν τὰ δρώμενα[1], πλὴν ὅτι[2] γίνεται ἕκαστον αὐτῶν ἐν τῷ φιλοστόργῳ, ταῖς προνοίαις, ταῖς καρτερίαις, ταῖς

1. Δρώμενα, ce que font les animaux pour leurs petits.
2. Πλὴν ὅτι, litt. *Il n'est pas possible d'exprimer dignement, etc., si ce n'est que...* Tout ce qu'on peut dire, c'est que....

ἐγκρατείαις. Ἀλλὰ τὴν μέλιτταν ἡμεῖς σοφὴν καλοῦμεν καὶ νομίζομεν, ξανθὸν μέλι μηδομέναν[1], κολακεύοντες[2] τὸ ἡδὺ καὶ γαργαλίζον ἡμᾶς τῆς γλυκύτητος· τὴν δὲ τῶν ἄλλων περὶ τὰς λοχείας καὶ τὰς ἀνατροφὰς σοφίαν καὶ τέχνην παρορῶμεν. Οἷον[3] εὐθὺς, ἡ ἀλκυὼν[4] κύουσα τὴν νεοττίαν συντίθησι, συλλαμβάνουσα τὰς ἀκάνθας τῆς θαλαττίας βελόνης[5], καὶ ταύτας δι᾽ ἀλλήλων ἐγκαταπλέκουσα καὶ συνείρουσα, τὸ μὲν σχῆμα[6] περιαγές, ὡς ἁλιευτικοῦ κύρτου, καὶ πρόμηκες ἀπεργάζεται. Ὃ δ᾽ ἐστὶ θαυμασιώτερον, οὕτω τὸ στόμα τῆς νεοττιᾶς συμμέτρως πέπλασται πρὸς τὸ μέγεθος καὶ τὸ μέτρον τῆς ἀλκυόνος, ὥστε μήτε μεῖζον ἄλλο, μήτε μικρότερον ἐνδύεσθαι ζῷον, ὡς δέ φασι, μηδὲ θάλατταν παραδέχεσθαι, μηδὲ τὰ ἐλάχιστα. Ἡ δὲ ἄρκτος, ἀγριώτατον καὶ σκυθρωπότατον θηρίον, ἄμορφα καὶ ἄναρθρα τίκτει· τῇ δὲ γλώττῃ, καθάπερ ἐργαλείῳ, διατυποῦσα τοὺς ὑμένας, οὐ δοκεῖ γεννᾶν μόνον, ἀλλὰ καὶ δημιουργεῖν τὸ τέκνον. Ὁ δὲ Ὁμηρικὸς λέων,

ὅν ῥά τε
Νήπια τέκνα ἄγοντα συναντήσονται ἐν ὕλῃ,
Ἄνδρες ἐπακτῆρες[7], ὁ δέ τε σθένει βλεμεαίνει.

1. Μηδομέναν, dor. pour μηδομένην. Le membre de phrase ξανθὸν μέλι μηδομέναν est une citation, une réminiscence d'un poëte.

2. Κολακεύοντες, flattant ce qu'il y a d'agréable dans la douceur de son miel; nous la flattons, parce que la douceur de son miel nous est agréable et chatouille notre goût.

3. Οἷον. On peut rapprocher de ce passage de Plutarque sur l'industrie des oiseaux, le tableau que fait Chateaubriand de ces mille ouvriers qui commencent leurs travaux aussitôt que les arbres ont développé leurs fleurs. (Génie du Christianisme, liv. V, ch. 6.) Voy. aussi Duguet, Explication de l'ouvrage des six jours, Ire partie, V^e jour.

4. Ἀλκυών, l'alcyon, hirondelle de mer, oiseau souvent chanté par les poëtes anciens qui prétendaient qu'il dépose son nid à la surface des flots tranquilles :

Incubat Alcyone pendentibus aequore nidis.

dit Ovide ; et Silius Italicus :

Nidosque natantes
Immota gestat sopitis fluctibus unda.

5. Βελόνη, poisson dont la tête est allongée en forme d'aiguille.

6. Σχῆμα, forme (du nid).

7. Ἐπακτῆρες. La dernière syllabe devient longue, à cause de la césure, comme dans le vers de Virgile :

Luctus ubique, pavor, et plurima mortis imago;

170 EXTRAITS DE PLUTARQUE.

Ἢν δὲ τ' ἐπισκύνιον κάτω ἕλκεται, ὅσσα καλύπτων¹.

ἆρα οὐχ ὅμοιός ἐστι διανοουμένῳ πρὸς τοὺς κυνηγοὺς σπένδεσθαι περὶ τῶν τέκνων; Καθόλου γὰρ ἡ πρὸς τὰ ἔγγονα φιλοστοργία, καὶ τὰ τολμηρὰ δειλὰ ποιεῖ, καὶ φιλόπονα τὰ ῥᾴθυμα, καὶ φειδωλὰ τὰ γαστρίμαργα. Καὶ ὥσπερ ἡ Ὁμηρικὴ ὄρνις² προσφέρουσα τοῖς νεοττοῖς

Μάσταχ', ἐπεί κε λάβῃσι, κακῶς δέ τέ οἱ πέλει αὐτῇ³,

Τῷ γὰρ αὐτὰς τρέφει λιμῷ τὰ ἔγγονα, καὶ τὴν τροφὴν τῆς γαστρὸς ἁπτομένην ἀποκρατεῖ καὶ πιέζει τῷ στόματι, μὴ λάθῃ καταπιοῦσα⁴. Αἱ δὲ πέρδικες ὅταν διώκωνται μετὰ τῶν τέκνων, ἐκεῖνα μὲν ἐῶσι προπέτεσθαι καὶ φεύγειν, αὐταὶ δὲ μηχανώμεναι προσέχειν τοὺς θηρεύοντας ἐγγὺς κυλινδοῦνται, καὶ καταλαμβανόμεναι μικροῦ⁵ ὑπεκθέουσιν, εἶτα πάλιν ἵστανται καὶ παρέχουσιν ἐν ἐρικτῷ τῆς ἐλπίδος ἑαυτὰς, ἄχρις ἂν οὕτω προκινδυνεύουσαι τῶν νεοττῶν⁶ τῆς ἀσφαλείας, προαγάγωνται πόρρω τοὺς διώκοντας. Τὰς δὲ ἀλεκτορίδας ἐν τοῖς ὄμμασι καθ' ἡμέραν ἔχομεν⁷, ὃν τρόπον τὰ νεοττία περιέπουσι, τοῖς μὲν ἐνδῦναι⁸ χαλῶσαι τὰς πτε-

et dans beaucoup d'autres exemples. — Τε, dans le même vers, devient long, à cause des deux consonnes qui suivent, comme dans :

Date tela, scanditε muros.

— L'ω de κάτω, dans le troisième vers, s'abrège devant la voyelle qui commence le mot suivant, comme dans :

Insulæ Ionio in magno.
Florunt Rhodopeæ arces.

Exemples continuels dans la versification grecque, exceptionnels dans la poésie latine.

1. Καλύπτων. Hom., Iliade, XVII, 136.
2. Ὄρνις. Hom., Iliade, IX, 324.
3. Κακῶς οἱ πέλει αὐτῇ, male illi ipsi est.
4. Λάθῃ, m. à m. de peur qu'il

ne s'aperçoive pas l'avalant; qu'il ne l'avale sans y prendre garde. Le verbe principal en français devient le participe en grec.

5. Μικροῦ (s.-e. δεῖν), peu s'en faut, presque.

6. Προκινδυνεύουσαι équivaut à κινδυνεύουσαι πρὸ τῆς ἀσφαλείας τῶν νεοττῶν.

7. Τὰς ἀλεκτορίδας ἔχομεν, ὃν τρόπον περιέπουσι. Tournure grecque. La construction conforme aux habitudes de la langue française serait : Ἔχομεν, ὃν τρόπον αἱ ἀλεκτορίδες περιέπουσι. Le substantif qui, en français, est sujet du second verbe, devient, en grec, complément du premier.

8. Ἐνδῦναι. — ὥστε τὰ νεοττία ἐνδῦναι, pour qu'ils se glissent dessous.

ρυγας, τὰ δὲ ἐπιβαίνοντα τοῦ νώτου, καὶ προςφέροντα πανταχόθεν ἀναδεχόμεναι, μετὰ τοῦ γεγηθός τε καὶ προςφιλὲς ἐπιφθέγγεσθαι· κύνας δὲ καὶ δράκοντας, ἂν περὶ αὐτῶν φοβηθῶσι, φεύγουσιν· ἂν δὲ περὶ τῶν τέκνων, ἀμύνονται καὶ διαμάχονται¹ παρὰ δύναμιν.

1. Διαμάχονται. « La poule, si timide, devient aussi courageuse qu'un aigle, quand il faut défendre ses poussins. » CHATEAUBRIAND, *Génie du Christ.*, liv. V, ch. 3. — « Elle rappelle ses petits, lorsqu'ils s'égarent, les met sous ses ailes à l'abri des intempéries, et les couve une seconde fois... Les différentes inflexions de sa voix, toutes expressives, ont une empreinte de sollicitude et d'affection maternelle. Si elle s'oublie elle-même pour conserver ses petits, elle s'expose à tout pour les défendre. Paraît-il un épervier dans l'air? cette mère si faible et si timide, et qui en toute autre circonstance chercherait son salut dans la fuite, devient intrépide par tendresse, etc. » BUFFON.

SI LE VICE EST SUFFISANT POUR NOUS RENDRE MALHEUREUX

Une âme bien préparée défie les accidents du sort; les tourments qu'engendre le vice sont inévitables.

Πάντως ἡ κακία διατίθησι πάντας ἀνθρώπους¹. αὐτοτελής τις οὖσα τῆς κακοδαιμονίας δημιουργός· οὔτε γὰρ ὀργάνου οὔτε ὑπηρετῶν ἔχει χρείας. Ἄλλαι δὲ τύραννοι σπουδάζοντες ὡς ἂν κολάζωσιν ἀθλίους ποιεῖν, δημίους τρέφουσι καὶ βασανιστὰς, ἢ καυτήρια καὶ ξίφη ἐπιμηχανῶνται, ἀλόγῳ ψυχῇ²· ἡ δὲ κακία, δίχα πάσης παρασκευῆς, τῇ ψυχῇ συνελθοῦσα, συνέτριψε καὶ κατέβαλε. λύπας ἐνέπλησε, θρήνων, βαρυθυμίας, μεταμελείας τὸν ἄνθρωπον³. Τὴν μὲν

1. Διατίθησι, dispose tous les hommes; c'est du vice, que dépendent les dispositions de l'âme.

2. Ἀλόγῳ ψυχῇ. Ce passage paraît altéré. Reiske suppose qu'il y a un mot d'omis devant ἀλόγῳ ψυχῇ, par exemple φόβητρα ou δείματα : effroi de l'âme irraisonnable.

3. Ἄνθρωπον. Massillon, *Carême*, II : « Tel est le caractère du vice, de laisser dans le cœur un fonds de tristesse qui le mine, qui le suit partout, qui répand une amertume secrète sur tous ses plaisirs : la conscience impure ne peut plus faire d'elle-même... Les remords cuels tourmentent comme l'état du délit et le fonds de toute la vie criminelle. » Juvénal a fait également un portrait énergique du coupable rongé par les remords :

τύχην ὁρῶμεν ὀργάνων τε παντοδαπῶν κατάπλεων καὶ παρασκευῆς πολυτελοῦς εἰς ἀπεργασίαν κακοδαίμονος ζωῆς καὶ
οἰκτρᾶς· λῃστήριά τινα, καὶ πολέμους, καὶ τυράννων μιαι-
φονίας, καὶ χειμῶνα; [1] ἐκ θαλάττης, καὶ κεραυνὸν ἐξ ἀέρος
ἐφελκομένην, καὶ κώνεια τρίβουσαν, καὶ ξίφη φέρουσαν, καὶ
συκοφάντας ξενολογοῦσαν, καὶ πυρετοὺς ἐξάπτουσαν, καὶ
πέδας περικρούουσαν, καὶ περιοικοδομοῦσαν εἱρκτάς· καίτοι
τούτων τὰ πλεῖστα τῆς κακίας μᾶλλον ἢ τῆς τύχης ἐστίν·
ἀλλὰ πάντα ἔστω τῆς τύχης. Ἡ δὲ κακία παρεστῶσα γυμνὴ
καὶ μηδενὸς δεομένη τῶν ἔξωθεν ἐπὶ τὸν ἄνθρωπον, ἐρωτάτω
καὶ τὴν τύχην, πῶς ποιήσει κακοδαίμονα καὶ ἄθυμον τὸν ἄνθρωπον. Τύχη, πενίαν ἀπειλεῖς; καταγελᾷ σου Μητροκλῆς [2],
ὃς χειμῶνος ἐν τοῖς προβάτοις καθεύδων, καὶ θέρους ἐν τοῖς
προπυλαίοις τῶν ἱερῶν, τὸν ἐν Βαβυλῶνι χειμάζοντα, καὶ περὶ
Μηδίαν [3] θερίζοντα Περσῶν βασιλέα περὶ εὐδαιμονίας εἰς
ἀγῶνα προὐκαλεῖτο. Δουλείαν καὶ δεσμὰ καὶ πρᾶσιν ἐπάγεις;
καταφρονεῖ σου Διογένης, ὃς ὑπὸ τῶν λῃστῶν πωλούμενος,
ἐκήρυττε· « Τίς ὠνήσασθαι βούλεται δεσπότην [4]; » Κύλικα
φαρμάκου ταράττεις [5]; οὐχὶ καὶ Σωκράτει ταύτην προέπιες [6];

Has patitur pœnas peccandi sola vo-
[luntas...
Prima est hæc ultio, quod se
Judice nemo nocens absolvitur...
(*Sat.*, XIII, 208.)

1. Χειμῶνας. Sénèque, *Ep.*, I, 91 : «Quid Fortunæ arduum est? Modo nostras in nos manus advocat, modo suis contenta viribus invenit pericula sine auctore. Bellum in media pace consurgit... In subitas tempestates hibernisque majores agitur æstiva tranquillitas... Invadit temperantissimos morbus, innocentissimos pœna... Exilia, tormenta, bella, morbos, naufragia meditare...

2. Μητροκλῆς. Métroclès, philosophe qui fut d'abord disciple de Théophraste, puis s'attacha à Cratès le Cynique.

3. Μηδίαν. La Médie réunissant de hautes montagnes, des plaines fertiles, des rivières, jouit d'un climat délicieux et heureusement tempéré.

4. Δεσπότην. Car le sage est toujours libre, puisque, selon le mot de Cicéron, «Animo vincula injici nulla possunt.»

5. Ταράττεις, dans le sens du latin *miscere, temperare poculum*.

6. Προέπιες. Le simple πίνω a le sens neutre, et signifie *boire*, tandis que le composé προπίνω, comme en latin *propino*, a le sens actif, *donner à boire, faire boire*. Cela vient de ce que le sens primitif de ce verbe est : *boire avant quelqu'un* et lui présenter ensuite la coupe, la lui passer.

ὁ δὲ ἵλεως καὶ πρᾷος, οὐ τρέσας[1], οὐδὲ διαφθείρας οὐδὲ χρώματος οὐδὲν οὐδὲ σχήματος, ἀλλ' εὐκόλως ἐξέπιεν· ἀποθνήσκοντα δὲ αὐτὸν ἐμακάριζον οἱ ζῶντες, ὡς οὐδ' ἐν Ἅιδου θείας ἄνευ μοίρας ἐσόμενον. Καὶ μὴν τὸ πῦρ[2] σου Δέκιος[3] ὁ Ῥωμαίων στρατηγὸς προσελάβεν, ὅτε τῶν στρατοπέδων ἐν μέσῳ πυρὰν νήσας, τῷ Κρόνῳ κατ' εὐχὴν αὐτὸς ἑαυτὸν ἐκαλλιέρησεν ὑπὲρ τῆς ἡγεμονίας. Ἰνδῶν δὲ φίλανδροι καὶ σώφρονες γυναῖκες[4] ὑπὲρ τοῦ πυρὸς ἐρίζουσι καὶ μάχονται πρὸς ἀλλήλας, τὴν δὲ νικήσασαν τεθνηκότι τῷ ἀνδρὶ συγκαταφλεγῆναι, μακαρίαν ᾄδουσιν αἱ λοιπαί.

Τίνας οὖν ταῦτα κακοδαίμονας ποιεῖ; Τοὺς ἀνάνδρους καὶ ἀλογίστους, τοὺς εὐθρύπτους καὶ ἀγυμνάστους, τοὺς ἐκ νηπίων ἃς ἔχουσι δόξας φυλάττοντας· οὐκοῦν οὐκ ἔστιν ἡ τύχη κακοδαιμονίας τελεσιουργός, ἂν μὴ κακίαν ἔχῃ συνεργοῦσαν.

Ἆρ' οὖν ἡ κακία τοιοῦτόν ὥστε τῆς τύχης δεῖσθαι πρὸς κακοδαιμονίας ἀπεργασίαν; Πόθεν; Οὐ τραχὺ καὶ δυσχείμερον ἐπαίρεται πέλαγος, οὐ λῃστῶν εὐοδίας διαζώννυσιν

---

1. Οὐ τρέσας. Cicéron : « Socrates quum pæne jam in manu mortiferum illud teneret poculum, locutus ita est ut non ad mortem trudi, verum in cœlum videretur ascendere. »

C'est qu'un Dieu jusqu'au bout présidant à son sort,
Quand il but, sans pâlir, la coupe de la mort.
(VOLTAIRE.)

2. Τὸ πῦρ, le feu, dont tu voudrais peut-être faire un épouvantail à l'homme. Si c'est là un des moyens que tu prétends employer contre lui, plus d'un exemple prouve qu'il n'est pas plus terrible que la pauvreté, la prison, le poison, et les autres fléaux dont tu disposes.

3. Δέκιος, P. Décius, commandait l'armée romaine dans la guerre contre les Latins : l'an de Rome 414. Sachant que les dieux promettaient la victoire à celui des deux peuples dont le général périrait dans le combat, il se précipita au milieu des ennemis, et fut tué les armes à la main. Son fils se dévoua également dans la guerre contre les Samnites, en 459 ; et son petit-fils dans la guerre contre Pyrrhus. C'est sans doute à l'un des deux derniers que se rapportent les détails que raconte ici Plutarque. Voyez 1ᵉ partie. Cic., De Fin., II, 19 ; Ti. Live, VIII, 6 ; V.-Max., V, 6.

4. Γυναῖκες. On sait que cet usage à l'égard des veuves indiennes est un des actes les plus sacrés de la religion, et qu'il s'est maintenu jusqu'à nos jours, malgré les efforts de la domination anglaise.

ἐνέδραις ἐρήμους ὑπωρείας, οὐ νέφη χαλαζοβόλα πεδίοις
περιρρήγνυσι καρποφόροις, οὐ Μέλιτον οὐδὲ Ἄνυτον οὐδὲ
Καλλίξενον[1] ἐπάγει συκοφάντην, οὐκ ἀφαιρεῖται πλοῦτον, οὐκ
ἀπαγορεύει στρατηγίας, ἵνα ποιήσῃ κακοδαίμονας· ἀλλὰ ποτὲ
πλουτοῦντας, εὐπορούντας, κληρονομοῦντας· ἐν γῇ, διὰ θαλάττης[2], ἐνδέδυκε, προσπέφυκεν, ἐκτήκοντα ταῖς ἐπιθυμίαις,
διακαίοντα τοῖς θυμοῖς[3], συντρίβοντα ταῖς δεισιδαιμονίαις.

1. Καλλίξενον. Callixène, accusateur de Socrate, comme Anytus et Mélitus.

2. Διὰ θαλάττης. « Licet vastum trajeceris mare, sequentur te, quocumque perveneris, vitia. » (SEN.)

3. Θυμοῖς, la colère. Le pluriel donne plus de force que le singulier : il semble multiplier l'idée, lui donner un sens plus général en indiquant combien sont fréquents ces transports de colère qui embrasent l'âme.

    Les astres sévères
Ont contre mon amour redoublé *leurs*
    colères.
(Mol., *Fâch.*, III, 1.)

DES MALADIES DE L'AME ET DU CORPS[1]

1. Les maladies de l'âme plus nombreuses que celles du corps.

Νόσος μὲν ἐν σώματι φύεται διὰ φύσιν· κακία δὲ καὶ
μοχθηρία περὶ ψυχήν, ἔργον ἐστὶ πρῶτον, εἶτα πάθος[2] αὐτῆς. Ἡ μὲν οὖν Αἰσώπειος ἀλώπηξ[3] περὶ ποικιλίας[4] δικαζο-

1. Cicéron examine et développe la même question : « Utrum minus noceant animi ægrotationes quam corporis ? » (*Tusc.*, III, 2.)

2. Πάθος, *affectus*, affection de l'âme. Sens de la phrase : La dépravation de l'âme, qui est d'abord l'œuvre volontaire de l'âme elle-même, devient ensuite une affection qu'elle subit malgré elle. « Morbi animi sunt inveterata vitia : postquam hæc animum implicuerunt, et perpetua esse mala ejus cœperunt. » (SÉNÈQUE.)

« Ce n'étaient d'abord que des libertés timides; insensiblement les chutes se sont multipliées : le désordre est devenu un état fixe et habituel. » (MASSILLON.)

3. Ἀλώπηξ. Plutarque fait encore allusion à cette fable dans le *Banquet des sept sages*. C'est la 159e du recueil publié sous le nom d'Ésope.

4. Ποικιλίας, au sens propre, désigne la *variété* de la peau tachetée de la panthère, et se dit, au figuré, de la versatilité d'un esprit rusé.

μίαν πρὸς τὴν πάρδαλιν, ὡς ἐκείνη τὸ σῶμα καὶ τὴν ἐπιφάνειαν εὐανθῆ καὶ κατάστικτον ἐπεδείξατο, τῇ δὲ ἦν τὸ
ξανθὸν αὐχμηρὸν καὶ οὐχ ἡδὺ προσιδεῖν· « Ἀλλ' ἐμοῦ τοι τὸ
ἐντὸς, ἔφη, σκοπῶν, ὁ δικαστὰ, ποικιλωτέραν με τῆς δὲ
ὄψει, » δηλοῦσα τὴν περὶ τὸ ἦθος εὐτρεπίαν ἐπὶ πολλὰ ταῖς
χρείαις ἀμειβομένην. Λέγωμεν οὖν ἐν ἡμῖν, ὅτι[1] πολλὰ μὲν,
ὦ ἄνθρωπε, σοῦ τὸ σῶμα καὶ νοσήματα καὶ πάθη φύσει τε
ἀνίησιν ἐξ ἑαυτοῦ καὶ προσπίπτοντα δέχεται θύραθεν· ἂν
δὲ σαυτὸν ἔνδοθεν ἀνοίξῃς[2] ποικίλον τι καὶ πολυπαθὲς κακῶν ταμεῖον εὑρήσεις καὶ θησαύρισμα, ὥς φησι Δημόκριτος·
οὐκ ἔξωθεν ἐπιρρεόντων, ἀλλ' ὥσπερ ἐγγείους καὶ αὐτόχθονας
πηγὰς ἐχόντων, ἃς ἀνίησιν ἡ κακία, πολύχυτος καὶ δαψιλὴς
οὖσα τοῖς πάθεσιν.

C'est sur cette double acception que repose le sens du mot du renard.

1. Ὅτι se construit fréquemment même avec le style direct. Burn., § 386, 6, Leclair, § 507, II.

2. Ἔνδοθεν ἀνοίξῃς. Ouvrir le dedans de son cœur : expression vive, préparée par le mot θύραθεν, qui précède. — Deux lignes plus bas, remarquez un autre exemple de métaphore bien continuée dans tous ses termes : Ἐπιρρεόντων, πηγὰς, πολύχυτος.

SUR LA PASSION DES RICHESSES

I. La cupidité nous crée des besoins insatiables.

Οὐκ ἔστι γε χρημάτων ὤνιον[1] ἀλυπία, μεγαλοφροσύνη,
εὐστάθεια, θαρραλεότης, αὐτάρκεια· τῷ πλουτεῖν οὐκ ἔνεστι
τὸ πλούτου καταφρονεῖν[2], οὐδὲ τῷ τὰ περιττὰ κεκτῆσθαι τὸ
μὴ δεῖσθαι τῶν περιττῶν.

1. Ὤνιον. Le repos, voilà ce que tout le monde désire, dit Horace :
« Otium
Non gemmis neque purpura venale
[nec auro. »
— Sur cet adjectif neutre avec un substantif féminin, voy. page 3, n. 1.

2. Καταφρονεῖν.
Avarum irritat, non satiat, pecunia.
Tam deest avaro quod habet, quam
[quod non habet.
(PUBL. SYR.)

Τίνος οὖν ἀπαλλάττει τῶν ἄλλων κακῶν ὁ πλοῦτος, εἰ μηδὲ φιλοπλουτίας; Ἀλλὰ ποτῷ μὲν ἔσβεσαν τὴν τοῦ ποτοῦ ὄρεξιν, καὶ τροφῇ τὴν τῆς τροφῆς ἐπιθυμίαν ἠκέσαντο · φιλαργυρίαν δ' οὐ σβέννυσιν ἀργύριον, οὐδὲ χρυσίον, οὐδὲ πλεονεξία παύεται κτωμένη τὸ πλέον. Ἀλλ' ἔστιν εἰπεῖν πρὸς τὸν πλοῦτον, ὡς πρὸς ἰατρὸν ἀλαζόνα·

Τὸ φάρμακόν σου τὴν νόσον μεῖζον ποιεῖ.

Ἄρτου δεομένους καὶ οἴκου καὶ σκέπης μετρίας καὶ τοῦ τυχόντος[1] ὄψου παραλαβών[2], ἐμπέπληκεν ἐπιθυμίας χρυσοῦ, καὶ ἀργύρου, καὶ ἐλέφαντος, καὶ σμαράγδων, καὶ κυνῶν, καὶ ἵππων, εἰς χαλεπὰ καὶ σπάνια καὶ δυσπόριστα καὶ ἄχρηστα μεταθεὶς ἐκ τῶν ἀναγκαίων τὴν ὄρεξιν[3]. Ἐπεὶ τῶν γε ἀρκούντων οὐδεὶς πένης ἐστίν[4] · οὐ δεδάνεισται πώποτε ἀργύριον ἄνθρωπος, ἵνα ἄλφιτα πρίηται, ἢ τυρόν, ἢ ἄρτον, ἢ ἐλαίας · ἀλλὰ τὸν μὲν οἰκία πολυτελὴς χρεωφειλέτην πεποίηκε, τὸν δὲ ὁμοροῦν ἐλαιόφυτον, τὸν δὲ σιτῶνες, ἀμπελῶνες, ἄλλον ἡμίονοι Γαλατικαί[5], ἄλλον ἵπποι ζυγοφόροι

Κείν' ὄχεα κροτέοντες·[6]

ἐνσεσείχασιν εἰς βάραθρα συμβολαίων, καὶ τόκων, καὶ ὑπο-

Et quum possideant plurima, plura petunt. (Ovide.)
Qui multum habet, plus cupit. Numquam multum est, quod satis non est. (Sénèque.)

1. Ὁ τυχών, le premier venu, commun.

2. Παραλαβών se rapporte à πλοῦτος.

3. Ὄρεξιν. « Quamdiu unius mensæ frumentum multa navigia, et quidem non ex uno mari, subvehent? Quid ergo? Tam insatiabilem nobis natura alvum dedit? Minime. Parvo illa dimittitur. Non fames nobis ventris nostri magno constat, sed ambitio. — O miserabiles, quorum palatum non excitatur, nisi ad cibos, quos caritas et difficultas parandi pretiosos facit, et qui quum famem exiguo pretio possint sedare, magno irritant. » (Sénèque.)

4. Πένης. « Si ad naturam vives, nunquam eris pauper; si ad opinionem, nunquam dives. Exiguum natura desiderat, opinio immensum. — Cupiditati nihil satis est; naturæ satis est etiam parum. Parabile est, quod natura desiderat; ad manum est, quod satis est; ad supervacua sudatur. » (Sénèque.)

5. Γαλατικαί, de Galatie, en Asie-Mineure. On se sert des mules dans les pays méridionaux, pour les atteler quelquefois même sous le joug.

6. *Iliade*, xv, 453.

θηκῶν. Εἶτα ὥςπερ οἱ πίνοντες μετὰ τὸ μὴ διψῆν, ἢ ἐσθίοντες μετὰ τὸ μὴ πεινῆν, καὶ ὅσα διψῶντες ἢ πεινῶντες ἔλαβον προςεξεμοῦσιν· οὕτως οἱ τῶν ἀχρήστων ἐφιέμενοι καὶ περιττῶν, οὐδὲ [1] τῶν ἀναγκαίων κρατοῦσιν.

II. Misères de l'avare.

Ἡ φιλαργυρία ἐπιθυμία ἐστὶ μαχομένη πρὸς τὴν αὐτῆς πλήρωσιν [2]· οὐδεὶς γοῦν ἀπέχεται χρηστὸς ὄψου διὰ φιλοψίαν, οὐδ᾽ οἴνου δι᾽ οἰνοφλυγίαν, ὡς χρημάτων ἀπέχονται [3] διὰ φιλοχρηματίαν. Καίτοι πῶς οὐ μανικὸν οὐδ᾽ οἰκτρὸν τὸ πάθος, εἴ τις ἱματίῳ μὴ χρῆται διὰ τὸ ῥιγοῦν, μηδ᾽ ἄρτῳ διὰ τὸ πεινῆν, μηδὲ πλούτῳ διὰ τὸ φιλοπλουτεῖν; Ἡ φιλοπλουτία ὥςπερ βαρεῖα καὶ πικρὰ δέσποινα, κτᾶσθαι μὲν ἀναγκάζει, χρῆσθαι δὲ κωλύει· καὶ τὴν μὲν ἐπιθυμίαν ἐγείρει, τὴν δὲ ἡδονὴν ἀφαιρεῖται. Τοὺς μὲν οὖν Ῥοδίους ὁ Στρατόνικος [4] ἐπέσκωπτεν εἰς πολυτέλειαν, οἰκοδομεῖν μὲν ὡς ἀθανάτους [5] λέγων, ὀψωνεῖν δὲ ὡς ὀλιγοχρονίους· οἱ δὲ φιλάργυροι κτῶνται μὲν ὡς πολυτελεῖς, χρῶνται δὲ ὡς ἀνελεύθεροι· καὶ τοὺς μὲν πόνους ὑπομένουσι, τὰς δὲ ἡδονὰς οὐκ ἔχουσιν. Ὁ γοῦν Δημάδης [6] ἐπιστὰς ἀριστῶντί ποτε Φωκίωνι, καὶ θεα-

---

1. Οὐδέ, pas même.

2. Πλήρωσιν. Si les autres passions rendent l'homme malheureux, c'est en cherchant à se satisfaire : l'amour des richesses, étant sans limite, est insatiable. « Neminem pecunia divitem fecit : imo contra, nulli non majorem sui cupiditatem incussit... Plus incipit habere posse, qui plus habet... Inventus est qui concupisceret aliquid post omnia. » (SÉNÈQUE.) « L'avare n'amasse que pour amasser; ce n'est pas pour fournir à ses besoins : il se les refuse... L'avarice se nourrit et s'enflamme par les remèdes même qui guérissent et qui éteignent toutes les autres passions. » (MASSILLON.)

3. Ἀπέχονται. Sujet οἱ φιλάργυ-ροι, dont l'idée est contenue dans φιλαργυρία : syllepse.

4. Στρατόνικος, Stratonicus, musicien, dont Athénée rapporte plusieurs bons mots, liv. VIII.

5. Ἀθανάτους. « Géronte fait bâtir une maison en pierres de taille, dont il assure que personne ne verra la fin... Il montre à ses amis ce qu'il a fait, et il leur dit ce qu'il a dessein de faire. Ce n'est pas pour ses enfants qu'il bâtit, car il n'en a point. C'est pour lui seul et il mourra demain. » (LA BRUYÈRE.)

6. Δημάδης. Démade, un des orateurs athéniens vendus à Philippe, et qui recevaient l'or du roi de Macédoine, pour soutenir dans Athènes même, les intérêts de l'ennemi de

σάμενος αὐτοῦ τὴν τράπεζαν αὐστηρὰν καὶ λιτήν· « Θαυμάζω σε, ὦ Φωκίων, εἶπεν, ὅτι, οὕτως ἀριστᾶν δυνάμενος, πολιτεύῃ [1]. » Αὐτὸς γὰρ εἰς τὴν γαστέρα ἐδημαγώγει, καὶ τὰς Ἀθήνας μικρὸν ἡγούμενος τῆς ἀσωτίας ἐφόδιον, ἐκ τῆς Μακεδονίας ἐπεσιτίζετο. Σὲ [2] δ' οὐκ ἄν τις, ὦ κακόδαιμον, θαυμάσειεν, εἰ δυνάμενος οὕτω ζῆν ἀνελευθέρως, καὶ ἀπανθρώπως, καὶ ἀμεταδότως, καὶ πρὸς φίλους ἀπηνῶς, καὶ πρὸς πόλιν ἀφιλοτίμως, κακοπαθεῖς, καὶ ἀγρυπνεῖς, καὶ ἐργολαβεῖς, καὶ κληρονομεῖς, καὶ ὑποπίπτεις [3], τηλικοῦτον ἔχων τῆς ἀπραγμοσύνης ἐφόδιον, τὴν ἀνελευθερίαν;

III. Leçons que donnent les avares à leurs enfants.

Ἀλλὰ νὴ Δία φήσει τις ὅτι παισὶν οἱ φιλάργυροι καὶ κληρονόμοις φυλάττουσι καὶ θησαυρίζουσιν, οἷς ζῶντες οὐδὲν μεταδιδόασιν· οὓς δὲ δοκοῦσι παιδεύειν, ἀπολλύουσι, καὶ προςδιαστρέφουσιν, ἐμφυτεύοντες τὴν αὑτῶν φιλαργυρίαν καὶ μικρολογίαν, ὡσπεροῦν τι φρούριον τῆς κληρονομίας ἐνοικοδομοῦντες τοῖς κληρονόμοις [4]. Ταῦτα γάρ ἐστιν, ἃ παραινοῦσι καὶ διδάσκουσι· « Κέρδαινε καὶ φείδου, καὶ τοσούτου

leur patrie. — Phocion, célèbre par son intégrité et son désintéressement, ne cessait de recommander aux Athéniens l'austérité des mœurs antiques. Après la prise d'Athènes, il fut condamné à boire la ciguë.

1. Πολιτεύεσθαι, s'occuper des affaires publiques. La plupart des démagogues ne travaillaient qu'à leur propre fortune, sous prétexte de défendre les intérêts de l'État. Démade n'était pas homme à comprendre qu'on se donnât tant de mal sans profit.

2. Σέ, s'adresse à l'avare, aux avares en général.

3. Ὑποπίπτειν, sens neutre, submittere se. Cf. Περὶ τοῦ ἐπαινεῖν ἑαυτόν. « Πελοπίδαν ὑποπίπτοντα καὶ δεόμενον μόλις ἀπέλυσαν. » « Il y a des gens qui sont mal logés, mal couchés, mal habillés et plus mal nourris ; qui essuient les rigueurs des saisons, qui se privent eux-mêmes de la société des hommes, qui souffrent du présent, du passé et de l'avenir, dont la vie est comme une pénitence continuelle ; et qui ont ainsi trouvé le secret d'aller à leur perte par le chemin le plus pénible : ce sont les avares. » (LA BRUYÈRE.)

4. Ἐνοικοδομοῦντες, κ. τ. π. à m. élevant dans l'esprit de leurs héritiers une forteresse pour défendre leur héritage ; c'est-à-dire, en d'autres termes, qu'ils prétendent inculquer à leurs héritiers des principes d'économie, qu'ils considèrent comme une sauvegarde de leur héritage.

νόμιζε σεαυτὸν ἄξιον, ὅσον ἂν ἔχῃς¹. » Τοῦτο δ᾽ οὐκ ἔστι
παιδεύειν, ἀλλὰ συστέλλειν καὶ ἀπορράπτειν ὥσπερ βαλάντιον, ἵνα στέγειν καὶ φυλάττειν τὸ εἰσελθὸν δύνηται. Καίτοι
τὸ μὲν βαλάντιον, ἐμεληθέντος τοῦ ἀργυρίου, γίνεται ῥυπα-
ρὸν καὶ δυσῶδες· οἱ δὲ τῶν φιλαργύρων παῖδες, πρὶν ἢ παρα-
λαμβάνειν τὸν πλοῦτον, ἀναπίμπλανται τῆς φιλοπλουτίας
ἀπ᾽ αὐτῶν τῶν πατέρων. Καὶ μέντοι τῆς διδασκαλίας καὶ
μισθοὺς ἀξίους ἀποτίνουσιν αὐτοῖς, οὐ φιλοῦντες ὅτι πολλὰ
λήψονται, ἀλλὰ μισοῦντες·² ὅτι μήπω λαμβάνουσι· μηδὲν γὰρ
ἄλλο θαυμάζειν, ἢ τὸν πλοῦτον³, μαθόντες, μηδ᾽ ἐπ᾽ ἄλλῳ
τινὶ ζῆν, ἢ τῷ πολλὰ κεκτῆσθαι, κώλυσιν τοῦ ἰδίου βίου τὸν
ἐκείνων ποιοῦνται⁴, καὶ νομίζουσιν αὐτῶν ἀφαιρεῖσθαι τὸν
χρόνον, ὅσον ἐκείνοις προςτίθησι⁵.

IV. On sacrifie tout au luxe et au désir de paraître.

Εἰ τὰ μὲν ἀρκοῦντα κοινὰ καὶ τῶν πλουσίων καὶ τῶν μὴ
πλουσίων ἐστί, σεμνύνεται⁶ δὲ ὁ πλοῦτος ἐπὶ τοῖς περισσοῖς·
καὶ⁷ Σκόπαν τὸν Θεσσαλὸν ἐπαινεῖς, ὃς αἰτηθείς τι⁸ τῶν κατὰ
τὴν οἰκίαν, ὡς περιττὸν αὐτῷ καὶ ἄχρηστον· « Ἀλλὰ μὴν,

1. Ἔχῃς. Pense qu'on est estimé à proportion de ce qu'on a.

2. Μισοῦντες. « Il y a d'étranges pères, et dont toute la vie ne semble occupée qu'à préparer à leurs enfants des raisons de se consoler de leur mort. » (LA BRUYÈRE.)

3. Τὸν πλοῦτον. « Admirationem nobis parentes auri argentique fecerunt, et teneris animis infusa cupiditas altius insedit, crevitque nobiscum..... Hoc suspiciunt, hoc suis optant, velut rerum humanarum maximam. » (SÉNÈQUE.)

O cives, cives, quærenda pecunia primum :
Virtus post nummos. [mum :
(Hor., *Epit.*, I. 1.)

Aurea nunc vere sunt sæcula : pluri-
[mus auro
Venit honos.
(Ov., *Art. Am.*, II, 227.)

4. Ποιεῖσθαι, *regarder comme*.

5. Προςτίθησι. Il faut donner pour sujet à ce verbe βίος, sous-entendu.

6. Σεμνύνεται, si l'on estime la richesse, parce qu'elle nous donne le superflu.

7. Καὶ, *et si...* Proposition dépendant de εἰ. La proposition principale est plus bas : ὅρα μή,....

8. Αἰτηθείς τι. A l'actif, on dit, avec deux accusatifs, celui de la personne et celui de la chose : αἰτεῖν τί τινα. De là, au passif, ἄνθρωπος αἰτηθείς τι, comme en latin : *rogare aliquem aliquid, homo rogatus aliquid*.

ἔφη, τούτοις ἐσμὲν ἡμεῖς εὐδαίμονες καὶ μακάριοι τοῖς περιττοῖς, ἀλλ᾽ οὐκ ἐκείνοις τοῖς ἀναγκαίοις · » ὅρα μὴ[1] πομπὴν ἐπαινοῦντι καὶ πανήγυριν[2] μᾶλλον ἢ βίον ἔοικας.

Νῦν δὲ τὰ ἀναγκαῖα τοῦ πλούτου καὶ χρήσιμα τοῖς ἀχρήστοις κατακέχωσται καὶ τοῖς περιττοῖς. Οἱ δὲ πολλοὶ τὸ τοῦ Τηλεμάχου πάσχομεν[3] · καὶ γὰρ ἐκεῖνος ὑπὸ ἀπειρίας, μᾶλλον δ᾽ ἀπειροκαλίας, τὴν μὲν Νέστορος[4] ἰδὼν οἰκίαν κλίνας ἔχουσαν, τραπέζας, ἱμάτια, στρώματα, οἶνον ἡδὺν, οὐκ ἐμακάριζε τὸν εὐποροῦντα τῶν ἀναγκαίων ἢ καὶ χρησίμων · παρὰ δὲ τῷ Μενελάῳ[5] θεασάμενος ἐλέφαντα καὶ χρυσὸν καὶ ἤλεκτρον, ἐξεπλάγη, καὶ εἶπε ·

Ζηνός που τοιήδε γ᾽ Ὀλυμπίου ἔνδοθεν αὐλή·
Ὅσσα τάδ᾽ ἄσπετα πολλά · σέβας μ᾽ ἔχει εἰσορόωντα[6],

Σωκράτης δ᾽ ἂν εἶπεν, ἢ καὶ Διογένης·

Ὅσσα τάδ᾽ ἄθλια[7] πολλά,

1. Ὅρα μή, *vide ne*, prends garde de...

2. Πανήγυριν, ostentation, apparat, tel que celui qu'on déploie dans les fêtes publiques.

3. Πάσχομεν, *nous éprouvons le (sentiment) de Télémaque*; il nous arrive ce qui arriva à Télémaque; nous faisons comme Télémaque. Voyez Burn., § 388, II.

4. Νέστορος. Lorsque Télémaque, désireux de connaître la destinée d'Ulysse, se rend d'abord auprès de Nestor, roi de Pylos, pour lui demander des nouvelles de son père. Hom., *Odyss.*, ch. III.

5. Μενελάῳ. Télémaque se rend ensuite à Lacédémone, où il arrive le jour où le roi Ménélas célébrait le double mariage de son fils et de sa fille. « Télémaque et son compagnon contemplaient avec admiration le palais du roi nourrisson de Jupiter. Tel est l'éclat du soleil et de la lune, telle était la splendeur du palais du glorieux Ménélas... Ils s'asseyent sur des trônes...; une suivante répand d'une aiguière d'or dans un bassin d'argent, l'eau dont ils se lavent les mains...; l'échanson place devant eux des coupes d'or. » (Hom., *Odyss.*, ch. IV, v. 44 et suiv.)

6. Εἰσορόωντα. Hom., *ibid.*, v. 74. — Σέβας exprime une admiration mêlée d'un respect religieux. — Ὁρόωντα, comme ὁρόοντα. On trouve dans le dialecte ionien les trois formes : ὁράω, ὁρέω et ὁρόω.

7. Ἄθλια, et non ἄσπετα, γέλως, et non σέβας. C'est le vers même d'Homère que Plutarque modifie, en y intercalant en outre καὶ ἄχρηστα καὶ μάταια. — « Socrates, quum magnum auri argentique pondus in pompa ferretur : Quam multa, inquit, non desidero ! » (Cicéron.) —

καὶ ἄχρηστα καὶ μάταια·

γέλως μ' ἔχει εἰςορόωντα

Τί λέγεις, ἀβέλτερε; τὴν οἰκίαν καλλωπίζεις, ὡς θέατρον, ἢ θυμέλην[1], τοῖς εἰςιοῦσι;

Τοιαύτην ὁ πλοῦτος εὐδαιμονίαν ἔχει, θεατῶν δεομένην καὶ μαρτύρων, ἢ τὸ μηδὲν οὖσαν[2]. Ἀλλ' οὐχ ὅμοιόν γε τὸ σωφρονεῖν, τὸ φιλοσοφεῖν, τὸ γινώσκειν ἃ δεῖ[3] περὶ θεῶν, κἂν λανθάνῃ πάντας ἀνθρώπους· ἴδιον δὲ σέλας ἔχει καὶ φέγγος ἐν τῇ ψυχῇ μέγα, καὶ χαρὰν ποιεῖ σύνοικον[4] αὐτῇ ἐν ἑαυτῇ ἀντιλαμβανομένῃ τἀγαθοῦ, ἄν τ' ἴδῃ τις, ἄν τε λανθάνῃ καὶ θεοὺς καὶ ἀνθρώπους ἅπαντας. Τοιοῦτόν ἐστιν ἀρετή, ἀλήθεια, μαθημάτων τε κάλλος γεωμετρικῶν, ἀστρολογικῶν· ὧν τίνι τὰ τοῦ πλούτου φάλαρα ταῦτα καὶ περιδέραια καὶ θεάματα κορασιώδη παραβαλεῖν ἄξιον; Μηδενὸς ὁρῶντος, μηδὲ προςβλέποντος, ὄντως τυφλὸς γίνεται καὶ ἀφεγγὴς ὁ πλοῦτος. Μόνος γὰρ ὁ πλούσιος δειπνῶν μετὰ τῆς γυναικὸς ἢ τῶν συνήθων, οὔτε ταῖς ἐν θοίναις παρέχει πράγματα τραπέζαις, οὔτε τοῖς χρυσοῖς ἐκπώμασιν, ἀλλὰ χρῆται τοῖς προςτυχοῦσι· καὶ ἡ γυνὴ ἄχρυσος καὶ ἀπόρφυρος καὶ ἀφελὴς

« Diogenes, quum vidisset puerum cava manu bibentem aquam, fregit protinus exemptum e perula calicem, hac objurgatione sui : Quam diu homo stultus supervacuas sarcinas habui ! » (SÉNÈQUE.)

1. Θυμέλην, estrade, entre la scène et l'orchestre, où le chœur exécutait ses évolutions.

2. Ἢ τὸ μηδὲν οὖσαν, ou sinon n'étant rien. Si le riche n'a pas le plaisir d'étaler son opulence aux yeux d'une foule d'admirateurs jaloux, son bonheur n'est rien. « Excæcant populum, si numerati multum ex aliqua domo effertur, si multum auri tecto ejus illinitur, si familia spectabilis cultu est. Omnium istorum felicitas in publicum spectat. Ille quem nos et populo et fortunæ subduximus, beatus introrsum est. » (SÉNÈQUE.) — « Le monde étale des prospérités; le monde ne fait point d'heureux. Les grands nous montrent le bonheur, et ils ne l'ont pas. » (MASSILLON.)

3. Ἃ δεῖ, ce qu'on doit connaître sur les dieux, avoir une juste idée de la divinité, au lieu de partager les erreurs grossières du vulgaire.

4. Σύνοικον αὐτῇ. « Quæ est ista in commemoranda pecunia tua tam insolens ostentatio? Animus oportet tuus te judicet divitem, non hominum sermo neque possessiones tuæ. Animus hominis dives, non arca appellari solet. » (CICÉRON.)

πάρεστιν· ὅταν δὲ σύνδειπνον, τουτέστι πομπὴ καὶ θέατρον, συγκροτῆται, καὶ δρᾶμα [1] πλουσικὸν εἰσάγηται.

νηῶν δ' ἔκφερε λέβητάς τε τρίποδάς τε [2]·

τῶν τε λύχνων ἔχονται [3], καὶ περισπῶνται [4] τὰς κύλικας, ἀλλάσσουσι τοὺς οἰνοχόους, μεταμφιεννύουσι πάντα, πάντα κινοῦσι, χρυσὸν, ἄργυρον λιθοκόλλητον, ἁπλῶς πλουτεῖν ὁμολογοῦντες [5]. Ἀλλὰ εὐφροσύνης γε, κἂν μόνος δειπνῇ, δεῖται καὶ εὐωχίας.

1. Δρᾶμα, représentation, mise en scène.

2. Τρίποδάς τε. Ces mots rappellent un vers (Hom., Iliad., XXIII, 259) qui dépeint Achille et les Grecs transportant de leurs vaisseaux sur le rivage leurs vases et leurs trépieds. Plutarque laisse dans la citation le mot νηῶν, qui prend ainsi un sens plaisant; comme nous dirions en français : Ce jour là, il tire de son arsenal...

3. Ἔχονται, au pluriel par syllepse; sujet ὁ πλούσιος (οἱ πλούσιοι).

4. Περισπῶνται. Ils tirent les coupes de leur enveloppe, où on les tient d'ordinaire précieusement en réserve. — D'autres : περισπῶνται περὶ τὰς κύλικας, *distrahuntur, occupantur circa calices*. Tout ce passage est altéré.

5. Πλουτεῖν ὁμολογοῦντες. On annonce hautement qu'on est riche.

DE L'AMOUR

Sabinus et Empona. — Dévouement conjugal.

Ἰούλιος [1] ὁ τὴν ἐν Γαλατίᾳ κινήσας ἀπόστασιν, ἄλλους τε πολλοὺς, ὡς εἰκὸς, ἔσχε κοινωνούς, καὶ Σαβῖνον [2], ἄνδρα νέον, οὐκ ἀγεννῆ, πλούτῳ δὲ καὶ δόξῃ ἀνθρώπων ἐπιφανέστατον. Ἁψάμενοι δὲ πραγμάτων μεγάλων ἐσφάλησαν, καὶ δίκην δώσειν προσδοκῶντες, οἱ μὲν αὑτοὺς ἀνῄρουν, οἱ δὲ

1. Ἰούλιος, Julius Civilis, chef des Bataves, qui souleva les Gaules, sous Vespasien, en l'an 78 ap. J.-C. — Voy. Tac., *Hist.*, IV, 67.

2. Σαβῖνον. J. Sabinus était un des chefs les plus puissants de la nation des Lingons (pays de Langres). Il se vantait lui-même de descendre de J. César. (Tac., *Hist.*, IV, 55.)

φεύγοντες ἡλίσκοντο· τῷ δὲ Σαβίνῳ τὰ μὲν ἄλλα πράγματα ῥᾳδίως παρεῖχεν ἐκποδὼν γενέσθαι[1] καὶ καταφυγεῖν εἰς τοὺς βαρβάρους· ἡ δὲ γυναῖκα πασῶν ἀρίστην ἠγμένος[2], ἣν ἐκεῖ[3] μὲν Ἐμπονὴν[4] ἐκάλουν, Ἑλληνιστὶ δ' ἄν τις Ἡρωΐδα προσαγορεύσειε· ταύτην οὔτ' ἀπολιπεῖν δυνατὸς ἦν, οὔτε μεθ' ἑαυτοῦ κομίζειν. Ἔχων οὖν κατ' ἀγρὸν ἀποθήκας χρημάτων ὀρυκτὰς ὑπογείους, ἃς δύο μόνοι τῶν ἀπελευθέρων συνῄδεισαν, τοὺς μὲν ἄλλους ἀπήλλαξεν οἰκέτας, ὡς μέλλων φαρμάκοις ἀναιρεῖν ἑαυτόν· δύο δὲ πιστοὺς παραλαβών, εἰς τὰ ὑπόγεια κατέβη· πρὸς δὲ τὴν γυναῖκα Μαρτάλιον ἔπεμψεν, ἀπελεύθερον, ἀπαγγελοῦντα τεθνάναι μὲν ὑπὸ φαρμάκων, συμπεφλέχθαι δὲ μετὰ τοῦ σώματος τὴν ἔπαυλιν[5]· ἐβούλετο γὰρ τῷ τῆς γυναικὸς ἀληθινῶς λυπουμένῳ πρὸς πίστιν τῆς λεγομένης τελευτῆς χρῆσθαι[6]· ὃ καὶ συνέβη· ῥίψασα γάρ, ὅπως ἔτυχε[7], τὸ σῶμα μετὰ λυγμῶν καὶ ὀλοφυρμῶν, ἡμέρας τρεῖς καὶ νύκτας ἄσιτος διεκαρτέρησε. Ταῦτα δὲ ὁ Σαβῖνος πυνθανόμενος, καὶ φοβηθεὶς μὴ διαφθείρῃ παντάπασιν ἑαυτήν, ἐκέλευσε φράσαι κρύφα τὸν Μαρτάλιον πρὸς αὐτήν, ὅτι ζῇ καὶ κρύπτεται, δεῖται δ' αὐτῆς ὀλίγον ἐμμεῖναι τῷ πένθει, καὶ μηδὲ κωλύειν τὴν αὐτοῦ τελευτὴν πιθανὴν ἐν τῇ προσποιήσει γενέσθαι. Τὰ μὲν οὖν ἄλλα παρὰ τῆς γυναικὸς ἐναγωνίως συνετραγῳδεῖτο[8] τῇ δόξῃ τοῦ πάθους· ἐκεῖνον δ'

---

1. Παρεῖχεν ἐκποδὼν γενέσθαι, m. à m. donnaient (la possibilité) de s'éloigner, permettaient de se mettre en sûreté.

2. Ἠγμένος γυναῖκα, même expression que *ducere uxorem*.

3. Ἐκεῖ, là-bas, dans son pays, en Gaule.

4. Ἐμπονήν. Tacite lui donne le nom d'Epponina.

5. Ἔπαυλιν. « Utque famam exitii sui faceret, villam in quam perfugerat cremavit, illic voluntaria morte interiisse creditus. » (TAC.)

6. Χρῆσθαι, litt.: il voulait se servir de la douleur véritable de sa femme pour faire ajouter foi à sa mort prétendue. — Le texte de cette phrase est altéré.

7. Ὅπως ἔτυχε, ὡς εἶχε, comme elle se trouvait, telle qu'elle était, quand on lui apprit cette nouvelle. Burn., *Gr. gr.*, § 388, 5.

8. Συνετραγῳδεῖτο. C'est un rôle qu'elle soutient, en feignant la douleur. — Ἐναγωνίως, dans l'esprit de son rôle.

ἰδεῖν ποθοῦσα νυκτὸς ᾤχετο[1], καὶ πάλιν ἐπανῆλθεν. Ἐκ δὲ τούτου, λανθάνοντος[2] τοὺς ἄλλους, ὀλίγον ἀπέδει συζῆν ἐν ᾅδου τῷ ἀνδρὶ πλὴν ἑξῆς ἑπτὰ μηνῶν· ἐν οἷς κατασκευάσασα τὸν Σαβῖνον ἐσθῆτι καὶ κουρᾷ καὶ καταδέσει τῆς κεφαλῆς ἄγνωστον, εἰς Ῥώμην ἐκόμισε μεθ᾽ ἑαυτῆς, τινῶν ἐνδεδομένων[3]. Πράξασα δ᾽ οὐδὲν, αὖθις ἐπανῆλθε, καὶ τὰ μὲν πολλὰ ἐκείνῳ συνῆν ὑπὸ γῆς, ὥσπερ ἐν φωλεῷ λέαινα καταδύσασα πρὸς τὸν ἄνδρα, καὶ τοὺς γενομένους ὑπεθρέψατο σκύμνους ἄρρενας· δύο γὰρ ἔτεκε. Τῶν δὲ υἱῶν ὁ μὲν ἐν Αἰγύπτῳ πεσὼν ἐτελεύτησεν, ὁ δὲ ἕτερος ἄρτι καὶ πρώην γέγονεν ἐν Δελφοῖς παρ᾽ ἡμῖν, ὄνομα Σαβῖνος. Ἀποκτείνει μὲν οὖν αὐτὴν ὁ Καῖσαρ· ἀποκτείνας δὲ δίδωσι δίκην, ἐν ὀλίγῳ χρόνῳ τοῦ γένους παντὸς ἄρδην ἀναιρεθέντος[4]. Οὐδὲν γὰρ ἤνεγκεν ἡ τότε ἡγεμονία σκυθρωπότερον, οὐδὲ μᾶλλον ἑτέραν εἰκὸς ἦν καὶ θεοὺς καὶ δαίμονας ὄψιν ἀποστραφῆναι[5]. Καίτοι τὸν οἶκτον ἐξῄρει τῶν θεωμένων τὸ θαρραλέον αὐτῆς καὶ μεγαλήγορον, ᾧ καὶ μάλιστα παρώξυνε τὸν Οὐεσπασιανὸν, ὡς ἀπέγνω τῆς σωτηρίας πρὸς αὐτὸν ἀπάγειν κελεύσυσα[6]· βεβιωκέναι γὰρ ὑπὸ σκότῳ καὶ κατὰ γῆς ἥδιον, ἢ βασιλεύοντα ἐκεῖνον[7].

1. Ὤχετο, elle se rendit au souterrain où était caché Sabinus.

2. Λανθάνοντος, neut. gén. absolu, *cela, le fait* étant caché, à l'insu de tous.

3. Ἐνδεδομένων, s'étant relâchées, apaisées; la rigueur des temps s'étant un peu adoucie, et lui ayant permis d'espérer la grâce de son mari.

4. Ἀναιρεθέντος. Ce récit a donc été écrit après la mort de Domitien, le dernier des fils de Vespasien qui régna de 81 à 96. Titus n'avait régné qu'un an et demi, et était mort empoisonné.

5. Ἀποστραφῆναι. Constr. : Οὐδὲ εἰκὸς ἦν καὶ θεοὺς καὶ δαίμονας ἀποστραφῆναι μᾶλλον ἑτέραν ὄψιν, m. à m., *il était juste que les dieux et les génies ne détestassent davantage aucun autre spectacle*; il ne pouvait y avoir de forfait dont la vue fût plus propre à lui attirer la haine des dieux et des génies.

6. Κελεύουσα, litt. : en ordonnant lorsqu'elle désespéra de son salut, qu'on l'emmenât : car (elle disait) qu'elle avait vécu, etc. — Βεβιωκέναι, infinitif amené par le style indirect : ἔλεγε, sous-entendu.

7. Ἐκεῖνον. Xiphilin, historien grec du XIᵉ siècle et abréviateur de Dion Cassius, nous a laissé de la fin de cette histoire d'Éponine un récit plus étendu. Lorsqu'elle parut devant Vespasien avec ses deux petits enfants, cette vue arracha des larmes à tous les spectateurs. Elle se jeta

INSTRUCTIONS POUR CEUX QUI MANIENT LES AFFAIRES PUBLIQUES

Quelles doivent être les mœurs et les qualités de celui qui se destine au maniement des affaires? Quelles sont les connaissances qui lui sont nécessaires? Chez les Grecs, où tout dépendait de la parole, il n'était pas d'étude plus importante que celle de l'éloquence.

De l'éloquence politique. Quel est le caractère qui lui convient.

Ὁ λόγος ἔστω τοῦ πολιτικοῦ μήτε νεκρὸς καὶ θεατρικὸς, ὥσπερ πανηγυρίζοντος [1] καὶ στεφανηπλεκοῦντος ἐξ ἁπαλῶν καὶ ἀνθηρῶν [2] ὀνομάτων· μήτ' αὖ πάλιν, ὡς ὁ Πυθέας [3] τὸν Δημοσθένους ἔλεγεν, ἐλλυχνίων ὄζων καὶ σοφιστικῆς περιεργίας ἐνθυμήμασι πικροῖς καὶ περιόδοις πρὸς κανόνα καὶ διαβήτην [4]

aux pieds de l'empereur : « Prince, s'écria-t-elle, je ne suis devenue mère qu'afin que ces deux innocentes créatures pussent intercéder pour mon mari et pour moi. » Vespasien maîtrisant son émotion, envoya le père et la mère au supplice. Cet arrêt ébranla la constance d'Eponine, et cédant à son désespoir, elle se répandit en invectives contre l'empereur. On peut lire à ce sujet un roman historique publié sous le titre de *Sabinus et Eponine*, par M. Leclerc, en 1819.

1. Πανηγυρίζειν se dit des discours d'apparat. Voy. p. 180, n. 2.

2. Ἀνθηρῶν. Cf. Fénelon, *Lettre à l'Acad.*, ch. IV : « J'avoue que le genre fleuri a ses grâces ; mais elles sont déplacées dans les discours où il ne s'agit point d'un jeu d'esprit plein de délicatesse et où les grandes passions doivent parler... Il ne faut pas faire à l'éloquence le tort de penser qu'elle n'est qu'un art frivole, etc. » Il faut rapprocher du présent passage de Plutarque tout cet excellent chapitre de Fénelon et les *Dialogues sur l'éloquence*.

3. Πυθέας. Ce Pythéas, médiocre orateur, qui passa au parti de Philippe, voulut, ainsi que nous l'apprend Plutarque, se mêler, encore fort jeune, de donner son avis sur les affaires publiques, et s'attira des critiques à ce sujet. Son avis sur Démosthène ne prouve pas un juge plus compétent en éloquence qu'en politique. Ce qui est vrai, c'est que les débuts de Démosthène furent si pénibles, qu'il fut tenté de renoncer à la carrière oratoire. Ce qui est vrai, c'est qu'il préparait toujours ses discours, le plus souvent même par écrit ; mais il ne les prononçait pas tels qu'il les avait écrits ; on peut dire qu'il se préparait ainsi à improviser, et il n'est pas d'orateur dont l'éloquence ait à un plus haut degré le caractère d'une entraînante improvisation. Voy. Plut., *Vie de Démosth.*, ch. VIII.

4. Διαβήτην, à la règle et au compas, dit le français dans le même sens.

ἀπηκριβωμέναις · ἀλλὰ τῷ λόγῳ τοῦ πολιτευομένου, καὶ συμ-
βουλεύοντος, καὶ ἄρχοντος, ἐπιφαινέσθω μὴ δεινότης, μηδὲ
πανουργία, μηδ' εἰς ἔπαινον αὐτοῦ τιθέσθω τὸ ἐκτικῶς, ἢ
τεχνικῶς, ἢ διαιρετικῶς, ἀλλ' ἤθους ἀπλάστου, καὶ φρονήματος ἀληθινοῦ, καὶ παρρησίας πατρικῆς [1], καὶ προνοίας,
καὶ συνέσεως κηδομένης ὁ λόγος ἔστω μεστός, ἐπὶ [2] τῷ καλῷ
τὸ κεχαρισμένον ἔχων καὶ ἀγωγόν, ἔκ τε σεμνῶν ὀνομάτων
καὶ νοημάτων ἰδίων καὶ πιθανῶν. Καθόλου δὲ ὁ μὲν ὄγκος
καὶ τὸ μέγεθος τῷ πολιτικῷ μᾶλλον ἁρμόττει· παράδειγμα
δὲ οἵ τε Φιλιππικοί [3], καὶ τῶν Θουκυδίδου δημηγοριῶν, ἡ
Σθενελαΐδα [4] τοῦ ἐφόρου, καὶ Ἀρχιδάμου [5] τοῦ βασιλέως ἐν
Πλαταιαῖς, καὶ Περικλέους ἡ μετὰ τὸν λοιμόν [6]· ἐπὶ δὲ τῶν

1. Πατρικῆς. L'orateur doit éclairer ses concitoyens sur leurs intérêts, avec la franchise et la liberté
de langage que met dans ses conseils à ses enfants, un père qui ne
veut que leur bien.

2. Ἐπί, en vue de. Les grâces du
style ne doivent avoir d'autre objet
que le bien, le juste, l'honnête.
« L'homme digne d'être écouté est
celui qui ne se sert de la parole que
pour la pensée, et de la pensée que
pour la vérité et la vertu. » (FÉNE-
LON.)

3. Φιλιππικοί, les Philippiques de
Démosthène. — « Démosthène paraît sortir de soi, et ne voir que la
patrie. Il ne cherche point le beau,
il le fait sans y penser; il est au-
dessus de l'admiration. Il tonne, il
foudroie; c'est un torrent qui entraîne tout. On le perd de vue, on
n'est occupé que de Philippe qui en-
vahit tout. » (FÉNEL., Lettre à l'A-
cadémie.) — « Tu faisais dire : Ah!
qu'il parle bien! et moi je faisais
dire : Allons! marchons contre Philippe! » (Dialogues des morts. Cicéron et Démosthène.)

4. Σθενελαΐδα. Les premiers dé-
mêlés entre les Athéniens et les
Spartiates amènent une conférence
où, après un long discours dans lequel les Athéniens cherchant à se
justifier, l'éphore Sthénélaïdas pro-
nonce une harangue de quelques lignes, mais pleine de force, pour dé-
cider les Spartiates à la guerre.
(THUCYDIDE, liv. I, ch. XXXVI.)

5. Ἀρχιδάμου. Les Thébains s'é-
taient emparés de Platée par surprise. Les Platéens s'apercevant
qu'ils étaient en petit nombre, les
attaquèrent, en égorgèrent une partie, et forcèrent les autres à se rendre. Cet événement amena une rup-
ture de la trêve conclue entre Sparte
et Athènes, et c'est au commencement de cette nouvelle expédition
qu'Archidamus, roi des Lacédémoniens, adresse aux Péloponnésiens
et à leurs alliés une de ces harangues
militaires pleines de concision, qu'on
admire d'autant plus, que, suivant
l'expression de Cicéron, elles n'ont
rien d'oratoire. (Voy. THUCYDIDE,
liv. II, ch. XI.)

6. Μετὰ τὸν λοιμόν. Accablés par
les maux de la guerre et par les ra-
vages de la peste, les Athéniens font
retomber sur Périclès leur ressentiment. Il semble difficile d'apaiser les

Ἐφόρου, καὶ Θεοπόμπου, καὶ Ἀναξιμένους[1], ῥητορειῶν καὶ
περιόδων, ἃς περαίνουσιν ἐξοπλίσαντες τὰ στρατεύματα καὶ
παραταξάντες, ἔστιν εἰπεῖν·

Οὐδεὶς σιδήρου ταῦτα μωραίνει πέλας.

esprits aigris par tant de revers. Périclès leur prouve qu'ils sont les maîtres de la mer. Qu'importent des maisons, des domaines, des bijoux? Marchons aux ennemis! s'écrie-t-il. Si Athènes est célèbre entre toutes, c'est parce qu'elle ne cède point à l'adversité. Et telle est l'élévation de ses sentiments et de ses discours qu'il entraîne les Athéniens, et les décide, malgré leurs malheurs, à continuer la guerre. (Thucydide, liv. II, ch. LX.)

1. Ἔφορον, Ephore de Cumes, vers 352 av. J.-C. — Théopompe de Chio (vers 358), disciple d'Isocrate, fut le plus grand des historiens après Hérodote et Thucydide. Il avait continué l'histoire de ce dernier; nous n'avons de lui que quelques fragments. — Anaximène fut le contemporain et l'ami d'Alexandre, dont il avait écrit l'histoire. Un autre historien de ce nom vécut sous Ptolomée, fils de Lagus. — Thucydide ne rapporte pas plus que ces historiens les paroles textuelles des personnages qu'il fait parler; mais il a su, en refaisant lui-même ces discours, prêter aux orateurs le langage qu'ils devaient tenir dans les circonstances où ils se trouvaient. (Voy. Thucydide lui-même, liv. I, ch. XXII.)

SI LE VIEILLARD DOIT SE MÊLER DES AFFAIRES PUBLIQUES

On pourrait appeler ce traité le *De Senectute* de Plutarque, comme il a fait, dans d'autres ouvrages, un *De amicitia*, un *De ira*, un *De beneficiis*. Les vieillards doivent-ils se retirer dans l'inaction? l'âge les rend-il impropres aux affaires, et les prive-t-il de leurs facultés?

I. La vieillesse des grands hommes. — Auguste, Périclès, Simonide, Sophocle.

Καίσαρος[1], τοῦ καταλύσαντος Ἀντώνιον, οὔτι μικρῷ βασιλικώτερα καὶ δημωφελέστερα[2] γενέσθαι πολιτεύματα πρὸς

1. Καίσαρος, César Auguste, qui vainquit l'armée d'Antoine à Actium, en l'an 31 av. J.-C.

2. Δημωφελέστερα. C'est à cette dernière partie du règne d'Auguste que se rattachent, outre les succès militaires qui forcent les Parthes à rendre les drapeaux de Crassus, la plupart des grandes institutions de son gouvernement. La liberté renaît

τῇ τελευτῇ πάντες ὁμολογοῦσιν· αὐτὸς δὲ τοὺς νέους ἔθεσι
καὶ νόμοις αὐστηροῖς σωφρονίζων¹, ὡς ἐθορυβήθησαν· « Ἀκού-
σατε, εἶπε, νέοι, γέροντος, οὗ νέου γέροντες ἤκουον. » Ἡ δὲ
Περικλέους πολιτεία τὸ μέγιστον ἐν γήρᾳ κράτος ἔσχεν, ὅτε
τὸν πόλεμον² ἄρασθαι τοὺς Ἀθηναίους ἔπεισε.

Σιμωνίδης μὲν ἐν γήρᾳ χοροῖς ἐνίκα, καὶ τοὐπίγραμμα
δηλοῖ τοῖς τελευταίοις ἔπεσιν·

    Ἀμφὶ διδασκαλίῃ³ δὲ Σιμωνίδῃ ἕσπετο κῦδος
    Ὀγδωκονταέτει, παιδὶ Λεωπρέπεος.

Σοφοκλῆς δὲ λέγεται μὲν ὑπὸ τῶν υἱῶν παρανοίας δίκην φεύ-
γων, ἀναγνῶναι τὴν ἐν Οἰδίποδι τῷ ἐπὶ Κολωνοῦ πάρο-
δον⁴, ἧς ἐστιν ἀρχή·

    Εὔιππου⁵, ξένε, τᾶσδε χώρας
    Ἵκου τὰ κράτιστα γᾶς ἔπαυλα⁶,
    Τὸν ἀργῆτα Κολωνόν⁷,

avec la paix publique. Il soulage ou rebâtit les villes détruites par quelque fléau. Il allége les impôts, et paye même, une année, de ses propres deniers l'impôt de la province d'Asie. Il faut percer de nouvelles routes et réparer les anciennes, et organise sur toutes ces routes un service de poste régulier, assurant ainsi de nouveaux bienfaits au commerce et à la civilisation, et une vie nouvelle à tout l'empire. En même temps, il encourage les arts et les lettres, et mérite de donner son nom à une des plus belles époques de l'histoire de l'humanité.

1. Σωφρονίζων. Avec le calme et le bien-être, étaient venues la corruption et la licence des mœurs. Auguste s'inquiéta de cette soif des richesses, de ce besoin de satisfactions sensuelles, qui semblait être le seul but de la vie, et qui envahissait la jeunesse même. Il fit des lois pour réformer les mœurs; il voulut combattre en même temps les idées funestes par la littérature, et nous avons dans plusieurs des odes d'Horace liv. III°, une preuve des efforts généreux du poëte et du prince.

2. Τὸν πόλεμον, la guerre du Péloponnèse. Voy. page 186, note 6.

3. Διδασκαλία se dit des ouvrages mis au concours, parce que le poëte donnait aux acteurs des indications sur leur rôle et la manière de le remplir; d'où l'expression consacrée διδάσκειν, docere fabulam.

4. Πάροδον, l'entrée, les premiers vers du chœur à son entrée en scène, le début. Le chœur se composait de strophes et d'antistrophes et, à la fin, d'une épode.

5. Εὔιππος, fertile en coursiers, épithète de nature, comme ἱπποβότης, dans Homère appliquée à Argos. Aptum equis Argos. (Hor., Od., I, vii. Ed. class., vi, 9.)

6. Γᾶς ἔπαυλα ne forment qu'un seul mot, dont χώρας est le complément.

7. Κολωνόν, Colone, bourg voisin d'Athènes où Œdipe, errant et aveugle, arrive conduit par sa fille

Ἔνθα λίγεια μινύρεται
Θαμίζουσα μάλιστ' ἀηδών
Χλωραῖς ὑπὸ βάσσαις[1].

θαυμαστοῦ δὲ τοῦ μέλους φανέντος, ὥσπερ ἐκ θεάτρου, τοῦ δικαστηρίου προπεμφθῆναι μετὰ κρότου καὶ βοῆς τῶν παρόντων[2].

Vouloir remplir tous les emplois publics, s'occuper de tout, serait non-seulement impossible, mais inconvenant pour le vieillard. S'ensuit-il qu'il ne soit plus bon à rien?

II. Dans les grandes occasions, le vieillard retrouve toute l'énergie de l'homme d'État.

Ὥσπερ τὸν Βουκέφαλον[3] ὁ Ἀλέξανδρος πρεσβύτερον ὄντα μὴ βουλόμενος πιέζειν, ἑτέροις ἐποχεῖτο πρὸ τῆς μάχης ἵπποις, ἐφοδεύων τὴν φάλαγγα καὶ καθιστὰς εἰς τὴν τάξιν· εἶτα δοὺς τὸ σύνθημα, καὶ μεταβὰς ἐπ' ἐκεῖνον, εὐθὺς ἐπῆγε τοῖς πολεμίοις καὶ διεκινδύνευεν· οὕτως ὁ πολιτικός, ἂν ἔχῃ νοῦν, αὐτὸς αὑτὸν ἡνιοχῶν πρεσβύτης γενόμενος, ἀφέξεται τῶν οὐκ ἀναγκαίων, καὶ παρήσει τοῖς ἀκμάζουσι χρῆσθαι πρὸς τὰ μικρότερα τὴν πόλιν, ἐν δὲ τοῖς μεγάλοις αὐτὸς ἀγωνιεῖται προθύμως.

Ἔχει δὲ χρή, καὶ μηδενὸς καλοῦντος, ὠθεῖσθαι δρόμῳ παρὰ δύναμιν, ἀναθέντα χειραγωγοῖς αὑτὸν[4], ἢ φοράδην κομιζόμενον· ὥσπερ ἱστοροῦσιν ἐν Ῥώμῃ Κλαύδιον Ἄππιον[5]

Antigone. — Ἀργίτα, parce que le sol contenait du gravier ou du mica mêlé de craie.

1. Βάσσαις. Soph., Œdipe à Colone, v. 658.

2. Παρόντων. Cf. Cic., De Senect., VI, VII, 16-22.

3. Βουκέφαλον. Bucéphale (Tête-de-bœuf), cheval de guerre d'Alexandre le Grand. Plutarque, Vie d'Alexandre, raconte l'anecdote célèbre sur la manière dont il le dompta. Voy. aussi Q. Curce, VI, 12; et Pline : « Bucephalon eum vocarunt, sive ab aspectu torvo, sive ab insigni tauri capitis armo impressi. »

4. Ἀναθέντα χειραγωγοῖς αὑτόν, litt. : se remettant à des guides, se faisant conduire s'il ne peut y aller seul.

5. Ἄππιον, Appius Claudius, censeur. Après sa victoire d'Héraclée, qui lui avait coûté treize mille hommes, Pyrrhus fit des offres de paix aux Romains. Cinéas fut chargé de porter ces propositions au sénat, qui

ἡττημένην γὰρ ὑπὸ Πύρρου μάχῃ μεγάλῃ πυθόμενος τὴν σύγκλητον ἐνδέχεσθαι λόγους περὶ σπονδῶν καὶ εἰρήνης, οὐκ ἀνασχετὸν ἐποιήσατο[1], καίπερ ἀμφοτέρας ἀποβεβληκὼς τὰς ὄψεις, ἀλλὰ ἧκε δι᾽ ἀγορᾶς φερόμενος πρὸς τὸ βουλευτήριον· εἰσελθὼν δὲ καὶ καταστὰς εἰς μέσον, ἔφη, πρότερον μὲν ἄχθεσθαι τῷ τῶν ὀμμάτων στέρεσθαι, νῦν δ᾽ ἂν εὔξασθαι μηδ᾽ ἀκούειν οὕτως αἰσχρὰ καὶ ἀγεννῆ βουλευομένους καὶ πράττοντας ἐκείνους. Ἐκ δὲ τούτου τὰ μὲν καθαψάμενος αὐτῶν, τὰ δὲ διδάξας καὶ παρορμήσας, ἔπεισεν εὐθὺς ἐπὶ τὰ ὅπλα χωρεῖν, καὶ διαγωνίζεσθαι περὶ τῆς Ἰταλίας πρὸς τὸν Πύρρον. Ὁ δὲ Σόλων, τῆς Πεισιστράτου δημαγωγίας, ὅτι τυραννίδος ἦν μηχάνημα, φανερᾶς γενομένης[2], μηδενὸς ἀμύνεσθαι μηδὲ κωλύειν τολμῶντος, αὐτὸς ἐξενεγκάμενος τὰ ὅπλα καὶ πρὸ τῆς οἰκίας θέμενος, ἠξίου βοηθεῖν τοὺς πολίτας· πέμψαντος δὲ τοῦ Πεισιστράτου πρὸς αὐτὸν, καὶ πυνθανομένου, τίνι πεποιθὼς ταῦτα πράττει· « Τῷ γήρᾳ[3], » εἶπεν.

Τὰ μὲν γὰρ οὕτως ἀναγκαῖα καὶ τοὺς ἀπεσβηκότας κομιδῇ γέροντας, ἂν μόνον ἐμπνέωσιν, ἐξάπτει καὶ διανίστησιν.

semblait pencher à les accepter. « Que Cinéas, s'écria le vieil Appius, sorte d'abord de l'Italie, et l'on verra ensuite à traiter avec lui. » Cinéas reçut l'ordre de quitter Rome le jour même. Cf. Cic., *De Senect.*, vi, 16. Plutarque, dans la *Vie de Pyrrhus*, donne en entier un discours d'Appius Claudius, dont il avait sans doute l'original, comme Cicéron, qui cite du moins l'imitation en vers qu'en avait faite Ennius.

1. Ποιεῖσθαι, juger, regarder comme. Cf. p. 179, n. 4.
2. Γενομένης, m. à m. étant devenue évidente, qu'elle était un moyen...; comme il était évident que...; Solon voyant clairement que...
3. Τῷ γήρᾳ. Cf. Plut., *Vie de Solon*, ch. xxx et xxxi.

DE LA MALIGNITÉ D'HÉRODOTE

Le traité *De la malignité d'Hérodote* est une étude de critique historique. Plutarque commence par établir quelles sont les règles que doit suivre un véritable historien. Cette partie, qui peut être rapprochée du traité de Lucien *Sur la manière d'écrire l'histoire*, établit les principes qui constituent la véracité et l'impartialité nécessaires à l'écrivain consciencieux : choisir avec discernement entre plusieurs traditions, dire toujours la vérité quand on l'a découverte, ne pas décrier à dessein, comme on l'a fait pour Alexandre, en attribuant à la Fortune ses plus beaux succès, ou pour Timothée, que ses ennemis (c'est là un curieux spécimen de la caricature dans l'antiquité) représentaient endormi, et tenant un filet, où les villes venaient se prendre toutes seules. Tel n'est pas, en beaucoup d'endroits, le caractère de l'histoire d'Hérodote. Plutarque passe alors en revue un bon nombre d'assertions, qu'il accuse de fausseté. Le plus grand crime d'Hérodote est probablement d'avoir fait jouer souvent un vilain rôle aux Thébains, que le philosophe de Chéronée s'attache à défendre. Ses critiques soulèveraient bien des discussions historiques. Nous nous bornons à un extrait, sur un des faits les plus importants de l'histoire de la Grèce.

Léonidas aux Thermopyles.

Ἡρόδοτος, ἐν τῇ διηγήσει τῆς μάχης, καὶ τοῦ Λεωνίδου τὴν μεγίστην ἡμαύρωκε πρᾶξιν, αὐτοῦ πεσεῖν πάντας εἰπὼν ἐν τοῖς στενοῖς περὶ τὸν Κολωνόν[1]· ἐπράχθη δ' ἄλλως. Ἐπεὶ γὰρ ἐπύθοντο νύκτωρ τὴν περίοδον[2] τῶν πολεμίων, ἀναστάντες ἐβάδιζον ἐπὶ τὸ στρατόπεδον καὶ τὴν σκηνήν, ὀλίγου δεῖν[3],

---

1. Κολωνόν. C'était, dit Hérodote, une éminence à l'entrée du défilé, où fut placé le Lion de marbre, en souvenir de Léonidas. — Plutarque se borne à une analyse un peu trop succincte où l'on ne reconnaît plus le récit d'Hérodote, qui contient beaucoup de détails, et auquel l'historien a donné l'importance que mérite un si grand fait. « Il a même voulu savoir les noms des trois cents Spartiates, comme de gens dignes d'une immortelle renommée. » Voy. Hérod., VII, ch. 26 et suiv.

2. Περίοδον. Les Perses, repoussés deux jours de suite, commençaient à désespérer du succès, lorsqu'un traître leur indiqua un sentier qui conduisait à travers la montagne jusque dans le défilé, sur les derrières du camp : ce fut la cause de la perte des Grecs.

3. Ὀλίγου δεῖν, peu s'en fallut, presque jusqu'à la tente du roi.

βασιλέως, ὡς ἐκεῖνον αὐτὸν ἀποκτενοῦντες, καὶ περὶ ἐκείνῳ τεθνηξόμενοι· μέχρι μὲν οὖν τῆς σκηνῆς, ἀεὶ[1] τὸν ἐμποδὼν φονεύοντες, τοὺς δ' ἄλλους τρεπόμενοι, προῆλθον· ἐπεὶ δ' οὐχ ηὑρίσκετο Ξέρξης, ζητοῦντες ἐν μεγάλῳ καὶ ἀχανεῖ στρατεύματι, καὶ πλανώμενοι, μόλις ὑπὸ τῶν βαρβάρων πανταχόθεν περιχυθέντων διεφθάρησαν. Ὅσα μὲν οὖν ἄλλα πρὸς τούτῳ τολμήματα καὶ ῥήματα τῶν Σπαρτιατῶν καταλέλοιπεν, ἐν τῷ Λεωνίδου βίῳ[2] γραφήσεται· μικρὰ δ' οὐ χεῖρόν ἐστι καὶ νῦν διελθεῖν. Ἀγῶνα μὲν γὰρ[3] ἐπιτάφιον αὐτῷ ἠγωνίσαντο πρὸ τῆς ἐξόδου[4], καὶ τοῦτον ἐθεῶντο πατέρες αὐτῶν καὶ μητέρες· αὐτὸς δὲ ὁ Λεωνίδας πρὸς μὲν τὸν εἰπόντα, παντελῶς ὀλίγους ἐξάγειν αὐτὸν ἐπὶ τὴν μάχην, « Πολλοὺς μὲν ἔφη τεθνηξομένους. » Πρὸς δὲ τὴν γυναῖκα πυνθανομένην ἐξιόντος, εἴ τι λέγοι, μεταστραφεὶς εἶπεν· « Ἀγαθοῖς γαμεῖσθαι, καὶ ἀγαθὰ τίκτειν. » Ἐν δὲ Θερμοπύλαις, μετὰ τὴν κύκλωσιν, δύο τῶν ἀπὸ γένους ὑπεξελέσθαι βουλόμενος, ἐπιστολὴν ἐδίδου ἑτέρῳ, καὶ ἔπεμπεν[5]· ὁ δ' οὐκ ἐδέξατο, φήσας μετ' ὀργῆς· « Μαχατάς τοι, οὐκ ἀγγελιαφόρος, εἰπόμαν[6]· » τὸν δὲ ἕτερον ἐκέλευεν εἰπεῖν τι πρὸς τὰ

---

1. Ἀεί, *successivement, au fur et à mesure*: Quemque occurrentem usque trucidantes. — Le récit d'Hérodote diffère en ce point de celui de Plutarque, plutôt par les expressions que par le fond. Hérodote ne dit pas que les Grecs arrivèrent presque jusqu'à la tente du roi, mais qu'ils s'avancèrent contre les Perses, et livrèrent leur dernière bataille dans une partie plus large du défilé, afin d'avoir plus d'ennemis en face et d'en frapper un plus grand nombre avant de mourir. Le fait constant d'après les deux historiens, c'est que les Grecs se jetèrent résolument en avant, décidés à mourir. Les deux historiens sont d'accord: le seul point en question serait donc de savoir s'ils pénétrèrent plus ou moins près de la tente de Xerxès. Ce ne serait pas la peine d'accuser Hérodote de malignité.

2. Λεωνίδου βίῳ. Plutarque n'a pas écrit cette vie. Du moins, elle ne figure pas dans la liste que Lamprias a dressée des ouvrages de son père.

3. Γάρ, *c'est que*; ces faits, les voici.

4. Ἐξόδου, sortie, départ de Sparte. Cf. Barthél., *Voy. du Jeune Anach.*, 1, part. II, sect. II. — Plut., Λακωνικὰ ἀποφθέγματα.

5. Ἐδίδου, ἔπεμπεν, *il voulait donner, il cherchait à l'éloigner*; sens particulier de l'imparfait.

6. Μαχατάς, εἰπόμαν, formes doriennes pour μαχητής, εἰπόμην.

τέλη¹ τῶν Σπαρτιατῶν· ὁ δὲ ἀπεκρίνατο· « Κῆρυκος ταῦτα τὰ πράγματα, » καὶ, τὴν ἀσπίδα λαβών, εἰς τάξιν κατέστη.

1. Τέλη, les magistrats, comme nous disons les *pouvoirs* publics, | l'*autorité*, pour ceux qui en sont revêtus.

DE LA FACE QUI PARAIT SUR LE DISQUE DE LA LUNE

Il n'est pas étonnant que la physique et les sciences naturelles, chez les anciens, aient contenu bien des erreurs, puisqu'elles en étaient remplies encore au dix-septième et au dix-huitième siècle, et qu'elles en renferment encore un grand nombre, où sont forcées de renoncer à expliquer bien des points obscurs. Cependant, au milieu d'une foule d'idées grossières, on trouve çà et là quelques vérités, que de puissants génies avaient découvertes longtemps avant tous les autres. Plutarque, venant en quelque sorte clore la série des écrivains véritablement grecs, et résumant par ses immenses lectures les connaissances des époques antérieures, est un de ceux qui pouvaient le mieux nous faire connaître l'état des sciences dans l'antiquité. A ce titre, ses traités des *Opinions des philosophes*, des *Questions naturelles*, de la *Cause du froid*, offrent des documents précieux pour l'histoire de la science. Des hypothèses étranges, des questions puériles, des solutions de fantaisie remplissant la plus grande partie de ces traités, nous n'aurions pu en extraire quelques pages utiles qu'à force d'élaguer et de mutiler. Nous prenons dans le traité *De la face qui parait sur le disque de la lune*, un fragment propre à donner une idée des investigations de l'esprit humain dans l'enfance de la science.

Y a-t-il des habitants dans la lune?

« Ἔγωγε, εἶπεν ὁ Θέων, ἡδέως ἂν ἀκούσαιμι περὶ τῶν οἰκεῖν λεγομένων ἐπὶ τῆς σελήνης, οὐκ εἰ κατοικοῦσί τινες, ἀλλ' εἰ δυνατὸν ἐκεῖ κατοικεῖν. Ὁρᾷς δὲ, ὅτι πολλὰ λέγεται καὶ σὺν γέλωτι καὶ μετὰ σπουδῆς περὶ τούτων· καὶ γελοῖον περὶ μονῆς¹ τῶν ἐκεῖ διαπορεῖν, εἰ μὴ γένεσιν μηδὲ σύστασιν ἔχειν δύνανται. Ὅπου² γὰρ Αἰγύπτιοι καὶ Τρωγλοδύται³, οἷς ἡμέρας

1. Μονῆς (μένω, *maneo*), action de rester, séjour.
2. Ὅπου, quando, n'exprime pas toujours une relation de temps, il marque aussi un raisonnement : puisque.
3. Τρωγλοδύται, les Troglodytes, peuple de l'Afrique orientale, sur la

μιᾶς ἀκαρὲς¹ ἵσταται κατὰ κορυφὴν ὁ ἥλιος ἐν τροπαῖς², εἶτ
ἄπεισιν³, ὀλίγου ἀπέχουσι τοῦ κατακεκαῦσθαι ξηρότητι
τοῦ περιέχοντος· ἦπου τοὺς ἐπὶ τῆς σελήνης εἰκός ἐστι δώ-
δεκα θερείας ὑπομένειν ἔτους ἑκάστου, κατὰ μῆνα⁴ τοῦ ἡλίου
πρὸς κάθετον⁵ αὐτοῖς ἐφισταμένου καὶ στηρίζοντος, ὅταν ᾖ
πανσέληνος. » Ταῦτα τοῦ Θέωνος εἰπόντος· « Ἡμῖν γε,
ἔφην, τῇ παιδιᾷ τοῦ λόγου θάρσος ἐγγίνεται πρὸς τὴν ἀπόκρισιν, μὴ πάνυ πικρὰν μηδ' αὐστηρὰν εὐθύνην προςδοκῶσι·
καὶ γὰρ ὡς ἀληθῶς τῶν σφόδρα πεπεισμένων τὰ τοιαῦτα οὐδὲν διαφέρουσιν οἱ σφόδρα δυςκολαίνοντες αὐτοῖς καὶ διαπι-
στοῦντες, ἀλλὰ μὴ πράως τὸ δυνατὸν καὶ τὸ ἐνδεχόμενον
ἐθέλοντες ἐπισκοπεῖν. Εὐθὺς οὖν τὸ πρῶτον, οὐκ ἀναγκαῖόν
ἐστιν⁶, εἰ μὴ κατοικοῦσιν ἄνθρωποι τὴν σελήνην, μάτην
γεγονέναι καὶ πρὸς μηδέν. Οὐδὲ γὰρ τήνδε τὴν γῆν δι'
ὅλης ἐνεργὸν οὐδὲ προςοικουμένην ὁρῶμεν, ἀλλὰ μικρὸν αὐτῆς μέρος, ὥςπερ ἄκραις τισὶν ἢ χερρονήσοις ἀνέχουσιν ἐκ
βυθοῦ, γόνιμόν ἐστι ζῴων καὶ φυτῶν, τῶν δ' ἄλλων τὰ μὲν
ἔρημα καὶ ἄκαρπα χειμῶσι καὶ αὐχμοῖς, τὰ δὲ πλεῖστα
κατὰ τῆς μεγάλης δέδυκε θαλάσσης⁷.

Τὴν δὲ πολλὴν θερμότητα καὶ συνεχῆ πύρωσιν ὑπὸ ἡλίου

côte du golfe Arabique, dans la zone torride (auj. côte d'Habesch). Leur nom vient de ce qu'ils habitaient, disaient les anciens, des demeures creusées sous terre (τρώγλη, trou, et δύομαι, pénétrer). (Voy. Hérod., IV, 183; Montesquieu, *Histoire des Troglodytes*.)

1. Ἀκαρές, adverbialement, *pendant un court instant*, *uno temporis puncto*.

2. Τροπαί, solstices.

3. Ἄπεισιν, 3ᵉ pers. du sing. de ἄπειμι, *s'en aller*, *s'éloigner*.

4. Κατὰ μῆνα, par mois.

5. Πρὸς κάθετον, perpendiculairement, à plomb.

6. Οὐκ ἀναγκαῖόν ἐστιν, il n'est pas nécessaire d'en conclure, il ne s'ensuit pas nécessairement.

7. Θαλάσσης. Cf. Cic., *Songe de Scipion*, 14 et 15 : « ... Vides habitari in terra raris et angustis in locis, et in ipsis, quasi maculis, ubi habitatur, vastas solitudines interjectas... Omnis terra quae colitur a vobis, augusta verticibus, lateribus latior, parva quaedam insula est, circumfusa illo mari, quod Atlanticum, quod Magnum, quem Oceanum appellatis in terris; qui tamen tanto nomine, quam sit parvus, vides. »

παύσῃ φοβούμενος[1], ἂν πρῶτον μὲν ἀντιθῇς ταῖς ἕνδεκα θεριναῖς συνόδοις[2] τὰς πανσελήνους, εἶτα δὲ τὸ συνεχὲς τῆς μεταβολῆς[3], ταῖς ὑπερβολαῖς χρόνον οὐκ ἐχούσαις πολύν, ἐμποιεῖν κρᾶσιν[4] οἰκείαν, καὶ τὸ ἄγαν ἑκατέρας ἀφαιρεῖν, τὰ μέσα δὲ τούτων, ὡς εἰκός, ὥραν ἔαρι προσφορωτάτην ἔχουσιν.

Οἵ τε δὴ τὴν σελήνην ἔμπυρον σῶμα καὶ διακαὲς εἶναι νομίζοντες ἁμαρτάνουσιν· οἵ τε τοῖς ἐκεῖ ζώοις, ὅσα τοῖς ἐνταῦθα πρὸς γένεσιν καὶ τροφὴν καὶ δίαιταν ἀξιοῦντες ὑπάρχειν, ἐοίκασιν ἀθέατοι τῶν περὶ φύσιν ἀνωμαλιῶν, ἐν αἷς μείζονάς ἐστι καὶ πλείονας πρὸς ἄλληλα τῶν ζώων, ἢ πρὸς τὰ μὴ ζῶα, διαφορὰς καὶ ἀνομοιότητας εὑρεῖν[5]. Ὥσπερ οὖν, εἰ, τῇ θαλάττῃ μὴ δυναμένων ἡμῶν προσελθεῖν μηδὲ ἅψασθαι, μόνον δὲ τὴν θέαν αὐτῆς πόρρωθεν ἀφορώντων, καὶ πυνθανομένων, ὅτι πικρὸν καὶ ἄποτον καὶ ἁλμυρὸν ὕδωρ ἐστίν, ἔλεγέ τις, ὡς ζῶα πολλὰ καὶ μεγάλα καὶ παντοδαπὰ

---

1. Παύσῃ φοβούμενος, hellénisme déjà vu : *Tu cesseras craignant* (de craindre).

2. Συνόδοις, les conjonctions de la lune, lorsque l'hémisphère obscur est complétement tourné vers la terre, l'époque de la *nouvelle lune*. S'il est vrai, comme l'a dit Théon, que la chaleur y soit insupportable au moment de la pleine lune, il faut faire entrer en compensation les douze époques contraires, celles de la nouvelle lune.

3. Μεταβολῆς. La lune changeant continuellement de position par rapport au soleil, elle passe par une série de degrés et de nuances, qui doivent empêcher l'excès du froid et de la chaleur.

4. Κρᾶσιν (κεράννυμι, κεράω, *temperare*), température.

5. Εὑρ. ἴν. Plutarque réfute ici d'avance l'objection qu'on oppose souvent à ceux qui prétendent qu'il y a des habitants, sinon dans la lune, au moins dans les planètes autres que la terre. Il fait, dit-on, trop chaud dans les unes, trop froid dans les autres; elles n'ont ni notre atmosphère, ni notre végétation. Mais qui vous dit que les êtres animés qui peuplent les autres planètes ont la même conformation que les animaux de la terre? Ne voyons-nous pas, sur notre petit globe, chaque élément peuplé par des êtres propres à y vivre? Quelle diversité infinie dans l'échelle des êtres animés depuis le polype jusqu'à l'aigle ou l'éléphant! Et la nature, si variée suivant les circonstances et les lieux, n'aurait pas pu produire des êtres appropriés au climat des autres planètes? Pourquoi voulez-vous que la terre seule, de toutes les planètes l'une des plus petites et des plus misérables, ait le privilége d'avoir des habitants?

ταῖς μορφαῖς τρέφει κατὰ βάθους, καὶ θηρίων ἐστὶ πλήρης ὕδατι χρωμένων, ὅσπερ ἡμεῖς ἀέρι, μύθοις ἂν ὅμοια καὶ τέρασιν ἐδόκει περαίνειν· οὕτως ἐοίκαμεν ἔχειν καὶ ταὐτὸ πάσχειν πρὸς τὴν σελήνην, ἀπιστοῦντες ἐκεῖ τινας ἀνθρώπους κατοικεῖν. Ἐκείνους[1] δ' ἂν οἴομαι πολὺ μᾶλλον ἀποθαυμάσαι τὴν γῆν, ἀφορῶντας οἷον ὑποστάθμην καὶ ἰλὺν τοῦ παντὸς ἐν ὑγροῖς καὶ ὀμίχλαις καὶ νέφεσι διαφαινομένην ἀλαμπὲς καὶ ταπεινὸν καὶ ἀκίνητον χωρίον, εἰ ζῷα φύει καὶ τρέφει, μετέχοντα κινήσεως, ἀναπνοῆς, θερμότητος· κἂν εἰ ποθὲν αὐτοῖς ἐγγένοιτο τῶν Ὁμηρικῶν τούτων ἀκοῦσαι·

Σμερδαλέ', εὐρώεντα, τά τε στυγέουσι θεοί περ[2],

καὶ·

Τόσσον ἔνερθ' Ἀΐδεω, ὅσον οὐρανός ἐστ' ἀπὸ γαίης[3],

ταῦτα φήσουσιν ἀτεχνῶς[4] περὶ τοῦ χωρίου τούτου λέγεσθαι, καὶ τὸν ᾅδην ἐνταῦθα καὶ τὸν τάρταρον ἀποκεῖσθαι, γῆν δὲ μίαν εἶναι τὴν σελήνην.

1. Ἐκείνους, les habitants de la lune.
2. Θεοί περ. Hom., Iliade, xx, 65.
3. Γαίης. Hom., Iliade, viii, 16.
4. Ἀτεχνῶς (acc. circ. sur l'ω), véritablement. — Ἀτέχνως, sans art (acc. aigu sur l'ε).

QUELS SONT LES ANIMAUX LES PLUS INDUSTRIEUX

CEUX DE TERRE OU CEUX DE MER ?

Une conversation entre plusieurs jeunes gens qui aiment la chasse amène une discussion sur la question de savoir si les animaux de terre sont plus industrieux que ceux de mer. De part et d'autre, on cite de nombreux exemples pour prouver l'intelligence des uns et des autres.

I. Adresse et intelligence des animaux. — Instinct du taureau, du sanglier, de l'éléphant, du lion. — L'ichneumon. — Les hirondelles et leurs nids.

Ἀνάγκη πᾶσιν, οἷς τὸ αἰσθάνεσθαι[1], καὶ τὸ νοεῖν ὑπάρχειν, εἰ τῷ νοεῖν αἰσθάνεσθαι πεφύκαμεν. Ἔστω[2] δὲ μὴ δεῖσθαι τοῦ νοῦ τὴν αἴσθησιν πρὸς τὸ αὐτῆς ἔργον[3], ἀλλ' ὅταν γε τῷ ζώῳ πρὸς τὸ οἰκεῖον καὶ τὸ ἀλλότριον ἡ αἴσθησις ἐνεργασαμένη διαφοράν[4] ἀπέλθῃ, τί τὸ μνημονεῦον ἐστιν ἤδη[5], καὶ δεδιὸς τὰ λυποῦντα, καὶ ποθοῦν τὰ ὠφέλιμα, καί, μὴ παρόντων[6], ὅπως παρέσται μηχανώμενον ἐν αὑτοῖς[7], καὶ παρασκευαζόμενον ὁρμητήρια καὶ καταφυγὰς, καὶ θήρατρα πάλιν αὖ τοῖς ἁλωσομένοις, καὶ ἀποδράσεις τῶν ἐπιτιθεμένων ; Τούτων γὰρ οὐδὲν ὅ τι μὴ λογικόν ἐστι, καὶ πάντα τοῖς ζώοις ὑπάρχει πᾶσιν. Ὅρα προθέσεις καὶ παρασκευὰς ταύρων ἐπὶ μάχῃ[8] κονιομένων, καὶ κάπρων θηγόντων ὀδόντας. Ἐλέφαντες δὲ, τῆς ὕλης, ἣν ὀρύττοντες ἢ κείροντες ἐσθίουσιν, ἀμβλὺν τὸν ὀδόντα ποιούσης ἀποτριβόμενον, τῷ ἑτέρῳ πρὸς ταῦτα χρῶνται, τὸν δ' ἕτερον ἔπακμον ἀεὶ καὶ ὀξὺν ἐπὶ τὰς ἀμύνας φυλάττουσιν. Ὁ δὲ λέων ἀεὶ βαδίζει συνεστραμμένοις τοῖς ποσὶν ἐντὸς ἀποκρύπτων

---

1. Τὸ αἰσθάνεσθαι, le sentiment. — Τὸ νοεῖν, l'intelligence. — Les naturalistes sont loin d'être d'accord sur les facultés qu'il faut reconnaître aux animaux. Sans parler de Descartes, qui avait imaginé l'animal machine, au grand scandale du bon la Fontaine, il en est qui vont jusqu'à leur accorder l'instinct, mais pas au delà. Cependant, il y a des animaux, le chien, entre autres, qui sont susceptibles d'attachement et de haine : donc ils ont le sentiment. Tous ont au moins des sensations. Le sentiment, la sensation même, dit ici Plutarque, implique l'intelligence.

2. Ἔστω, que cela soit, admettons que...

3. Τὸ αὐτῆς ἔργον, sa fonction naturelle.

4. Διαφοράν, m. à m. faisant, produisant la distinction; qui fait distinguer ce qui leur est propre, de ce qui leur est contraire.

5. Ἤδη, dès lors.

6. Μὴ παρόντων, s.-ent. τῶν ὠφελίμων.

7. Αὐτοῖς, par syllepse, représentant ζώῳ.

8. Ἐπὶ μάχῃ. Virg., En., XII :
Mugitus quum prima in prœlia taurus
Terrificos ciet, atque irasci in cornua
   tentat,
Arboris obnixus trunco, ventosque
   lacessit
Ictibus, et sparsa ad pugnam proludit
   arena.

τοὺς ὄνυχας, ἵνα μὴ τριβόμενοι τὴν ἀκμὴν ἀπαμβλύνωσι, μήτε καταλίπωσιν εὐπορίαν τοῖς στιβεύουσιν· οὐ γὰρ ῥᾳδίως εὑρίσκεται ὄνυχος λεοντείου σημεῖον, ἀλλὰ μικροῖς καὶ τυφλοῖς ἴχνεσιν ἐντυγχάνοντες, ἀποπλανῶνται καὶ διαμαρτάνουσιν. Ὁ δ' ἰχνεύμων[1] ἀκηκόατε δήπουθεν ὡς οὐδὲν ἀπολείπει θωρακιζομένου πρὸς μάχην ὁπλίτου· τοσοῦτον ἰλύος περιβάλλεται καὶ περιπήγνυσι τῷ σώματι χιτῶνα, μέλλων ἐπιτίθεσθαι τῷ κροκοδείλῳ. Τὰς δὲ χελιδόνων πρὸ τῆς τεκνοποιίας παρασκευὰς ἑωράκεν, ὡς εὖ τὰ στερεὰ κάρφη προυποβάλλονται δίκην θεμελίων, εἶτα περιπλάττουσι τὰ κουφότερα· κἂν πηλοῦ τινος ἐχεκόλλου δεομένην αἴσθωνται τὴν νεοττιάν, λίμνης ἢ θαλάττης ἐν χρῷ παραπετόμεναι ψαύουσι τοῖς πτίλοις ἐπιπολῆς, ὅσον[2] οὐ σφοδραί, μὴ βαρεῖαι, γενέσθαι τῇ ὑγρότητι, συλλαβοῦσαι δὲ κονιορτόν, ἐπαλείφουσιν οὕτως καὶ συνδέουσι τὰ χαλῶντα καὶ διολισθαίνοντα· τῷ δὲ σχήματι τὸ ἔργον οὐ γωνιῶδες, οὐδὲ πολύπλευρον, ἀλλὰ ὁμαλὸν, ὡς ἔνεστι μάλιστα, καὶ σφαιροειδὲς ἀποτελοῦσι· καὶ γὰρ μόνιμον καὶ χωρητικὸν τὸ τοιοῦτο, καὶ τοῖς ἐπιβουλεύουσι θηρίοις ἔξωθεν ἀντιλήψεις οὐ πάνυ[3] δίδωσι.

II. L'araignée et sa toile.

Τὰ δ' ἀράχνης ἔργα κοινὸν ἱστῶν γυναιξὶ καὶ θήρας σαγηνευταῖς ἀρχέτυπον, οὐ καθ' ἓν[4] ἄν τις θαυμάσειε· καὶ γὰρ ἡ τοῦ νήματος ἀκρίβεια, καὶ τῆς ὑφῆς τὸ μὴ δειχές μηδὲ στημονῶδες, ἀλλὰ συνέχειαν ὑμένος, καὶ κόλ-

1. Ἰχνεύμων. L'ichneumon, très-commun en Egypte, ressemble assez au chat. Les anciens rapportaient beaucoup de choses fabuleuses sur son compte. Les Egyptiens l'adoraient. Il ne tue pas le crocodile, mais il brise ses œufs. La ruse que lui attribue ici Plutarque est confirmée par les naturalistes modernes : mais c'est contre l'aspic qu'il l'emploie et non contre le crocodile.

2. Ὅσον, comme ὥστε, avec un sens restrictif.

3. Οὐ πάνυ, *non omnino*, pas du tout. — Cf. Elien, III, 42.

4. Οὐ καθ' ἕν, non pour une seule raison, pour plus d'une raison.

λησιν ὑπό τινος ἀδήλως παραμεμιγμένης γλισχρότητος
ἀπειργασμένον, ἥ τε βαφὴ τῆς χρόας ἐναέριον καὶ ἀχλυῶδη
ποιοῦσα τὴν ἐπιφάνειαν, ὑπὲρ τοῦ λαβεῖν, αὐτή τε μάλιστα πάντων ἡ τῆς μηχανῆς αὐτῆς ἡνιοχεία καὶ κυβέρνησις, ὅταν ἐντυχεθῇ τι τῶν ἁλωσίμων, ὥςπερ δεινοῦ σαγη-
νευτοῦ, ταχὺ συναιρεῖν[1] εἰς ταῦτα καὶ συνάγειν τὸ θήρατρον,
αἰσθανομένης καὶ φρονούσης[2], τῇ καθ' ἡμέραν ὄψει καὶ θέᾳ
τοῦ γενομένου πιστὸν ἔσχε τὸν λόγον· ἄλλως δ' ἂν ἐδόκει
μῦθος.

III. Les fourmis.

Τὰς δὲ μυρμήκων οἰκονομίας καὶ παρασκευὰς ἐκφράσαι
μὲν ἀκριβῶς, ἀμήχανον· οὐδὲν γὰρ οὕτω μικρὸν ἡ φύσις ἔχει
μειζόνων καὶ καλλιόνων κάτοπτρον, ἀλλ' ὥσπερ ἐν σταγόνι
καθαρᾷ πάσης ἔνεστιν ἀρετῆς ἔμφασις·

Ἔνθ' ἔνι μὲν φιλότης,

τὸ κοινωνικόν[3]· ἔνι δ' ἀνδρείας εἰκών, τὸ φιλόπονον· ἔνεστι
δὲ πολλὰ μὲν ἐγκρατείας σπέρματα, πολλὰ δὲ φρονήσεως καὶ
δικαιοσύνης. Ὁ μὲν οὖν Κλεάνθης ἔλεγε, καίπερ οὐ φάσκων
μετέχειν λόγου τὰ ζῶα, τοιαύτῃ θεωρίᾳ παρατυχεῖν· μύρ-
μηκας ἐλθεῖν ἐπὶ μυρμηκιὰν ἑτέραν μύρμηκα νεκρὸν φέρον-
τας· ἀνιόντας οὖν ἐκ τῆς μυρμηκιᾶς ἑτέρους, οἷον ἐντυγχά-
νειν αὐτοῖς καὶ πάλιν κατέρχεσθαι· καὶ τοῦτο δὶς ἢ τρὶς
γενέσθαι· τέλος δέ, τοὺς μὲν κάτωθεν ἀνενεγκεῖν ὥςπερ

---

1. Συναιρεῖν, infin. dépendant de κυβέρνησις, s.-ent. ὥςτε, mot à mot la manœuvre de tirer, qui consiste à tirer son filet. — Εἰς ταῦτα, savoir, τὰ ἁλώσιμα.

2. Φρονούσης. Génitif absolu : (αὐτῆς) αἰσθανομένης καὶ φρονούσης, litt. elle (l'araignée) sentant et comprenant (qu'il y a quelque chose dans son filet). — Cf. Plin., xi, 29 : « Quum vero captura incidit, quam vigilans et paratus ad cursum, licet extrema haereat plaga, semper in medium currit; quia sic maxime totum concutiendo implicat. » Voyez aussi Élien, liv. 1, 21.

3. Τὸ κοινωνικόν, la sociabilité. — Cf. Élien, liv. ii, 25.

λύτρα τοῦ νεκροῦ σκώληκα, τοὺς δ' ἐκεῖνον ἀραμένους, ἀποδόντας δὲ τὸν νεκρὸν οἴχεσθαι. Τὴν δὲ πᾶσιν ἐμφανῆ ἥ τε περὶ τὰς ἀπαντήσεις ἐστὶν εὐγνωμοσύνη, τῶν μηδὲν φερόντων τοῖς φέρουσιν ἐξισταμένων ὁδοῦ, καὶ παρελθεῖν διδόντων· αἵ τε τῶν δυσφόρων καὶ δυσπαρακομίστων διαιρέσεις καὶ διαιρέσεις, ὅπως εὐβάστακτα πλείοσι γένηται[1].

IV. Les éléphants.

Οἶμαι δὲ μὴ ἄκαιρος ὑμῖν φανεῖσθαι, τοῖς μύρμηξιν ἐπεισάγων τοὺς ἐλέφαντας, ἵνα τοῦ νοῦ τὴν φύσιν ἔν τε τοῖς μικροτάτοις ἅμα καὶ μεγίστοις σώμασι κατανοήσωμεν, μήτε τούτοις ἐναφανιζομένην, μήτ' ἐκείνοις ἐνδέουσαν. Οἱ μὲν οὖν ἄλλοι θαυμάζουσι τοῦ ἐλέφαντος, ὅσα μανθάνων καὶ διδασκόμενος, ἐν τοῖς θεάτροις ἐπιδείκνυται σχημάτων εἴδη καὶ μεταβολάς[2], ὧν οὐδ' ἀνθρωπίναις μελέταις τὸ ποικίλον καὶ περιττὸν ἐν μνήμῃ καὶ καθέξει γενέσθαι πάνυ ῥᾴδιόν ἐστιν· ἐγὼ δὲ μᾶλλον ἐν τοῖς ἀφ' αὐτοῦ καὶ ἀδιδάκτοις τοῦ θηρίου πάθεσι καὶ κινήμασιν, ὥσπερ ἀκράτοις καὶ ἀπαραχύτοις, ἐμφαινομένην ὁρῶ τὴν σύνεσιν. Ἐν Ῥώμῃ μὲν γὰρ οὐ πάλαι πολλῶν προδιδασκομένων στάσεις τινὰς κτᾶσθαι παραβόλους, καὶ κινήσεις δυσεξελίκτους ἀνακυκλεῖν, εἷς ὁ δυσμαθέστατος ἀκούων κακῶς[3] ἑκάστοτε καὶ κολαζόμενος πολλάκις, ὤφθη νυκτὸς αὐτὸς ἀφ' ἑαυτοῦ πρὸς τὴν σελήνην ἀνατατ

---

1. Γένηται. Les naturalistes modernes présentent bien d'autres études intéressantes, qui s'enrichissent tous les jours d'observations nouvelles. Nous ne pouvons indiquer ici tous les ouvrages publiés sur cette matière. Consultez entre autres, Buffon, et en particulier les *Mémoires pour servir à l'histoire des insectes*, de Réaumur, 1734.

2. Μεταβολάς, changements de posture. Ils marchaient sur la corde tendue, et revenaient sur leurs pas sur la corde inclinée, s'agenouillaient, se mettaient à table, exécutaient des danses, portaient un autre éléphant dans une litière, lançaient des javelots, écrivaient, etc. (PLINE, liv. VIII.)

3. Ἀκούειν κακῶς, *male audire*, être blâmé, recevoir des reproches. « Certum est unum tardioris ingenii in accipiendis quæ tradebantur, sæpius castigatum verberibus, eadem illa meditantem noctu repertum fuisse. » (PLINE, liv. VIII.)

μενος τὰ μαθήματα καὶ μελετῶν. Ἄλλος δὲ ὑπὸ παιδαρίων
προπηλακισθεὶς τοῖς γραφεῖοις τὴν προβοσκίδα κεντούντων,
ὃν συνέλαβε μετέωρον ἐξάρας, ἐπίδοξος ἦν[1] ἀποτυμπανίσειν,
κραυγῆς δὲ τῶν παρόντων γενομένης, ἀτρέμα πρὸς τὴν γῆν
πάλιν ἀπηρείσατο, καὶ παρῆλθεν, ἀρκοῦσαν ἡγούμενος δίκην τῷ τηλικούτῳ φοβηθῆναι. Περὶ δὲ τῶν ἀγρίων καὶ αὐ-
τονόμων ἄλλα τε θαυμάσια καὶ[2] τὰ περὶ τὰς διαβάσεις τῶν
ποταμῶν ἱστοροῦσι· προδιαβαίνει γὰρ ἐπιδοὺς αὑτὸν[3] ὁ νεώ-
τατος καὶ μικρότατος· οἱ δὲ ἑστῶτες ἀποθεωροῦσιν, ὡς, ἂν
ἐκεῖνος ὑπεραίρῃ τῷ μεγέθει τὸ ῥεῦμα, πολλὴν τοῖς μείζοσι
πρὸς τὸ θαρρεῖν περιουσίαν τῆς ἀσφαλείας οὖσαν[4].

V. La colombe de Deucalion. — Le renard dialecticien.

Ἐνταῦθα τοῦ λόγου γεγονώς, οὐ δοκῶ μοι παρήσειν δι'
ὁμοιότητα τὸ τῆς ἀλώπεκος. Οἱ μὲν οὖν μυθολόγοι τῷ Δευκαλίωνι[5] φασὶ περιστερὰν ἐκ τῆς λάρνακος ἀφιεμένην, δήλωμα γενέσθαι, χειμῶνος[6] μὲν, εἴσω πάλιν ἐνδυομένην, εὐ-
δίας δὲ, ἀποπτᾶσαν· οἱ δὲ Θρᾷκες ἔτι νῦν, ὅταν παγέντα ποταμὸν διαβαίνειν ἐπιχειρῶσιν, ἀλώπεκα ποιοῦνται γνώμονα
πῆς τοῦ πάγου στερρότητος· ἡσυχῇ γὰρ ὑπάγουσα παρα-
βάλλει τὸ οὖς· κἂν μὲν αἴσθηται ψόφῳ τοῦ ῥεύματος ἐγγὺς
ὑποφερομένου, τεκμαιρομένη μὴ γεγονέναι διὰ βάθους τὴν
πῆξιν, ἀλλὰ λεπτὴν καὶ ἀβέβαιον, ἵσταται, κἂν ἐᾷ τις,
ἐπανέρχεται· τῷ δὲ μὴ ψοφεῖν θαρρήσασα, διῆλθε[7]. Καὶ

1. Ἐπίδοξος ἦν, même tournure qu'avec δῆλος, φανερός.
2. Ἄλλα τε... καὶ. Entre autres traits merveilleux.
3. Ἐπιδοὺς αὑτόν, se risquant, s'engageant dans la rivière pour l'utilité commune.
4. Περιουσίαν οὖσαν. Accusatif absolu.
5. Δευκαλίωνι, Deucalion, fils de Prométhée, roi de Thessalie, célèbre par le déluge qui eut lieu sous son règne et auquel il échappa avec Pyrrha, sa femme. Le détail que rapporte ici Plutarque, offre une ressemblance singulière avec l'histoire de Noé dans l'arche.
6. Χειμῶνος, comme *hiems*, mauvais temps.
7. Διῆλθε, aoriste indiquant une action bientôt faite.

τοῦτο μὴ λέγωμεν αἰσθήσεως ἄλογον ἀκρίβειαν, ἀλλ' ἐξ αἰσθήσεως συλλογισμόν, ὅτι¹ τὸ ψοφοῦν κινεῖται, τὸ δὲ κινούμενον οὐ πέπηγε, τὸ δὲ μὴ πεπηγὸς ὑγρόν ἐστι, τὸ δὲ ὑγρὸν ἐνδίδωσιν².

VI. Traits d'intelligence de plusieurs chiens.

Τὰς μὲν ἐν ἄγραις ἐγκρατείας τοῦ κυνὸς καὶ πειθαρχίας, καὶ ἀγχινοίας, γελοῖος ἔσομαι λέγων πρὸς ὑμᾶς τοὺς ὁρῶντας αὐτὰ καθ' ἡμέραν καὶ μεταχειριζομένους. Οὐδὲ τοῦ Ῥωμαίου σφαγέντος ἐν τοῖς ἐμφυλίοις πολέμοις οὐδεὶς³ ἐδυνήθη τὴν κεφαλὴν ἀποτεμεῖν πρότερον, πρὶν ἢ τὸν κύνα τὸν φυλάττοντα καὶ προμαχόμενον αὐτοῦ κατακεντῆσαι περιστάντας⁴. Πύρρος δὲ, ὁ βασιλεύς, ὁδεύων ἐνέτυχε κυνὶ φρουροῦντι σῶμα πεφονευμένου, καὶ πυθόμενος τρίτην ἡμέραν ἐκείνην⁵ ἄσιτον παραμένειν καὶ μὴ ἀπολιπεῖν, τὸν μὲν νεκρὸν ἐκέλευσε θάψαι, τὸν δὲ κύνα μεθ' ἑαυτοῦ κομίζειν ἐπιμελουμένους· ὀλίγαις δὲ ὕστερον ἡμέραις ἐξέτασις ἦν τῶν στρατιωτῶν καὶ πάροδος, καθημένου τοῦ βασιλέως, καὶ παρῆν ὁ κύων ἡσυχίαν ἔχων· ἐπεὶ δὲ τοὺς φονέας τοῦ δεσπότου παριόντας εἶδεν, ἐξέδραμε μετὰ φωνῆς καὶ θυμοῦ ἐπ' αὐτούς, καὶ καθυλάκτει πολλάκις μεταστρεφόμενος εἰς τὸν Πύρρον· ὥστε μὴ μόνον ἐκείνῳ δι' ὑποψίας, ἀλλὰ καὶ πᾶσι τοῖς παροῦσι, τοὺς ἀνθρώπους γενέσθαι· διὸ συλληφθέντες εὐθὺς καὶ ἀνακρινόμενοι, μικρῶν τινῶν τεκμηρίων ἔξωθεν προσγενομένων, ὁμολο-

---

1. Συλλογισμόν, ὅτι, un raisonnement qui est que..., qui lui fait dire que...

2. Ἐνδίδωσιν, sens neutre, cède, n'offre pas de résistance, ne soutient pas.

3. Οὐδὲ... οὐδείς. Les deux négations retombant sur le même verbe, se corroborent, au lieu de se détruire.

— Τοῦ, du Romain, de ce Romain, dont l'histoire est connue.

4. Περιστάντας, ne se rapporte grammaticalement à aucun mot exprimé dans la phrase, mais à l'idée des hommes, de ceux qui l'attaquaient. C'est encore un exemple de syllepse.

5. Τρίτην ἡμέραν ἐκείνην, m. à m. le troisième jour, ce jour-là, depuis trois jours.

γήσαντες τὸν φόνον, ἐκολάσθησαν. Παραῤῥυεὶς δὲ ἄνθρωπος
εἰς τὸν νεὼν τοῦ Ἀσκληπιοῦ, τὰ εὔογκα τῶν ἀργυρῶν καὶ
χρυσῶν ἔλαβεν ἀναθημάτων, καὶ λεληθέναι νομίζων ὑπεξ-
ῆλθεν· ὁ δὲ φρουρὸς κύων, ὄνομα Κάππαρος, ἐπεὶ μηδεὶς
ὑλακτοῦντι τῶν νεωκόρων ὑπήκουσεν αὐτῷ, φεύγοντα τὸν
ἱερόσυλον ἐπεδίωκε· καὶ πρῶτον μὲν βαλλόμενος λίθοις οὐκ
ἀπέστη· γενομένης δὲ ἡμέρας, ἐγγὺς οὐ προσιών, ἀλλ᾽ ἀπ᾽
ὀφθαλμοῦ παραφυλάττων εἵπετο, καὶ τροφὴν προβάλλοντος[1],
οὐκ ἐλάμβανεν· ἀναπαυομένῳ δὲ παρενυκτέρευε, καὶ βαδί-
ζοντος, πάλιν ἐπηκολούθει ἀναστάς, τοὺς δ᾽ ἀπαντῶντας
ὁδοιπόρους ἔσαινεν, ἐκείνῳ δ᾽ ἐφυλάκτει καὶ προσέκειτο·
ταῦτα δὲ οἱ διώκοντες πυνθανόμενοι παρὰ τῶν ἀπαντώντων
ἅμα καὶ τὸ χρῶμα φραζόντων καὶ τὸ μέγεθος τοῦ κυνός,
προθυμότερον ἐχρήσαντο τῇ διώξει, καὶ καταλαβόντες τὸν
ἄνθρωπον, ἀνήγαγον ἀπὸ Κρομμυῶνος[2]· ὁ δὲ κύων ἀνα-
στρέψας προηγεῖτο γαῦρος καὶ περιχαρής, οἷον ἑαυτοῦ ποιού-
μενος ἄγραν καὶ θήραμα τὸν ἱερόσυλον.

VII. Le mulet corrigé.

Πανουργίας δὲ πολλῶν παραδειγμάτων ὄντων, ἀφεὶς ἀλώ-
πεκας, καὶ λύκους, καὶ τὰ γεράνων σοφίσματα καὶ κολοιῶν
(ἔστι γὰρ δῆλα), μάρτυρι χρησόμεθα Θαλῇ τῷ παλαιστάτῳ
τῶν σοφῶν, ὃν οὐχ ἥκιστα θαυμασθῆναι λέγουσιν ὄνου
τέχνῃ περιγενόμενον. Τῶν γὰρ ἁληγῶν ἡμιόνων εἷς ἐμβαλών[3]
εἰς ποταμὸν ὤλισθεν αὐτομάτως, καὶ τῶν ἁλῶν διατακέντων
ἀναστὰς ἐλαφρός, ᾔσθετο τὴν αἰτίαν, καὶ κατεμνημόνευσεν·
ὥστε διαβαίνων ἀεὶ[4] τὸν ποταμόν, ἐπίτηδες ὑφιέναι καὶ
βαπτίζειν τὰ ἀγγεῖα, συγκαθίζων καὶ ἀπονεύων εἰς ἑκάτερον

---

1. Προβάλλοντος, sous-entendu ἐκείνου, τοῦ ἱεροσύλου.
2. Κρομμυῶνος, Crommyum, bourg entre Corinthe et Mégare, à près de quinze lieues d'Athènes.
3. Ἐμβαλών, sens neutre.
4. Ἀεί, usque, successivement, chaque fois qu'il passait.

μέρος· ἀκούσας,[1] οὖν ὁ Θαλῆς, ἐκέλευσεν, ἀντὶ τῶν ἁλῶν, ἐρίων τὰ ἀγγεῖα καὶ σπόγγων ἐμπλήσαντας[2] καὶ ἀναθέντας, ἐλαύνειν τὸν ἡμίονον· ποιήσας οὖν τὸ εἰωθός, καὶ ἀναπλήσας ὕδατος τὰ φορτία, συνῆκεν ἀλυσιτελῆ σοφιζόμενος[3] ἑαυτῷ, καὶ τολοιπὸν οὕτω προσέχων καὶ φυλαττόμενος διέβαινε τὸν ποταμόν, ὥστε μηδ᾽ ἄκοντος αὐτοῦ τῶν φορτίων παραψαῦσαι τὸ ὑγρόν.

1. Ἀκούσας, comme audire, entendre dire, apprendre.

2. Ἐμπλήσαντας, se rapporte à ἀνθρώπους sous-entendu, les hommes qui le conduisaient, ou.

3. Συνῆκε σοφιζόμενος, il comprit ayant usé de ruse, pour il comprit que, etc.

Sensit medios delapsus in hostes. VIRG., En., II, 377.

SUR L'USAGE DES VIANDES

I. Pythagore défendait à ses disciples de se nourrir de viandes. Étrangeté, bizarrerie, dit-on. Mais, à juger sans prévention, n'y a-t-il pas quelque chose d'horrible dans ces repas qui font de l'homme un animal carnassier?

Ἀλλὰ σὺ μὲν ἐρωτᾶς τίνι λόγῳ[1] Πυθαγόρας ἀπείχετο σαρκοφαγίας· ἐγὼ δὲ θαυμάζω καὶ τίνι πάθει[2] καὶ ποίᾳ ψυχῇ ἢ λόγῳ ὁ πρῶτος ἄνθρωπος ἥψατο φόνου στόματι, καὶ τεθνηκότος ζῴου χείλεσι προσήψατο σαρκός· καὶ νεκρῶν σωμάτων καὶ εἰδώλων προθέμενος τραπέζας, ὄψα καὶ τροφὴν καὶ προσέτι εἰπεῖν[3] τὰ μικρὸν ἔμπροσθεν βρυχόμενα μέρη, καὶ φθεγγόμενα, καὶ κινούμενα, καὶ βλέποντα· πῶς ἡ ὄψις ὑπέμεινε τὸν φόνον σφαζομένων, δερομένων, διαμελιζομένων· πῶς ἡ ὄσφρησις ἤνεγκε τὴν ἀπορροήν· πῶς τὴν γεῦσιν οὐκ ἀπέστρεψεν ὁ μολυσμὸς ἕλκων ψαύουσαν ἀλλοτρίων, καὶ τραυμάτων θανασίμων χυμοὺς καὶ ἰχῶρας ἀπολαμβάνουσαν[4]

1. Λόγῳ, raison.

2. Τίνι πάθει, avec quel sentiment; même sens que τί παθών.

3. Προσέτι εἰπεῖν, s.-ent. ὥστε, pour dire encore plus.

4. Ἀπολαμβάνουσαν. Cf. Rousseau, Émile, liv. II : « Tu me de-

SUR L'USAGE DES VIANDES.

Εἴρυτο μὲν δινοί, κρέα δ' ἀμφ' ὀδελοῖσ' ἐμεμύκει
Ὀπταλέα τε καὶ ὠμά, βοῶν δ' ὡς γίνετο φωνή.[1]

τοῦτο πλάσμα καὶ μῦθός ἐστι, τὸ δέ γε δεῖπνον ἀληθῶς τερατῶδες, πεινῶν τινα τῶν μυκωμένων ἔτι, καὶ διδάσκοντα ἀφ' ὧν δεῖ τρέφεσθαι ζώντων ἔτι καὶ λαλούντων, διατατττόμενον ἀρτύσεις τινὰς καὶ ἐπιτάσεις καὶ παραθέσεις· τοῦτο ἔδει[2] ζητεῖν τὸν πρῶτον ἀρξάμενον, οὐ τὸν ὀψὲ παυσάμενον.

II. Au moins les premiers hommes avaient-ils une excuse dans la nécessité de subvenir ainsi à leur subsistance au milieu des difficultés de la nature primitive.

II[3] τοῖς μὲν πρώτοις ἐκείνοις ἐπιχειρήσασι σαρκοφαγεῖν τὴν αἰτίαν ἄν εἴποι τις πᾶσαν τὴν ἀπορίαν. Οὐ γὰρ ἐπιθυμίαις ἀνόμοις συνδιάγοντες, οὐδ' ἐν περιουσίᾳ τῶν ἀναγκαίων ὑβρίσαντες εἰς ἡδονὰς παρὰ φύσιν ἀτυμφύλους ἐπὶ ταῦτ' ἦλθον· ἀλλ' εἴποιεν ἄν, αἴσθησιν ἐν τῷ παρόντι καὶ φωνὴν λαβόντες[4]· « Ὦ μακάριοι καὶ θεοφιλεῖς οἱ νῦν ὄντες ὑμεῖς, οἷον βίου λαχόντες αἰῶνα καρποῦσθε καὶ νέμεσθε κλῆρον ἀγαθῶν ἄφθονον; ὅσα φύεται ὑμῖν; ὅσα τρυγᾶται; ὅσον πλοῦτον ἐκ πεδίων, ὅσας ἀπὸ φυτῶν ἡδονὰς δρέπεσθαι πάρεστιν; ἔξεστιν ὑμῖν καὶ τρυφᾶν μὴ μιαινομένοις[5]· ἡμᾶς δὲ σκυθρωπότατον καὶ φοβερώτατον ἐδέξατο βίου καὶ χρόνου μέρος, εἰς πολλὴν καὶ ἀμήχανον ἐκπεσόντας ὑπὸ τῆς πρώτης γενέσεως ἀπορίαν·

---

mandes pourquoi Pythagore s'abstenait de manger de la chair des bêtes; mais moi je te demande, au contraire, quel courage eut le premier qui approcha de sa bouche, etc. »

1. Φωνή. Hom., *Odyss.*, XII, 395. Il s'agit des signes par lesquels se manifeste la colère des dieux, lorsque les compagnons d'Ulysse ont égorgé les bœufs du soleil.

2. Ἔδει, comme *oportebat*, sens du conditionnel, *il faudrait*, il con-

viendrait de chercher, de demander quel est celui qui a commencé ces horribles festins.

3. ᾟ, du reste, aussi bien.

4. Λαβόντες, prend le sens conditionnel du verbe principal εἴποιεν ἄν, ils pourraient dire s'ils recouvraient...

5. Μιαινομένοις, au datif par attraction; De même en latin: *Themistocli licuit esse otioso*.

ἔτι μὲν οὐρανὸν ἔκρυπτεν ἀήρ¹, καὶ ἄστρα θολερῷ καὶ δυσ-
διαστατοῦντι πεφυρμένα ὑγρῷ καὶ πυρὶ, καὶ ζάλαις ἀνέμων·
γῆ δὲ ὕβριστο ποταμῶν ἐκβολαῖς ἀτάκτοις, καὶ πολλὰ λιμ-
ναίοις ἄμορφα, καὶ πηλοῖς βαθέσι καὶ λόχμαις ἀγρίαις καὶ
ὕλαις ἐξηγρίωτο· φορὰ δὲ ἡμέρων καρπῶν, καὶ τέχνης ὄργανον οὐδὲν, οὐδὲ μηχανὴ σοφίας²· ὁ δὲ λιμὸς οὐκ ἐδίδου
χρόνον, οὐδ'³ ὥρας ἐτησίους σπόρος ὢν τότε ἀνέμενε. Τί
θαυμαστὸν, εἰ ζώων ἐχρησάμεθα παρὰ φύσιν, ὅτ' ἰλὺς
ἠσθίετο καὶ φλοιὸς ἐβρώθη ξύλου, καὶ ἄγρωστιν εὑρεῖν βλα-
στάνουσαν ἢ ῥίζαν τινὰ φλέω εὐτυχὲς ἦν· βαλάνου δὲ γευ-
σάμενοι καὶ φαγόντες, ἐχόρευσαν ὑφ' ἡδονῆς περὶ δρῦν τινα
καὶ φηγὸν, ζείδωρον δὲ καὶ μητέρα καὶ τροφὸν ἀποκαλοῦν-
τες ἐκείνην¹· ἦν⁵ ὁ τότε βίος ἑορτὴν ἔχων, τὰ δ' ἄλλα
φλεγμονῆς ἦν ἅπαντα μεστὰ καὶ συγχύσεως. Ὑμᾶς δὲ πῶς
νῦν τις λύσσα καὶ τίς οἶστρος ἄγει πρὸς μιαιφονίαν, οἷς τοσαῦτα περίεστι τῶν ἀναγκαίων; τί καταψεύδεσθε τῆς γῆς
ὡς τρέφειν μὴ δυναμένης; τί τὴν θεσμοφόρον⁶ ἀσεβεῖτε Δή-
μητραν, καὶ τὸν ἡμερίδην καὶ μειλίχιον αἰσχύνετε Διόνυσον,

1. Ἀήρ, vapeurs, atmosphère chargée de brouillards, tandis que αἴθηρ (αἴθω, brûler, brûler est l'air pur, αἴθρα, æthra, la sérénité du ciel, au-dessus des nuages et de l'atmosphère, le vide. Aer a le même sens en latin :

At Venus obscuro gradientes aere
(Virg., En., 1, 411.)   [sepsit.

2. Ὄργανον, instrument de labourage. — Μηχανὴ σοφίας, inventions, procédés de l'art.

3. Οὐδὲ, en tête de la phrase, retombe sur les deux verbes. Mot à mot : l'ensemencement n'existant pas alors n'attendait pas la saison périodique des récoltes; comme on ne pouvait rien semer, on ne pouvait compter sur les récoltes.

4. Ἐκείνην, représente δρῦν et φηγόν.

5. Ἦν, se rapporte à ἑορτήν, c'étaient alors les fêtes de la vie, litt.. la vie ne connaissait pas d'autre fête. — Βίος τότε, la vie d'alors, pour les hommes vivant alors; vita pour homines viventes.

6. Θεσμοφόρον. « Cérès, étant arrivée dans notre pays, lorsqu'elle parcourait la terre pour chercher sa fille enlevée, nous fit deux présents, les plus grands et les plus beaux que les hommes pussent recevoir : l'agriculture qui nous a permis de ne plus vivre à la manière des animaux sauvages; et l'initiation, qui offre à ceux qui y participent les plus belles espérances pour le terme de la vie et pour l'éternité qui doit la suivre.»
(Isocr., Panégyr., ch. vi.)

ὡς οὐχ ἱκανὰ παρὰ τούτων λαμβάνοντες; οὐκ αἰδεῖσθε τοὺς ἡμέρους καρποὺς αἵματι καὶ φόνῳ μιγνύοντες; ἀλλὰ δράκοντας ἀγρίους καλεῖτε, καὶ παρδάλεις, καὶ λέοντας[1], αὐτοὶ δὲ μιαιφονεῖτε εἰς ὠμότητα καταλιπόντες ἐκείνοις οὐδέν· ἐκείνοις μὲν γὰρ ὁ φόνος τροφή, ὑμῖν δὲ ὄψον ἐστιν.

1. Λέοντας. Cf. Rousseau, *Emile*, liv. ii : « Hommes cruels, qui vous force à verser du sang ? Voyez quelle abondance de biens vous environne. Combien de fruits vous produit la terre ! Que de richesses vous donnent les champs et les vignes !..... Pourquoi mentez-vous contre votre mère, en l'accusant de ne pouvoir vous nourrir ?... Les panthères et les lions, que vous appelez bêtes féroces, suivent leur instinct par force, et tuent les animaux pour vivre, et vous, cent fois plus féroces, vous combattez l'instinct sans nécessité, pour vous livrer à vos cruelles délices, etc. »

Et Ovide, *Métamorph.*, xv, 75 :

Parcite, mortales, dapibus temerare
 [nefandis
Corpora. Sunt fruges, sunt deducen-
 [tia ramos
Pondere poma suo, tumidæque in
 [vitibus uvæ, etc.

FIN

TABLE DES MATIÈRES

De l'Éducation des Enfants.................... 1
De la lecture des Poëtes...................... 11
Sur la manière d'écouter...................... 32
Consolation à Apollonius...................... 36
Banquet des Sept Sages........................ 52
Du Bavardage................................. 56
Sur les Délais de la Justice divine........... 73
Que les Bêtes ont de la raison................ 92
On ne peut vivre heureux en suivant la doctrine d'Épicure. 97
Du Flatteur et de l'Ami....................... 104
De l'Utilité des ennemis...................... 117
Sur le grand nombre d'Amis.................... 121
De la tranquillité de l'Ame................... 127
De l'Amour fraternel.......................... 137
Du Progrès dans la Vertu...................... 144
Sur la Fortune................................ 146
Préceptes de Santé............................ 150
Traits de courage et de vertu des Femmes...... 153
Sur la Fortune des Romains.................... 157
Sur la Fortune ou la Vertu d'Alexandre........ 159
Sur la Colère................................. 166
De l'Amour des Enfants........................ 168
Si le Vice est suffisant pour nous rendre malheureux. 171
Des Maladies de l'âme et du corps............. 174
Sur la passion des Richesses.................. 175
De l'Amour.................................... 182
Instructions pour ceux qui manient les Affaires publiques. 185
Si le Vieillard doit se mêler des Affaires publiques. 187
De la malignité d'Hérodote.................... 191
De la Face qui paraît sur le disque de la lune. 193
Quels sont les animaux les plus industrieux, ceux de terre ou ceux de mer ?............................ 196
Sur l'Usage des viandes....................... 204

SAINT-CLOUD. — IMPRIMERIE DE Mme V^e EUG. BELIN.

www.ingramcontent.com/pod-product-compliance
Lightning Source LLC
Chambersburg PA
CBHW051911160426
43198CB00012B/1848